정해보등론 강의

定解寶燈論 講義

정해
보등론
강의

The Beacon of Certainty

전지 미팡 린포체 조송造頌
법왕 진메이펑춰 린포체 전수傳授
수다지 켄포 역강譯講
지엄 화상 한역韓譯

운주사

역자 서언

　이 논論은 닝마파의 문수보살의 화신이신 미팡 린포체께서 7세 때에 지으신 것이다. 법왕여의보이신 진메이펑춰(직메푼촉) 린포체와 돈주 법왕께서 지으신 『미팡 린포체 전기』 중에 모두 실지와 같이 상세한 기록이 있다.

　본 논을 한역漢譯한 나는 1986년과 1988년에 오명불학원에서 두 차례 법왕께서 이 논을 전강傳講해 주시는 것을 들었다. 1990년에는 인도 남방의 낭주링 고급불학원에 있으며 법왕 앞에서 이 논을 듣고 아울러 상세한 기록을 해 두었다. 1993년 미국에서 있는 동안 신자들의 청에 의하여 이 논의 번역을 시작하였고 그해의 10월 10일에 워싱턴 미르라 보현법회 장밀연구실에서 첫 원고의 번역을 마쳤다. 1994년 오명불학원에서 중국 승려들에게 본 논을 전수해줄 때 앞서 말한 세 차례 강의본을 다시 새롭게 참고하면서 정리하고, 아울러 북경 고급티베트어불학원에서 법왕께서 이 논을 전수하신 녹음본과 켄포더 빠 린포체의 전수 녹음본을 들으면서 신중히 교정을 보아 원고를 완결하였다.

　이곳 국경 넘어 다른 나라에서 본 논을 번역한 연기를 서술하는 것은 그 뜻이 고생함을 말하려는 것이 아니라, 중생들이 정법 만나기 어려운 괴로움을 내가 연민하게 여겨 배려한즉 이런 인연이 있게 되었고, 이로써 이와 같은 과果의 연이 생긴 것이기 때문이다. 따라서

6

이에 많은 인연이 있는 선지식과 더불어 '국경을 넘어 정법을 널리 전하는 연기'로써 이 논을 홍양하기를 발원한다.

이 논은 이전에 중국에서 전승된 적이 없을 뿐 아니라, 논의 이름을 아는 사람도 드물다. 이 논은 현교와 밀교의 정밀한 요점을 총합한 규결의 법장으로서, 주로 중관과 대원만의 견수행과見修行果의 비밀한 요점을 서술하였다. 진심으로 청하건대, 각자 위치의 인연이 있는 수행자는 급하게 서둘러 눈 먼 수련을 하지 말고, 먼저 마땅히 이 논을 의지하여 교학적인 탐구를 구경 성취한 후 다시 차제로 법을 수행하길 바라며, 그리하게 되면 바르게 깊고 묘한 법의 맛을 향수하게 될 것이다. 사람의 몸 받기 어렵고 불법을 만나 얻음은 더욱 어려운 줄 알면서도 만약 수행을 그르치면 목표와는 다른 방향으로 행하게 될 것이니, 어찌 애석하지 않겠는가?

항상 이 논을 수지 독송하고 세세생생에 모든 사견을 일으키지 않으면 다분히 보살 성실어成實語의 수승한 가피를 얻게 될 것이며, 인연이 있는 수행자가 이 법본과 인연을 맺는 것은 공덕 또한 무량할 것이다.

1994년 8월 15일
써다 오명불학원에서 번역자 수다지 씀.

전지全知 미팡 린포체 약전

수다지 켄포 편역

닝마파의 대사 전지全知 미팡 장양남가쟈초 린포체(Mipham Jamyang Namgyal Gyamtso Rinpoche, 1846~1912)는 조상이 천족天族[1]으로, 부친 이름은 제·군붜다지이시고 모친 이름은 목파동자중앙마이시며, 장력 藏曆[2] 병오년(1846)에 다강하방의 야추당강 지방에서 탄생하셨다. 그의 숙부인 반마다지 라마는 그를 위하여 미팡쟈초라고 이름을 지어 주었다. 그는 어려서부터 불법에 매우 돈독한 신심이 있었고, 더욱이 출리심, 대비심 및 지혜 등 대승불자의 힘을 구족하였는데, 이러한 것들은 모두 태어남과 함께 따라온 것이다. 일찍이 천여 년 전에 연화생 대사께서 그에 대하여 수기하시되, 그가 "대원만을 홍양하는 태양이 된다."라고 하셨으며, 눈 덮인 티베트 지방의 모든 교파가 모두 '전지 미팡 린포체는 문수보살의 화신'이라고 일컫는다.

전지 미팡 린포체는 어려서부터 보통 아이들과 달랐다. 6, 7세에 이미 능히 『삼계론』을 외웠고, 7세 때 현밀의 깊은 정요를 모은 규결보 장인 『정해보등론』을 분명하게 지었다. 10세 때에 능히 원만무애하게 글을 쓰고 염송을 했으며, 아울러 자재하게 강설하고 저술하였다.

---

1 티베트 귀족 집안이다.
2 티베트 달력을 의미한다.

12세에 사찰에 들어가 거주했는데, 겉모습은 보통의 승려와 다름이 없어 보였지만 수승한 품덕과 지혜로 여러 사람의 칭찬을 받으며 '소小 라마 지혜자'라고 불리었다. 15세 때 『십륜금강·운율역산』을 며칠간 독송하며, 아울러 문수보살님께 기도를 올려 문득 철저하게 정통하였다. 제랑 아란야에 18개월 동안 머물면서 문수어사자법文殊語獅子法과 감로환 제조하는 일을 수행한 인연으로 극히 수승하게 상응하는 증험의 징조를 얻었다. 본인이 일찍이 말하되, "이때부터 시작하여 현밀顯密 오명五明의 각종 논전이 한 번 눈으로 보기만 해도 모두 다 해석되었고, 다만 교법의 전승이 필요할 뿐 다른 사람이 해석해주는 것이 필요하지 않았다."라고 하였다. 17세에는 이미 천문학에 대하여 매우 정통하여 유명하게 되었다.

18세 때 티베트의 여러 성지를 순례하였는데, 까담사에서 1개월을 머물고, 다시 남암南岩에 가서 참배한 후 카체하를 지날 때 평범한 경계 중에 공락증경空樂證境의 깨달음 체험이 현현하여 마침내 며칠간 삼매三昧의 안락을 누렸으며, 이는 모두 성지의 가피 인연 때문이라고 스스로 밝혔다.

이어 북방으로 가던 중 증험의 경계 중에 『편관대운율정경遍觀大韻律晶鏡』이라는 한 권의 책을 얻었는데, 이 일에 대해서는 본 논전의 뒤쪽에 상세한 설명이 있다. 돌아오는 길에 선지식 라오·장공왕칭제로 도르제를 친견하고서 마저瑪底 백문수白文殊[3]의 관정을 허가받았고, 동시에 마저 사업을 수행하여 이때부터 의궤儀軌에서 설한 바의 체험상

---

3 마저는 백문수의 티베트어이다.

을 현전現前에서 성취하였으며, 이를 좇아 지혜가 연꽃처럼 피어났다.

빼뚤 린포체(화지 린포체) 앞에서 『입보살행론入菩薩行論』의 지혜품을 전수받고 단 5일 만에 문득 그 의리를 철저하게 깨달았고, 그 후에 유명한 『지혜품석智慧品釋·징청보주론澄淸寶珠論』을 지었다. 이 논은 내외 모든 종파의 편집偏執과 착오를 정밀하게 분석하여 파했고, 중관응성파가 전하는 구경요의의 무외선설無畏善設을 결택하여 드러내었다. 후에 이 논이 청해성 티베트 변방의 겔룩파의 여러 큰 사원에 전해졌는데, 일부 사원의 주지들이 주동이 되어 라싸의 3대 사찰에 승중이 모여 대위덕 금강의 '육십철성六十鐵城' 등 위엄과 용맹으로 주살하는 법과 '반야심경회차법般若心經回遮法' 등 현밀의 항복법을 수행하였지만, 미팡 린포체는 털끝만치도 손상을 입지 않았다. 이에 따라 대사의 명성과 사업이 더욱 늘어나게 되었다.

전지 미팡 린포체가 숙세의 인연이 있는 상사上師 장양친저왕보를 의지할 때 재물·시봉·수행의 세 가지 기쁨으로 모시고 의지하기에, 상사는 유일하게 그를 마음의 아들로 삼았고, 마저 백문수의 허가관정이 주가 되는 일체의 공통과 불不공통의 법문을 내려 주었다. 뒤에 상사로부터 친히 현밀의 수승한 교전敎典과 대밀 금강승의 교전敎傳, 복장전伏藏傳, 지혜정현智慧淨現 등 해탈을 성숙시키는 모든 법요를 전해 받았는데, 병에 액체를 가득 부어 받듯이 전부 전수받았으며 또한 일체의 규결, 수행법 및 직접 가르침 등을 모두 전해 받았다.

이 밖에 선지식 잠공뤄주타야를 의지하여 성명학聲明學인 『잠자빼暫扎巴』, 『수은팽련水銀烹煉』(의방명醫方明) 등 공동의 명론明論과 '수주묘길상' 등 불공통 성숙 해탈법을 깊이 연구하였고, 또한 주칭켄포

12

반마빠자 등 선지식을 의지하여 현밀의 명론 등을 배웠다. 종합하자면, 많은 선지식을 친견하고 수많은 현밀의 경론을 수학하였다.

이같이 배우기를 충분히 한 후 실제 수행을 더욱 실행해 나갔다. 그의 지혜는 무량세 동안 훈습한 선근력과 스승의 대자비와 가피력의 인연을 따라 숙세의 선근이 회복되는 연고로 사의四依[4]와 사무애지四無 碍智[5]를 어기지 않아서 부처님의 모든 깊고 넓은 교전을 다 능히 통달하였다. 그 자생自生 지혜는 밝게 나타남이 청정한 허공과 같고, 아울러 8대 무애지혜장을 구족하였다.

선지식 제옹진매도지를 의지하여 『반야섭송般若攝頌』을 배우고는 1개월 후에 능히 다른 사람에게 강의하였다. 팡샤의 게쉐[6] 아왕중네를 모시고 『입중론入中論』을 배울 때 상사께 염송문 전승만 부탁하니 상사께서 강해해야 하는 수고를 덜 수 있었다. 전승받은 그날에 곧 스스로 해석한 것을 보고드렸다. 게쉐가 말하되, "내가 비록 게쉐의 명칭을 받았지만 지혜는 도리어 너의 일 푼에도 미치지 못한다."라고 하니 당시의 많은 권속들이 다 환희하고 찬탄하였다. 또한 상사 수돈반 마를 의지하여 『자씨보살지론慈氏菩薩地論』 등 모든 논을 배웠고, 전승을 받은 후에는 곧바로 광대하고 자세한 강설을 하였다. 이와 같이 일체의 경전經傳, 속부續部, 의소意疏의 뜻이 그의 의식의 바다를 통하

---

4 '사의'는 정법, 중도제일의, 요의경, 진실지혜를 말한다.

5 '사무애지'는 사무애변이라고 하며, 법무애변, 의무애변, 언사무애변, 변재무애변을 말한다.

6 겔룩파 승가대학을 졸업하고 시험을 통과하여 강사 자격을 얻은 분에 대한 명칭. 켄포의 다른 명칭이다.

여 자연히 흘러나왔다. 이렇듯 방대한 경론을 강설하는 많은 학자들 가운데 있으면서 두려운 바가 없는 것이 마치 사자왕獅子王과 같았다. 강설, 변론, 주석 등에 막힘이 없음은 널리 알려졌으니 더 설명할 필요도 없다.

전지全知하신 상사上師 미팡 린포체께서 말씀하시되, "내가 어릴 때 많은 신구新舊 학파 선지식들로부터 전법을 받고, 빼뚤 린포체 회상에서 『입보살행론·지혜품』을 배운 경우를 제외하고는 스승으로부터 법을 들은 적이 많지 않으나, 스승님들과 본존께서 주시는 은덕의 인연으로 모든 경전을 한 번 염송하면 아무런 어려움 없이 그 대의를 전부 통달하였다."라고 하셨다.

전지 미팡 린포체가 『석량론釋量論』을 공부할 때의 경험을 서술한 것에 보면, 꿈에 샤카 반즈다(班智達, paṇḍita)라는 이름을 가진 분이 인도 학자의 형상을 하고 나타나 그에게 말하되 "『석량론』은 이해하지 못할 것이 없으니, 다만 파함(破)과 세움(立) 두 가지 방식이 같지 않은 것만 알면 된다."라고 하였다. 그러고는 『석량론』을 해석한 한 권의 책을 둘로 나눠 차례로 미팡 린포체의 손에 쥐어주며 그에게 한꺼번에 품어 안으라고 하여 린포체가 바로 안으니, 그 책이 돌연히 장검으로 변하였고 이때 일체 모든 법이 두루두루 앞에 나타났으며, 이어서 장검을 휘두르자 문득 일체 소지법의 장애를 끊어버림을 증득하는 경계가 현현하였다. 이로 인해 그 다음날부터는 『석량론』의 모든 문구를 통달하지 못한 것이 없었다.

그가 간주얼(經藏)을 열람할 때는 단지 3일만을 썼고, 단주얼(論藏)을 열람할 때는 그저 25일이 걸렸을 뿐이며, 아울러 모든 뜻을 기억하여 잊지 않았다.

상사 장양 린포체께서 미팡 린포체를 칭찬하시되 "미륵보살의 깊은
뜻을 현량으로 알고, 문수보살의 법을 현량으로 통달하며, 모든 방면의
학문을 통달하지 못한 것이 없다."라고 하셨다.

길일 새벽에 장양상사께서 중요한 현밀 경론과 각종 오명五明의
논전을 불단에 올리고 광대한 공양을 베푼 후, 앞자리에 높은 좌석을
마련하여 미팡 린포체를 앉히고 그에게 말하되, "이 경전의 가르침을
모두 너에게 수여하니, 이 인연으로 강의·저작·변론의 3종 방편으로
바르게 홍양하여 보배로운 불법이 세간에서 영구한 광명이 되게 하라."
라고 하였다. 이때에 미팡 린포체를 법주로 삼으면서 동시에 장양상사
께서 백도모의 탕카, 기청주세문祈淸住世文, 신구의身口意의 소의所依
및 반즈다의 모자를 내려 주셨다. 그 후 장양상사는 항상 사람들에게
말하되 "라마 미팡 외에는 현재 달리 학자가 없으며, 그의 박학한
공덕과 사업을 만약 기록한다면 반야경보다 더 많은데, 다만 그가
쓰기를 원하지 않을 따름이다."라고 하였다.

전지상사 미팡 린포체는 후에 성지 가무다창에서 13년간 수행하였
고, 이 기간에 많은 불가사의한 공덕을 시현하셨다. 여기에 간략히
몇 가지를 서술하여 수승한 믿음을 내고자 한다.

그가 문수보살을 친견했을 때 문수, 경함經函과 지혜의 검이 모두
빛으로 화하여 마음에 녹아들었고 찰나 간에 대장경을 원만히 통달하
였다. 아울러 환幻 같은 몸으로 친히 문수정토에 이르러 문수대사를
친견하였다. 황교黃敎의 게쉐와 변론할 때 게쉐가 그를 보니 문수의
상이기에 바로 오체투지를 하였다.

한 번은 광명의 꿈에서 대위덕 삼존三尊을 친견하고 신묘한 밀법을 전수받고 다음날 「대위덕의궤大威德儀軌」를 지었다. 이것은 후에 그의 『전집』 중에 모아 두었다.

언젠가는 화공火供할 때 일반 불을 쓰지 않고 '지혜의 불(智慧火)'로 불을 붙였다. 또한 야만타까법(大威德金剛)을 수행할 때 제자 복장대사인 레로랑빠에게 말하되, "나는 초학자이지만, 그대에게 청하니 이 수행법의 역량을 보라."라고 하였다. 말을 마치고 가지품加持品을 그림자와 햇빛이 교차하는 곳에 두니 상오 내내 태양이 원래의 자리에서 움직이지 않았다.

제자를 조복하기 위하여 분노탄청을 닦고 기극인期克印7으로 공중을 가리키자, 상공의 달과 별이 다 동쪽을 향해 피하고 법을 수행하는 곳에 감히 접근하지 못했으며, 대지가 진동하고 산비탈의 바위가 추락하고, 호수에 파도가 일고 광풍이 몰아쳤으며 텐트의 장막이 부서졌다. 석거石渠에서는 3년간 문을 걸어 잠그고 아띠요가를 수행하였다. 태양 빛 아래서 몸 그림자의 자취가 없었고, 몸은 텅 비어 밝게 빛났으며, 벽과 바위를 자유로이 드나드는 데 아무런 장애가 없었다.

일체 내외 속부續部의 정화요의精華要義인 『대환화망광명장론大幻化网光明藏論』을 짓고 원만하게 끝낼 때, 광명의 꿈 경계 중에 밀주호법신 아중마가 린포체께 몸을 공양 올리며 린포체를 수호할 것을 서원하였다. 다음날 바로 외外와 내內의 기도공양 밀주호법 의궤를 지었다. 거사얼왕格薩爾王 또한 친히 몸을 나타내 미팡 린포체의 그림

---

7 악을 막는 수인으로, 중지와 무명지를 굽히고 엄지로 굽은 손가락을 누른다.

자처럼 서로 여의지 않을 것을 맹서하고 그 상이 분리되지 않았는데, 당시 많은 사람이 거사얼왕을 친히 보았다. 티베트의 유명한 라등 호법신 또한 이때에 자기 손으로 떡 크기의 황금을 공양하니, 대사는 그 반을 대초사大昭寺 개금을 위해 보시하고, 반은 라사 정월달 기원법회에 참여하는 모든 스님들께 공양하였다.

'아자阿字 수행법'이 마음 가운데 녹아드는 인연으로 수승한 가피를 얻고 불모 대반야경의 요의를 사무쳐 깨달았다. 바로『아자수법의궤阿字修法儀軌』를 지으니 이것은 이미『전집』중에 수록되어 있다. 이 '아자 수행법'은 법왕여의보 진메이펑춰(직메푼촉) 상사께서 광명의 꿈 경계 중에 백문수白文殊와 다름없는 전지상사 미팡 린포체를 친견하여 아자 수행법 관정을 받고, 그 다음날 불학원의 한족과 장족 오천여 사부대중 제자에게 전수해 주신 것이다.

전지 미팡 린포체는 일체의 깊은 의장意藏을 가지시고 광대한 논전을 짓고 장엄하셨다. 그 논전은 크게 네 가지로 나뉜다.

(1) 불법에 입문하고 신심을 일으키는 가피의 찬송과 전기류:『문수찬文殊贊·가지대고加持大庫』,『성팔길상송聖八吉祥頌』,『석가모니불본생釋迦牟尼佛本生·백련화전白蓮華傳』,『팔대보살전八代菩薩傳』등.

(2) 일반 소지장所知障을 끊어 이익을 증대시키는 공동명처共同明處류:『범장대조대논전梵藏對照大論典』,『의학사속석소醫學四續釋疏』,『공교명工巧明·보협론寶篋論』등.

(3) 해탈도에 입문하는 깊고 넓은 내명內明류:『지자입문智者入門』,『별해탈경강의別解脫經講義』(계본강의戒本講義),『삼계일체론三戒一體論』,『구사론구석俱舍論句釋』,『중관장엄론소中觀莊嚴論疎·문수상사

환희교언文殊上師歡喜敎言』, 『반야섭요송여현관장엄론합해般若攝要頌與現觀莊嚴論合解』, 『양리보장론석量理寶藏論釋』, 『시륜금강속소時輪金剛續疎』, 『밀집오차제석密集五次第釋 · 쌍운마니보등雙運摩尼寶燈』, 『팔대법행강의八大法行講義』, 『규결견만석竅決見曼釋 · 마니보장摩尼寶藏』, 『금강칠구金剛七句 · 백련화석白蓮花釋』, 『대원만견가大圓滿見歌 · 묘음열성妙音悅聲』 등.

(4) 불법이 세간에 주함, 안락이 항상 두루함, 임운任運 인연생기因緣生起 등을 회향하고 발원하는 축복류: 『구밀교법홍양원문舊密敎法弘揚願文』, 『길상산원문吉相山願文 · 지혜밀도智慧密道』, 『극락원문極樂願文』, 『문수대원만기도과무이지원문文殊大圓滿基道果無二之願文』 등.

각기 큰 분류 아래 다시 많은 분류가 있으며, 그 전부가 티베트어 판본인 『설역어사자전지대반즈다미팡장양남가자초전집雪域語獅子全知大班智達麥彭央南迦嘉措全集』에 수록되어 있다. 모두 합하면 26상자나 된다.

전지상사 미팡 린포체께서는 그 혜명으로서 공동의 불법과 불不공동의 구역舊譯 밀교가 계속 전승되게 하는 수승한 은덕을 갖추었는데, 이는 마치 죽음에 임박한 사람이 생명을 이어갈 방편을 얻을 수 있게 되는 것과 같았다. 직접 지地 복장伏藏을 발굴하지는 않으셨지만, 특별히 필요한 경우마다 문득 의意 복장이 자연스럽게 흘러나와 생기生起 · 원만 · 규결 · 사업 등의 여러 방면에서 이전에 없었던 깊은 법요를 모두 논으로 지어 널리 홍양하였다. 이로써 '일체 복장법요伏藏法要의 왕'이 되셨고, 또한 깊고 광대한 의意 법장에 대해 자재함을 얻었기에 '복장도사伏藏導師의 왕'으로 존칭되었다.

전체 티베트에 이름이 알려졌어도 전지 미팡 린포체의 생활은 항상 검소하였으며, 텐트·짬빠·대차大茶에 의지하였고, 평생 동안 연기에 노랗게 그을린 낡은 가죽 저고리 한 벌만 입으셨다. 그의 인격은 고상하고 박학다식했으며, 언담이 화목하고 자애롭고, 지위 고하에 관계없이 남녀노소 모두에게 두루 불법을 전하는 데 게으름이 없었다. 세간법과 출세간법을 관찰함이 엄격하고 훤히 꿰뚫어 알아 후대 사람들을 위하여 천여 종의 법보 저술을 남기셨다.

임자년壬子年(1912년) 봄, 전지 미팡 린포체께서는 그의 제자 켄포 근휘에게 많은 가르침의 교훈을 주셨다. 하루는 제자에게 말씀하시되 "이 탁세 말법시기에는 진실어眞實語를 말해도 제대로 듣는 사람이 없고, 속이는 말을 하면 반대로 진실로 여기기에, 나는 사람들에게 줄곧 이 일을 말하지 않았지만 이제 너에게 고한다. 나는 범부가 아니고 원력을 따라 공동의 불법과 중생을 위하여 다시 온 보살이며, 더욱이 구舊밀교(닝마파)에게 매우 큰 이익을 짓는 인연에 응하는 연기로 이 세상에 왔다. 그러나 현재 닝마파의 제자들이 복덕은 적고 장애는 많다. 지금 내가 이 연기의 영향을 받아서 중병이 들었기에 각 방면의 이익을 주려고 하는 이상에는 아직 도달하지 못하였다."라고 하셨다.

또한 말씀하시되, "논을 해석하는 방면에서는 이미 성공이 적지 않지만, 현재 준비하는 『중관총의지광대상명소해中觀總義之廣大詳明疏解』라는 책을 직접 손으로 써 왔으나 애석하게 완성하지 못하고 이미 중요함에서 멀어졌다.[8] 승의심류勝義心類에 대해서는[9] 그것을 원만하게 활용해 완성했다면 마땅히 '신구新舊가 나뉘지 않고 완전한

불법의 명근命根이 됨'을 이룰 수 있다. 그러나 비록 내가 본래 그것을
완성할 계획이 있었음에도 현재는 원만히 할 수 없고, 이 말법시기에
처하여 변방의 야만인과 같이 불법이 소멸할 때가 가까워 오고 있어
재삼 생각해 보니 다시 이 세간에 강생함이 이익이 없다. 또한 이전의
맹랑孟郎 두 대덕이 세상에 머물 때에는 홍법과 중생을 이롭게 하는
이익이 매우 컸으나, 현재는 말법에 처하여 중생을 이롭게 함이 매우
어렵기에 다음 생에서 나는 절대로 오탁악세의 세계에 오지 않고
다만 청정세계에 안주함이 옳다. 그러나 숙세의 원력 때문에 모든
제도해야 할 바를 돌아보니, 윤회세계가 다하지 않음에 성자의 화신
또한 일찍이 다함이 있을 수 없을 것 같다."[10]

3월 22일에 다시 말씀하시되, "현재 내 몸의 병세는 이미 호전되어
절대 고통을 느끼지 않는다. 주야로 보이는 토가의 밝은 체體는 홍광虹
光의 명점明點으로 이는 불신과 법계의 밝은 나타남(명현明顯)이 된다."
라고 하였다. 이에 제자와 신도가 각 지방에서 와 뵙고 세상에 더
머무르시기를 청하자 상사 미팡 린포체께서 말씀하시되, "나는 절대
세상에 주하지 않을 것이고 또한 환생하지도 않을 것이다. 나는 상바라
(샴발라) 정토에 왕생하려 한다."라고 하였다.

같은 해 4월 29일, 전지상사 미팡 린포체께서 두 다리를 가부좌하시

---

8 미팡 린포체는 당시 이미 이 책의 강요綱要를 정리하였다. 그가 원적한 후
　제자들이 그 강요에 의거해 책을 완성하여 『전집』에 수록하였다.(원역자 주)
9 전지상사가 먼저 제강을 기록한 후 그 제자들이 책으로 완성시켰는데, 그것이
　『삼부승의심론三部勝義心論』이다.(원역자 주)
10 이는 린포체의 화신이 다시 환생할 것임을 보여준다.(원역자 주)

고 왼손은 선정인, 오른손은 설법인을 하시고 무루의 뜻으로 법계와의 합일에 드셨다. 그 신체를 다비할 때에 붉은 빛 등 수승한 서상이 뻗쳐 나왔는데, 그곳의 모든 주민이 모두 실제로 보았다. 또한 원적 전에 동쪽에서 큰 메아리가 울렸는데, 이것은 그가 이미 법신과 다름이 없는 지위를 얻은 표시였다. 다비를 할 때 혀와 두 눈이 스스로 한 곳에 모여 문수보살의 상이 나타나, 생기차제가 원만한 과상果相을 증명하였다. 다비 후에는 사리가 방의 안팎에 충만하여, 원만차제圓滿次第가 원만한 과상을 표시하였다. 또한 당시 오색 무지개가 상하로 배열하여 허공을 가로지르고, 아울러 많은 진언이 밝게 나타나 6백 리 허공에 둥글게 가득 차 오래도록 흩어지지 않았다.

전지 미팡 린포체가 세상에 계실 때 제도한 제자가 무수히 많았다. 그중에 유명한 제자로는 뒈지진매단삐니마, 복장대사 레로랑빠, 가춰스투 등 십여 분이 있다. 데게의 큰 사원으로부터 러공 지역에 이르기까지 모든 샤카·겔룩·까규·닝마의 각 종파의 대덕, 수행자, 경론을 배운 학자, 계정혜 삼학을 구족한 켄포, 이미 생기차제와 원만차제의 정해를 얻은 밀교 수행자, 세간사를 버리고 한마음으로 산중에서 고행하는 자 등 그의 법어의 제자가 되지 않는 이가 없었고, 그 수를 헤아릴 수 없었으며, 그중에 여러 수승한 마음의 아들들은 모두 상사의 사업을 힘써 홍양하였다.

진메이펑춰 상사께서 일찍이 말씀하시되, "전지상사 미팡 린포체께서 저작하신 현교와 밀교의 모든 논은 일곱 번의 환생 중에도 비할 데 없는 정법의 가피가 있고, 한 생에서 또 한 생으로 수승함이 증상한다."라고 하였다. 또한 설하시되, "무릇 나의 전승제자들이 홍광명의

성취를 얻고 삼보에 대해 찰나의 신심을 일으킴에 이르는 것 등,
이 모든 것들이 전지상사 미팡 린포체께서 가피를 내려주심에서 온다.
따라서 나의 제자는 모두 마땅히 전지상사에 대하여 특별한 불퇴전의
신심을 일으키고, 마땅히 주야로 부지런히 가피를 구하며 기도해야
한다."라고 하셨다.

송에 이르되

聖境贍部六嚴與二勝 성경섬부육엄여이승
藏地遍知榮素班智達 장지변지영소반지달
雪域三大文殊諸功德 설역삼대문수제공덕
須經久硏大師之善說 수경구연대사지선설
則知師集諸聖于一體 즉지사집제성우일체

남섬부주 인도의 6장엄과 2수승과
서장의 삼장법사 롱수 반즈다와
설역의 3대 문수의 모든 공덕이
대사의 논설을 오래 연마하면
이 논서에 모여 있는 것을 알게 된다.

만약 전지 미팡 린포체의 상세한 공덕을 넓게 알고자 하면, 돈주
법왕과 법왕 진메이펑춰께서 각각 저술한 미팡 린포체의 전기를 상세
하게 읽어보면 된다.

    총결하면, 전지 미팡 린포체께서 현밀 각 종파에 대하여 많은 깊고 오묘한 설법해 놓으셨으니, 무릇 그에 대하여 신심이 있는 자가 더욱 그의 법설을 공부하고 불법에 대한 수승한 믿음의 정해를 일으키면, 내심의 깊은 곳에서 비할 데 없는 가피를 받아 수승한 증오證悟를 일으키게 될 것이다.

논주에 예경함과 논의 명칭 해석

頂禮具恩根本上師! 정례구은근본상사!
크신 은덕을 갖추신 근본스승께 정례합니다!

일체중생을 위하여 보리심을 발하기를 청하나이다.

켄포 근훠[11] 등이 지은 미팡 린포체의 『정해보등론』에 대한 강의본이 있는데, 모든 강의본에서 쓰기를 '이 논전은 미팡 린포체께서 7세 때에 지으신 것'이라고 한다. 미팡 린포체께서 57세 되셨을 때 말씀하시되, "내가 매우 어린 시절에(7세 때) 좌복 위에 앉아서 지은 것인데, 나이가 많이 든 후에 보니 비록 문구상 조금 같지 않은 설법이 있지만 그 내용 자체는 매우 수승한 것이다."라고 하였다. 이렇듯 그가 노년이 되도록 줄곧 원본을 수정한 부분이 없었다. 어떤 강의본에서는 그가 7세 때 한편으로 오락을 즐기면서 한편으로 이 논을 지었는데, 당시 군파다지라 라마께서 그를 위해 문자로 기록하였다고 한다.

상사 진메이펑춰 법왕이 일찍이 말씀하시되, "현재의 모든 현교와 밀교의 규결이 미팡 린포체의 이 논으로 귀결되고, 현교를 배우든 밀교를 배우든 상관없이, 또한 어느 방면을 좇아 문사수聞思修를 실행

---

11 미팡 린포체의 중요한 제자.(원역자 주)

함과도 상관없이 이 『정해보등론』을 잘 배워야 한다. 그러하지 않으면 수행 중에 많은 곳의 의심을 제거할 수가 없다."라고 하였다. 이렇듯 이 논의 가피는 매우 특별하다. 논 중의 어느 한 구의 게송을 이해하면 기타 구문을 잘 이해하는 데 어려움이 없으므로 본 논의 한 글자, 한 문구가 모두 매우 중요하다.

이제 『정해보등론定解寶燈論』의 해설을 시작한다. 먼저 제목 '정해보등론'을 해설하면, 이전 번역들은 '신념' 혹은 '정확한 앎'이라고 한 바가 있으나, 많은 자료를 참고해 볼 때 '정해定解'가 비교적 합당하다. '정定'은 먼저 문사수의 실행 방식으로 결택·확정함이고, '해解'는 이해함을 뜻한다. 다시 말하면, 문사수를 통과하여 교증과 이증의 방법으로 깊은 뜻과 널리 행하는 뜻을 결택하고, 그런 후에 자신이 그의 진실한 뜻을 통달하거나 또는 그의 본성실상을 증오하면 이것을 곧 '정해'라고 부른다. '정'은 결정의 뜻이고, '해'는 요달하여 안다는 뜻이니 곧 결정적으로 밝게 앎이며, 세속 중의 법 또는 승의 중의 깊은 법에 대하여 이미 결정적으로 분명히 아는 것이다. 그래서 이것을 또한 '정견'이라고 도 말할 수 있다.

'보등寶燈'은 수정이나 금·은으로 된 등을 가리키는 것으로, 정해가 번뇌·소지의 일체 우치한 업장을 녹여 없애는 것을 비유한 것이다. 마지막으로 '논論'은 원래 티벳어 원문에는 없는 말이나 뜻을 명확히 하기 위해 비유 방식으로 번역되었다. '논'은 세간을 능히 구하여 제도하고 번뇌를 제거하는 기능을 의미하는데, 만약 이 역량이 없으면 '논'이라고 말하지 않는다.

이상 논의 제목을 해석함을 마친다.

논을 짓는 연기

頂禮文殊金剛上師![12]

정례 문수금강상사!

『정해보등론』을 번역하기 전에, 번역에 오류가 적고 정확한 것은
모두 근본스승과 문수보살의 가피와 은덕 때문임을 알아야 한다.
또한 전체의 번역을 원만하게 마치기 위하여 문수보살과 하나이신
근본스승님께 진심으로 귀의하고 기도를 올려야 한다.

여기의 '문수'에는 근본스승님의 뜻과 미팡 린포체의 뜻을 포함하며,
본존의 의미도 같이 갖고 있다. 따라서 '문수금강상사'는 세 분의 의미를
포함하므로 곧 세 분에게 정례하는 것과 같게 된다.(상사 진메이펑춰께서
학원·북경·인도 등에서 전수해 주셨고, 수다지 켄포는 오명불학원에 온 이래로
두 차례의 전수를 받았기에, 이런 연기에 의해 본론을 전하는 전승이 된다.)

---

12 원역자의 말이다.

정해
보등론
강의

전지 미팡 린포체 게송

아래에 본론을 설한다.

何意蒙蔽猶豫罔 能解文殊金剛燈 하의몽폐유예망 능해문수금강등
心入甚深定解者 見善道眼吾亦信 심입심심정해자 견선도안오역신
중생이 의심의 그물에 가리어져 있어도 능히 문수금강 지혜 등의
견해를 따라
마음이 깊은 정해에 드는 자가 선도를 보는 안목을 나 또한 믿는다.

　'하의몽폐유예망何意蒙蔽猶豫罔'이란, 공성에 대한 깨달음이 없는
중생의 마음은 육도윤회 중에서 어리석고 미혹함에 가려져 있어 옳고
그름을 가릴 줄 모르고 진여실상을 모르기 때문에, 늘 무명과 의혹의
그물망에 덮여 있음을 말한다. 예를 들면 중생들은 삼보가 실로 존재하
는지 의심할 뿐만 아니라 인과에 대한 확실한 믿음도 없다. 중생이
승의제와 세속제의 제법실상에 대하여 이렇게 의심의 그물망에 가려
있는 것은 마치 고기가 그물에서 탈출할 수 없는 것과 같다. 무명과
미혹의 그물망에 갇혀 있어 정과 사를 가릴 줄 모르는 상태에서 어떻게
벗어날 수 있겠는가? 그것은 오직 이『정해보등론』을 통달함으로써
가능하며 그 외의 다른 방법은 없다.
　'능해문수금강등能解文殊金剛燈'이란, 무명의혹의 그물망을 능히 벗
어나게 해 주는 분은 곧 문수금강임을 말한다. 어떤 곳에서는 '문수지혜'
라고 하고 어떤 곳에선 '성자문수보살' 혹은 '문수지혜용사' 등이라고

설명하나 모두 같은 뜻이다. '등燈'은 지혜를 말하는 것으로, 문수보살의 가피와 순수한 지혜만이 무명을 제거할 수 있기에 등으로 비유한다.

'심입심심정해자心入甚深定解者'란 이미 마음이 깊고 바른 깨달음의 견해에 들어간 자로서, 일체법의 실상에 대하여 확고한 신심과 정견이 있어 밝은 견해를 얻게 된 자를 말한다.

'견선도안오역신見善道眼吾亦信'이란 선도善道, 곧 정도正道의 안목을 철저하게 깨달아 아는 경계를 말하며, 선도는 사도邪道가 아닌 것을 가리킨다. 우리가 도로를 볼 때 눈이 필요한 것처럼, 정견 혹은 정해는 정도를 보는 눈이다. 이 논의 저자인 미팡 린포체 또한 정해를 갖춘 자를 믿음으로 공경하며, 이것을 '오역신吾亦信'이라고 설하셨다. 무명의혹에 가려진 중생은 본 논전의 내용을 통달할 수 없으며, 오직 문수보살의 지혜와 가피를 갖춘 자만이 가능하다.

인과법칙 등 일체법에 대한 지견에는 명언名言 방면과 승의 방면 두 가지가 있다.[13] 인과는 반드시 존재하며, '스승의 가피는 비할 바 없이 수승함' 등과 같은 말에 대해 남들이 뭐라고 하든 본인에게 시종 변하지 않는 굳건한 신심이 있다면 이것이 바로 명언의 정견이 된다. 본성을 깨달은 후에는 다른 누구로부터 동요시키는 말을 들어도 시종 자기의 청명한 깨달음이 흔들리지 않고 그 어떠한 장애인연에도 동요 되지 않으면, 이를 승의의 정견이라 할 수 있다. 명언의 정견이든 승의의 정견이든 이 같은 정견이 있는 사람에 대해 미팡 린포체께서도 정례하신다고 말씀하시며, 우리도 마찬가지로 모두 반드시 정례해야

---

13 진메이펑춰 린포체의 견해 또한 이와 같다.(원역자 주)

한다. 미팡 린포체께서 여기서 "나 또한 믿는다."라고 표현하신 것은 한편으로는 겸허함을 표시함과 동시에 다른 한편으로 자랑삼아 말씀하시는 두 가지 뜻이 있다.

아래는 바른 견해가 없음의 과실을 설한다. 세간에서 심오한 도법이라고 하여 여러 견해들이 있지만, 진정한 정견이 없으면 결코 옳은 것이 아니다.

嗚呼極深眞實義 能通定解寶燈者 오호극심진실의 능통정해보등자
若無汝則此世間 蒙而迷於幻罔中 약무여즉차세간 몽이미어환망중
오호라! 깊고 깊은 진실의 뜻인 정해의 보배지혜를 능히 통달한 자여!
네가 없는 즉 이 세간은 환의 그물 가운데 미혹함으로 빠져든다.

첫 구에서 작자는 매우 실망하여 슬퍼하며 말하되, 일체 세간의 유정이 진실함을 올바르게 취함을 알지 못하여 깨달음도 없고 깨달음에 대한 신심도 없어 영원히 육도윤회의 큰 바다에서 표류하고 있음을 걱정하고 있다. 예전에 인도와 티베트의 대덕들이 오랫동안 고행하고 정진하여 심오한 마음 도리를 통달하여 깨닫고 증득한 것은 정해보등定解寶燈과 같은 지혜가 있었기 때문이다.

수행자가 깨달음에 대한 견고한 신해와 정지정견正知正見이 없으면 어리석게 되어 환의 그물 중에서 몽매함에 빠져들게 된다. 심지어 불교교리를 배운 사람도 종종 이런 무지에 빠지게 된다. 예를 들면 일생 교학만 연구하고 변론을 좋아하는 티베트 어느 종파의 초학자는

다른 교파는 성불하지 못한다고 비방하는 업을 지어 불법에 대해
결정적인 신심을 내지 못한다. 중국의 일부 승려들은 집착 없이 선정에
든다고 하지만 결정된 신해가 없어 환의 그물에 빠져들고 있다. 또한
대원만을 수행하는 몇몇 유가사瑜伽士들은 자기주장을 여러 가지로
말하지만, 실제 대원만의 수승한 견해에 대한 바른 안목이 없으면서
대원만을 수행하면 삼악도에 가는 원인만 짓는 것이니, 바른 신해를
정립하는 것은 매우 중요한 일이다.

결정된 신해가 없으면 현교와 밀교 수행 일체가 몽매한 그물 가운데
에 빠지게 된다. 환의 그물에 얽매인 자는 본래 인연하는 경계가
없음에도 불구하고 집착하는 연고로 스스로 속박되기에, 거미가 그물
망을 친 후 그 안에 얽혀 지내는 것과 같다. 이렇듯 정해가 없으면,
미팡 린포체가 말씀하신 바와 같이 법을 공부하고 수행함에 있어서
제대로 이해하고 실행하는 것이 불가능하다.

아래에서 정해가 있고 없음의 구별을 비유의 방법으로 설명한다.

基道果之一切法 決定引得勝解信 기도과지일체법 결정인득승해신
聞得生信此二種 獻如道及彼形像 문득생신차이종 유여도급피형상
기도과의 일체법에 대해 결정적인 견해로 얻는 수승한 신심과
듣고 내는 믿음의 이 두 가지 중 하나는 진실이고 다른 것은 형상일
뿐이다.

소승 또한 기基·도道·과果를 설하는데, 기는 다섯 가지 집착하는

바를 말하고, 도는 4제와 연기성 등을, 과는 성문의 사과四果와 팔향八向을 가리킨다. 대승은 이와 다르게 설명한다. 기는 세속제와 승의제가 쌍운雙運함이고, 도는 지혜자량과 복덕자량이 혹은 방편과 지혜가 쌍운함이며, 과는 색신과 법신이 쌍운함을 가리킨다. 소승과 대승에서 어떻게 설하든 이 기·도·과는 일체 기·도·과를 포함할 수 있으나, 각 종파마다 주장이 다르며 대원만 중에도 다른 종파와 같지 않은 설명이 있다.

문사수 중에 이 기도과에 대하여 두 가지 견해가 있다. 그 하나는 '결정인득승해신決定引得勝解信'으로, 이는 기도과에 대한 견해에 결정적인 이해가 생겨 수승한 신심(승해신勝解信)을 얻는 것이다. 대원만에 대해 긴 기간 동안 문사수 수행을 하여 대원만의 수승한 경지를 요달해 알게 되어, 수많은 사람이 대원만을 비방하여도 자신의 신심이 물러나지 않으면 곧 이것이 정해가 된다.

다른 한 가지는 '문득생신聞得生信'으로, 이는 듣고 난 후 내는 믿음을 말한다. 대원만은 수승하여 한 생에 성취한다고 하거나, 중관은 수승하여 희론을 여의고 깨달은 후에 탐하고 화내는 마음이 없어진다고 말함을 듣고서 자신이 곧 신심을 일으키는 것을 '문득생신'이라고 하는데, 이는 성숙하지 않은 것이다. 예를 들어 우리가 스승을 의지한 후에 스승의 인격, 공덕, 가피, 권속 등을 이해한 후에 마음에 매우 굳은 신심이 생기는 것을 '승해신'이라고 한다. 그러나 어떤 사람이 진메이펑춰 린포체께서 수승하다는 이야기를 들어 직접 찾아와 친견한 뒤에도, 다시 다른 지방에 수승한 스승이 계시다는 말을 듣고서 그곳으로 가서 친견하는 등과 같이 정해定解의 신심이 없는 것을 일러 '문득생신'이라고 한다.

'유여도급피형상猶如道及彼形像'이라 한 것은, 위에서 설명한 믿음 중 하나는 진실한 것이고 다른 하나는 겉모양만 따르는 것임을 말한다. 위 두 가지 중 승해신을 얻는 것이 우리가 수행해야 할 진실한 도법이기에 악취에 떨어지지 않게 하나, 문득생신은 도의 형상만 따르는 유사한 것일 뿐이다.

금생에 해탈하기 원하면 미팡 린포체의 교언을 잘 이해하여야 한다. 우리가 수도의 과정에서 정해가 없으면 신심이 변하고, 미팡 린포체의 가피와 함께 정해가 있으면 신심과 정견이 변하지 않는다. 정견이 변하지 않는다면 비록 잠시 염송과 수행에 소홀함이 있어도 무난하지만, 정견이 변한다면 처음에는 염송과 무문관 수행 등을 잘 하는 것 같지만 얼마 후에는 변하여 계속할 수 없게 되기가 쉽다. 정견과 수행 방면에서 미팡 린포체의 교언은 중요하므로 반드시 기억하여 잊지 말아야 한다.

아래에서는 정해신定解信의 필요성을 강의한다.

希有法稱月稱師 善說一同之光茫 희유법칭월칭사 선설일동지광망
照射佛敎廣天道 摧毀一切黑暗疑 조사불교광천도 최훼일체흑암의
희유한 법칭과 월칭 논사가 설하신 법의 동일한 빛줄기가
불교의 큰 길에 비치어 일체 암흑 같은 의심을 부순다.

인명학과 중관학의 개창開創은 불교에 대한 두 가지의 대표적인

결택決擇이다. 즉 명언결택名言決擇인 법칭 논사法稱論師의 종파와, 승의결택勝義決擇인 월칭 논사月稱論師의 종파가 있는데, 이 두 논사의 불교에 대한 공헌은 매우 크다. 후대의 학인이 이 두 가지 광대한 선설善說을 수학하면 불교의 깊은 뜻을 쉽게 이해하게 된다.

 법칭 논사는 인명학因明學으로 불공의 시디(悉地, siddhi, 묘성취)를 얻었다고 인도불교사에 소개되어 있다. 월칭 논사는 용수보살의 중관中觀을 널리 전하여 『입중론入中論』, 『중관진보기中觀珍寶記』, 『현구론顯句論』 등을 저술했고 중관응성파(中觀應成派, Prāsaṅgika Madhya-maka, 귀류논증파)를 개창하였다. 불공의 시디를 얻어 벽을 장애 없이 드나들고 그림의 소에게서 우유를 짜는 등 많은 신통을 보였으며, 인도의 많은 외도와 변론하여 그들의 주장을 항복시켰다. 이로 인해 '희유법칭월칭사希有法稱月稱師'라고 불리는데, 월칭 논사는 주로 석가세존의 제2차 법륜의 의의를 결택했고, 법칭 논사는 제3차 법륜에 대한 명언 방면의 교리에 대해 결택을 하였다. 각기 중관과 인명 방면의 많은 논서를 저술하였다.

 두 논사께서 동시대에 계시면서 명언결택의 논서와 승의결택의 논서를 같이 세상에 드러내 빛나게 한 것을 일월의 빛에 비유하여 '일동一同'이라고 한 것이다. 그 설법이 마치 해와 달의 빛이 불교의 천도天道에 비치는 것과 같았는데, 천도는 허공虛空의 의미이다. 티베트 '소오명학小五明學'의 하나인 사조학辭藻學[14]에서 허공은 천인天人이

---

14 학문 분야를 말하는 오명五明은 대오명大五明과 소오명小五明으로 구분된다. 공예학工藝學(건축·인쇄), 의학醫學, 성명학聲明學(문장내용 해석), 인명학因明學(논리학), 불학佛學 등을 대오명이라 하며, 수사학修辭學(작시作詩), 사조학辭藻學(은유·비유

다니는 길이므로 천도라고 한다고 해설되어 있는데, 이는 인명과 중관에 대하여 결택한 두 분 논사의 논이 마치 일월의 광명이 불교의 하늘에 비치는 것과 같음을 말한 것이다.

당시 소승교법은 쇠퇴하고 용수보살께서 소승 18부의 일부 관점을 취합하였지만 외도와 소승의 견해가 잔존하며 불법의 진의를 왜곡하고 있었는데, 이때에 월칭과 법칭 두 논사의 논서가 불교의 천도天道상에 비치어 어두운 의심과 깨닫지 못하거나 잘못 깨달은 일체 사견, 그리고 실상을 의심하는 무명의 일체 관점을 부수었다. 만약 법칭과 월칭 논사의 논을 배우지 않으면 불법을 널리 펴는 데 진실한 역할을 하기가 어렵다. 이것이 미팡 린포체께서 두 논사의 논을 수학할 필요성을 특별히 설명한 이유이다.

아래에는 무엇 때문에 두 논사의 공덕이 이같이 크고 또 그 논서를 수학할 필요가 있는지에 대하여 설명한다.

名言觀察之因明 無誤取捨與退進 명언관찰지인명 무오취사여퇴진
명언으로 관찰하는 인명은 인과 취사와 외도 퇴진에 그릇됨이 없다.

이 게송은 주로 법칭의 인명학이 불교에 어떻게 쓰이는지와 불교에 대한 공헌에 관해서 강의하고 있다. 인명은 주로 명언세속제名言世俗諦

___

법), 운율학韻律學(게송偈頌·시구詩句 배합 규칙), 희극학戱劇學(가무歌舞 이론), 성상학星相學(천문역산天文曆算) 등을 소오명이라 한다. 열 가지 분야에 통달한 학자를 '빤디따'라 부른다.(『고경』, 2020년 5월호, p.143 참고)

의 건립 방면을 관찰하고 그 관찰 시 어떤 작용을 일으키는지를 논의하는데, 이것이 곧 '무오취사여퇴진無誤取捨與退進'이라는 의미이다. 이것은 우리가 불법을 배우는 중에 인명·논리가 반드시 취사에 그릇됨이 없어야 함을 말하는 것으로, 세간에서 삼보의 성립, 인과의 성립, 선악을 짓는 것 등에 대하여, 비량比量의 방식과 현량現量의 방식을 사용하여 교증敎證과 이증理證으로써 취사에 오류가 없도록 하는 것과 같다. '퇴진'은 외도에 대해 나아가지 않고 물러나게 함이고, 불법교리를 수학함에 대해 취사에 잘못됨이 없게 함이며, 인명을 잘 배우면 인과를 바르게 취사함에 큰 도움을 받게 된다. 어떤 이는 인명이 분별에 속하므로 선종·밀종의 수행에 필요하지 않다고 말하기도 한다. 사실 밀법에 대해 영원히 불변하는 신심을 갖춘 사람이라면 굳이 인명을 배우지 않을 수도 있으나, 일반인은 이런 신심을 갖추기 어려워 처음에 신심이 있더라도 훗날에 그 신심이 퇴보할 수 있으므로, 먼저 인명을 배워 삼보에 대한 신심과 인과 취사에 대한 확신을 얻어야 한다. 인명을 수학한 사람은 견지의 결택이 매우 정확하며, 인명을 모르면 불법에 대해 잘못 이해하게 되고 영원하지 않은 일시적인 신심만을 갖게 되는 위험이 있으므로 인명은 매우 중요하다.

　우리가 미팡 린포체의 이러한 논을 만난 것은 큰 행운이고, 어떻게 설법해 가시는지 잘 살펴보아야 하며, 이 설법 외에 더 특별한 구결은 없다. 미팡 린포체께서 다시 이 세상에 나신다고 하면 그 몸은 평범한 인간의 모습이겠지만, 그 법문은 여전히 이 세상에 전해져 우리가 실제로 배우고 수행할 수 있다.

尤其佛法及本師 獲得定信惟一門 우기불법급본사 획득정신유일문

더욱이 불법과 본사에 대해 정해신을 얻는 유일한 문이다.

　인명은 불법에 대해 신심을 일으키는 데 큰 도움을 준다. 인명을
잘 공부하여 부처님과 불법에 대해 교증敎證, 이증理證 및 일반 비량比
量15 등의 방식으로 논증해 나가면, 외도들의 "중생이 부모가 아니다."라
는 관점이나 "이론상으로나 자비심을 발해야 한다."라고 말하는 등
정확하지 못한 주장을 모두 파할 수 있어, 석가모니 본사와 불법에
대한 절대적인 신심이 생기게 한다. 석가모니 본사는 바른 이치로
정법을 설하신 스승이라는 점에 대하여 『석량론釋量論』 제3품에서
이증理證의 방식으로 분명하게 설명하고 있다.

　불자들이 누군가로부터 석가모니가 정량正量이 되는 이유에 대하여
질문을 받는다면, 붓다께서 설하신 말씀은 거짓 없음이 논리로 증명되
고 과학에 비춰보아도 한 점의 거짓도 없다고 대답해야 한다. 우리가
인명 논리의 논증 방법으로 말하지 않으면 외도가 굴복하지 않게
되므로, 붓다의 4제·인과·12인연법으로 이증을 삼아 그릇됨 없이
설하기 위해서는 인명학을 통하여 붓다와 교법에 대하여 논리적인
방법으로 결정적인 믿음을 내야 한다.

　이상에서 법칭 논사의 인명이 인과를 취사하고 윤회를 해탈하는
면에서 중요한 역할을 하는 점을 설명하였다.

　인명의 논증 방식은 매우 미세하며, 그것을 명상분별의 한 축으로

---

15 '비량'은 추리에 의한 인식. 어떤 사실을 근거로 해서, 그것과 같은 조건하에
　있는 다른 사실을 미루어 헤아림을 의미한다.

보면 안 된다. 대원만을 수행할 때 잠시 집착을 하지 않음도 대단한 것이 아니고, 논사가 전하는 법륜은 중생의 엄중한 사견을 제거하는 것이니, 우리는 오랫동안의 문사수聞思修을 통해야 사견을 없애게 되므로 인명의 연구는 중요하다. 신자가 "지금은 스승과 대원만 법에 신심이 있으나, 인명에는 신심이 없다."는 등의 태도를 가지면 언젠가 수행 중에 어려움을 만나게 된다.

因明論及眞實義 決擇勝義之理智 인명론급진실의 결택승의지이지
如是能明無垢量 勝乘中觀此二相 여시능명무구량 승승중관차이상

인명론과 진실한 도리는 승의를 결택하는 이치와 지혜이고
이같이 오염이 없는 정량을 밝히는 수승한 중관에는 이 두 가지 상이 있다.

　'진실의眞實義'는 일체 희론 분별을 여읜 제법본성으로, 이에 대한 결택은 승의제의 이지理智적 관찰방법이 필요하며, 이는 곧 승의제의 이증이 된다. 월칭보살이 중관응성파에 있어 승의제를 설한 것은 일체 희론 분별을 여읜 것이고, 특히 입정入定 삼매 중에 일체 희론의 분별을 여읨은 월칭보살의 구경 관점이며, 이는 승의량勝義量이자 무구량無垢量이며, 곧 수승한 승의 중관이니 다른 승乘과는 비교가 될 수 없다.

　'차이상此二相'은 인명과 중관 두 가지를 가리킨다. 세속과 승의 두 종류의 관점으로 매우 수승한 것이며, 이는 각각의 작용 방면을 좇아서 설한 것이다. 불교를 수학하는 사람은 이 두 가지 관점을

40

원융무애하게 하고 쌍으로 운용雙運하는 방식으로서 이해해야 하니, 명언관찰에만 의거하거나 아무 집착도 하지 않는 승의제만 고집하는 것은 모두 옳지 않다.

이상에서 서술한 월칭과 법칭, 중관과 인명, 심심甚深과 광대廣大 등의 두 가지 관점을 원융무애하게 이해해야 비로소 불법을 증오할 수 있다.

善學智慧睜二眼 本師善說聖教道 선학지혜정이안 본사선설성교도
于彼不隨爲他轉 應贊眞實通達者 우피불수위타전 응찬진실통달자
바르게 배워 두 지혜의 눈을 떠 본사의 법설인 성교의 도법을 알게 되면
이를 따라 사견에 전도되지 않으니 응당 진실로 통달한 자임을 찬탄 한다.

위에서 설한 인명과 중관 방면의 논서를 배우고 연구하며 그 지혜를 닦아야 한다.

'정이안睜二眼'은 인명과 중관을 비유한 것으로, 인명과 중관을 통해 열린 안목이 있으면 석가세존이 설한 불법에 대하여 결정적인 신심이 생기게 된다. '본사선설성교도本師善說聖教道'는 곧 본사께서 제3차 전법륜 중에 설하신 바의 성도聖道로, 비교적 원융한 도법이다. '피彼'는 성교聖教를 가리킨다.

중관과 인명의 기초가 있으면 성교에 대하여 다른 사람의 견해에 좌우되지 않게 되고 반드시 중생들을 이롭게 할 수 있으니, 중관과

인명은 특별히 중요하다. 많은 신도들이 굳건한 신심이 부족하여 기공과 외도법을 배우고, 관세음보살 정근으로 복이나 구하는 현상이 많지만, 이런 방법으로는 불법에 대한 의심을 없앨 수 없으며 자기의 해탈도 성취하기 어렵다.

근래에 밀법을 배우는 사람들 중에 자신의 욕망을 채우려고 하는 자가 많고 해탈을 위하는 이는 적다. 밀법을 믿는 모든 이가 정견을 갖췄다고 보기 어렵고, 일부 탐욕이 많은 수행인은 대원만을 성취하여 명예를 얻고 병을 치료하는 능력을 얻어 사욕을 채우고자 하는 등 다른 여러 목적을 가지는 경우가 적지 않다. 우리가 수행 중에 마장을 겪게 되면, 진실로 윤회를 싫어하고 불법에 신심을 내며 정지정견을 갖춘 이가 많지 않음을 알게 된다.

우리는 미팡 린포체의 이 논을 배우는 기회를 귀하게 여겨야 한다. 또한 이 논의 도리를 이해하고 정해의 신심을 내기 위하여 자신의 근본스승과 미팡 린포체께 기도를 올려야 한다. 만약 우리의 정해신이 견고하면 설사 어떤 일을 해도 외도에게 속지 않고 결과가 좋게 되니, 정견을 결택하는 것은 매우 중요하다. 밀법을 배우고자 하는 이가 인명과 중관이 복잡하다고 하거나 자신은 대원만 근기가 아니라고 말하는 것은 옳지 않으며, 무구광 존자나 롱수 반즈다 같은 분을 찬양하고 본받아야 한다.

지금까지 설명한 법칭 논사의 인명과 월칭보살의 중관의 두 가지 관점이 원융무애하다는 것에 대해 많은 고승대덕들이 생각을 같이 한다. 이 다음은 미팡 린포체의 일곱 가지의 문제에 대해 연기와 내력의 내용을 좇아서 한 사람이 묻고 다른 사람이 답하는 방식으로

42

해설한다.

如此思維仙人前 頓到一位流浪者 여차사유선인전 돈도일위유랑자
爲作推測辯難故 如此詢問七疑問 위작추측변난고 여차순문칠의문
이같이 사유하는 선인 앞에 한 분의 유랑자가 나타나
추측하고 변론함을 지어서 아래와 같이 7개의 문제를 묻는다.

'여차사유如此思維'는 곧 석가세존의 전법륜과 인도의 육대장엄六大
莊嚴이 널리 홍양한 교법을 사유하는 것이다. 티베트에 여러 종파가
있고 인도에도 유식파와 중관파 등이 있지만 참으로 원융무애한 해석
방법은 적기 때문에 여기에서 바르게 사유함을 요한다.

공정한 선인仙人이 이같이 불법을 사유할 때에 한 분의 인명에 밝은
유랑자가 와서 선인의 근기와 지혜를 시험하고 얼마나 관점들을 잘
이해하는지 보고자 하여, 한편으로 추측하고 한편으로 변론하는 방식
으로 선인에게 일곱 가지 문제에 대하여 질문하고, 남의 말을 빌리지
않고 선인 스스로의 관점을 들어 답하도록 주문하였다.

隨聲他宗何智者 將自安心善鑒別 수성타종하지자 장자안심선감별
所問此難令速答 則明如見內智慧 소문차난영속답 즉명여견내지혜
다른 어떤 종파의 소문난 지자智者는 자신의 안정된 마음으로 잘
감별하고
묻는 바 이 문제를 속히 대답하며 곧 내면의 지혜를 따라 견해를
밝힌다.

먼저 잘 회답해야 함을 말한다.

회답하는 사람이 자신의 견해에 의하지 않고 다른 종파나 사람의 교법을 가져와 자기의 견해로 삼아 대답하는 것은 지혜로운 것이 아니다. 자신의 이해가 충분하지 못하여 이 책 저 책에서 베껴오는 것은 옳지 않으며, 자신의 분명한 관점을 표출함이 옳다. 또한 경론과 조사의 규결을 의지하는 것은 좋으나 모두 베껴와 그대로 반복하여 다른 이에게 보여주는 것도 의미가 없다. 자기의 견해를 교증과 이증, 그리고 조사의 규결에 비추어 보고, 자신이 정진수행으로 체험한 내용을 바탕으로 회답하는 게 옳다.

이 게송의 의미는 유랑자가 선인에게 문제를 제시한 것에 대하여 분별을 쓰지 말고 수행을 통하여 깨달은 내심의 지혜를 써서 신속하게 대답할 것이며, 만약 세간팔법에 떨어져 수행에서 얻은 지혜가 없으면 대답을 잘 못하는 과실을 범하고 문답의 의의가 없을 것임을 말한 것이다.

多聞象鼻雖伸長 而如井水深法水 다문상비수신장 이여정수심법수
未受尙求智者名 如同劣種貪宮女 미수상구지자명 여동열종탐궁녀
다문의 코끼리가 코를 길게 뻗어도 깊은 샘물 같은 법의 물을 얻지 못하면서 지혜자의 명예를 구함은 천한 여인이 궁녀가 되기를 람함과 같다.

사람들이 유식·인명·중관 등 5부 대론에 대하여 표면상으로 보기에 매우 많이 연구한 것 같다. 하지만 코끼리의 코끝으로 '많이 읽고

배움(多聞)'을 비유한다면, 다문한 사람이 교만하여 남 앞에서 자기의 공덕을 자랑하는 것은 아무리 코끼리가 코를 길게 뻗어도 깊은 우물의 물은 마시지 못하는 것과 같다.

깊고 깊은 우물물과 마찬가지로, 현교와 밀교의 모든 법의 이치는 깊고 넓어서 아무리 다문한 수행자라도 통달하기는 어렵다. 그러함에도 불구하고 어떤 사람들은 미천한 공부를 의지하고 켄포(堪布)나 대지자大智者가 된 것처럼 생각하여 허다한 사람들이 자기를 공경해 주기를 바란다. 그것은 마치 천민이 궁녀가 되기를 탐하는 것과 같다. 이상으로 잘 대답하는 공덕과 대답하지 못하는 과실을 설했다.

아래에서 일곱 가지 문제를 강설하고 있는데, 여기에서 선인은 닝마파 수행자를 비유하고, 유랑자는 다른 교파의 사람을 가리킨다. 유랑자가 일곱 가지 문제를 먼저 제시하기 시작한다.(간략하게 일곱 가지 문제의 요점을 먼저 서술한다.)

제1 문제: 바른 견해(正見)의 두 가지 차법遮法은 어떻게 설명되는가?

중관에서 정견을 결택할 때에 모든 사물을 다 파해야 하며, 그 파하는 방법에는 몇 가지가 있다.

어떤 경우는 '비차非遮'로써 파하는데, '비차'는 곧 '실로 있는 것이 아님(불시실유不是實有)'을 말하므로 '불시不是' 등을 써서 파한다. 어떤 경우는 '무차無遮'로서 파하는데, '무차'는 곧 '무실유無實有'로서 파함이다.

어떤 사람은 '비차'가 맞는다고 생각하고 어떤 사람은 '무차'가 맞는다고 생각하는데, 그렇다면 어느 것이 맞는지에 대하여 닝마파의 관점으로는 어떻게 설명되는가? 너희의 정견은 '비차'인가 '무차'인가?

제2 문제: 성문과 연각은 어떻게 이무아二無我를 증득하는가?

성문과 연각에 대하여, 어떤 종파는 2무아를 증득했다고 말하고 어떤 종파는 두 가지 다 증오하지 못했다고 하며, 어떤 종파는 다만 인무아를 증득했다고 설하고 어떤 종파는 인무아人無我는 증득하고 법무아法無 我는 아직 완전히 증오한 것이 아니라고 말하는 등 각종 설법이 있다. 그렇다면 성문과 연각은 도대체 어떻게 2무아를 증오하는가?

제3 문제: 입정入定 뒤에는 집착이 있는 것인가 없는 것인가?

어떤 사람은 정에 들면 집착이 없고 조금의 집착이 있는 것도 옳지 않다고 말하며, 어떤 사람은 조금의 집착은 필요하며 집착이 없는 것도 옳지 않다고 설한다. 그렇다면 도대체 선정 시에 집착이 있는 것인가 없는 것인가?

제4 문제: 관찰수행(觀察修)인가 안치수행(安置修)인가?

수행 중에서 한편으로 수행하면서 한편으로 자기의 수행을 관찰하는 것이 옳은가? 어떤 이는 관찰할 수 없고, 안주하여 다 내려놓아야 한다고 설하는 면이 있는데, 도대체 두 가지 중에 어느 방식으로 수행하는 것이 옳은가?

제5 문제: 승의제와 세속제 중에서 어느 것이 중요한가?

어떤 사람은 승의제가 중요하다고 말하고 어떤 사람은 세속제가 중요하다고 말하는데, 두 가지는 어떻게 설명되는가? 둘은 서로 평등한가? 아니면 더 중요하고 덜함의 구별이 있는 것인가?

제6 문제: 불이不二 중생이 똑같은 경계를 볼 때 각기 어떻게 보는가?

육도중생은 '하나가 아님(不一)'이고, 그들이 '한 그릇의 물'과 같은 하나의 물체를 볼 때, 그 보이는 바 경계는 도대체 각자가 어떤 모양인가? 물체가 있는가 혹은 없는가?

제7 문제: 중관은 유와 무를 승인하는가 승인하지 않는가?

최후에 견지見地를 결택할 때에 중관응성파는 어떤 것도 승인하지 않는다고 여기는 사람도 있고, 승인한다고 생각하는 사람도 있다. 그렇다면 유와 무를 승인하는 면에서 도대체 어떤 견해인가?

이상과 같이 일곱 가지의 문제를 물은 것으로, 위의 해설은 주로 공의 도리에 의지하여 설명한 것이며, 특별히 중관에서 공성을 결택하는 방면의 이치로써 묻는 것이다.

此說深奧七難題 與不相違聖教義 차설심오칠난제 여불상위성교의
以理卽成請答復 이리즉성청답부

이곳에 설한 심오한 7난제를 성교의 뜻에 서로 어기지 않고 이치에 맞게 회답해 주기를 청한다.

나 유랑자가 설한 매우 심오한 일곱 가지 문제에 대해 당신이 대답할

때에는 성인의 가르침과 다르지 않아야 한다. 특별히 닝마파의 무구광
존자, 롱수 반즈다의 논저와 다르지 않게 답해야 하며, 또한 인명
방식의 이증을 써서도 능히 성립하는 방식으로 대답하기 바란다.

『정해보등론』에서 먼저 일곱 가지 문제의 연기를 말하고, 미팡
린포체께서 유랑자와 선인이라는 가상의 인물을 등장시켜 유랑자가
선인에게 일곱 가지 의문점을 물었으며, 이 일곱 가지를 모두 공성의
이치로서 설했으며, 선인에게 성교를 어기지 않는 기반 위에 이증의
방식으로 대답해 줄 것을 청하였다. 선인이 답하기 어려운 면을 좇아서
질문하였는데, 비단 그 뜻을 공성의 기초에 두었을 뿐만 아니라, 그
표현하는 용어도 뜻을 이해하기 어렵게 하였다.

아래에 계속하여 선인에게 말한다.

因明語珠荊棘矛 十萬誰刺亦不穿 인명어주형극모 십만수자역불천
諸大迷惑之難處 應說長舌伸如電 제대미혹지난처 응설장설신여전
십만 개의 가시 같은 인명 용어의 창으로 그 누가 찔러도 뚫지 못하는
모든 큰 미혹의 어려운 문제를 응당 긴 혀를 펴 번개같이 답해야
한다.

일반적인 인명학으로는 이 일곱 가지 문제의 심오한 의미에 대하여
해석하기 어렵다. 어떤 교파에서는 일생 인명을 배우고 변론을 행하지
만, 이 심오한 문제의 뜻을 통달하기 어렵다. '인명어주因明語珠'라
함은 인명의 용어를 따라서 해설할 때 그 말 하나하나를 연결하는

것이 염주를 꿴 것 같음을 말한다. 그 인명의 논점이 '형극모荊棘矛'의 가시 같은 창끝처럼 뾰쪽하여도 견고한 물체를 뚫지 못하며, 그저 부드러운 물질만 뚫을 수 있다.

'인명어주'가 가시로 만든 창과 같아 '십만수자역불찬十萬誰刺亦不穿'이니, 아무리 많은 인명의 논전이 있어도 단기간 내에 위의 어려운 문제를 통달하기 힘들다. 십만 개의 가시로 찔러도 뚫지 못한다고 한 것은 인명에 대하여 통달하여도 다만 변론에 그칠 뿐, 위의 문제를 해석할 수 없음을 비유한 것이다.

'제대미혹지난추諸大迷惑之難處'는, 황교黃敎와 화교花敎[16]의 많은 대덕들이 이 문제에 대면하면 어려워서 모두 알 수 없음을 말한다. 이전에 인도와 티베트의 대덕 아라한도 "2무아를 증오하였는가."라는 문제에 대하여 어떤 이는 증오했다고 말하고, 어떤 이는 법무아는 조금도 깨닫지 못했다고 하며, 어떤 이는 조금 깨달았다고 한다. 이 방면의 이 같은 어려운 문제를 만나면 어찌해야 할지 판단하기 어렵게 된다. 이 문제는 인명으로는 답을 얻지 못하고 이전의 대덕들도 회답하지 못한 면이 있으므로, 유랑자는 선인에게 시간 끌지 말고 즉시 대답하려면 빨리 『정해보등론』을 지으라고 청하고 있다.

'응설장설신여전應說長舌伸如電'은, 선인이 대답을 위해 시간을 끌며 생각을 짜 맞추지 말고, 짧은 시간 내에 이 일곱 가지 난제에 대하여 교증과 이증으로써 회답하라고 청한 것이다.

---

16 황교는 티베트 불교의 '겔룩파(格魯派)'를, 화교는 '사까파(薩迦派)'를 말한다. 한편 닝마파(寧瑪派)는 '홍교紅敎', 까규파는 '백교白敎'라 한다.

如是智慧勸語風 縱微震動仙人心 여시지혜권어풍 종미진동선인심
如末劫風搖山王 稍持不語禁行後 여말겁풍요산왕 초지불어금행후
그런 지혜로써 언어의 바람을 일으켜 선인의 마음을 조금 움직이게
하니
말겁의 바람에 산왕의 움직임과 같이 잠시 말없이 침묵을 지킨다.

여기서 '지혜'는 유랑자가 자신의 풍송諷誦조로 선인에게 난제에
회답하는 논을 지으라고 권하는 것을 말하는 것이다. '종미진동선인심
縱微震動仙人心'은, 유랑자의 권하는 어세의 진동이 비록 미약하지만,
선인의 마음에 대하여 의지를 발동시키는 것이 말세 겁의 바람이
수미산왕을 흔들리게 하는 것과 같다는 것이다. 이 일곱 가지의 문제가
비록 작으나 선인이 큰 어려움을 만난 것과 같으니, 마치 말겁의
바람에 산왕이 놀라 움직이는 것처럼, 마음속으로 답을 못할까 봐
걱정하는 두려움에 어찌할 바를 몰라 선인이 잠시 말없이 침묵을
지킨다.

이 부문에 대하여 두 가지 해석이 있다. 미팡 린포체가 이 논을
지은 후에 제자 근훠 린포체에게 전수하였고, 근훠와 그의 제자 니덩의
강의록에는 위와 같이 해석되었으나, 초시쟝양 도르제의 강의록에선
같지 않은 부분이 있다. 그가 해설한 내용은, 유랑자가 선인에게 권하는
어세는 미미하지만, 선인의 마음을 동요시켜 기쁘게 논을 쓰게 하고자
하는 마음을 일으킨 것이 커서 말세 겁의 바람이 산왕을 흔든 것과
같다고 해석한다. 그는 '내가 이전에 논을 짓지 않거나 설하지 않았던
좋지 않은 행위들을 버리고, 내 마음에 있는 현교와 밀교의 뜻을

50

드러내어 알릴 수 있기에 매우 기쁘다'라고 생각한다. 게송 중의 '금禁'
과 '행行'이 해석을 다르게 한 것이다.

선인이 어찌할 도리가 없어 선정에 들어 전승상사께 기도 올리고
난 후, 아래의 게송을 설한다.

鳴呼百般依苦行 又復觀察智慧火 오호백반의고행 우부관찰지혜화
連續盛燃彼等亦 此難未能立無垢 연속성연피등역 차난미능입무구

오! 백 가지로 고행하며 또 관찰하는 지혜의 불꽃으로
계속 태우며 연마하는 그들 또한 이 문제에 미혹 없음을 세우지 못했다.

이곳에서 선인은 미팡 린포체이다. 선인의 명을 빌려 구술하는
방식으로 강설한 것이다. 유랑자가 이 어려운 문제를 물었을 때 그는,
인도와 티베트의 의복과 음식이 부족한 중에 난행고행하며 계속하여
지혜의 불꽃을 왕성하게 단련해 왔던 많은 고승대덕이 이 문제에
대하여 능히 허물이 없는 청정한 답을 세우지 못하는 것을 탄식한다.
위에서 강의한 일곱 개의 문제에 세세생생의 고행으로 지혜를 연마함
을 지속해 온 그들이 무구의 관점을 건립하지 못했고 자기의 진정한
관점이 없으며, 선인인 미팡 린포체 역시 그들과 다를 바 없다며
겸허함을 표한다.

俱生辯才意力微 亦未承受長學揎 구생변재의력미 역미승수장학단
況吾劣者由何答 內愁呼喚妙吉祥 황오열자유하답 내수호환묘길상

타고난 지혜와 변재가 미약하고 또한 오랜 배움을 받지 못한 나같이 하열한 자가 어찌 답할까 안으로 근심하며 문수보살께 기도드린다.

나(미팡 린포체)는 숙세로부터 지혜와 변재가 적은 사람이고, 일찍이 장기간 경전을 배우는 노력을 하지 않았다.[17] 미팡 린포체께서 이 논을 지으실 때는 7세였고, 그때까지 린포체는 직매츄지왕뽀의 강석에서 7일간 『입보살행론』 강의를 들었을 뿐 기타의 법은 들은 적도 없으시다. 그러므로 세세생생의 고행으로 지혜를 연마한 고승대덕과 비교할 수 없고 지혜와 변재가 미치지 못하니 어떻게 이 법의 뜻을 깨달을 것이며, 무엇을 가지고 대답할 수 있을 것인가? 이에 내면의 근심을 덜어 내고자 문수보살을 향해 기도드린다.

이 게송을 볼 때 후에 배우는 학인들도 어려운 문제를 만나면 자기의 근본스승과 본존께 기도 올려야 한다.

爾時思彼加持故 于心顯如黎明時 이시사피가지고 우심현여여명시
稍得辯才之機緣 以理察說善說義 초득변재지기연 이리찰설선설의
이때 그 가피를 청한 연기로 마음에 여명과 같은 지혜가 나타나 약간의 변재를 얻은 기연으로 이치로써 살펴 선설의 뜻을 설한다.

미팡 린포체께서는 기도 후에 문수보살의 가피를 받았다고 생각되면

---

17 린포체께서 겸양으로 말씀하신 것이다. (원역자 주)

서 마음에 새벽의 해 뜨는 것과 같이 지혜가 나타남을 느꼈다. '초득변재지기연稍得辯才之機緣'은, 조금의 변재와 지혜를 얻은 인연으로 위의 일곱 가지 난제를 회답하는 데 곤란함이 없어졌음을 말한다.

따라서 위의 일곱 가지 문제에 대해 교증과 이증의 방식으로 경·논의 도리에 비추어 닝마파의 관점이 어떠한지를 해설한다. 여기에서 '선설善說'은 경·논과 룽첸빠 존자, 롱수 반즈다의 논을 가리킨다. 아래는 이 도리의 규결을 설한다.

이상이 이 논의 연기이다. 즉 『정해보등론』이 어떻게 생기게 되었는가를 강설한 것이다. 아래에서는 '옴아르바자나더(嗡阿日阿巴礼納德)'의 일곱 글자의 방식으로 일곱 개의 문제를 강의할 것이다. 이 일곱 개의 문제가 이 논서 전체의 핵심 내용이다.

이 논은 견見·수修·행行의 모든 면에서도 중요하므로 게송은 암기하는 것이 좋으며, 이 논서와 『입중론入中論』은 세세생생 여의지 않아야 한다. 불교 수행자가 가피력이 큰 미팡 린포체의 이 논을 깊이 이해하면 일생 사견에 빠지는 일은 없을 것이고, 이 논의 게송을 외우면 미팡 린포체와 근본스승에 대하여 좋은 공양이 된다. 이상으로 논을 짓는 의의와 연기에 대한 설명을 마친다.

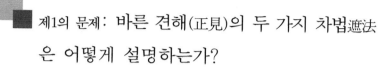

제1의 문제: 바른 견해(正見)의 두 가지 차법遮法 은 어떻게 설명하는가?

중관응성파는 정견을 결택하는 것이 반드시 필요하다. 우리가 밀법이나 기타의 법을 수학할 때 정견이 필요하며, 이때 이증과 교증의 방법으로 정견을 결택해야 한다. 유부有部·경부經部·유식唯識·중관中觀 등 여러 종파가 정견을 결택하는 면에 있어서 같지 부분이 있고, 특히 대승의 각 파가 정견을 결택함에 서로 같지 않은 점이 있으나, 그 수행방법은 기본적으로 동일하다.

미팡 린포체가 『정해보등론』에서 강의하고 있는 제1의 주요 문제는 정견의 결택에 관한 것이고, 제2의 주요 문제는 정견을 결택할 때 잘못된 노선에 관한 것인데, 예를 들어 성문이 공성을 증오했는가에 관한 것 등과 같은 점이다. 먼저 정견을 설하고 기타 종파의 결택하는 내용과 그 과실에 대하여 강의하며, 그 후에 중관응성파의 결점이 없는 정견의 건립에 관하여 설명할 것이다.

呵單見謂是無遮 其餘諸說卽非遮 가단견위시무차 기여제설즉비차
까담견은 '무차'라 말하고 그 나머지 모든 종파는 곧 '비차'이다.

먼저 '무차無遮'와 '비차非遮'를 알아야 하는데, 특히 중관과 밀법을

배울 때 이 두 가지 명사는 중요하다.

'무차'는 일반적으로 어떤 법을 부정한 후에 다시 제거해야 하는 그 어떠한 법도 남아 있는 법이 없는 것으로, 별도로 숨겨진 어느 한 법도 없음을 말한다. '무아'와 같이 전혀 없는 것이어서 무아의 이면에 그 어떤 법도 따로 숨겨두지 않음을 뜻하는 것이다. '비차'는 어떤 법을 부정하였을 때 다른 남겨진 법이 숨겨져 있음을 말한다. 마치 "바라문이 낮에는 살생하지 않는다."라고 하면 '낮에 살생하지 않음' 속에 밤에는 살생할 수도 있다는 뜻이 숨겨져 있는 것처럼, 어떤 사물을 부정한 후에 별도로 다른 한 사물이 숨겨져 있음을 뜻하는 것을 '비차'라고 한다.

무차는 부정한 후에 다른 법이 숨겨짐이 없으며, 정견을 결택할 때에 까담파와 닝마파 그리고 기타 교파 모두의 견해는 일체법이 다 실實을 삼는 집착이 되기 때문에 모든 일체법은 부정되어야 한다고 말한다. 그러나 이렇게 부정할 때에 유식종의 주장은 변계遍計의 일체법이 원성실圓成實 위에 없는 것이고, 청정한 의타기依他起 방면에 변계 혹은 세속의 법은 비어 공성이라고 하는데, 그렇다면 의타기의 진정한 뜻에는 곧 원성실이 반드시 하나의 실재하는 법이라는 뜻이 숨겨져 있으므로, 유식종 자체의 '밝은 마음(明心)'은 시종 파破할 수가 없게 된다.

일부의 법이 숨겨져 있음으로 말미암아 소승의 '오온五蘊'·'의식意識' 등은 큰 방면에서 파할 수 있지만, 비교적 미세한 것인 '무분찰나無分刹那' 같은 것은 파할 수가 없다. 일반적으로 그것은 '승의 중의 파함'으로 파해지나, 기본적으로는 '비차'에 속한다. 소승종파와 유식종의 그 관점은 모두 비차에 속하고, 그들은 승의제에 대하여 구경의 결택을 할 수가 없다. 중관자속파(中觀自續派, svātantrika, 자립논증파)는 승의제와 세속제를 나누어 강의하나 하나의 잘못된 견해이며, 미팡 린포체는 그들의 주장은 잘못된 것이라고 설한다.

이곳에서 먼저 까담파 종파의 견해를 강의한다. 본래 미팡 린포체는 어떤 강의본에서든 어떤 종파의 옳고 그름을 논한 적이 없다. 어떤 견해에 대해 근본적인 기반을 끌어내어 증명하기 위해서는 일반적으로 교증과 이증의 방식을 써야 한다. 여기서 까담파는 곧 황교인 겔룩파를 말하는데, 이전에 설명할 때 진정한 정견 방면에 있어 종카빠 대사의 잘못된 점은 없지만, 단지 일부 중생을 인도하기 위하여 그 중관응성파中觀應成派의 관점이 실제상으로 중관자속파의 관점도 된다고 한 바 있다.

'까담견(까담파 견해)'은 '무차'의 견해를 인정하는데, 그들의 관점을 비유로써 설명하자면 다음과 같다. '석녀石女의 아들의 모습이 없으면 곧 그 죽음도 없는 것'이라 할 수 있는 것처럼, 우리는 먼저 '실집實執'을 알아야 하고, 만약 '실집'을 알지 못하면 '실공實空'을 증오할 수 없는 것이니, 곧 석녀의 아들이 그 형상이 없으면 죽음도 없는 것이다. 우리가 최후에 깨달을 때 실다운 공성이 필요하고, 그 공성을 깨닫는 것은 실로 여기는 집착을 파하는 것이다. 이렇듯 '일체법을 실로 삼는 집착이 없음(일체법무실집一切法無實執)'이 곧 무차이다. 그들은 이러한 방법으로써 파하니, 이것이 바로 무차의 관점이다.

그 나머지의 기타 종파, 주로 죠낭파(覺囊派)의 견해는 주로 석존의 『시륜경時輪經』을 의거하여 종의를 세우는 것으로, 그 관점은 유식종의 견해와 기본적으로는 같다. 다만 같지 않은 점은 그들은 '자기의 마음이 청명하여 항상 있음(淸明常有)'을 인정하지 않으며, 그 청명한 심체를 '여래장如來藏'이라고 명명한다. 그들이 설명하기를, 현재의 여래장에 있어서 변계의 능취能取와 소취所取는 공한 성품이나, 여래장은 실제로 실을 이루어 있는 원만성실법圓滿成實法이라고 말할 수 있으며, 그 실질은 존재하는 것이라고 말한다. 죠낭파를 중심으로 하여 기타 까규파의 그런 관점이 바로 '비차'이다. 그 "능취와 소취가 실로 있음이 아니다(能取所取不實有的)."라고 했을 때, '비非'는 곧 '부不'의 뜻으로, 그 법을 파하는 것으로써 '아니다(不是)'라는 방식으로 사용한다.

앞에서 '무無'를 썼으나, 여기서는 '비非'를 써서 능취와 소취는 승의제가 아니고 진정한 승의제는 여래장이라고 설한다. '현재 우리가 보는 능취와 소취의 법은 승의제가 아니다'라고 하는 이 구문에서 실제로 승의제가 곧 여래장의 본성이라는 의미를 함축하고 있으며, 이는 곧 '비차'라고 한다.

아래에서 우리가 자체의 종의를 건립할 때에 곧 명백히 알게 될 것이지만, 만일 다만 '비차'만 인정한다면, 그것은 석존의 제2차 법륜에 대한 용수보살 등의 해석에서 여래장이 '항상 있음(常有)' 또는 '실제로 있음(實有)'이라고 인정하는 것인데, 이것은 곧 외도의 '항상 있는 자재自在한 아我'와 구분이 없기에 이치에 맞지 않게 된다. 이러한 관점은 겔룩파의 견해인 '실다운 공(實空)'과 같기에 인정할 수 없으며, 만약 하나의 실공을 인정한다면 곧 희론을 여읨을 성립시키지 못하기에 다만 '비차非遮'만 말한 것이다. 그래서 여래장이 실로 있음을 인정하면 2차 법륜의 관점과 어긋난다. 또한 만약 '무차'만 주장하면 제3차 법륜의 관점과 서로 위배되는 것이므로 우리의 종의를 건립할 때에는 인정하지 않는 것이 가장 좋다.

前譯自宗由何言　由于無二大智中　전역자종유하언　유우무이대지중
謂無所破遣除後　單獨無遮或非遮　위무소파견제후　단독무차혹비차
破後餘法爲何引　파후여법위하인

전역의 닝마파는 어떤 관점인가? 무이無二의 대大지혜 중에서
파하는 법이 제거된 후에는 단독의 무차 또는 비차도 인정되지 않으니,
일체법을 파한 후에 어찌 남은 법이 생기는가?

'전역前譯'은 닝마파를 가리킨다. 툰미상뿌자가 처음 번역한 경론부터 시작하여 롱수 반즈다가 번역한 경론을 기반으로 하여 건립한 종파를 '닝마파'라 하며, '전역'이라고 불린다.

자기가 자신에게 묻는 방식으로 묻되, 닝마파 당신들의 주장은 무차와 비차를 모두 인정하지 않는데 당신들의 관점은 무엇인가? 닝마파는 두 부류로 설하는데, 하나는 '둘이 아닌 지혜(無二智慧)'인 '근본혜정根本慧定'을 결택하고, 그 근본혜정 앞에서는 윤회와 열반 등 일체의 모든 법에 대하여 무차와 비차를 모두 인정하지 않으나, 반면에 향후에 비량比量의 방식을 써서 '파하고 세움(破立)'을 정할 때는 무차를 승인한다.

먼저 성자의 근본혜정을 결택하는 관점에서 설하면, 무이無二의 큰 지혜 중에 성자가 근본혜정에 들면 곧 '현상과 공성이 둘이 아님(顯空

無二'이 되기에, 이는 곧 '능취와 소취가 둘이 아닌 대지혜 경계 중에 들어 있음'이라 하며, 이를 '무無'라고 말한다. 이때의 '무無'는 일반적인 없음이 아니고 '희론을 여읜 없음'을 의미한다.

'소파견제후所破遣除後'는 죠낭파가 말하는 능취와 소취의 변계된 법을 말하며, 이것은 모두 '파해지는 것(所破)'이다. 크게 희론을 여읜 상태가 '무'라고 인정되며, 그 '파해지는 것'들은 크게 희론을 여읜 중에서는 이미 제거된다. 겔룩파가 말하는 '실을 삼는 집착(實執)'이나 혹은 기타 변계가 제거된 후 '둘이 아닌 큰 지혜(無二大智慧)' 중에서는 단독의 '무차'가 인정되지 않으며, 파해지는 것들이 이미 제거된 후에는 '비차' 또한 인정되지 않는다.

이미 일체법이 모두 파해진 후에 실집實執의 법이 어떻게 근본혜정 앞에 나타날 수 있겠는가? 법성이나 실공實空 같은 것은 다만 하나의 공성이자 하나의 법성 여래장일 뿐이기에 근본혜정 앞에 나타날 수 없다. 일체에 대하여 이미 파하여 마쳤기에 그 공空·불공不空·비공非 空 등이 모두 인정되지 않아 곧 사변四邊·팔변八邊을 모두 여의였다면, 기타 남은 다른 법이 어떻게 숨겨져 있다고 할 수 있겠는가?

彼二以意假호許 實上二者非承認 피이이의가립허 실상이자비승인
遠離一切破호二 超意本來之法性 원리일체파립이 초의본래지법성
저 들은 마음이 가립假호함을 허락하나 실제상에서 들은 승인됨이 아니며
일체의 파하고 건립하는 그 들을 여읨이 분별을 초월한 본래의 법성法 性이다.

'실집'과 '실공' 두 가지가 모두 이름과 언설로써 가립한 것이며, '여래장'의 본성과 '변계의 일체법', 이 두 가지는 그저 마음으로 세운 것이므로, 위의 무차와 비차에서 논하는 능파能破와 소파所破가 모두 마음에 가립假立한 것일 뿐이다. 유실有實(실로 있음)과 무실無實(실로 없음), 유위법과 무위법 등 또한 모두 의식의 마음에서 가립되었을 뿐, 인정할 수 없는 것이다. 실제상 근본혜정을 통달하게 되면 유실과 무실이 다 인정되지 아니하며, 삼매에 든 후의 근본지혜의 앞에서는 파하는 대상인 일체의 실집과 변계도 여의게 된다. 능취와 소취 등 세속의 법은 인정되지 못하는 것이며, 그러므로 건립할 법도 없는 것이고, 실공이나 여래장의 본성, 일체의 파함과 세움 또한 모두 다 인정되지 않는다. 실제로 일체의 의식을 초월하는 것이 곧 본성이고 실제상의 법성이다. 근본혜의 본성에 들어감이 곧 법성이고, 본래의 법성 중에 있어서 일체가 모두 인정되지 못한다. 이렇듯 성자聖者의 근본혜정에 있어서는 일체의 무차와 비차가 다 인정되지 못하는 것이 미팡 린포체의 첫 번째 관점이 된다.

또 다른 관점에서는 비량比量으로 결택할 때에 당연히 무차를 승인하는데, 위의 첫 번째 관점과 비량으로 결택할 때에 무차가 없음을 승인하는 것은 서로 모순되지 않는다. 까담파는 최후의 근본혜정에 들기 전의 단계에서는 하나의 공성을 결택하는데, 이것은 『선현밀의소善顯密意疏』와 『입중론入中論』에서 이에 대한 해설이 있다. 그러나 최후에 근본혜정에 들어가서는 실제상 이것은 하나의 공空에 대한 집착이며, 이치에 맞지 않는다. 위에서 설한 바 근본혜정에 드는 경계는 이와 같으며, 뒤에 결택할 때에는 비량의 방법을 사용할 경우 반드시 무차로써 파하게 된다.

由思維一空性理 若問可答卽無遮 유사유일공성리 약문가답즉무차
聖境具德月稱師 藏地榮素法賢二 성경구덕월칭사 장지롱수법현[18]이
한 공성의 이치를 사유해 보며 물음에 곧 무차라 답할 수 있고
덕을 갖춘 이는 인도의 월칭, 티베트에는 롱수법현의 두 분이 있다.

  그대가 공성의 도리로만 사유함을 따라 우리에게 도대체 무차인가
비차인가를 묻고 있다. '무차'라고 답하는 것은 공성의 도리를 따라
설한 것이고, 일체가 모두 존재하지 않는다는 것을 말한다. 실을 삼는
집착이 없고, 능취와 소취, 그리고 윤회와 열반을 포함하는 일체의
모든 법이 다 공성인 연고로 우리가 '무차'라고 답하는 것이다.
  그러면 이것은 어떤 근거에 의해서인가? 우리 닝마파가 비량을
쓸 때 무차를 쓰는 것은 일정한 근거가 있다. 인도의 덕을 갖춘 스승과
중관응성파의 조사들이 모두 비량을 씀에 있어 또한 무차를 썼다.
『현구론顯句論』 중에 어떤 사람이 "만일 자생自生이 아니면 그는 타생他
生이 아닌가?"라고 묻자, 월칭보살이 회답하여 말하되, "일체 모두
응당 무차로 인정하며, 자생·타생·공생이 모두 무차가 됨을 인정하여
공성을 결택한다."라고 했다. 많은 불경을 인용하여 교증을 행하기
때문에 월칭보살이 정견을 결택하여 비량을 쓸 때 무차를 쓴다고
하셨다.

---

18 인명(롱수 반즈다)이어서 게송의 '영소榮素'를 '롱수'라고 읽었다.

'장지롱수법현이藏地榮素法賢二'에서 법현은 '롱수 반즈다'의 이름을 말한다. 티베트에서 롱수는 매우 유명한 삼장법사로서, 롱첸빠 존자(無垢光尊者)와 함께 닝마파에 대한 공헌이 매우 크다. 아쉽게도 롱수 반즈다의 저작은 많이 유실되었고, 현재는『입대승론入大乘論』과『현현입위성존顯現入爲聖尊』등이 전해진다. 롱수 반즈다의 저작은 가피력이 매우 큰데, 특히 밀법 방면의 많은 진실한 관점에 대해『대환화망강의大幻化罔講義』등에서 자세히 설명하고 있으며, 후대의 제자들로부터 롱첸빠 존자와 더불어 깊은 존중을 받아왔다. 아티샤 존자가 티베트에 오셨을 때 어린 반즈다를 만나 변론하며 반즈다의 질문에 곤란을 당하기도 하여 그를 기특하게 생각하였으며, 그가 인도의 노모랑 반즈다의 화신임을 알았다. 반즈다는 어릴 때부터 배우지 않고도 대원만의 많은 밀법을 원융무애하게 정통하였다. 그는『입대승론入大乘論』과『대환화망강의大幻化罔講義』의 강의를 통해 닝마파에 공헌하셨고, 특히『입대승론』에서는 미팡 린포체와 같이 변론과 규결을 결합하여 설하셨다.

일반적으로 티베트에서 변론과 규결을 포함하여 강설하는 것에 대해서는 미팡 린포체가 가장 수승하다. 거롱빠 존자는 변론만 강설하였고, 근휘와 거란충주는 변론과 규결은 설하지 않고 문자 상으로만 강의하였다. 현재는 사견이 힘을 쓰는 시기이기에 변론과 규결 두 방면을 모두 써서 강설하지 않으면 사견이 중한 중생을 조복하기 어렵다. 만일 규결만 말하면 지혜가 적은 사람은 인정하지 않으며, 또한 변론만 말하면 어리석은 이가 수긍하지 않는다. 일반적으로 어려운 변론에 대하면 학자는 졸기 일쑤이고, 규결만 설하면 지혜가

적은 사람에게는 이익이 적기 때문에, 같지 않은 여러 근기의 중생을
제도할 때에는 변론과 규결을 모두 갖추면 좋다. 그렇지 아니하면
몇몇 근기는 섭수하기가 매우 어렵다.

　미팡 린포체의 강법과 같이, 때로는 법을 수행할 때 잘못될 수
있는 것을 설하고, 때로는 정견을 결택함에 있어서 잘못된 점을 설한
것이 매우 수승하다. 인도의 월칭보살이 『현구론顯句論』에서 정견을
결택할 때 설하시되, 비량을 두고서 논할 때에는 무차를 쓸 필요가
있고, 일체법은 모두 파함을 통해서 공성을 결택한다 하셨는데, 롱수
반즈다도 이와 같이 공성을 결택한다.

一至密意一同聲 成立本淨大空性 일지밀의일동성 성립본정대공성
두 분의 밀의가 서로 일치하니, 두 분 모두 본래청정한 대공성을
건립한다.

　월칭보살과 롱수 반즈다의 밀의와 설한 바는 완전히 일치하는 '일동
성一同聲'이다. 롱수 반즈다는 그 논 중에서 중관의 최후 정견을 안립할
때, 유식종이 주장하는 변계성과 의타기성을 공으로 본 후 원성실성을
요달하게 된다고 함을 인정하지 않고, 일체를 파하는 관점을 설하였다.
롱수 반즈다와 월칭 논사는 관점과 파하는 방식이 같았고, 정견을
결택할 때에 이미 본래청정한 대공성의 견해가 성립되었다. 즉 롱수
반즈다는 본래청정한 대원만견大圓滿見을 건립하였고, 월칭 논사는
중관의 대공성견大空性見을 건립하였다. 미팡 린포체가 아래에서 대원
만과 중관이 의의意義 방면에서 서로 일치함을 논하였으며, 그 두

가지가 설하는 방법은 다를지언정 깨달음의 경계는 같음을 설하였다.

　이상으로 다른 종파의 관점을 설하고 닝마파 자종의 관점도 설하였다. 즉 근본혜정에 드는 때에는 모두 희론을 여의며, 결택함에 있어 비량을 사용할 경우에는 무차를 인정하였다. 아래에서는 주로 비량의 관점에서 무생無生이나 청정淸淨을 인정함은 무엇 때문인지에 대해 강설한다. 즉 무차의 원인을 설하는데, 이제부터는 그 성립의 원인을 강설하고자 한다.

此法本來是淸淨 或說本無自性故 차법본래시청정 혹설본무자성고
因從二諦中未生 可說無生有何疑 인종이제중미생 가설무생유하의

이 법은 본래청정하고 혹은 자성이 없다 설하기에
이제二諦를 좇아 생겨남이 없음이니, 무생이라 설함에 어떤 의심이 있겠는가?

　무엇 때문에 이 법이 본래청정한 것이며, 본래 대공성이라고 설하는가? 윤회와 열반을 포함하는 모든 법, 또는 유정세간有情世間·기세간器世間의 모든 법, 혹은 유위법과 무위법 등의 모든 법이 본래청정하기 때문이다. 대원만의 견해에서 일체가 본래청정이라 하는데, 일반 공동밀종의 관점에서 바깥 외경의 색상은 본존의 형상이 되고, 일체 소리는 본존 심주의 소리이며, 일체의 망념은 모두 지혜의 현현이라고 하는 것 등도 모두 이 같은 방면을 좇아 관찰해 보면 본래청정한 것이다. '청정'은 일반적으로 밀종이 설하는 바이며, 롱수 반즈다와 롱첸빠 존자의 관점을 좇아서 말하면 일체가 모두 응당 청정한 것이며, 불청정

한 것이 없다.

대중관의 관점을 좇아서 말하면 윤회와 열반이 포섭하는 바의 일체 법은 본래 자성이 없다. 『중론中論』이나 혹은 기타 중관론 중에 설한 바와 같이, 일체가 모두 자생自生·타생他生·공생共生·무인생無因生을 멀리 여의며, 각 방면을 따라 살펴보면 본래 모두 무자성無自性이라고 하는데, 이것이 밀법의 관점이라고 이야기하지는 않았으나, 모두 밀법 의 관점을 거론한 것과 같다. 즉 중관의 관점, 특히 인도의 대중관의 관점은 티베트의 대원만의 견해와 일치한다. 미팡 린포체께서도 중관 의 무자성과 밀종이 설한 본래청정이 일치한다고 설하셨다.

'인종이제중미생因從二諦中未生'은, 승의제와 세속제 중에서 진실로 실상이 있는 경계는 생긴 적이 없음을 설한 것이다. 무릇 윤회와 열반이 속하는 제법이 승의 중과 명언 중에 생길 수 없음을 말하며, 일체 제법은 이제 중에 본래 불생이고 본래청정이다. '가설무생유하의 可說無生有何疑?'는, 이로써 일체 제법이 무생無生이라고 말할 수 있으 며, 이에 의심할 것이 무엇이 있겠는가 하는 것이다. '무생'은 곧 '무차'이 다. 우리 닝마파는 이증과 교증에 의거하여 비량을 결택할 때에 무생을 말한다. 이는 현교와 밀교의 모든 법의 관점과 서로 어긋나지 않으며, 무생이라고 설함에 의심할 것이 없다.

여기까지 닝마파가 인정하는 관점을 말하였으며, 아래에는 이를 부정하는 일부의 관점을 설명한다. 특히 까담파 중의 일부 이치에 맞지 않는 관점은 파해져야 하는데, 그들 관점의 문구를 잘 살펴서 현유실집顯有實執과 현공무별顯空無別 등에서 포함하는 '공空'의 의미 를 어떻게 이해해야 하는지를 알아야 한다. 그들이 표면상으로 일체법

이 공성이라고 하지만, 진실로 자세히 살펴보면 그들의 강설한 관점이
구경의 도리가 아님을 알 수 있다.

  아래의 강설이 중요하다.

柱子本來清淨後 其餘不空無少許 주자본래청정후 기여불공무소허
未破柱子謂無有 而謂非柱是何理 미파주자위무유 이위비주시하리
기둥이 본래청정한 공임을 안 후에는 기타 불공은 조금도 허락할
수 없는데
기둥은 본래 있지 않다고 함을 파하지 않고 기둥이 아니라는 주장은
무슨 이치인가?

  기둥으로써 만사만물을 비유하여, 기둥 등은 본래청정하고 본래
생겨남이 없기에 그 본성이 공성이라고 설하며, 그 공성의 후에 그
나머지 공하지 않는 법(不空法)이란 무엇인가? 이것은 있을 수 없으며,
공하지 않은 법은 조금도 인정될 수 없는 것이며, 이들이 말하듯이
'기둥이 실로 있다고 "집착함"이 공한 것(實執空)'이라면 그 본성은
공하지 않다(不空)는 뜻이 된다. 또한 많은 이들이 생각하기를 "만약
기둥이 본성이 공하면 곧 명언 가운데에 '기둥이 없다'는 과실이 있는
것이 아닌가?"라고 여기나, 이 같은 주장은 건립한 것을 파하는 바의
법이 실로 있다고 하는 것으로, 옳지 못하다. 기둥이 이미 공하였다면
기둥 이외의 기타의 법에 공하지 않는 법이 어디 있을 수 있겠는가?
이렇게 추리를 확대해 간다면, 윤회와 열반을 포함하는 일체법의

본성은 모두 공한 것을 알 수 있다.

이 같은 '공空'은 석가세존의 경전으로써 교증할 수 있다. 세존께서 색色은 색色을 말미암아 공하고, 소리(聲)는 소리(聲)를 말미암아 공하며, 향香은 향香을 말미암아 공하며, 오온五蘊 중 하나하나가 모두 이와 같다고 하셨으니, 곧 온蘊은 온蘊을 말미암아 공하고, 18계界는 계界를 말미암아 공하다. 이와 같이 교증에서 일체법의 자성은 공이라고 하였을 뿐, 하나하나의 법상을 실로 삼는 집착(實執)이나 혹은 '기타의 법이 공함'이라고 설하지 않았으니, 기둥이라는 한 법이 이미 공하면 또 다른 어느 한 법도 찾아볼 수 없다.

이어서 타종이 파하는 관점을 말하고 있다. 까담파가 외경을 파할 때에 "기둥의 본성은 있지 않다(柱子的本性是無有)."라고 말하지 않고, "기둥이 실로 있는 것은 아니다(柱子不是實有)."라고 설하는데, 그것은 실제상 '실로 있음이 아닌 기둥(不是實有的柱子)'은 이미 성립됨을 뜻한다. 이는 '실實'로써 존재하는 '공空'함을 말하는 것으로, "기둥이 있지 않다(柱子謂無有)"라고 파하는 것이 아니다. 그래서 그것을 '비주非柱'라고 이르는데, 이는 곧 "기둥이 실로 있는 것은 아니다."라는 것을 말한다. 이러한 종류의 '비주'는 이치에 맞지 않는 것이니, 그들의 이런 관점이 어떻게 성립할 수 있겠는가?

위에 설한 까담파의 주장은 '기둥의 본성이 없다'의 관점으로 말하는 것이 아니라, '기둥이 실제로 있음이 아니다'라는 말이며, 기둥에 대해 '실유實有'의 법을 써서 공함을 말함이니, 곧 '실로써 존재하는 공(實空)'을 뜻한다. 즉 결택할 때에 "기둥이 실로 있는 것은 아니다."라고 하면 된다는 것으로, '실로 있는 것은 아니다'는 곧 비차이며, 이는

'실로 있는 것이 아닌 기둥은 있다'고 하는 것과 같은데, 이것은 이치에 맞지 않는다.

否定柱子之空性 與後剩下顯現二 부정주자지공성 여후잉하현현이
空與不空于無二 不得猶如搓緊線 공여불공우무이 부득유여차긴선
기둥을 부정한 공성과 뒤에 남는 현현의 두 가지인
공과 불공이 둘이 아님은 얻을 수 없으니, 차긴선 모습과 같다.

　까담파는 기둥 상에 있는 '실을 삼는 집착(實執)'을 부정했는데, 이는 곧 기둥에 대한 실집을 부정하는 공성을 말하는 것이며, 기둥 자체의 본성은 부정하지 않았다. 그들은 그 실집을 부정한 후에 실공實空은 있다고 보고 이것을 공성이라고 불렀고, 그 후에 기둥 상에 '실제로 있음이 없는 공성(無實有的空性)'과 '기둥 자체의 현현顯現'은 여전히 남겨져 있다고 생각한다. 그 뒤를 잇는 기타 종파도 이같이 주장하며, '기둥의 본성은 공할 수 없다'고 말한다. 이와 같이 기둥은 현현하는 것이나, 그 실로 있음(實有)은 공한 것이라는 주장은 주의해서 보아야 한다. 나는 이전에 한지漢地, 곧 중국불교에서 중론을 해석하는 것을 들은 바가 있는데, 그들이 주장하는 '현공무별顯空無別'이란, 일체 제법은 '실로 있음이 없는 것(無實有)'이며, 기둥이 현현하는 경우와 같이 '실로 있음이 없음'과 그 기둥의 '현현함'은 다름이 없으며(無別), 이것을 '현공무별'이라고 한다.
　그러나 미팡 린포체는 이런 관점을 중점적으로 분석하여 파破하고 있다. 그들이 분석하는 대상은 기둥에 대한 '실공實空'과 기둥 자체의

본성이 되는 '현현'으로서, 우리가 명언 중에서 눈으로 기둥을 볼 때 기둥의 본성 및 현현, 곧 실공과 현현 두 가지가 있으며, 여기서 '공空'은 실집을 없애서 드러나는 '공'이고, '불공不空'은 '현현'을 가리키는 것으로, 기둥의 본성은 불공不空한 것이며, 곧 이 공과 불공은 둘이 아님이 불가능하다고 생각한다. 하지만 '둘이 아님(無二)'은 이렇게 해석되는 것이 아니며, 중관 중에서 그렇게 이해하지 않는다.

'유여차긴선猶如搓緊線'이란, 백색과 흑색의 두 선이 교차하여 있는 것으로, 백색은 백색의 위치가 있고 흑색은 흑색의 위치가 있기에 이것을 '쌍운雙運'이라고 말하지 못한다. '쌍운雙運'이란 '구별이 없는 것(無別)'으로, 곧 기둥과 기둥의 무상無常, 기둥과 기둥의 만들어진 성질, 불과 불의 본성이 한가지임과 같은 것이다. 현현과 공성은 언어상에서 일부 측면을 각각 말하지만 실제상으로 나눌 수 없으며, 이러한 것을 둘이 아닌 '쌍운'이라고 한다. 그들이 인정하는 기둥 상의 공성과 현현은 실제상 흑백의 선이 교차하여 함께 있는 것과 같으나, 이것으로는 쌍운이 성립되기 어렵고, 이 때문에 많은 사람이 수행할 때 입으로 '현공무별'이니 '일체가 모두 공성'이라고 말하지만 실제상으로 '현공무별'에 대해 이해하지 못하고 있다.

미팡 린포체의 현공무별에 대한 견해는 표면상으로 보면 그리 어렵지 않아 보이지만 한마디 한마디의 어구가 매우 중요하니, 우리의 현공무별에 대한 이해를 그에 비추어 점검해 보아야 한다. 실로 집착(實執)함이 공한 성품(空性)인 '실공實空'과 본체가 공하지 않다는 '현현顯現', 즉 공空과 불공不空은 쌍운할 수 없음에 대해서 보통 의심이 생기기가 매우 쉬우나, 일체의 모든 법에 대해 이와 같이 이해해야 하며,

기둥의 그 본성 자체가 공성인 것이다. 우리는 스스로가 실집이 있어, 기둥이 '실로 있는 것이 아니다(不是實有)'라고 생각하며, 그 '실로 있지 않은 부분'과 '현현하는 부분'이 쌍운한다고 생각하는 경우가 많은데, 아래의 게송에 설하신 미팡 린포체의 관점은 이런 의심을 해소하게 해 준다. 이 논은 성자의 언어이므로 외우고 자주 사유한다면 성자의 가피로 내용을 이해하게 된다.

까담파는 비록 자체적으로 '자공自空'이라고 주장하지만, 실제로는 '타공他空'이 되어버리고, 본래 그들이 '무차'라고 말하지만, 그들은 이미 '비차'의 과실을 범하기에 이들 견해를 파하는 것이다. 아래에서 그들이 '자성공自性空'이라고 인정된다고 말하지만 닝마파의 관점으로는 '타성공他性空'의 관점이 됨을 알 수 있다. 현顯과 공空을 나눠서 설명하면 많은 과실이 생기며, 롱첸빠 존자가 『여의보장론如意寶藏論』에서 자속파自續派의 화러당 논사 등에 대하여 많은 과실이 있다고 전문적으로 설하셨다. 만약 현과 공을 나눠 말하면 나한과 보살이 기둥의 공성을 깨달을 때에 기둥에 대하여 탐심을 제지하지 못하는 허물이 있게 된다. 마치 내가 어떤 물건을 탐할 때에 비로소 그 성품이 공함을 깨쳤음에도, 만약 현공顯空이 나눠지면 그 물건에 대한 탐심을 저지하기 어렵게 되며, 이와 같은 과실이 있음을 롱첸빠 존자가 정확히 논증한 바 있다.

柱子以柱不可空 法性以柱謂成空 주자이주불가공 법성이주위성공
己置空基餘空者 卽成句義二他空 이치공기여공자 즉성구의이타공

기둥은 기둥이 공함이 아니고, 법성은 기둥으로써 공을 이룬다고
함과
이미 공의 체성을 보류하고 남은 것을 공이라고 하는 것,
이 두 가지는 곧 문구와 의의, 두 가지의 타공이 된다.

　이곳에서는 까담파의 관점을 설한다. "기둥은 기둥으로써 공함이
아니다."라고 주장함은, 만일 기둥이 기둥으로써 공하다면 기둥이
명언 중에 이미 그 존재가 다하게 되어 성립할 수 없고, 특히 위에서
논한 '실공과 현현'은 기둥이 공하지 않은 인연을 기반으로 하고 있다.
즉 명언 중에 기둥이 공하다면 곧 기둥이 집을 바쳐 세우지 못하는
과실이 있게 되기에 기둥은 기둥으로써 공함이 아니고, 기둥의 실을
삼는 집착이 공한 것이다. 이것이 까담파의 불공통의 관점이며, 이는
종카빠 대사의 『선해밀의소善解密意疏』의 '육지六地' 중에 이미 설한
바가 있다. 당시 종카빠 대사는 병瓶을 취하여 비유하길, 병은 병을
써서 공하지 못하며, 그렇지 않으면 성립하지 못한다고 하셨다. 그밖에
죠낭파는 "법성은 있다."라고 하며, 현재의 기둥·병은 세속법이나
법성의 이치에 있어서 이들이 공성임을 인정해야 한다고 주장하면서,
세속의 일체법은 승의에 있어서 관찰하면 모두 공성이고, 승의제는
'여래장법성如來藏法性'과 같아서 실제로 있는 것이며 공하지 않은
것이라고 한다. 정리하자면, 까담파는 '기둥의 본성은 공하지 않고,
실을 삼는 집착은 공한 것'이라고 하며, 죠낭파는 법성은 공하지 않은
'법성불공法性不空'이고 의타기依他起와 변계소집성 등 일체 세속법은
공한 것이라고 주장한다. 두 종류의 관점은 모두 진정으로 공해야

할 법을 방치하는 것이다. 여기서 '이치공기여공자已置空基餘空者'라는 함은, 공이 근본적으로 필요로 하는 기둥의 본성이나 법성은 응당 공해야 하는 것이나 도리어 공하지 않음으로 안립하였으며, 기타의 세속법을 그 위에 두어 나머지 법이 공하다고 설한 것으로, 이로써 이미 타공他空의 과실을 이뤘으며, 이는 경·논의 교증·이증과도 서로 어긋난다.

위의 두 가지 타공 중 첫 번째는 '문구상文句上의 타공'이고, 두 번째는 '의의 상意義上의 타공'이 된다. '실집의 공'이 문구상의 공인데, 까담빠는 당연히 이렇게 인정하지만, 우리 닝마파는 관찰하고 결택할 때에 이 같은 관점을 '타공'이라고 하며, 또한 죠냥파의 '법성불공法性不空'이라고 함은 의의 상의 타공이 된다. 위 두 가지의 타공은 모두 이치에 맞지 않으며, 학자는 마땅히 인정하지 않는다.

위에서 문구상의 타공과 의의 상의 타공을 설하였고, 이제부터 이를 각각 나누어 파할 것이며, 교증과 이증으로써 우선 문구상의 타공이 이치에 어긋남을 관찰한다.

希奇彼以彼不空 空基不空餘遺留 희기피이피불공 공기불공여유류

기이하도다! 그것이 그것으로써 공하지 않음이라고 함은 공의 기반을 공하지 않음으로 남겨두었음이라.

'희기希奇'는 감탄사로서 조롱함을 뜻하며, 진실로 기이함을 한탄하고 있다. 본래 이 같은 법은 쉽게 이해되고 분별의 생각을 일으킬 필요가 없는 문제이나 분별망념을 더하여서 본래 쉽게 이해할 수

있는 것을 그렇게 못하고 있으니, 무엇 때문인가?

 '피이피불공彼以彼不空'이란, 기둥은 기둥의 본성으로써 공함을 인정하지 않고 도리어 기둥에 대하여 실을 삼는 집착이 공한 것이라고 말하고 있는데, 소 키우는 일반 목동같이 평범한 사람도 이런 관점은 인정할 수 없는 것이며, 또한 닝마파에 속한 학자들이 인정하지 않음은 더 말할 필요도 없다.

 본래 세존이 설하심과 같이 일체 윤회와 열반의 모든 법이 꿈과 같고 한 가지도 공하지 않은 법은 없으나, 너희들의 '기둥'·'법성'의 문구·의의 상 타공 관점은 공해야 됨을 공하지 않다고 하고 '여유류餘遺留', 곧 기타의 곳으로 보내고 기둥의 본성 혹은 법성은 이 세상에 남겨둔 것인데, 이렇게 제대로 관찰하지 않은 채 공 또한 공하지 못함을 이야기하면 얼마나 많은 과실이 생기겠는가? 어떤 법도 공하지 않다는 것을 인정할 수 없으며, 응당 일체가 다 공함을 인정해야 하는 것이니, 이것이 세존 제2차 법륜의 『대반야경大般若經』, 『소반야경小般若經』 중에 매우 자세하게 설하신 바 있다.

經說色卽以色空 教義以及理相違 경설색즉이색공 교의이급리상위

경에서 색에 즉해서 색이 공하다고 설하니, 교의 및 도리에 서로 어긋난다.

 이것은 색에 즉해서 색이 공한 것뿐만 아니라, 성·향·미 등이 다 공하고, 오온·12처·18계 등 모든 법 또한 공성이며, 색법을 좇아 불지佛智에 이르는 사이에 모든 제법이 다 공성인 것을 말한다. 이는

『반야경』과 용수보살, 월칭 논사의 저작 중에 모두 이같이 결택하고 있다. 이로써 만약 너희와 같이 결택하면 곧 세존의 경經의 가르침과 인도와 티베트의 모든 중관의 논점과 서로 어긋나고, 이 또한 아래에 설하는 이치와도 서로 어긋난다. 교와 도리 두 가지와 더불어 다 어긋난다면 어떠한 관점이든지 인정하지 못하며, 자종과 타종이 모두 인정하지 않는다. 이들의 주장은 이증 방면에서 어떻게 어긋나는가?

柱與柱子之成實 若一一遮一亦遮 주여주자지성실 약일일차일역차
若異非柱之成實 雖破然而原柱子 약이비주지성실 수파연이원주자
以何不空成堪忍 이하불공성감인

기둥과 기둥 상의 것이 실로 있음이 한 체라면 하나를 파함에 따라 모두 파해지나
다른 체라면 기둥이 실로 있음과 같지 않으니 비록 파하여도 원래 기둥은
공하지 않은 것이므로, 어찌 감인堪忍이 되지 않겠는가!

까담파의 관점에 대하여 이곳에서는 기둥으로 비유를 삼고 있는데, 중국의 어느 저명한 학자는 병瓶과 병瓶이라고 실집하는 것을 나누어 해설한 것이 있다. 이에 미팡 린포체는 '기둥과 기둥 상에 실로 있다고 하는 것(成實)'에 대해 설하고 있다.

너희 성실종成實宗은 기둥은 공하지 않고 그 실로 있다고 집착하는 분별이 공한 것이라고 주장한다. 즉 마음이 기둥에 집착함이 실로 집착함이고, 마음이 그에 집착하지 않음은 실을 이루며(成實), 기둥을

의지하지 않고도 그 위에 실다움을 이루는 물건이 생긴다고 여기는 것과 같다. 그렇다면 너희가 설하는 '기둥'과 '실을 이룸'의 두 가지가 나뉘어 있는가 아니면 함께 있는가, 즉 같은 체인가 다른 체인가? 그들이 한 체이어서 둘로 나뉘지 않는 형식으로 머무른다고 하면, 우리는 기둥을 부정하였음은 곧 그 실을 이룸을 또한 부정한 것이어서, 하나를 파함에 나머지의 다른 것도 동시에 파해지게 된다. 마치 불과 불의 본성과 같아서, 만약 동체이면 하나를 파하면 나머지도 파한 것이다. 만약 둘이 서로 분리된다면 한 체가 아니기에, 비록 교리로써 '기둥이 아닌 실로 있음을 삼는 것'을 증명하여 파하여도 원래의 기둥에 대해 공하게 하지 못하고, 기둥은 본래대로 존재하게 되므로, '실을 삼는 집착'은 파하였어도 기둥의 본성은 반드시 파한 것은 아니다.

'이하불공성감인以何不空成堪忍'이란, 승의제를 써서 관찰하여도 시종 파하지 못함이 있으면, 이미 명언제에서 '감인堪忍'의 과실이 있음을 말한다. 그 과실은 『입중론』에서 월칭 논사가 자속파에게 설하여준 3대 과실의 하나이며, 승의제를 써서 관찰하여도 명언제에서는 인정되는 '감인'의 과실이 있다. 구경에 일체는 다 공한 것이기 때문에 '감인'을 인정할 수가 없다. 그래서 만약 한 체이면 하나를 파하여 나머지 하나도 따라 파해지나, 만약 체가 분리된다면 하나를 파해도 나머지 하나는 파할 수 없어 '감인'의 허물이 남게 되므로, 승의제를 써서 관찰해도 이 기둥은 영원히 공하지 못하게 된다. 그러나 '일이다인一異多因, 금강설인金剛屑因'의 관찰방법을 쓰면 기둥이 공성을 이루지 않음은 불가능하다.

若謂成實本無故 不需一異之觀察 약위성실본무고 불수일이지관찰

雖無成實凡夫前 瓶子執著成實故 수무성실범부전 병자집착성실고

已除不空瓶之外 所有成實爲何者? 이제불공병지외 소유성실위하자?

성실(실로 있음)이 본래 없음이라 한다면, 일이一異의 관찰이 불필요하다. 본래 성실이 없으나 범부들은 병이 실이 된다고 하는 집착이 있기에 병이 공하지 않음을 이미 파한 이외의 모든 성실은 도대체 무엇이란 말인가?

상대방이 말하길, '실로 있다는 것(成實)은 본래 없는 것'이기에, 즉 명언 중에도 존재하지 않는 것이기에 한 체인가 다른 체인가? 하는 관찰이 필요하지 않다. 이에 대하여 미팡 린포체가 회답한다. 상대방의 성실成實이 본래 없다는 말은 맞는 것이나, 그들의 성실에 대한 이해가 틀렸다. 성실의 정의는 승의제로 관찰하여 파할 수 없는 사물을 가리키는데, 이 같은 사물은 승의·세속 중에서 찾아올 수 없으며, 그래서 성실이 본래 없다고 함은 옳으나, 다만 범부 앞에서는 있다고 인정해야만 한다.

'병자집착성실고瓶子執著成實故'란, 범부가 무시이래로 습기가 무겁기 때문에 병瓶이 실지로 있다고 이해하고, 어제 본 물이 오늘도 흐르고 있는 줄 알며, 상속하는 습기의 미혹한 집착 때문에 공성을 깨닫지 못하고 실유가 존재하지 않음을 알지 못하는 것을 말한다. 우리 범부들이 병을 집착하여 실재한다고 여길 뿐, 병 이외의 물체에 대하여 집착하여 실로 있다고 여기지 못한다는 관점은 중요한 것이다. 범부는 도대체 무엇으로 실재함을 삼는가? 곧 현현하는 물체를 집착하여

실재한다고 하고, 이를 제한 외에는 다른 것을 집착하여 실을 삼지 않는다. 너희가 주장하는, 병의 본성을 제외한 그밖의 실로 여기는 집착이 공한 것이라고 함은 이치에 맞지 않는다. 그러기에 '이제불공병지외已除不空瓶之外 소유성실위하자所有成實爲何者?'라고 하였다. 다시 따로 실유인 물건이 있다면 도대체 어떤 모습인가? 우리 범부들에게는 병의 본신本身에 대해 진정으로 실재함으로 여기는 집착이 있다고 했으나, 너희들은 인정하지 않을 뿐이다. 만일 병 이외에 따로 실을 삼는 집착이 있다면 그것은 누구의 의식 속에 존재하는 것이며, 혹은 이 같은 실유를 이룸은 도대체 어떠한 의미인가?

耻笑了知所破境 치소료지소파경
파할 경계를 너희가 이해하고 있기는 한가?

상대방이 풍자적인 말투로 말하길, "희유하도다, 너희들은 진정으로 파해야 할 대상을 이해하기는 한 것인가?" 본래 까담파 중 변론을 좋아하는 논사는 항상 파하는 대상에 대하여 진정으로 파악했는지 반문하길, "중관이 결택할 시에 파하는 대상이 매우 중요한데, 무엇을 파하는 바라고 부르는가? 파하는 대상에 대해 교증과 이증의 방법으로 이해할 수 있는데, 파하는 대상을 이해하지 못하면 해탈할 수 없다. 파하는 대상은 마음에 가립假立된 것이 아니고 반드시 사물 위에 실實을 이루고 있는 것이며, 파할 대상을 알지 못하고는 시종 중관의 관점을 통달할 수 없다. 따라서 파할 대상은 병이 아니고 병 이외의 실을 이루는 물건이다."

특히 종카빠 대사 제자 중에 이 같은 관점을 가진 분이 있었는데 초기 역경사인 고승대덕들은 파하는 대상을 잘 몰랐고, 우리 응성파의 대덕은 파할 바 대상에 대하여 자세히 파악하고 있다. 그들이 계속하여 반문하길, "여기에서 미팡 린포체가 파할 대상에 대하여 설한 것을 보면, 응성파가 이미 파하는 대상을 안다는 것이 맞지 않다. 그대들이 말하는 파하는 대상이란 것은 모두 한갓 웃음거리일 뿐이다."라고 한다.

成實有等之簡別 加上所破而宣說 성실유등지간별 가상소파이선설
自續論中雖稱有 자속논중수칭유

실을 이룸에 대해 유 등의 간별을 두어 파할 바를 더하여 널리 설하니 자속파의 논에 이렇듯 유를 일컫는다.

자속파는 승의제 중에 모든 실유법이 없다고 설하며, 이로써 이제를 나누어 결택하고, '성실유成實有'·'승의유勝義有' 등의 간별법簡別法을 추가하여 파할 대상을 관찰한다.

이를 파하면 : 청변 논사 등과 같은 중관자속파의 관점은 비록 승의제 중에 있어 유를 인정하지 않으나 명언 중의 자상은 파할 수 없다. '승의'와 '실유'의 구별을 두고 모든 파하는 대상을 간별하여 파할 대상이 무엇인가를 밝히면, 진실의眞實義 중에는 파할 대상이 없으나, 자속파에서는 있다고 생각한다.

由從觀察勝義言 加上彼者有何用 유종관찰승의언 가상피자유하용

승의를 관찰함을 따라 말함이니 그것을 더하는 것이 무슨 소용이 있는가?

중관응성파의 관점을 의거하여 결택한다면 승의제의 도리로 말하여 이 같은 간별을 하는 것은 쓸 수가 없으며, '가상피자유하용加上彼者有何用'이라고 한 바와 같이 '진실의는 있음(眞實義有)'·'승의로서 존재함(勝義有)' 등은 이치에 맞지 않는 것이다. 중관응성파가 결택할 때에는 세속·승의를 논하지 않고 일체의 모든 법의 명언 범주까지 파하는 것이며, '실재인 공은 파하지 못함'·'병이 명언 중에 있어서 파해지지 못함'·'명언 중에 병은 실용적이고 물을 마실 용도로 써야 하므로 파하지 못함' 등과 같은 구실을 더하지 못하며, 승의를 결택할 때는 일체 모두를 파해야 한다.

汝想若空名言中 恐怕亦成無柱子 여상약공명언중 공파역성무주자
그대가 명언 중에 공하다고 생각하면 기둥이 없는 것이니 두려운 일이 된다.

너희 종파(응성파)가 '병'·'기둥'을 공이 된다고 인정하지만, 그렇다면 명언 중에 아마 '병'·'기둥'이 없는 것이 되며,『선해밀의소善解密意疏』에서 또한 이같이 설하고 있다.
만약 병과 기둥의 자체가 공성이 된다고 허락하면 곧 명언 중에 '기둥 또한 존재하지 않음'이 되는데, 이런 상황은 범부조차도 인정할 수 없고 중관학자도 또한 인정할 수 없을 것이다. 만약 명언 중에

기둥이 없다고 한다면 곧 명언을 비방함이며 단변에 떨어지는 허물을 범하게 되기 때문이다. 이것은 매우 위험한 것이기에 너희들은 명언 중의 '기둥'을 보호해야 하며, 그렇지 않으면 '방이 무너짐'이 되어 매우 위험하다. '기둥이 없어서 집이 무너짐'을 두려워하기에 명언 중에 기둥은 실지로 있는 것이어야 한다.

雖作文絲此注意 文絲之過此更大 수작문규차주의 문규지과차갱대
이 문제를 문자로 분별을 지으면 문자 시비의 과실이 더 크다.

  너희(자속파)가 다만 문자를 좇아서 말하고 의의 상으로 판단하지 않는 것은, 예를 들면 "말(馬: 중국어 발음이 '마'mǎ)이 죽었다."라고 말함을 듣고 "엄마(媽: 중국어 발음이 '마'mā)가 죽었다."라는 뜻으로 받아들이는 것처럼, 그대가 마음속에 남들이 너희가 말하는 문자에 대해 분별을 일으킬 것을 염려하며 '병은 병으로 공하지 않다', '병은 병에 대한 실의 집착이 공하다' 등의 말을 하는 것이다. 이와 같은 문자 상의 시비분별은 과실이 훨씬 더 크다. 이는 어떠한 과실이 있는 것인가?

世俗諦中之柱子 可說有者尙不足 세속제중지주자 가설유자상부족
彼彼不空爲何說 若謂彼二實上一 피피불공위하설 약위피이실상일
세속제 중의 기둥은 있음을 말하고도 아직 부족하다고 하며
어찌 '기둥이 기둥 상에서 불공'을 설하고 저 들이 실은 하나라고
말하는가?

너희(자속파)가 생각하는 것과 같이, 세속 중에 기둥이 있으면 이를 파하지 못하는 것이고, 그러면 명쾌하게 말하되, "세속 중에 기둥이 있다."라고 하면 될 것이니, "기둥은 기둥으로써 공하지 않고 기둥의 실유의 집착이 공하다."라고 할 필요가 없다. 관찰이 없을 때 명언 가운데에 기둥이 있다고 함이 옳으며 '기둥이 기둥 상에서 공함'이라고 말할 것이 없다. 닝마파가 인정함과 같이 세속 중의 기둥은 있고 승의 중에는 없음이 된다. 그러나 너희가 이를 말할 때에 마음에 흡족하지 못하고 아직도 '피피불공彼彼不空'을 더하고자 하는데 어떻게 설명할 것인가? 너희는 저 두 이치가 같다고 말하면서 '세속 중에 기둥은 있다'와 '기둥은 기둥 상에서 공하지 않다' 함이 구별이 없고 같다고 말한다.

非是己謂柱子有 柱于柱有不相同 비시이위주자유 주우주유불상동
後者能依及所依 間接好似己承認 후자능의급소의 간접호사이승인
이것은 '기둥이 이미 있음'을 말함이 아니기에 '기둥이 기둥 상에서 있음'과 서로 같지 않으며,
후자는 능의 및 소의가 되는데, 간접적으로 이미 승인한 것이다.

위의 두 관점, 즉 '세속제 중에 기둥이 있다(世俗諦中柱子有)'는 것과 너희가 인정한 '기둥은 기둥 상에서 공하지 않다(柱以柱不空)'는 것은 같지 않다. '기둥은 기둥 상에서 공하지 않다' 함은 '기둥은 기둥 상에서 있음(柱以柱有)'이고, 여기서 두 개의 '기둥'이란 단어가 중복되는 과실이 있는데, 두 관점의 어구의 뜻이 다르다. 앞의 것은 세속 중에 있다는

것으로 명언 중에 있어 관찰이 없을 때에 있어 드러나 있는 것이고 멸하지 않는 것임을 가리키며, 누구든지 이렇게 이해하게 된다. 반면에 뒤의 것은 능의能依와 소의所依의 관계로서, 두 기둥을 두는 것 같지만 하나는 능의가 되고 하나는 소의가 되며, 너희들은 직접 인정하지 않지만 간접적으로 부득불 이같이 승인하여 "기둥은 기둥 상에서 공하지 않고, 기둥이 실로 있음의 집착이 공하다."라고 설한 바와 같다. 기둥이 기둥 상에서 공하지 않다는 것은, 너희가 직접 말할 때에 능의와 소의의 두 개의 기둥이 있는 것이 아니지만, 우리가 간접적으로 관찰해 보면 이런 관계가 존재한다.

이것은 미팡 린포체가 문구를 따라 변론한 것과 같이 보여, 상대방의 그 작은 관점을 잡아서 파한 것이라고 생각할 수도 있다. 그러나 미팡 린포체가 이 논 중에서 뿐만 아니라 『입중론入中論』의 강의본에서도 또한 이 같은 사례로 파하여 이십여 페이지를 썼으며, 그가 제자들에게 강의한 『총요술회집總要述匯集』 중에서도 그 '기둥'의 예로써 파함을 보인 것이 많다. 진매펑춰 린포체도 말씀하시길, 표면상으로 보면 기둥 상에서 기둥이 공하지 않다고 함은 문구 따라 규명함에 의심됨이 있으나 실제상으로는 '능의·소의'의 큰 관계가 있고, 중생이 병瓶에 반드시 집착함이 있으나, 다만 이 집착을 실유의 집착 위에서 인식함으로써 이해하는 것은 매우 중요한 의미가 있다고 하신 바 있다.

이런 변론 방법이 어떤 한 종류의 '실유 집착'을 파하는 유일한 방법이기 때문에, 글자를 따라 말하면 미팡 린포체가 '기둥은 기둥 상에서 공하지 않음'에 대하여 관찰을 거쳐 이미 '능의·소의' 관계를 성립시켰으며, 비록 상대방이 직접적으로 이를 승인하지 않았지만,

82

간접적으로 승인하지 않을 수 없다. '기둥이 기둥 상에서 공하지 않다'는 것은 실로 두 가지 다 필요로 하지 않으며, '명언 중에 기둥은 필요하지 않다'고 간단하게 말하면 되며, 마음속으로도 이같이 생각하면 된다.

아래에서 묻되, 너희가 '기둥이 기둥 상에서 공하지 않다'는 것을 승의와 세속을 좇아서 나눠 말하고 있는데, 도대체 어떤 방면을 따라 말하는 것인가?

勝義柱子卽非緣 柱以柱子何不空 승의주자즉비연 주이주자하불공
世俗復謂柱柱子 言說二次誤文句 세속부위주주자 언설이차오문구
승의 상에서 기둥은 곧 그릇된 연이니, 기둥이 기둥으로써 공함이
아님이 될 수 있겠는가?
세속은 다시 기둥과 기둥을 말하나 두 번 말함은 언구의 오류일 뿐이다.

만약 너희의 '기둥이 기둥으로써 공하지 않음'이 승의를 좇아서 말한 것이라면, 승의 중에 일체의 나타남은 없는 것이기에 '비연非緣'이 된다. 이는 곧 공성이 희론을 떠남이며 일체 사변四邊과 팔변八邊을 여읜 것이므로 승의제에서 기둥은 설할 것이 없으며, 따라서 '인에 대한 연이 그른 것(非緣)'이 된다. 기둥이 기둥으로써 공하지 않음이 어찌 가능할 수 있겠는가? 기둥은 본성상 반드시 공한 것이기에 '주이주불공柱以柱不空'이라는 문구가 필요치 않다. 세속을 좇아 말하면 주柱·주자柱子를 거듭 말하지 않으며, 이것은 중복의 과실이 있기 때문이다. 세속 중에 기둥이라는 한 단어를 중복해 쓰면 어법상에도 맞지 않기에 '주이주불공柱以柱不空'라고 하면 어법상 틀린 것이 되며, 명언 중에

기둥이 공하지 않다고 말하면 될 뿐 두 번이나 중복해 말할 필요가 없다. 승의제 중에는 이같이 설하는 법이 없으므로 '기둥이 기둥으로써 공하지 않음'은 또한 거론하지 않는 것이 옳다. 이상에서 다른 교파의 '문구상의 타공(句他空)'을 논하였다.

倘若自卽自不空 自有正時以他空 당약자즉자불공 자유정시이타공
若無其餘所破者 相違自許自不空 약무기여소파자 상위자허자불공
만일 자체가 그 자체로서 공하지 않으면 자체가 있는 그때 이미 타공이 되며,
만약 기타의 파할 바도 없다면 자신이 공하지 않음을 허락함과 서로 어긋난다.

앞에서 상대방이 '자체는 곧 자체가 공하지 않다'고 말했지만, 이곳에서는 별도의 다른 관찰방법으로 상대에게 묻고 있다. "기둥의 본성은 공인가, 아니면 공하지 않은가?"라는 질문에 대하여, 만약 기둥의 본성이 공하지 않다고 하면 그것은 기둥의 본성이 영원히 공하지 않은 것이 되고, 만약 기둥의 본성이 공하다고 말하면 곧 '기둥이 기둥으로써 공하지 않음'과 서로 모순이 된다. 즉 기둥 자기의 본성은 공하지 않고 '실집'으로써 공한 것이라고 한다면, 이는 곧 기둥 자기의 본성은 '있음'이 될 때 이미 '타공他空'을 이룬 것이 된다.

위와 같은 '타공'의 과실은 곧 기둥의 본성은 영원히 공할 수 없다는 점인데, 만약 공하지 않으면 승의제를 써서 관찰함에 있어 감인堪忍이 되어 그 본성은 영원히 파할 수 없으며, 이로써 중생이 기둥에 집착하여

실로 여기는 집착을 영원히 파하지 못한다. 만약 그 '실을 삼는 집착'에 대해 파하지 못하여 이에 대한 탐심이 있으면 그 탐심도 끊지 못하기에 중생이 해탈할 수 없다. 만약 자성이 공하지 않으면, 이와 같이 중생이 외경에 대한 실집을 끊을 수 없기에 과실이 있게 된다. '자성이 있음'일 때 이렇게 이미 타공을 이루게 되며, 그 '타공'은 진실로 공성을 깨닫는 원인이라고 할 수 없다. 하나의 같은 물건 위에 다른 하나의 물건을 둘 수 없는 것처럼, 이 타공으로는 공성을 증득했다고 인정될 수 없다. 만약 모든 법의 자성이 공하지 않으면 곧 번뇌장과 소지장은 영원히 끊을 수 없으며, 만약 이장二障을 끊지 못하면 해탈을 얻지 못하게 되니, 위와 같은 설법은 이치에 어긋난다.

우리 종파는 기둥의 자성이 공하지 않음을 승인하지 않고 기둥의 자성이 공함을 승인하기에 '약무기여소파자若無其餘所破者', 즉 그 기타 나머지의 파할 바조차도 없게 되어 기둥의 본성은 공성이 된다. 교증에 따라 이처럼 승인됨에도 불구하고(불경에 본성이 공함을 설하고 있기에 다른 종파에서도 이같이 승인함) 상대방이 이같이 승인하지 않는다면, 너희의 논점이 교증과 서로 모순이 되고, 너희 스스로 승인한 '자체가 공하지 않음'의 관점과도 서로 어긋나게 된다. 이상은 까담파가 주가 되는 '문구상의 타공' 관점을 파한 것이다.

이 아래는 '의미상의 타공'을 파한다. 먼저 자공과 타공의 구분을 설명한다. 자공은 승의제로 일체법의 본성을 관찰하는 것으로서, 오직 한 개의 공성만 말하기에 자공이라고 한다. 중관자속파에서는 잠시의 관점으로 자공을 인정하는데, 명언 가운데에서 '유有'가 있으나 승의제에서는 모두 공성이 되며, 이 같은 공성을 '자공自空'이라고 말한다.

타공은 승의제로써 그 본성을 관찰하면 공하지 않으나, 세속법에서 보면 반드시 공성이 되어 기타의 사물이 되며, 따라서 이를 '타공他空'이라고 한다.

근휘 린포체는 자공과 타공이 큰 모순이 있지 않다고 생각했으며, 만일 어느 한 종파가 자공 혹은 타공의 한쪽에 떨어지면 과실이 있는 것이나, 한 면에 치우치지 않으면 과실이 없다고 하였다. 자공과 타공에 대한 변론이 많이 있으나 둘의 구별이 그리 크지는 않다. 또한 미랑 린포체는 닝마파의 밀교 방면에 대하여 은덕이 크고 대원만의 속부續部·심부心部 방면의 법의 대부분을 전했으며, 계율 방면의 의궤도 전수하는 등 불법에 공헌이 작지 않으나, 그의 공성에 대한 관점은 죠낭파의 '타공'이며, 『삼계율지강의三戒律之講義』 중에서 그의 관점은 무차가 아니고 비차라고 말했는데, 이것은 미팡 린포체께서 설하신 관점과 같지 않다.

이전에 취시장동 린포체가 말씀하시길, 닝마파의 미랑 린포체의 관점은 타공이고, 직메링빠 존자의 관점은 자공自空이며, 롱첸빠 존자와 미팡 린포체는 자공도 아니고 타공도 아니며 둘이 쌍운하는 관점이라고 하였다. 진매펑춰 린포체가 말씀하시길, 닝마파는 자공이 주가 되지만 이는 상사相似한 자성공自性空이 아니라 마땅히 '대리희大離戲'와 '대무이大無二'인 공성이라고 하였다. 무이無二(둘이 아님)라 함은 곧 명언 중에서 무차이고, 이 관점은 자공이 주가 된다고 말할 수 있다. '자공'과 '타공'은 티베트뿐만 아니라 미국이나 서방세계에서도 많이 연구되고 있다. 용수보살과 월칭보살의 논에서 '자공'을 설함이 분명하고, 특히 제2차 전법륜에서 자공의 의의에 대해 결택한 것이 분명하게 되어 있다.

　미륵보살의 논서인 『보성론寶性論』 등과 용수보살의 『법계찬法界贊』에서는 타공을 주로 널리 설하고 있고, 석존의 제3차 전법륜은 타공이 주가 되며, 닝마파는 2차와 3차 전법륜에 설한 자공·타공이 모순이 되지 않고 다 요의가 됨을 승인한다. 제3차 전법륜에서 말한 '타공', 즉 여래장이 주가 되는 현현과 제2차 전법륜에서 전하신 제법의 본성이 공성이 되는 것, 이 둘이 구별이 없고 둘이 아닌 것이며 둘이 화합하는 것으로 이해하는 것이 좋다. 일반적으로 요의와 불요의는 자공과 타공을 좇아 나뉘며, 이것에는 일정한 경계가 있는데, 자공의 경계는 승의 중에 있어서 관찰할 때 그 병瓶은 다만 공성일 뿐이라고 결택하며, 타공은 승의제에 있어서 관찰하면 공할 수 없고 기타의 법이 공한 것이라고 한다. 죠낭파는 진정한 타공견이고, 까담파는 스스로 타공他空이라고 승인하지 않지만, 미팡 린포체께서 그 관점을 관찰하는 바로는 이미 '문구상의 타공'이 되며, 까담파는 명언 중에는 있는 것이 꼭 승의제 중에 있는 것이 아니고 승의 중에 없는 것이 명언 중에 반드시 있는 것은 아니라고 설함이 있다. 닝마파는 설하되, "명언 중에 있음이 승의 중에 반드시 있는 것이 아니고, 승의 중에 없는 것이 반드시 명언 중에 없는 것이 아니며, 명언 중에 있음이 될 수 있고 둘이 서로 막아 끊는 것이 아니다."라고 하며, 이렇게 이해하는 것은 매우 좋은 것이다. 다시 정리해 보면, 세속법이 명언 중에 있으나 승의 중에 단지 현현하는 바라고 말하지 못하며, 승의 중에 없는 법이 반드시 세속 중에도 없다고 설하지는 못한다는 것이다. 미팡 린포체의 많은 논 중에서, "명언 중에 있는 것이 승의 중에 반드시

있는 것이 아니고, 승의 중에 없는 것이 명언 중에도 없다고 말할
수 없다."라고 설하신 것이 중요한 요점이 된다.

總說是以他空者　彼空必定不當空　총설시이타공자　피공필정부당공
如馬雖無成立牛　當何了知彼馬空　여마수무성립우　당하요지피마공
已見彼馬于牦牛　有何利益有何害　이견피마우모우　유하이익유하해

타공에 대해 총설한다면, 그 공은 꼭 응당 공함을 말함이 아니며
말이 야크임이 성립될 수 없듯이 어찌 그 말이 공함으로 이해할 수
있겠는가.
이미 말을 보았다면 야크에 대해 무슨 이익 또는 무슨 해가 있겠는가.

　단지 타공만 깨달으면 그 '단증斷證'의 공덕은 이익과 해로움 모두
다 없으며, 일체 번뇌를 끊고 일체 공덕을 깨달아 얻는 것에 대하여
이익도 해도 없다. 종합하여 말한다면 '구타공句他空'이나 '의타공義他
空'이든 관계없이 그 공성은 반드시 진정한 공성에 해당되지 못하며,
때로는 타공을 공성의 일종으로 넣어 그 공은 타공이 공임을 가리킨다
고도 하지만 결국 진정한 공에 넣을 수 없으며, 타공의 경계를 깨달아도
진정으로 공성을 증득한 경계라고 할 수 없다. 마치 병瓶에 대한 실유의
집착이 공함을 깨달은 공성은 진정으로 공성을 깨달은 것이 아니다.
　『입중론자석入中論自釋』에서 설하되, 어느 하나의 법의 공성을 깨달
음에 있어, 그 법이 아닌 다른 법을 의지하여 성립하지도 않는 공성을
깨달았다고 하면, 이런 깨달음은 진정으로 공성을 깨달은 것이 아니라
그저 상사相似한 공성을 말하는 것일 뿐이며, 그 본성이 공성이 된다고

88

인정할 수 없다. 비유를 들면, "말(馬)이라는 것에 소(牛)가 성립하지 않는다."라고 하는 것처럼, 말이 공함을 사용하여 어찌 소의 공성을 깨달았다고 알 수 있겠는가? 이것은 '병(瓶)'의 실집이 공함을 깨치면 병의 공성을 깨달았다고 하지 못함과 같은 것으로, 위에서 말한 바와 같이 '실유 집착'과 '병'은 두 종류의 사물이며, 마찬가지로 이미 소에 대하여 말이 있지 않음의 공성을 보았다면, 이는 소의 공성을 깨닫는 것에 대해 조금도 이익이 없다. 소에 대하여 공성을 깨달음이 없고 말에 대해 공성을 깨쳤으면 소에 대해서는 이익 또는 손해가 없는 것이니, 소와 말은 서로 다른 두 개의 물건이기 때문이다. 따라서 타공을 깨달음은 진실한 공성이 아니다.

'병'과 '법성'의 둘에 대하여 대조해 보면, 세속법은 법성 상에 존재하지 않는데, 세속법의 공성은 이미 깨달았다고 하면서도 법성에 대하여 아직도 집착이 있으면, 세속법에 대해 공성을 깨쳐도 법성에 대하여 의미가 없고, 또한 세속법에 대해 공성을 깨닫지 못해도 원래의 법성에 대해 해가 되지 않는다.

是故不空之涅槃 與輪亦是法法性 시고불공지열반 여륜역시법법성
現空無別皆不得 有寂等性此無有 현공무별개부득 유적등성차무유
이같이 공성이 아닌 열반과 윤회는 곧 법과 법성의 관계이니 현공무별은 모두 얻지 못하며 실유와 적멸의 평등성이 이것에는 있지 않다.

이런 종류의 '공성이 아닌 열반'과 '현현하는 윤회'의 법은 쌍운·현공

무별이 불가능한 것이며, 윤회와 열반이 본성에 있어서는 평등한 것이나, 다만 범부의 관점에 대하여서는 이런 평등성이 없다. 범부에게 현공무별이 어떤 경계인지 물어보면 '일체법이 공성'이라고 말하며, 공성에 관하여 묻는다면 "열반은 있는 것이고, 자신의 본성은 열반이자 공성이며, 자기본성의 현현과 열반은 둘이 아니다."라고 말한다.

미팡 린포체는 여기에서 이런 대답에 대하여 부정하고 있는데, 현공무별이나 윤회와 열반이 둘이 아닌 이치가 범부가 이해하는 바와 같지 않으며, 만약 열반이 항상 있어서(常有) 수승한 과를 얻는 것이고 세속은 무상한 것이라고 생각하면서, 무상의 세속과 상유의 열반이 서로 쌍운한다고 하면, 그것은 그릇된 관점이라고 말씀하신다.

죠낭파는 공하지 않는 열반이 곧 법성이라고 승인하는 측면에서 현공무별을 설하고 있다. 어떤 법도 자체에 대하여 공하지 않고 원래 실로 있는 것이고, 여래장, 열반이 윤회 중의 법과 둘이 아닌 쌍운하는 것이라고 하며, 이것이 법과 법성의 관계라고 한다. 여기서 법은 공한 것·세속 유위법·불청정법을 가리키며, 법성은 청정한 것·승의 중에 설하는 법의 본성을 말하는 것인데, 그들이 말하는 '불공不空의 열반'과 '공空한 윤회'는 청정한 법성과 불청정한 유법의 관계이며, 이것이 서로 둘이 아니며, '불공不空 열반의 현현'과 '공空한 윤회의 공성'이 나눔 없이 쌍운한다.

그러나 그들의 이러한 주장은 성립이 불가하다. 즉 불공의 열반과 공의 윤회가 법성과 법의 관계이고 또한 현공무별이라는 것은 성립되지 못하며, 이는 검은 실과 흰 실이 꼬인 것과 같아서 쌍운이 불가능하기에, 현공무별에 대하여 이같이 이해하는 것은 옳지 않다.

현대에 불교 수행자들이 '현현함이 열반'·'일체가 본래청정'·'일체가 자성이 없음'·'윤회와 열반이 쌍운'한다고 말하지만, 깨달음은 말할 것도 없고 이해 자체도 잘못하고 있는 경우가 많다. 따라서 이 논서를 잘 외우고 배운다면 닝마파의 관점에 대해 결정적인 신심이 생기고, 정견에 대한 확고한 견해가 서서 다른 외도의 사견에 흔들리지 않게 되며, 구경의 관점에 대하여 원융무애한 지혜를 얻어 다른 종파의 견해에 대하여 명확히 구별하는 안목을 갖추게 된다. 미팡 린포체가 겔룩파의 단무추 논사와 변론할 때 설하신 내용을 보면, 롱첸빠 존자의 논설이나 후기의 종카빠 대사의 저작도 많이 인용한 바 있으나, 미팡 린포체는 닝마파 전승이기에 법맥의 스승으로부터 내려오는 닝마파의 관점을 여기서 잘 정리하고 있다. 이같이 린포체는 전승 법맥의 스승님에 대한 깊은 신심이 있었으며, 이 같은 신심이 있으면 뛰어난 깨달음을 얻게 된다.

우리 중 일부는 깊은 법을 만났을 때 내용을 이해하지 못하고 흥미도 없으며, 그저 간단한 법이나 이해하려고 관심을 가지는데, 이런 사람은 오랜 시간이 걸려도 지혜를 얻지 못한다. 배움을 좋아하지 않는 사람은 기둥과 병을 설하고 열반과 법성을 설하는데 관심을 보이지 않으나, 수행을 좋아하는 사람은 하나하나의 법을 세심하게 관찰하고 구경의 원만한 공성 경계를 연구해 갈수록 더욱 이해가 깊어진다. 불과를 얻기 전에 우리는 이 논을 열 번 백 번이라도 볼 만한 가치가 있다.

'현공무별'에 대한 이해는 중국과 티베트 불교의 많은 학자가 흑색 실과 백색 실을 꼬아 놓은 듯이 이해하였으며, 닝마파 학자 중에 미팡 린포체 출세 이전에는 이러한 혼란이 있었으나, 그가 출세하여 지은 논을 수학한 후에 그 관점이 바로 잡혔다. 많은 경론에서 윤회와 열반은 평등하다고 설하고 있고, '윤회를 벗어나 열반이 없고 열반을 제외하고 윤회도 없음'은 중론에서 잘 설하고 있으나, 그것들은 상대적으로 '타공'의 관점에서 논하고 있어 둘의 평등함을 정확히 논하고 있지 못하다.

　아래에서 '현공무별'의 현공은 문자 상으로 나눠서 말할 수 있으나 '참으로 깨달았을 때에는 나눌 수 없음'을 설명하고 있다. 미팡 린포체의 관점은 범부들은 현현함에 있을 때 공空일 수 없고 공함에 있을 때 현현할 수 없으나, 유가사가 이 경계를 깨달았을 때에는 나눠질 수 없으며, 다만 문자 상으로 이같이 말할 뿐이다. 유법有法의 본성은 법성이고 법성의 나타남이 유법이며, 현현과 공함이 구별이 없음이라고 말할 수 있으며, '불공不空'과 '공空'의 구별 없음을 말하는 것이 아니다. 롱수 반즈다가 『입대승론入大乘論』에서 공성을 해석할 때 설하시되, "공성은 법당에 승중이 없음과 같은 것이 아니고, 만약 법당에 사람이 없으면 다만 법당이 공하다고 말할 수 있을 뿐이다."라고 설하였다. 많은 사람이 그릇에 물이 없어, 빈 것과 현공무별의 공이 같다고 생각하지만 현공무별은 이렇게 말하는 것이 아니며, 이렇게 이해한다면 공성을 깨닫는 것은 너무도 간단한 일이 되어 버릴 것이다. 아래에서 비유로써 설한다,

如說水月非眞月　天月以空自水月　여설수월비진월　천월이공자수월
若是現空無別者　則證無二誰亦易　약시현공무별자　즉증무이수역이

수월이 진실의 달이 아니고 하늘 달의 공함과 수월이 나타남이
만약 현공무별이라 설하면 곧 둘이 아님을 증오함이 또한 쉬우리라.

   현공무별을 이해할 때 설하되, 물 가운데 비친 것이 진짜 달이
아니고, 천상의 달은 수중의 달로 비쳐진 것이기에 공한 것이 되고,
물 가운데의 달은 하늘의 달로써 공한 것이라고 말한다. 물속의 달이
본성이 공하지만 능히 나타나 보이고, 그래서 하늘의 달의 성性은
공하다고 말할 수 있기에, '수월이 나타남'과 '하늘의 달이 공함'을
함께 합해서 현공무별이라고 설하는 것이니, 어떤 이가 "자공과 타공을
가져 함께 합한 것이 현공무별이다."라고 말한다면 누구든지 공성을
깨닫기가 쉽다고 하지 않겠는가?

牦牛非馬諸悉知 牦牛顯現現量見 모우비마제실지 모우현현현량견
教主大德爲何說 證悟其義眞希奇 교주대덕위하설 증오기의진희기
야크가 말이 아님은 다 알고 야크의 현현은 현량으로 보는 것인데
대존자들이 어찌하여 그 뜻을 증오함이 참으로 희유하다고 했겠는가?

   야크(牦牛)가 말(馬)이 아닌 것은 누구나 다 아는 것이라 말할 필요가
없고, 야크가 나타나면 모두가 현실로 보게 되기에 비량을 필요로
하지 않는다. 그럼에도 불구하고 야크가 나타남이 말 등에 대하여서는
공한 것이고, 이것이 '현공무별'이라고 한다면, 그것이 무슨 어려운
일이기에 인도와 티베트의 모든 고승들이 공성을 깨닫는 것이 매우
희유한 일이 된다고 말했겠는가?

월칭 논사가 말하되, '현현시顯現時의 공空은 연기緣起가 됨'인데, 이 '연기공성'을 깨닫는 사람은 매우 드물기에 모든 경론에서 찬탄한다고 하였다. 야크가 나타남과 말이 공한 성을 합하여 함께 말한 것은 어리석은 자도 깨달을 수 있으며, 삼일 간 두문불출하면 바로 공성을 깨달을 수 있는 그런 것이라면 이전의 교주대덕教主大德들이 공성을 깨달은 자에 대하여 희유하다고 찬탄하지 않았을 것이다. 오늘 공성을 깨달았다고 하고는 다음날 아침에 다시 탐심에 빠진다면 이치에 맞지 않는 것이다.

아래에서 자종의 견해를 설하고, 닝마파가 어떻게 '현공무별'을 승인하는가에 대하여 논한다.

是故前譯自宗爲 觀察水月水中性 시고전역자종위 관찰수월수중성
少許不得正無有 水月顯現現量見 소허부득정무유 수월현현현량견
雖是無遮能顯現 수시무차능현현

이로써 닝마의 자종은 관찰하여 수월의 본성을 조금도 얻지 못함에 곧 있지 않음이나 수월의 현현함을 현량으로 볼 수 있으니, 비록 무차임에도 능히 현현한다.

만약 다른 종파의 현공무별現空無別의 견해가 이치에 맞지 않다고 하면, 우리 닝마파의 관점은 어떠한가? 닝마파는 '물에 비친 달(수월水月)'로 비유를 삼아 쉽게 이해시키고 있으며, 이 비유는 경전에서도 설한 바 있다.

밤에 맑은 연못에 구름 없는 밝은 달이 비치지만 물에 비친 달은

건져 얻을 수가 없듯이, 일체 윤회와 열반의 모든 법이 이와 같다. 미팡 린포체의 논 중에 규결竅決의 방식으로 해설한 것이 있는데, 이렇게 물에 비친 달의 비유로 현공무별을 해석한 것은 드물다. 진메이 펑춰 린포체는 미팡 린포체의 수월의 비유가 사람들이 현공무별의 지혜를 쉽게 통달하게 해 주는 것이 독특한 특징이라고 하였다.

명언名言 중에서 수월의 본성을 관찰할 때에 내외 밀교의 각종 방식으로 그 근본이 어디에 있는지 관찰해 보아도 수월의 자성은 조금도 얻지 못하며, 그러기에 그 본성은 공하지만 동시에 수월의 현현함도 멸하지 않는다. 현량으로 보면 누구든 관찰해 보아도 안과 밖의 달의 성품은 성립하지 않는데, 이렇게 달의 본성이 없을 때(공할 때)에도 수월의 나타남은 멸하지 않는다. 이는 비량으로 봄이 아니라 현량으로 볼 수 있는 것이고, 눈앞에 분명하여, 현량 중에 같지 않은 때의 인연을 필요로 하지 않으니, 이는 다만 동시의 인연을 집착할 수 있는 것이다.

'수시무차雖是無遮'라는 뜻은, 닝마파가 관점 방면에서 무차라고 설한다는 것인데, 다만 공성 중에서라도 수월水月로써 말하면 현현하는 것이며, 이렇게 비유로써 설한다. 의의意義 방면으로 말하면 수월이 일체 제법이 되는데, 그 본성을 관찰할 때에 금강설인金剛屑因·일이一異·다일多一·유무생인有無生因·연기인緣起因 등 중관의 방법으로 살펴보면 그 제법의 자체상은 조금도 얻지 못하여 그 '자상自相'을 얻지 못할 때에도 그 현현은 또한 없어지지 않으니, 이를 현량으로 분명히 볼 수 있다. 이렇듯 우리가 진정으로 자세히 관찰해 보면, 기둥과 수월은 조금의 구별도 없고 그 형상은 조금도 성립되지 못하나 다만 눈앞에 현량으로 현현함을 본다. 따라서 비록 관점은 무차이나 단지 현현불멸은 현량으로 본다는 것이 닝마파의 '현공무별'의 관점을 모두 설한 것이고, 이것이 비교적 쉽게 이해할 수 있는 정견이다.

각자가 수행할 때에 이러한 정견을 여의지 말아야 하고, 남에게 말해줄 때는 자기의 관점을 더 보태지 말고 미팡 린포체가 설하신 대로 전해줘야 한다. 닝마파 자종이 비록 제법을 파할 때에 있어서 무차공성이지만 여전히 현현함이 가능하다. 자종의 관점으로 기둥을 관찰할 때에 그 안·바깥·중간 등 어디에도 기둥으로 성립되지 못하나, 성립됨이 없는 동시에 그 현현함은 현량인 것이다. 까담파의 무차와 자종 닝마파의 무차는 위와 같이 구분함이 필요하다. 만약 다른 사람이 묻기를, 너희의 '수시무차능현현雖是無遮能顯現'이라 함은, 너희가 무차를 쓴다면 너희 자신 또한 무차가 됨을 승인하는 것인가? 우리는 그 승인의 방식이 같지 않다고 회답한다. 아래에 현량으로서 이 관점이 성립된다.

凡夫意前空和有 雖成相違此現量 범부의전공화유 수성상위차현량
一切智者希語贊 于此無別說希奇 일체지자희어찬 우차무별설희기
범부 앞에 공과 유는 서로 어긋나나 이를 현량으로 봄에 대해 일체 지자智者가 희유한 말로써 찬탄하니, 이 현공무별은 참으로 희유하도다.

번뇌장과 소지장을 소멸하지 못한 범부의식의 앞에 '유와 무'가 서로 어긋난다. 어떤 이는 제법이 공성이라면 음식을 먹고 배부르지 않겠는지, 혹은 제법이 공성이 아니기에 현현은 여전히 있게 됨이

아닌지 하고 혼란을 느낀다. 그 '공에 집착함(執着空)'에 있으면 '나타남(顯現)'에 집착하지 않고, '나타남'에 집착하면 '공에 집착함'이 있지 않다. 비록 범부 앞에 현현과 공성이 서로 달리 나타나는 것과 같으나, 수행을 성취한 유가사 앞에는 현현과 공성이 현량으로 보이고, 구분이 없는 방식으로 보이며, 비량이 아니다. 수월의 비유에서처럼 수월의 나타남이 있을 때 수월의 공성도 동시에 보게 되며, 실제적인 의의 상에 있어서 현현과 공성은 나눠진 것이 아니니, '수월의 나타남이 곧 공'이고 '수월의 공이 곧 나타남'이 된다. 즉 청정하지 아니한 모든 법을 보아도 공성과 구별이 없음을 아는 것인데, 그러면 우리 같은 범부들은 무엇 때문에 이런 공성을 깨닫지 못하는가? 이는 이 공성에 대하여 아직 '결정된 신해심(定解心)'을 내지 못했기 때문이다.

우리가 습관상으로 '현현顯現'에 집착하여 항상함(常)을 삼는데, 그 사물의 공성이 범부의 육근 앞에 나타나 있지만, 단지 그 법계의 현상이 아직 현량이 되지 못하여 법계의 형상을 깨닫지 못했기 때문이다. 이같이 범부의 앞에서 '현현'과 '공성'은 서로 어긋나지만, 유가사瑜伽師의 앞에서는 현량으로 양자가 구별되어 '둘이 되지 않음(無二)'을 보게 된다. 따라서 "일체지자희어찬一切智者希語贊, 우차무별설희기于此無別說希奇!"라 하여 일체 지혜의 대덕이 희유한 언어로써 이를 찬탄하되 '현공무별'이 참으로 기이함을 감탄하신다.

용수보살께서 『오차제론五次第論』에서 설하길, "일체 인과는 공하고, 공한 가운데 연기는 현현하며, 다만 연기로 현현하는 인과 과가 서로 의지하는 형식이 매우 희유하고 매우 기이하다."라고 하셨다. 롱첸빠 존자께서 또한 설하되, "주관과 객관이 소멸한 유가사 앞에,

나타나되 집착이 없고 둘이 없는 현현은 참으로 기이하다."라고 하셨다. 또 대원만견大圓滿見에 대하여 진메이펑취 린포체께서 『심성직지心性直指』 중에 대중관견大中觀見과 대수인견大手印見의 두 가지 방식을 써서 결택하셨으며, 이런 관점을 들어 결택하면 수승한 견해가 된다. 진메이펑취 린포체는 수행자가 일생 정견을 굳게 가지고 정해를 내는 것이 중요하다고 생각하여, 문사聞思를 중히 여기고 매일 교학을 강설하며 전법을 하셨다. 따라서 우리는 정견을 확립하고 수행을 원만히 해나가기 위하여 이 『정해보등론』을 잘 연구해야 한다.

이상 위에서 '현량現量'으로써 '현공무별'을 말하였고, 아래에서는 '비량比量'으로써 강설한다.

由從空方衡量時 無有少許不空故 유종공방형량시 무유소허불공고
雖能加說斷定無 수능가설단정무
공 방면으로 추론할 때를 따름에 조금도 공 아님이 없는 연고로 능히 결단코 없음을 설할 수 있다.

여기에서 공空의 방면에서 '현공무별'을 관찰한다.
일체 윤회와 열반의 모든 법은 공성 방면으로 헤아려 보면 유위·무위·붓다 지혜를 논할 것 없이 공이 아님이 없어, 그 본성이 공이 된다. 『입근본혜론入根本慧論』에서 또한 설하되, "연기를 제외한 밖에 모든 법이 다 없으며, 공성을 제외한 밖에 모든 법이 다 없다."라고 하였다. 그러므로 연기 이외의 법, 공성 이외의 법이 다 있을 수 없음이니, 조금도 공하지 않은 법은 없기 때문이다. 닝마파의 관점을 따라

말하면 결정적으로 없다고 할 것이고, 공의 방면을 좇아 물어도 또한 일체가 없는 것이며, 이 '무無'는 토끼는 뿔이 없음의 '무'가 아니기에 단지 비어 없는 것(空無)이 아니라, 일체의 희론을 여읜 '무'이다.

無彼無相正未舍 自現不滅而顯現 무피무상정미사 자현불멸이현현
現彼現相正未舍 住于無基大空性 현피현상정미사 주우무기대공성

무는 저도 없고 상相도 없으며 버리지 않은 채 멸함 없이 스스로 현현하며
현은 저것도 상도 현현하고 잃은 것이 아니며 무의 본성인 대공성에 주한다.

　원래의 '현현'을 버린 후에 '공성'으로 변한 것이 아닌가? 그렇지 않은 것이며, 이와 같은 법은 있지 않다. 공성을 설할 때 '무상無相', 즉 무의 자체상은 공空의 성질을 갖고 있으며, 그 공의 성질을 버리지 않은 채 '자현불멸이현현自現不滅而顯現', 즉 물에 비친 달과 같이 그 자체의 성질을 버림이 없이 그 드러남이 자연적으로 나타나게 된다. 진메이펑춰 린포체께서 미팡 린포체의 '현공무별'의 논설을 해설한 것을 보면, 위의 4구가 가장 중요하다.

　현재 모든 사람이 '현공무별'을 승인하는 경우에 '현'을 둘 때 '공'을 없애고, '공'을 둘 때 '현'을 없애는데, 이것은 옳지 않다. '무'에 있어서 무의 형상을 없애지 아니하는 때이면 곧 현현은 멸하지 아니하며, 현현의 모습에서 현현의 모습을 없애지 아니하는 때이면 곧 인연 없는 대大공성 중에 머무른 것이다. 마치 기둥의 나타남을 없애지

아니하는 때이면 그 본성이 대공성 중에 머무르며, 곧 현현이 공성이라고 말할 수 있는 것이며, 현현을 벗어나 '공성'이 따로 있는 것이 아니다.

이곳의 4구송은 반야경에서 '색즉시공色卽是空 공즉시색空卽是色' 등과 같이 사화합四和合의 방식으로 설한 것과 같은 것이다. 색즉시공 공즉시색에 대해 진정으로 마음에서 그 뜻을 깨달은 사람은 낮에 별 보듯이 매우 드물며, 장시간의 수행이 필요하다. 위의 4구송은 티베트와 중국의 고승이 설한 경우가 드물며, 이것이 '현공무별'에 대한 가장 수승한 경계이고, 대원만의 본래청정을 소개한 내용도 이에 포함된다. 일반적으로 지혜가 높지 않은 사람은 이 4구송과 반야경의 '색즉시공 공즉시색'이 큰 차이가 없다고 생각하지만, 이 4구송의 핵심은 특히 무無의 상相도 공空의 상도 없애지 않으면서 그 본성이 현현하는 점에 있으니, 이것은 매우 중요한 논점이다.

于彼此空以此空 此空此現之分析 우피차공이차공 차공차현지분석
始終不可獲得故 시종불가획득고
저 성실공과 타공의 분석과 거친 오온이 공함과 미진과 찰나의 본체 분석으로는
시종 정견을 획득함이 불가능하다.

이 게송은 차공此空, 이차공以此空 및 차공차현此空此現 등에 대한 분석으로는 종국적으로 결정적인 답을 얻기 어렵다는 것을 말한다. 중요한 것은 '나타날 때가 곧 공함이고, 공한 때가 곧 나타남(顯之時卽空, 空之時卽顯)'인데, 모든 법의 본성에 대하여 논함에 있어서, 이처럼

'차공此空'과 '이차공以此空'의 방법으로 결택한 것은 없다.

'차공此空'은 '성실공成實空'을 가리키며 법성중의 변계세속법遍計世俗法을 써서 공함을 말하고, '이차공以此空'은 곧 병 자체가 공함이 아니고 실을 삼는 집착이 공함을 말하는 것으로 법성 자체는 공하지 않고 단지 타법으로써 공함인 '타공他空'을 가리킨다. '차공此空'은 실을 이루는 자기의 본성을 가리키는 것으로 병이 공하지 않거나 혹은 병이 공하나 그 공이 실을 이루는 것(成實)을 말하며, 이런 두 가지 분별을 더하면 정견을 성립하기 어렵다.

또한 '차공此空'과 '차현此現'은 관찰할 때에 승의법은 '공'하고 세속법은 '현顯'한다고 하는 것도 성립할 수 없다. 자속파 이하의 관점들, 특히 소승에서는 '방분이 없는 미진(無方微塵)'과 '시분이 없는 찰나(無分刹那)'를 실로 있음(實有)이라고 승인하며 말하되, '차공此空'은 곧 세속에서 비교적 조야粗野한 '오온은 공한 것'임이고, '차현此現'은 곧 '방분이 없는 미진'과 '시분이 없는 찰나'가 일체법의 본체임을 말한다. 이들은 일체 모든 법으로 현현함이 가능하며, 아주 작은 물체가 이 현현의 기초이고 조야한 오온 등은 공한 것이라고 주장하나, 이것 또한 분별을 더할 것 없이 성립이 불가하다.

중관응성파가 결택하는 때에 있어서 이상과 같은 분별을 더할 필요가 없이, '현현이 공에 즉하고, 공이 현현에 즉하는 것(以顯即空·空即顯)'으로써 정견을 결택한다. 이런 종류의 현공무별의 경계는 유가행자가 중관의 문사수행과 대원만·대수인 등의 각종 방식을 써서 수지修持한 후에 비로소 깨닫게 된다.

是由內心定解時 尋義智者無義故 시유내심정해시 심의지자무의고
情緒不生懊惱上 旣得樂意眞希奇 정서불생오뇌상 기득락의진희기
내심에서 정해가 생겨나면 뜻을 찾는 지자는 곧 의의가 없음을 알게
되며
고뇌가 생기지 않는 정서상에서 이미 환희의 뜻을 얻게 되니 매우
희유하다.

　이러한 '현공무별'의 의의와 경계에 대해서 내심에서 정해가 생겨나
면 어떤 사람이 묻더라도 자기의 결정된 견해를 바꾸지 않는다. 내심에
서 깨달은 때에는 승의제를 찾으려는 생각, 혹은 대원만의 뜻을 알려는
마음 등이 모두 아무런 의의가 없는 공성임을 알게 되며, 모든 법의
공성과 현현이 구별이 없음을 알게 되면 곧 현현과 공성이 둘이 아닌
경계를 깨달은 것이다. 그렇지 않으면, 마치 세간인이 甁甁을 잃어버리
고 찾지 못하여 그 심정이 고통스러운 것과 같이 된다.
　모든 법의 진실한 뜻을 찾은 지혜가 있는 이가 긴 기간의 문사수행을
경과하여 최후에 '모든 법에는 옳은 것이 없음(諸法無義)'을 밝게 알게
되면, 고민스러운 심정이 전혀 없고 심중에 진정한 기쁨이 일어난다.
궁극적으로 모든 법에 옳은 것이 없음을 밝게 앎이 진정으로 수승한
것이고, 이렇게 되면 마음 가운데에 이미 법계의 의락意樂에 대한
깨달음이 생겨나게 된다. 우리가 마음의 본성을 깨달을 때에 비록
마음의 본성을 찾을 수는 없지만, 마음의 본성이 바뀌어 변하지 않음에
안주하는 연고로 마음에 안락을 얻게 된다. 이것이 진정으로 교묘한
규결이다.

　미팡 린포체께서 강설한 바의 깨달은 경계, 방식 등을 이같이 논증하여 쉽게 사람들이 이해하도록 하였다. 이상으로 제1의 문제에 대한 강설을 마친다.

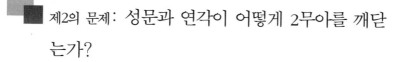

제2의 문제: 성문과 연각이 어떻게 2무아를 깨닫는가?

有謂緣覺阿羅漢 無有證悟法無我 유위연각아라한 무유증오법무아
執着諸蘊爲我許 乃至未除以彼力 집착제온위아허 내지미제이피력
非能斷除煩惱障 비능단제번뇌장

연각·아라한은 인무아의 깨달음이 있고 법무아에 대한 증오는 없다고 하나,

모든 온을 집착함은 '아'가 있기 때문이고 그 아집의 힘을 제거하지 못하면

능히 번뇌장도 끊어 제하지 못한다.

까담파의 샤와츄상(夏瓦秋桑)과 까규파의 부동금강不動金剛이 이런 관점을 유지하고 있고, 기타 종파 또한 이런 관점을 갖고 있기도 하나, 이곳에서는 그들의 관점을 자세히 거론하지는 않는다. 그들은 『구사론俱舍論』을 의지하여 연각·아라한은 다만 '인무아人無我'만 깨닫고 '법무아法無我'는 깨닫지 못한다고 말한다. 『구사론』에서 설한 바에 의하면 법무아는 '방분이 없는 극미진'과 '시분이 없는 찰나'의 깨달음에 대하여 말한 것이므로, 성문·연각은 법무아를 깨닫지 못한다. 이 아래에서 이런 관점을 파하여, '법무아를 깨닫지 못하면 그

104

번뇌장도 제거할 수 없음'에 대하여 논한다.

모든 온蘊을 집착함은 '아我'가 있기 때문인데, 게송 중의 '허許'는 승인한다는 뜻이 아니라 '조금 허락함'·'따름'의 뜻을 말한다. 모든 온을 집착함을 제거하지 못함은 곧 모든 온의 공성을 깨닫지 못한 것이기에 아집을 끊지 못하며, 아집을 끊어내지 못하는 그 아집 집착의 힘 때문에 번뇌장 또한 끊을 수 없다. 즉 만약 법무아를 깨닫지 못하면 번뇌장도 끊지 못함을 게송에서 말하고 있다. 실제로 법아집은 또한 번뇌장의 분체分體로서, 법아집은 총괄하는 항목(總項)이고 인아집은 분류되는 항목(分項)이 되며, 법아집은 모든 온이 가상으로 세운 하나의 집착이기에 성문·연각은 반드시 이를 파해 버려야 한다.

彼我亦依于諸蘊 假立俱生我執境 피아역의우제온 가립구생아집경
與彼瓶等空基分 空相無有稍區別 여피병등공기분 공상무유초구별
저 아 또한 모든 온을 의지하여 구생아집의 경계를 가립하며
저 병 등의 공성의 기반지분과 공상이 조금의 구분도 없다.

모든 아집은 모든 온에 의지한 집착을 말하는 것으로, 먼저 무명이 있음으로 인하여 이어서 살가야견薩迦耶見을 내게 되고, 외경에 모든 온이 있다고 여겨 곧 '아我'와 '아소我所'에 집착하게 된다. '아'는 필히 모든 '온'에 의지함이 필요하고, 이 같은 '아'와 '아소'는 진정으로 관찰할 때에는 본래 없는 것이나 단지 거짓된 이름으로 안립한 것일 뿐이다. 그러나 중생들은 이것이 가립인 줄 모르고 무시이래로 구생俱生 형식의 아집이 있게 되는데, 여기서는 주로 '인아집人我執'을 가리키며, 이를

'번뇌장煩惱障'이라고 말한다.

'피병彼瓶'은 '소지장所知障'이나 '법아집法我執'을 가리키며, 위에서 말한 '인아집'과 더불어 공성의 기초 방면, 즉 공한 바의 방면을 따라 나누면 하나는 외경을 따르고 하나는 자체를 쫓으나, 공의 도리에 있어서 의의 상으로는 서로 구분할 수 없다. 이곳에서 하나는 깨닫고 하나는 깨닫지 못함을 말하는 것이 아니라, 인무아를 깨달았다면 즉 법무아도 조금은 깨달은 것이라고 할 수 있다. 닝마파인 자종에서 인·법아집을 말할 때 구생아집은 곧 인아집을 가리키며, 중생이 무시 이래로 능취·소취에 미혹함으로 인하여 구생의 형식으로 존재하는 것을 말하나, 이 또한 마음의 본성이 아니다.

본성本性과 구생俱生은 분명히 구분된다. 마음의 본성은 광명이기에 장래에 성불하게 되는 것이나, 구생은 마음에 망념이 일어날 때에 함께 생겨나는 것이다. 미팡 린포체와 라서 게쉐가 변론할 때 말한 바와 같이, 본래 무명과 마음의 본성은 무시이래로 있는 것인데, 무명은 뒤따른 인연을 따르는 특성(後然性)이 있기에 미래에 성불할 때 소멸되나, 마음의 광명은 성불할 때에 번뇌장처럼 소멸되는 것이 아니라 더욱 분명해져 최후에는 붓다의 지혜로 변한다. 즉 처음에 번뇌장과 소지장은 서로 같지 않고 동시에 출현하지 않으나, 뒤로 가면서 후연성後然性의 특성을 따라 소멸되어 여읠 수 있게 된다.

若分各法各士夫 則成自性空性故 약분각법각사부 즉성자성공성고
如是聖教與理證 現量成立而超越 여시성교여리증 현량성립이초월
聲緣法我未證悟 說此唯成立宗已 성연법아미증오 설차유성립종이

만약 각 법 각 사부를 분석하면 곧 자성이 공성을 이룸을 알며,
이 같은 성교와 이증으로 현량이 성립되기에
성연은 법아공을 증오하지 못함을 초월하며, 오직 그렇게 종을 세워야
한다.

『입행론入行論·지혜품智慧品』에서 말한 것과 같아서, 머리가 몸이
아니고 다리가 몸이 아닌 등 법무아의 관찰 방식으로 분석할 수 있고,
또한 같은 방식으로 인무아 등에 대해 각종의 관찰로 분석하는 것이
가능하다.

'사부士夫'는 보특가라 혹은 사람을 가리키는데, 분석할 때에 집착
방면에서 서로 같지 않은 부분이 있으며, 거칠고 미세함도 같지 않다.
전체적으로 말하면 한 가지를 깨달으면 다른 한 가지도 반드시 깨달은
바가 있으나, 그들은 공의 도리 방면에 있어서는 나누지 못한다. 이는
미팡 린포체의 독특한 관점이며, 앞에서 논한 '공기분空基分·공상불분
空相不分'을 마땅히 잘 기억해야 한다.

성문·연각이 붓다의 가르침 중에서 공성을 깨달아, 인무아와 법무
아를 모두 깨닫게 됨에 대하여 일곱 가지 성교의 논증이 있는데,
『반야송般若頌』, 『보만론寶鬘論』, 『칠십공성론七十空性論』 등에 설한
바에 따르면 성문·연각은 법무아를 깨달았다고 하였다. 또한 세 가지
이치로 논증함에 따르면 성문·연각이 법무아를 깨달았음이 성립하는
데, 『선해밀의소善解密意疏』에서 "만약 법무아를 깨닫지 못하면 성문·
연각도 외도의 신선과 같아서, 윤회 중에 해탈을 얻지 못한다."라고
하는 등 세 가지 이치로 논증한 바 있다.

게송 중의 '이초월而超越'은 위에서 거론한 관점이 "교敎와 이리로 논증함을 초월한다." 함을 가리킨다. 위에서 설한 "성문·연각이 법아를 깨닫지 못한다."라고 하는 종파들이 있는데, 그들은 어떤 교증과 이증이라도 갖고 와 설명하지 못한다.

有者對此極過分 承認三乘見道一 유자대차극과분 승인삼승견도일
幷許證悟無高低 顯密經續等諸論 병허증오무고저 현밀경속등제론
一切釋爲不了義 일체석위불요의

어떤 이는 이에 대해 매우 과분하게 생각하여 삼승이 견도가 하나로 같다고 승인하고
증오에 높고 낮음이 없다고 하는데, 현교·밀교의 경과 속부의 모든 논전의
이런 주장 일체가 불요의라고 한다.

이곳에서는 주로 까담파의 주장을 부정하고 있는데, 어떤 이들은 성문·연각이 공성을 깨달았다고 하는 면에 대하여 매우 과도하게 말한다. 앞에 주장하는 이들은 성문·연각이 조금도 법무아를 깨닫지 못했다고 설했는데, 이곳에서는 '삼승의 견도는 하나임을 승인함'이라고 하여, 그들이 깨달은 바의 지혜에 구분이 없다고 한다.
  여기서 '견도見道'라 함은 '5도五道[19]의 견도가 아니라 견도 이상의 지혜'를 말하는 것으로, 그 깨달음에는 높고 낮음이 없음을 허락하여

---

19 자량도, 가행도, 견도, 수도, 무학도.

성문·연각·보살 등 삼승의 깨달은 바의 지혜에도 높고 낮음이 없다고 한다. 일반적으로 밀승의 구승九乘 속부續部에서는 십지보살의 지혜가 제일 높고 차례로 연각·성문이라고 생각하는데, 여기서는 그들이 모든 증한 바에 높고 낮음이 없고 구별도 없다고 한다.

본래 현교의 경론 중에서 『현관장엄론現觀莊嚴論』, 용수보살의 『중론中論』, 법칭의 논전, 그리고 석존께서 설하신 경전에서 모두 보살·연각·성문의 경계는 반드시 높고 낮음의 구분이 있다고 설하셨다. 『현관장엄론』 제1품에서 나한의 기지基智·도지道智·과지果智를 논술하면서, 나한이 깨닫는 기지는 불보살의 지혜에 비교해 보면 그보다 경지가 낮고, 보살은 불과를 얻는 데에 가까우며, 성문·연각은 매우 먼 곳에 있다고 하였다. 또한 미륵보살께서도 제1지의 보살지에서 소지장이 소멸하기 시작한다고 하시는 등, 위에서 설명하는 관점과는 서로 다름이 있다.

밀법 속부 중에서도 성문·연각·보살의 지혜 경계를 논술할 때에 보살이 성문·연각을 성취한 사람에 비교하여 법무아 측면에서 그 소지장이 초지에 있어서 소멸되고, 따라서 그의 지혜는 더 높고 끊는 바도 높으며, 여러 방면에서 구분이 있다고 말한다. 『현관장엄론』에서 연각이 취하는 경지에 대하여 말하길, 그들은 소취所取에 대해서는 이미 공성을 깨달았으나, 다만 능취能取는 아직 공성을 깨닫지 못했다고 말한다. 또 기타 경전에서 보살이 깨달은 경계는 바다와 같고, 성문·연각이 성취한 바는 소 발자국과 같아서 그 깨달은 것이 일정한 구분이 있다고 하는 등 교리 안에 있어 이와 같은 여러 증명이 있다.

이같이 교증과 이증으로 설함에 있어, 까담파는 이런 모든 경과 속부가 '불요의不了義'가 되며 밀의를 설하기 위하여 잠정적으로 설한 것이라고 해석하는데, 일반적으로 요의와 불요의는 마땅히 세 가지 조건을 갖춰야 하나 그렇지 못하였음을 알기에 지혜로운 자는 까담파 주장을 승인하지 않는다. 이유와 근거가 없음에도 오히려 경과 속부를 불요의라 하고, 『현관장엄론』도 불요의라고 설함은 도대체 어떤 근거와 이유 때문인가? 실로 어떠한 이유도 찾을 수 없다. 『현관장엄론』은 가장 깊은 지혜바라밀다에 대한 해석 논전이다. 만약 이것을 불요의라 한다면 석존과 모든 대덕의 일체 경론을 불요의라고 말하지 않을 수 없으며, 그것으로써 일체가 다 불요의를 이루게 된다. 즉 그들이 교증와 이증으로써 "삼승의 깨달음은 높고 낮음이 없다." 함을 설명할 때에, 어떤 자그마한 근거도 찾아내지 못하고 있으니 그들의 주장은 이치에 맞지 않는다. 이에 미팡 린포체는 직접 부정하지 않고 아래에서 샤카파의 거롱빠(格龍巴) 등 대덕의 말씀을 써서 부정한다.

于彼前過劣道者 已得大乘見等時 우피전과열도자 이득대승견등시
少無所斷等過失 理證妨害無法答 소무소단등과실 이증방해무법답
저 앞에 성문·연각 경지를 통과한 자가 이미 대승견 등을 얻은 때에 끊을 것이 없다는 등의 과실이 이증에 방해됨을 답할 방법이 없다.

이 문제에 대하여 샤카파의 거롱빠와 다상뤄자와는 『입중론』의 강설 중에 설한 바가 있다.

게송의 '전과열도자前過劣道者'는 성문·연각이 보리도상에 먼저 소승의 성문·연각의 도를 통과하여 나한과를 얻고 후에 다시 대승도에

들어가야 하는 것을 말한다. 대승에 들어갈 때에는 먼저 자량도를 좇아 들어가고(나한이 번뇌를 끊었음은 모든 종파가 허락함), 가행도에 이르러서 한 번의 아승지겁을 필요로 하며, 그 후 견도에서 7지에 이르기까지 또 하나의 아승지겁의 수행이 필요하며, 이같이 한 단계 한 단계 올라가야 한다.

앞서 까담파에게 질문한 바와 같이, 소승의 성문·연각 도를 통과하여 나한과를 얻고 후에 이어서 대승도에 들며, 그가 대승도에 들 때 번뇌장은 이미 다하고 소지장은 너희가 허락한 것처럼 8지에 이르러 끊어지기 시작하는 것이라면, 7지 이하의 양대 아승지겁의 수행 기간에 번뇌장이 모두 끊어졌는데 자량을 쌓는 것이 무슨 필요가 있는가? 대승 견도의 전과 후의 양대 아승지겁 중에 번뇌장을 다 끊어 조금도 끊는 바가 없으나 소지장은 아직 끊지 못했는데, 7지 이하에서 끊어야 할 번뇌가 없다고 하는 것은 과실이 된다. 게송의 '등等' 자에는 "공성 중에 어찌 소지장을 끊지 않을 수 있겠는가?"라는 뜻이 함유되어 있는데, 이와 같은 과실을 잘 알아야 한다.

또한 성문·연각을 경과한 하열한 근기는 둘이 없는 지혜를 갖추고 있지만, 아직 소지장을 끊지 못하였다고 주장함은 미륵보살의 논서 중에 "초지에 비로소 소지장을 끊기 시작한다."라고 함과 서로 어긋난다. 샤카파의 모든 대덕들이 그들의 이 같은 과실을 지적했고, 까담파에게 이러한 '이증의 모순'에 대해 회답을 청했으나 그들은 회답할 수 없었다. 또한 까담파의 설함에 의하면 나한이 삼생의 공성을 깨달았어도 보살도에 이르기 위해 일 아승지겁을 필요로 하는데, 소승의 이근利根이 삼생 중에 인무아·법무아의 지혜를 깨닫고도 보살도 중에 일이승지겁에 이른다면 '소승이근'에게 허물이 있게 된다. 까담파는 이에 대답한 바가 없고, 이전에 종카빠 대사께서 지은 논에 대해 사캬파의 거롱빠가 부정하였으며, 현재까지 진정으로 회답한 적이 없다.

이밖에 미팜 린포체가 그에 대하여 여러 가지로 부정하였다.

此外雖說悟所證 然而所斷尙需助 차외수설오소증 연이소단상수조
未證證悟自許違 若證不舍所斷違 미증증오자허위 약증불사소단위

이밖에 비록 증할 바를 깨닫고도 끊을 바를 끊음에 오히려 도움이 필요하면
증함도 없이 증오를 허락함이기에 틀린 것이고, 증하고도 끊을 바를 끊지 못함도 틀린 것이다.

인무아·법무아의 일체 지혜를 깨달았다고 말하면서 그 무엇 때문에 소지장은 조금도 끊지 못하고 7지에 이른 후에야 비로소 끊기 시작하는가? 그들이 회답하기를, "먼저 자량을 쌓아 두고, 그 후에 끊게 된다."라고 하는데, 이와 같다면 곧 '깨닫지 못하고 깨달았다고 스스로 옳지 않음을 허락한 것'이 된다. 이에 대해, 너희의 통달한 '둘이 아닌 지혜(無二智慧)'는 깨달은 것인가 아니면 깨닫지 못한 것인가 묻는다면, 만약 깨닫지 못했다고 하면 너희는 "삼승의 견도는 하나이고 깨달음은 높고 낮음이 없다."라고 말할 수 없으며, 이는 너희 자체 종의와 서로 어긋난다. 또한 만약 나한일 때 둘이 아닌 지혜를 이미 깨쳤다면 그 무엇 때문에 소지장을 버리지 못하겠는가? 이것은 둘이 없는 지혜와 서로 어긋나는 것이며 어떤 측면으로 보아도 모두 이치에 맞지 않는다.

소지장을 끊는 데 많은 자량이 필요하다고 말하나, 소지장을 끊는 원인은 자량을 쌓는 것이 아니라 지혜가 소지장을 끊는 근본 원인이다. 만약 지혜가 이장二障을 끊는 인因이 아니면 삼계 중에서 다시 그 이장을 끊는 방법을 찾아낼 수 없다. 『석량론釋量論』, 『사백론四百 論』에서 말하되, 자량을 쌓는 것은 다만 이장을 끊는 조연작용을 일으킬 뿐 진정한 인은 아니며, 이장을 끊는 인은 진정한 '둘이 없는 지혜(無二智 慧)'이다. 『입행론·지혜품』 중에서 설하되 번뇌장·소지장의 유일한 대치의 인은 지혜와 공성이며, 따라서 그들이 이미 둘이 없는 공성지혜 를 깨치고도 아직도 소지장을 끊지 못했다면 그 어디에서도 또 다른 대치법을 찾을 수 없다. 이어서 아래에서 비유로써 말한다.

如日旣升然黑暗 遣除依他感希有 여일기승연흑암 견제의타감희유

태양이 이미 오른 뒤 흑암을 제거하기 위해 다른 인연을 의지함은 희유한 일이다.

태양이 이미 올라왔는데, 어둠을 제하기 위해 등불을 밝히거나 기타 인연을 의지해야 한다고 하면 사람들에게 웃음거리가 될 뿐이다.

만약 자량을 쌓아 두어야 소지장을 끊는다고 하면 7지 이전에는 자량을 쌓는 일이 없는 것인가? 가행도 중에서도 자량을 쌓기에 응당 소지장을 끊을 수 있고, 만일 끊지 못한다면 견도의 시기에서 자량을 쌓아 끊을 수 있으며, 만약 초지에서도 끊지 못한다면 7지에 이르러 자량을 더욱 구족하여 소지장을 끊을 수 있을 것이다. 이러하다면 10지의 자량이 7지에 비해 더욱 원만하므로 10지에 이르면 소지장을

분명히 끊기 시작할 수 있음이 이치에 맞다. 총괄하자면, 너희 주장은 번뇌장은 초지부터 끊고 소지장은 7지 이후가 되어서야 끊게 된다는 것인데, 이는 『현관장엄론』 등에서 설한 적이 없다.

이곳에서 주로 말하고자 하는 바는 '둘이 없는 지혜'가 있다면 소지장을 끊지 못할 것이 없으며, 소지장을 끊는 대치의 인은 '둘이 없는 지혜'이지 자량을 쌓는 것이 아니라는 점이다. 이곳에서 명백하게 할 것은 '끊을 것'은 곧 끊어 제거해야 하는 바인 이장이고, '증證할 것'은 인무아·법무아의 지혜를 가리키니, 끊는 바와 증할 바는 서로 다른 것이다. 만약 증할 바는 있지만 끊어 제하는 바는 없다면 이치에 맞지 않는 것이니, 이 둘의 관계를 반드시 분명하게 설명할 수 있어야 한다. 미팡 린포체가 『변도일광론辯倒日光論』에서 설하되, "만약 증오하는 바가 있는 때에 끊을 바를 제거함이 없으면 곧 매우 많은 기간을 경과하여서도 끊어야 할 바를 끊지 못한다."라고 하셨다. 너희의 '끊는 것(所斷)'과 가장 어긋나는 것은 무엇인가? 그것은 바로 '둘이 없는 지혜'이다. 이미 '둘이 없는 지혜'를 증한 바가 있으면서, 무엇 때문에 이장을 끊지 못하고 '아직도 자량을 쌓는 것을 필요로 함'이라고 말하는 가? 자량을 쌓음은 이장을 끊는 올바른 원인이 아니다.

有謂聲緣自相續 五蘊雖已證空性 유위성연자상속 오온수이증공성
餘法無我未證悟 여법무아미증오

성문·연각은 자상속의 오온이 공성임을 이미 증오하였으나
나머지 법에 대한 무아는 아직 증오하지 못하였다.

　이것은 샤카파의 거롱빠가 주로 논파하는 관점인데, 그는 『현관장엄론』의 강의본의 하나인 『심심복장요문甚深伏藏要門』에서 아라한 경계를 강의하면서 위의 논술을 설한 바 있다.

　성문·연각은 자상속自相續의 오온이 공한 성품을 깨달았다고 하며, 여기서 그 자상속은 자기 마음, 경계 및 오온을 포함한다. 그러나 이를 제외한 그 '나머지의 법에 대한 무아'는 깨닫지 못했음을 말하고 있다. 다시 말하면, 사변四邊 중의 '유변有邊(오온)' 방면의 공성을 증오했을 뿐이고, '여법餘法'인 나머지 삼변 또는 자상속 이외의 법에 대한 공성은 아직 깨닫지 못했음이 그들의 관점이다.

設若證悟五蘊空 則除無爲法之外 설약증오오온공 즉제무위법지외
未證他法有何者 미증타법유하자
만일 오온이 공함을 증오했다면 곧 무위법을 제외한 그밖에 기타 증오하지 못한 법은 무엇이란 말인가?

　이 게송은 위의 관점을 파한다.

　너희가 설하는 바와 같이 이미 오온의 공성을 깨달았다고 할 때, '오온' 이외의 무위법(허공虛空·택멸擇滅·비택멸非擇滅 등)을 제외한 그 일체 유위법이 다 '오온'의 가운데에 포괄되는데, 증오한 오온을 제외한 그밖에 아직 무슨 법을 증오하지 못한 것인가?

　또한 너희가 증오한 자상속 오온은 『구사론』에 설한 바인 '공성'이 되는가? 아니면 『중관론』의 '공성'인가? 만약 전자이면, 곧 상속의 거친 것을 결택하여 공성을 삼고 미세한 상속은 결택하지 아니하며,

'무방미진無方微塵, 무분찰나無分刹那'는 공성으로 결택하지 않는다. 이는 미세한 자상속 오온에 대하여 깨닫지 못하였기 때문인 것으로, 만약 이 논점을 의지한다면 곧 성문은 나한과를 얻지 못하며,『구사론』의 '무방미진, 무분찰나'가 공성이 됨을 결택하지 못하므로 나한 또한 공성을 증오할 수 없다.

또한 후자의 의견처럼 너희가 중관에서 강의한 바의 오온을 의지하여 공성을 깨치는 경우라면, 무위법이 중관 중에 또한 공성이 된다고 승인하며, 그 무위법이 실유實有의 법이 된다고 허락하지는 않는다. 그렇다면 너희가 자상속의 오온을 증오했다고 설하는 것은 실제상으로 모든 유위법·무위법에 대해 공성을 증오한 것인데, 이는 까담파의 관점과 같으며 공성을 증오하지 않은 법이 하나도 없게 된다.

다시 말하면, 너희가 설한 자상속의 오온을 증오한 것을 제한 외에, 또한 무위법을 제한 외에 남는 것은 무엇이 있겠는가? 실제상 일체의 유위법은 다 오온 중에 포함되며, 무위법에 대해서는 소승 경부經部는 또한 실로 있는 것으로 여기지 않고 가립假立한 것이라 말하고, 오직 유부有部는 실유實有하다고 인정하지만 이는 너희와는 무관하며, 경부 이상은 모두 무위법은 인연으로 생겨난 가립된 것이라고 하기 때문에, 결국 너희는 완전히 법무아를 증오한 것과 같다. 이것은 바로 까담파가 설한 바와 일치한 것이니, 이와 같은 관점은 이치에 맞지 않는다.

또한 너희가 설하되, 성문·연각은 자기 상속 중의 법을 포괄한 것에 대하여 공성을 증오하였으나 그 외의 법에 대해서는 공성을 증오함이 없다고 하는데, 이것 또한 불가능하다. 아我와 아소我所 집착으로 인해 성문·연각은 오온의 미세한 방면에 대해 공성을 증오함

116

이 불가능하며, 만약 성문·연각이 미세한 오온 방면에 대해 '아'의 공성을 증오했다고 승인하면 이는 『구사론』의 결택과 모순된다. 이와 같이 자상속과 타상속을 나눈 것으로는 그 이치를 규명하기가 어려우며, 모든 중생의 자체상속이 무시이래로 윤회에 표류하는 원인은 바로 그 오온이다.

이상으로 모든 대덕이 "이러한 논설은 과실 없이 주장하기가 어렵다."라고 설한다. 거룽빠나 종카파 대사는 물론 훌륭한 대덕이시고 지혜가 또한 무변하나, 이 문제를 판단할 때에는 관점이 조금 다르다고 볼 수 있다.

아래에 우리가 자종의 관점을 건립하여 설명한다.

是故若問何自宗 시고약문하자종
이로써 또 자종의 관점이 무엇인지 묻는다.

위에서 널리 타종을 파했기 때문에 어떤 사람이 "너희 자종은 이에 대하여 어떠한 관점이 있는가?"라고 묻는다. 이에 먼저 월칭보살의 관점을 말하고, 뒤이어 무구광 존자의 관점을 설한다.

먼저 월칭보살의 관점으로 근거를 삼는다.

具德月稱自釋云 聲緣爲除煩惱障 구덕월칭자석운 성연위제번뇌장
如來善說人無我 佛子爲除所知障 여래선설인무아 불자위제소지장
圓滿宣說法無我 원만선설법무아

덕 갖춘 월칭이 자석自釋하여 이르되 성문·연각의 번뇌장을 제거하기 위해

여래가 인무아를 설하고, 불자의 소지장을 제거하기 위해

원만하게 법무아를 설하셨다.

덕을 갖춘 월칭보살이 그『입중론자석入中論自釋』의 제6지六地에서 말하되, 성문·연각이 삼계 윤회의 원인인 번뇌장을 제거하기 위하여 '인무아'를 설하였고, 보살이 무상불과를 얻으려면 반드시 소지장을 끊어 제거해야 하므로 여래가 모든 보살을 위하여 원만한 '법무아'를 설하셨다. 자석에서 이와 같이 성문·연각이 해탈을 구함에 인무아를, 보살이 해탈을 얻게 하기 위해 법무아를 설하는 등 두 가지 무아를 말씀하셨다.

성문·연각이 비록 연기공성에 대하여 조금 깨달았지만 아직 그 법무아를 원만하게 수지하지 못하였고, 그들에게는 다만 삼계 윤회를 해탈하는 방편만이 있을 뿐이다. 아래에서 미팡 린포체가 다른 설명으로 월칭의 말을 인용하여 해석하고 있다.

若問聲聞及緣覺 已說證悟空性義 약문성문급연각 이설증오공성의
如是所說如何耶 여시소설여하야

성문·연각에 대해 물되 그들이 이미 공성의 뜻을 증오했다 말함인데 이같이 설한 바는 무슨 뜻인가?

어떤 사람은 묻는다. "성문·연각이 공성의 뜻을 깨달았는가?"『입중

론』에서 '피지원행혜역승彼至遠行慧亦勝'이라고 설하였듯이, 성문·연 각이 다 공성을 증오했는데, 만약 증오하지 못했다고 한다면 외도의 선인이 욕심 여읨을 얻고서도 윤회 중에 머무름과 같은 것이니, 이것을 어떻게 이해하여야 하겠는가?

彼等聲緣爲斷除 諸惑而修人無我 피등성연위단제 제혹이수인무아
所有圓滿法無我 無有受持而如說 소유원만법무아 무유수지이여설
저 등 성문·연각이 모든 혹을 끊어 제하고 인무아를 닦지만
모든 법무아를 수지함이 원만하지 않다고 설한다.

저 성문·연각 등이 삼계 윤회의 원인인 번뇌장을 끊었고 인무아를 수행하였지만 모든 원만한 법무아를 증오하지 못하였으며, 대승의 대덕을 모시지 아니하여 대승경론을 듣지 못하고 수지하지 못하였기에 이같이 해석한다. 초지에 있어 증오한 바의 법무아와 6지六地에서 증오한 바의 법무아는 같지 않으며, 따라서 성문·연각은 다만 조금의 연기성공만을 증오했다고 말한다.

龍欽繞降尊者云 往昔一切阿闍梨 용흠요강존자운 왕석일체아사리
縱使辯論此有無 自宗前時之聲緣 종사변론차유무 자종전시지성연
雖有幾種得羅漢 若未證空蘊我執 수유기종득나한 약미증공온아집
乃至不能解脫故 내지불능해탈고
롱첸빠 존자가 설하신 바에 대해 과거 일체 아사리가
이러한 유무를 변론하였지만, 자종 이전의 성문·연각들이

비록 나한을 증득했어도 오온과 아집이 공함을 증오하지 못하였기에
여전히 해탈을 얻지 못했다.

용흠요강龍欽饒降은 곧 롱첸빠 존자를 말한다. 그의 『여의보장론如
意寶藏論』에서 설하되, "중관과 밀법을 연구하는 인도와 티베트의 대덕
들이 예전에 비록 많은 변론을 하였으니, 성문·연각은 과연 법무아를
증득했는가? 어떤 사람은 공성을 증오했다고 말하고 어떤 이는 증오하
지 못했다고 하였는데, 이에 대해 자종은 분명한 관점이 있다."라고
하셨다. 롱첸빠 존자 앞의 각 종파[20]는 과거의 성문·연각에 대하여
몇 가지 관점이 있다고 여겼다. 붓다 재세 시에 몇 종류의 나한이
있었으며, 뒤에 소승이 18부로 나뉘어 성립하였고, 그 가운데에 일부는
불가사의한 '아'가 있다고 승인하였고, 일부는 '아와 온이 일체'라고
승인하였으며, 어떤 부류는 동체가 아니라고 생각하는 등 여러 종류의
주장이 있다. 그러나 이 같은 '나한을 증득한 자'가 어떤 종류이든,
만약 오온과 아집이 공함을 증득하지 못하면 해탈에 이르지 못하였다.
 위의 '나한을 얻음'은 성문·연각이 과위를 얻음을 포괄하는데, 나한
은 범어문자로 '출유괴出有壞'의 뜻으로 '연각'이라고도 해석할 수 있다.
자기상속 혹은 추한 오온에 대하여 증오함이 없을 때에는 삼계도
벗어날 수 없으며, 추한 오온을 끊지 못함으로 인하여 곧 오온을
집착한 살가야견을 끊지 못하면 여전히 아집도 끊지 못하고 업을
지음도 끊지 못하므로 결국 윤회를 끊지 못하니, 나한과는 구경을

---

20 샤카파는 롱첸빠 존자(무구광 존자) 후에 출현했다.

얻은 것이 아니다. 따라서 '약미증공온아집若未證空蘊我執 내지불능해
탈고乃至不能解脫故'라고 설하며, 유루·무루에 관계없이 그 과는 여전
히 삼유를 해탈함을 얻지 못한다.

雖許彼者有證悟 圓滿無我未證悟 수허피자유증오 원만무아미증오
經說聲緣微無我 如虫食芥粒內空 경설성연미무아 여충식개립내공
是故劣用否定詞 已說未證法無我 시고열용부정사 이설미증법무아

비록 그들이 증오함이 있어도 원만한 무아를 증오한 것이 아니기에
경에 성문·연각의 무아가 미소하고 벌레가 파먹어 안이 빈 작은
겨자처럼
하열하고 부정적인 말로써 법무아를 증오하지 못했다고 설한다,

비록 우리 종파가 성문·연각이 법무아를 증오한 바가 조금은 있다고
승인하여 오온의 자체상속이나 혹은 거친 부분에 대한 증오함을 인정
하나, 그들은 미세한 '무방미진無方微塵', '무분찰나無分剎那'에 대해서
는 증오함이 없다. 그러하지 않는다면 구사종과 더불어 자종이 어긋나는
과실이 있게 된다. 따라서 '원만무아미증오圓滿無我未證悟'라고 한 것처
럼 그 미세한 부분의 소지장을 증오하였다고 승인할 수 없다.
불경 중에 설하되, 성문·연각이 증오한 것은 털끝의 물기와 같고,
보살이 증오한 바는 바다의 물과 같다고 한다. 성문·연각의 증오는
'여충식개립내공如虫食芥粒內空', 즉 벌레가 먹고 남은 속이 빈 겨자와
같아, 그들이 증오한 '내면의 공'의 증함이 극히 미소하지만 상대적으로
불보살이 증오한 것은 광대한 허공과 같다. 많은 경론 중에 있는

'열용劣用'의 표현은 성문·연각이 '법무아를 증오하지 못하였음'을 설한 것으로, 그 공을 증오함을 완전히 부정하는 것은 아니라 그 증오함의 수준이 하열함을 말하는 것이다.

此乃殊勝之善說 與此相同別無有 차내수승지선설 여차상동별무유
如同海水飮一口 不得說爲無飮海 여동해수음일구 부득설위무음해
如是法之所分我 無我證故許見空 여시법지소분아 무아증고허견공
이는 실로 수승한 법문으로 이와 같은 것이 별도로 없으며
바닷물 한 입 마신 것에 대해 바닷물을 마신 적이 없다고 못하는 것처럼
이같이 법의 소분 아공으로 무아를 증한 것이기에 공을 본 것을 허락한다.

이는 롱첸빠 존자의 수승한 설법인데, 이 같은 설법은 온 세상에서 찾아보기 드문 것이다. 왜 그런가? 논주論主가 비유로써 답하길, "바닷물을 한 모금 마신 것은 바닷물을 마신 것이 아니다."라고 말하지 못하는 것처럼, 성문·연각이 인무아이든 법무아이든 법의 소분 아공에 대하여 증오했으면 이미 일부분의 무아를 증오한 것이고, 따라서 비록 완전한 공성을 본 것은 아니나 그것으로 이미 공성을 본 것으로 허락한다. 이것으로써 닝마파의 구경의 관점에 대하여 미팜 린포체가 게송의 문구로써 이미 원만하게 설하고 있음을 알 수 있다.

猶如海水飮一口 所有未進腹中似 유여해수음일구 소유미진복중사

一切所知諸自性 無有證悟空性故 일체소지제자성 무유증오공성고

圓滿無我許未見 원만무아허미견

바닷물을 한 모금 마시는 것은 모든 바닷물이 뱃속에 들어감이 아니고
일체 소지의 모든 자성에 대해 공성을 증오한 것은 아니기에
원만무아 전체를 본 것이 아니다.

바닷물을 한 모금 마신 것은 전체 바닷물을 마셔 뱃속에 둔 것과는
같지 않다. 마찬가지로, 성문·연각은 일체 소지장의 모든 자성, 곧
일체의 미세한 찰나방분과 소지장 부분의 자성에 대한 공성은 아직
증득하지 못하였으므로, 성문·연각이 '원만한 무아'를 말한다면 아직
보지 못한 것이라고 허락해야 한다.

앞에서 성문·연각이 거친 오온 또는 상속하는 오온은 이미 증오하였
음을 말하였지만, 마음 방면에서의 무분찰나와 외경外境 방면에서의
무방미진의 공성은 증오하지 못했으며, 『구사론』에서는 그를 승의제
라고 말하며 그것이 공성이 됨을 증오하지 못하고 실유實有임을 허락한
다. 어떤 이가 말하되, 성문·연각이 이미 그 거친 방면을 증오했다면
미세한 방면 또한 응당 증오해야 하는데, 공성을 증오함에 있어서
거친 것과 미세함은 도리상에서 같으니, 마치 거친 기둥을 그 내외
부분으로 관찰하면 미세한 것이 되므로, 그 미세한 것 역시 파하여질
수 있기 때문이라고 주장하나, 이렇게 되는 것은 불가능하다.

若問一法見空性 不見一切爲何耶 약문일법견공성 불견일체위하야

于彼以教理窺訣 如是觀察雖可見 우피이교리규결 여시관찰수가견

한 법의 공성을 봄이 일체를 본 것이 아니라는데, 정말 그러한가? 그것에 대해 교리의 규결로써 이치대로 관찰하면 볼 수 있다.

'일법一法'은 인무아를 가리킨다. 만약 "인무아의 법으로써 이미 공성을 증오했다면 그 무엇 때문에 법무아 방면의 법은 증오하지 못하겠는가?" 또는 "성문·연각이 이미 사변四邊(유유有有·무無·구유俱有·구무俱無)의 '유변有邊'을 파했다면 그 무엇 때문에 그 외의 삼변三邊은 파하지 못하겠는가?"라고 묻거나, 혹은 "그 거친 오온에 대해 이미 공성을 증오하였다면 무엇 때문에 미세한 '무분찰나'와 '무방미진'은 증오할 수 없는가?"라고 묻는다면, 이에 관하여 많은 교증이 있다. 『사백론四百論』에서 설하되, 한 법의 공성을 증오할 수 있다면 기타 법 또한 능히 증오한다고 하며(능히 이같이 추리하며), 월칭 논사의 『육십정리론六十正理論』의 강의본에 또한 "마치 한 지地의 공성을 통달하면 다른 한 지 또한 공한 것을 통달한 것을 알 것이니, 이로써 추리하면 한 법을 증오하면 만법 또한 응당 증오한다."라고 설함이 있다. 따라서 자종의 관점에서는 이러한 의문이 있게 된다.

논주가 대답하되, "그것에 대해 교리의 규결이 있으니, 이치대로 관찰하면 볼 수 있다."라고 하니, 이 문제에 대하여 대승의 경전, 바른 이치(正理)로 관찰함, 선지식의 규결 등으로 추리하고 관찰하면 '일체법이 공성이 됨'을 알 수 있다. 여기서 경전은 세존이 말씀하신 경전과 용수보살의 중관 저작을 말하며, 정리관찰은 모든 고승대덕과 자신의 정리로써 추리하여 관찰함을 말한다. 또한 상사규결은 대승 전승의 근본상사께서 전수하신 구전이다. 이와 같은 대승의 교리·구

결 등으로써 관찰해 보면, 성문·연각이 거친 공성을 증득할 때에
기타 일체법의 공성을 증오할 수 있다.

暫時聲緣諸種性 唯有貪執人無我 잠시성연제종성 유유탐집인무아
是故難證其它邊 시고난증기타변
성문·연각의 모든 종성은 잠시 오직 인무아에 탐집하며
이로써 기타 다른 면을 증오하기 어렵다.

그들은 근기가 하열하고 대승경전을 배우지 않으며, 대승 선지식을
섬기지 않고, 더욱이 대승의 모든 경전을 인정하지 않기에 그들의
관점으로는 증오하는 것이 불가능하다. 대승의 관찰방법으로서 보면
그들이 인무아를 증오했다면 법무아도 증오할 수 있다. 또한 그들
성문에는 결정종성決定種性과 부정종성不定種性이 있는데, 결정종성
은 일생 동안 대승에 들어가지 못하고 소승의 교리를 의지하여 나한과
를 얻으나, 최후 구경을 얻으려면 대승에 들어야만 한다. 부정종성은
대승의 설함에 의지하면 법무아를 증오할 수 있고, 더욱이 대승 선지식
을 의지하면 공성을 증오하는 것이 가능하다.

그러나 성문·연각의 종성이 아직 하열하기에 단지 인무아를 탐하고
집착하여 오직 스스로의 해탈 구하기만 생각하고, 단지 아집을 끊는
것만 목적으로 삼아 중생을 위함이 없이 항상 '인무아'만을 탐착한다.
그래서 기타 삼변 혹은 기타 법의 방면을 깨닫기 어렵다고 설한다.
아래에서 소승인들이 허락하는 비유를 설명한다.

如同諸瓶許假立　亦許微塵實有也 여동제병허가립 역허미진실유야
若瓶能證假立意　觀察微塵亦應證 약병능증가립의 관찰미진역응증
暫時未證如是也 잠시미증여시야

병의 가립을 허락함과 같이 또 미진이 실로 있음도 허락해야 한다.
만약 병의 가립의 뜻을 증오하면 미진을 관찰하여 증오해야 하나
(그들은) 잠시 이같이 증오하지 못한다.

　소승 중에는 그들 스스로만 인정하는 모순되는 관점이 많다. 그들은
거친(粗) 분별의 법인, 병瓶 등이 가립한다고 인정하나, 병을 계속
분쇄하여 미진微塵이 되어 더 이상 분해하기 불가한 때 그 미진은
실유實有가 된다고 인정하니, 곧 미세한 미진이 실유가 됨을 허락한다.
그러나 가립과 실유를 한 물건 상에서 인정하는 것은 모순이니, 실유한
즉 가립이 아니고, 가립인 즉 실유가 아닌 것이다.
　또한 중관의 이치로써 관찰해 보면, "거친 것은 가립이고 미세한
것은 실유이다."라는 것은 불가능하다. 대승의 관찰방법에서 의식은
능히 관찰하고 결택할 수 있는 의식을 가리키는데, 그로써 병을 관찰하
여 곧 허망·가립을 이루며, 다시 미세한 미진을 관찰해 나가면 최후에
마땅히 공성이 되어야 하나, 그들은 미세의 공성을 증오하지 못하고
단지 거친 상相을 증오한 것에 머무를 뿐이다. 이것이 미팡 린포체께서
널리 설하신 바이다. 본래 거친 물체와 나눌 수 없는 미진은 서로
어긋나는 것이지만, 그들 성문종에서는 같은 것이라고 인정할 뿐이다.

糟體以及無分塵　雖似相違而彼等 조체이급무분진 수사상위이피등

暫無聖敎竅訣故 建立無違之宗派 잠무성교규결고 건립무위지종파

거친 물체와 나눌 수 없는 미진은 서로 어긋나는 법이나 둘이 같다고
함은
성교의 구결이 없기 때문으로 자체적으로 어긋남이 없는 종파를 세워
야 한다.

병과 같은 거친 물체와 나눌 수 없는 미진에 대해 그들이 말하길,
'나눌 수 없는 미진(無方微塵)'이 병瓶이 되어 허공에 병으로 나타나는
것이 아니라, 나눌 수 없는 미진이 점점 쌓여서 병이 이뤄져 나타나는
것이며, 공중에서 자연으로 병이 나타남이 아니라고 한다. 그러나
이것은 돌 여자(石女)가 아들 낳는 것과 같아서 이치에 맞지 않는다.
그들의 관점은 '무방미진'이 크게 되어서 방위·방향이 있는 병이나
기둥을 이룬다는 것인데, 자세히 관찰해 보면 이는 전후가 서로 모순된
것으로, 무방미진으로 인한 것은 방향이 없는 것이라야 이치에 맞다.
수많은 무방미진이 쌓여 모여진 것은 또한 방향이 없어야 하나, 만일
이들이 모여 방향·방위가 있는 병이 된다면, 이는 곧 원래의 무방미진
이 '방위가 있는 미진(有方塵)'이 되어버린다. 또한 무방미진을 무수히
쌓아도 이것은 커질 수 없고 병처럼 크게 될 수 없기에, 이로써 무방미진
은 거친 한 물건의 본성이 되지 못하고, 반대로 거친 어느 물건이
무방미진처럼 작게 변할 수 없음을 알 수 있다.
대승법을 배우지 않고 대승 선지식을 친견하지 못하였기에, 그들
자체 종지의 견해는 그들 종파 내부에서 보면 어긋난 것이 아니다.
성문·연각은 인무아에 대하여 이미 깨달아 그 번뇌장을 이미 끊었기에

삼계 중에 해탈을 얻어서 내생을 받지 않으며, 비록 법무아는 증오함이 없지만 미혹함에 휩싸인 범부의 경계는 초월했다. 이것이 곧 그들이 건립한 종의에 어긋남이 없는 견해이다.

만약 한 법에 대해 공성을 증오하였다면, 어찌 일체법에 대해 공을 증오하지 못하겠는가? 이것이 꼭 그런 것만은 아니다.

如是一切唯識宗 若無所取則能取 여시일체유식종 약무소취즉능취
爲何不證自續派 위하부증자속파
일체 유식종이 설하는 것처럼 소취가 없다면 능취 또한 그러한데 어찌 자속파 종의를 증오하지 못하겠는가?

만약 너희가 "한 법을 증오한 것이 일체법의 공성을 증오한 것은 아니다."라는 것을 승인하지 않는다면, 그 같은 너희의 관점을 의지하여 말하면 유식종도 또한 중관응성파의 관점이 된다고 할 수 있다. 그러나 유식종의 관점은 소취(外境)는 실유하지 않은 가립된 것으로 보고, 능취(心)는 실유하고 항상 있는 것이며, 마음은 스스로 밝고 스스로 아는 것이며, 성불할 때에 그 원성실성을 변화시켜 여래지혜를 성립시키게 된다는 것이다. 그러나 그 능취의 마음은 또한 마땅히 소취가 공을 증오할 때에 또한 공을 증오하여야 옳은 것인데, 그들은 무엇 때문에 이를 증오하지 못하고 실유實有·상유常有 등이라고 설하는가? 이와 같다면 일체의 가상유식종假相唯識宗과 실상유식종實相唯識宗은 그 소취가 일찍이 공을 증오하였을 것인데, 너희의 관점에 의지할 때 그 능취가 무슨 이유 때문에 공을 증오하지 못하는가?

너희들은 다만 그 능취는 스스로 밝게 아는 것이라고 설할 뿐이다.

勝義無有實質理 彼理觀察名言中 승의무유실질리 피리관찰명언중
不成自相何未證 是故汝宗之一切 불성자상하미증 시고여종지일체
唯成中觀應成派 유성중관응성파

승의는 실질이 없는 이치이고 저 이치로써 명언을 관찰해 보면
자상이 없음을 왜 증오하지 못하는가. 따라서 너의 종의 일체 주장은
오직 중관응성파를 이루게 된다.

　자속파는 명언 중에 있어서 매 한 법마다 그 '자상自相'을 인정함으로
인하여 그 이름을 얻었다. 그들은 명언 중에서 "불의 본성은 뜨거운
것이다."라는 자상을 인정하고, 승의제에서는 반대로 한쪽을 파하여
하나의 '공성 경계'가 되어 모든 법의 공성을 증오한다고 하는데, 그
무엇 때문에 세속제 중에 공을 증오하지 못하고 도리어 '자상'에 집착하
는가?

　너희는 한 법이 공함에 일체법도 공함을 이미 인정하고 있다. 자속파
가 승의로써 관찰함에 모든 법이 실다운 바탕이 없다 하고, 『중관장엄
론中觀莊嚴論』에서 설하길, 일체의 윤회와 열반에 속하는 모든 법은
승의 중에 있어서 공성이라고 하는데, 이 승의 중의 '일체 공성'을
결택하는 이치적인 지혜를 의지하여 명언제를 관찰하면 '자상이 성립
되지 않음'의 경계를 왜 증오하지 못하는가? 세속과 승의를 나누어
말할 때, 자속파는 세속 중에 있어서는 자상의 법이 있음을 인정하지만,
중관응성파는 명언에서도 자상을 인정하지 않는다. 그렇다면 응성파

는 '불의 본성은 뜨거운 것'은 인정하지 않는가? 당연히 인정한다. 그러나 그것에 대해 '자상'으로 인정하지 않고, 다만 '꿈같고 환 같음(如幻如夢)'의 방식으로 인정한다. 응성파의 관점은 승의 중에 일체는 희론을 여읜 것이며, 자속파의 관점은 잠시 한쪽을 파하고 공성을 결택하며, 최후의 결택은 또한 희론을 여의는 것이다. 이들 관점들은 하나는 차제를 따라 이르고 다른 하나는 단번에 이르며, 시간상에 있어서 느리고 빠른 구분이 있고, 근기 방면에 영리하고 둔한 구분이 있다.

너희 종의 견해를 비춰보면, 한 법의 본성이 공한 것을 보면 일체법이 공함을 본다는 것인데, 그렇다면 유부有部·경부經部·유식종唯識宗·자속파自續派가 모두 중관응성파의 관점과 같게 된다. 그밖에 외도 중에도 또한 세속의 법이 공성이라는 주장이 있는데, 이렇게 증오하면 그들도 또한 일체법이 공성임을 증오한 것이 되어 이 또한 중관응성파의 관점을 이룬다고 할 수 있으니, 이것은 과실이 있게 된다. 다시 말하면, 종파의 견해를 배우지 않은 사람이 병 가운데 물이 없어 공성이 된다고 알면 이 또한 중관응성파를 이룬다고 말하게 된다. 결론적으로 한 법의 공성을 증오함이 꼭 일체법의 공성을 증오했다고 하지 못한다. 그러나 중생의 근기가 같지 않고 또는 일정하지도 않기 때문에, 이 두 가지의 증오는 법의 방면에서 말하자면 같다고도 볼 수 있다.

誰有聲聞緣覺者 誹謗譏毀大乘宗 수유성문연각자 비방기훼대승종
(이러하다면) 성문·연각들 중에서 그 누가 대승종을 헐뜯고 비방할

수 있겠는가?

한 법의 본성이 공함을 증오하면 일체 공성을 증오한 것이라고 한다면, 소승 중의 무상·무아·공·고·집·멸·도에 있어서 모두 공성이 있는 것이다. 그들이 이러한 공성을 또한 인정한다면, 대승에서 설한 공성에 대하여 불설이 아니라고 말하는 등 대승의 관점을 너희가 그렇게 비난할 수 있겠는가? 너희의 관점에 따르면 마땅히 그렇게 할 수 없는 것이다. 다시 말하면, 그들 또한 응당 대승의 팔변八邊을 여읜 공성을 증오했다는 것인데, 붓다께서 반야경을 설하실 때 그 공성 법문을 두려워했던 것들은 이치에 맞지 않다. 그들 자신이 공성을 이미 증오하였다면, 반야경의 설하신 공성 또한 마땅히 깨달아 두려워하지 않아야 이치에 맞는다.

是故一者之自性 雖與合等一切法 시고일자지자성 수여합등일체법
然而不足內外緣 爾時緩慢證悟也 연이부족내외연 이시완만증오야
이와 같이 한 법의 자성은 일체법과 합하고 동등하나
아직 내외 인연이 부족한 그런 때에는 증오가 느리게 된다.

이 때문에 한 법의 자성은 공성 방면에서 말하자면 다른 법과 더불어 구별이 없다. 마치 기둥의 본성이 병의 본성인 것처럼, 병이나 기둥의 본성은 법계에 속하기 때문에 일체 윤회와 열반의 모든 법의 본성이 되고, 일체 윤회와 열반의 본성 또한 법계의 인연이 되는 연고로 법계 중에서 떠날 수 없다. 이로써 주관과 객관의 방면에서 볼 때,

그 소취의 방면에서 말하면 모든 법의 본성은 같으나, 능취의 방면에서
말하면 중생의 근기가 같지 않기에 모두 반드시 깨닫는 것은 아니다.

사람의 근기를 좇아 말한다면 안과 밖의 모든 연이 필요한데, 성문·
연각은 증오를 위해 대승경전을 배우고 선지식의 지도를 받는 외적인
인연과 대승 지혜의 내적인 인연이 필요하나, 이러한 내외의 모든
연을 구족하지 못하여 그 증오가 느리다. 법의 본성, 특히 대상 경계
방면으로 말하자면 성문·연각과 보살이 증오하는 바(所知)의 법의
본성은 당연히 조금도 구별이 없으나, 다만 주관적인 앎(能知)의 방면
에서는 큰 구별이 있다.

미팡 린포체께서 우리 중생의 근기에 대하여서 설하실 때, "일체법은
희론을 여읜 공성인 것이며, 대원만 중에 설한 바는 본래청정한 것이
다."라고 하신 것은 법의 본성을 따라 말한 것으로, 중생이 본래청정함
의 총상에 대해 아직 일반적인 대강의 깨우침도 없는 때에는 그들에게
본래청정한 실상을 증오함을 설할 필요가 없다. 성문·연각은 이미
인무아人無我를 증오했기에 더 많은 내외의 모든 연을 구족하면 일체의
법공을 증오할 만하나, 일반 중생들이 이렇게 되는 것이 어려운 일이다.

어떤 사람은 중관 대원만의 일부 법을 듣고서 무엇도 집착하지
않아 선악을 가려 받아들이지 않고, 문사수도 필요하지 않다고 하면서
이것이 본래 곧 청정한 공성 등이라 하지만, 이러한 견해는 반드시
증오했다고 말할 수 없다. 자신의 근기와 본래청정의 양자가 융합할
수 없다면 여러 방면에서 관찰해 볼 때 아직 탐심·진심 등이 생긴다.
논 중에 주로 성문·연각에 대하여 설하면서 그들도 여전히 안과 밖의
인연을 구족함이 필요하다고 하는데, 하물며 우리 범부 중생들은

공성을 증오함이 늦을 수밖에 없다.

이곳에서는 주로 소승에 대해 말하고 있지만, 기타 종파들도 또한 해당된다. 밀종을 배우는 수행자가 외적 인연을 구족하고 스승의 관정·전법을 받았어도 내적으로 신심·지혜 등을 갖추지 못하였으면 이들 또한 증오할 수 없다.

本來利根以自力 雖有證悟而鈍根 본래이근이자력 수유증오이둔근
亦即不定自證悟 一旦必定需證悟 역즉부정자증오 일단필정수증오
經說十千劫之後 羅漢出定入大乘 경설십천겁지후 나한출정입대승
본래 이근利根은 자력으로 비록 증오가 있지만 둔근鈍根은
바로 스스로 증오함을 얻기 어렵다. 일단 꼭 증오함이 필요하며
경에서 설하길 십천겁 후에 나한이 정定에서 나와 대승에 든다.

종합해서 말하면, 현교와 밀교의 근기에 관계없이 이근利根[21]은 자력에 의지하여 짧은 시간에 증오하거나, 상사가 관정 내리시는 그 찰나에 또는 보살이 전법하시는 그 순간 증오한다. 그러나 둔근鈍根은 관정·전법을 받아도 반드시 바로 깨달아 도를 이루는 것이 아니다. 오늘 전법을 받고 내일 천상에 가게 되는 것이 아니라 인연을 갖추어 긴 시간 동안 문사수를 실천하는 것이 필요하다. 닝마파의 대원만 관정이 매우 수승하지만 둔근은 여전히 빨리 깨닫지 못하며, 자신이 이근인지 둔근인지는 스스로 잘 안다.

---

21 『구사론』에서 설하길, 이근은 외적 인연을 의지하지 않는다. (원역자 주)

이근인지 둔근인지에 관계없이 그들은 반드시 공성을 증오할 수 있다. 유여有餘의 나한은 긴 시간 수습하여야 공성을 증오하고, 무여無餘의 나한은 과를 얻은 후에 십천 겁을 정에 든다고 『백련화경白蓮華經』에서 설한다. 정정定에서 나온 후에 부처님께서 그에게 설하시되, 그대가 나한과를 얻어 윤회 중에 열반을 얻었지만, 그것은 원만한 진정한 해탈이 아니며, 마땅히 여래승을 구해야 한다고 하였다. 부처님께서 손가락 한 번 튕김에 방광이 일어나자 그가 정에서 나오게 되어 이후 대승에 들기 시작하며, 소승의 어떤 나한이든 모두 대승에 들 필요가 있다.

대승의 설함에 의거하면 중생들은 모두 여래장을 갖추었다고 하는데, 이 여래장은 닝마파의 설함을 의거한 것으로 나한 근기羅漢根基의 사람들은 인정하지 않을 것이다. 석가세존의 불요의不了義 경전 중에서 나한과를 얻으면 구경에 이른 것이라 설하고 있지만, 이것은 잠시 인정한 법이며, 진정으로 영원한 나한과 또는 보살과위를 얻는 중생이 있는가? 그런 중생은 없으며, 구경에는 반드시 성불을 이루어야만 한다.

如理趣入大乘者 亦需無數劫修習 여리취입대승자 역수무수겁수습
이치대로 대승에 드는 자 또한 무수겁의 수습이 필요하다.

닝마파의 롱첸빠 존자나 미팡 린포체의 관점으로 본다면 이치에 맞게 대승에 드는 나한 또는 성문은 소小 자량도資糧道를 좇아 대승에 들어가나 중中 자량도 이상은 이르지 못하며, 자량도와 가행도加行道에

서 일 아승지겁이 필요하고, 초지初地부터 칠지七地에 이르기까지는
또한 일 아승지겁이 걸리며, 마지막으로 팔지八地에서부터 십지十地까
지도 일 아승지겁이 더 필요하다. 이같이 대승에 들어가고자 하는
나한은 삼대 아승지겁의 시간이 있어야 비로소 성불하기에, 이곳에서
"또한 무수겁無數劫이 필요하다."라고 설한다.

원측圓測의 『해심밀경소解深密經疏』에 따르면 팔지부터 소승에서
대승으로 들기 시작한다고 말하며, 이에 근거한 대승 경계를 인정한다.
티베트의 일부 고승대덕은 대승에 드는 것은 초지부터라고 하며,
종카파 대사의 스승 런다와(人達瓦)는 그의 중관 자료 중에서 소승
나한은 칠지부터 대승에 든다고 말하고, 샤카파 거룽빠(格龍巴)의
스승 롱돈(絨敦)은 견도 이상에서 든다고 한다.

한편 거룽빠는 팔지·칠지·초지에 대승에 드는 것을 부정하면서,
이근자라면 삼생을 지나 나한과에 들고 그 후에 정에 들어 십천겁을
보내니, 대승에 들기까지 삼생과 십천겁의 시간이 걸린다고 한다.
만약 그렇게 되어 팔지에 이르러 대승에 들어간다면, 팔지 이상에서
일 아승지겁을 추가로 더 머물게 된다고 하니, 결국 일 아승지겁과
십천겁, 그리고 삼생을 더해야 능히 성불하게 된다. 반면에 대승인
자종 닝마파의 이근 보살은 가장 적게는 삼대 아승지겁이 걸려야
성불한다고 하는데, 이 둘을 서로 비교하면 성불할 때까지 대승이
오히려 느리고 소승은 더 빠르다는 것이 되며, 이는 곧 소승이 이근이라
는, 곧 소승이 더 근기가 뛰어나다는 과실을 범하게 된다.

이러한 거룽빠의 관점은 구체적으로 어떤 과실이 있는가? 경전
중에서 설하되, 대소승은 그 근기가 같지 않아 그 수행하는 방법이나

발원의 힘도 같지 않으며, 소승은 자리심自利心 또한 매우 강하기에, 이근 나한과 둔근 보살을 서로 비교해도 이근 나한의 성불이 둔근 보살에 비해 사십구 대겁大劫이나 뒤처진다고 한다. 그러나 팔지에서 대승에 들어간다는 너희의 관점을 의거하면, 나한 성불이 보살 성불에 비하여 훨씬 빨리 얻게 된다고 하니, 이것은 경전과 분명히 어긋나 해석할 방법이 없다.

또한 초지에서 대승에 든다는 것도 과실이 있다. 이 경우 나한은 단지 두 아승지겁과 십천겁 그리고 삼생을 거처 성불하고, 보살은 세 개의 아승지겁이 걸린다는 것이기에 이 또한 경전의 가르침과 서로 어긋난다. 이 같은 관점에 대해서는 거룽빠가 일찍이 발견하고 옳지 않다고 생각했다. 여기에 그의 주장을 중복하여 기술한 것이며, 닝마파 자종 또한 이상의 관점을 친히 부정하지 않으며 마찬가지로 인정할 수 없다.

반면에 롱첸빠 존자와 미팡 린포체의 논 중에 일반적으로 소小 자량도로 좇아 대승에 드는 것을 인정하고 있는데, 이것이 이치에 맞는다. 롱첸빠 존자의 관점에 의거하여, 소 자량도로부터 대승에 들어가 삼대 아승지겁을 경과하여 능히 성불하게 된다. 한편, 소승은 매우 강한 이기심 때문에 대승에 들어 성불에 이르기까지 십천겁과 세 개의 인생을 추가해 경과하여야 가능하다. 이로써 간접적으로 "삼승 견도가 하나로 모인다."라는 관점을 파한다.

聲聞尋求寂樂者 如是數千彼劫中 성문심구적락자 여시수천피겁중
何無未證諸無我 하무미증제무아

성문처럼 적멸의 낙(寂樂)을 구하는 자가 이 같은 수천의 겁 중에
어찌 모든 무아를 증오할 수 있겠는가?

앞에서 이미 대승에 입문하고 성불을 얻기까지 삼대 아승지겁이
걸린다고 설했는데, 여전히 성문이 보살의 지혜와 같음을 인정할
수 없으며, 그렇지 않으면 반드시 허물이 생기는데, 왜인가? 성문·연
각은 항상 자기 안락을 찾고 적정한 나한과를 구하기 때문이다.
　이같이 삼생과 십천겁의 수습 중에 무엇 때문에 "모든 무아에 대해
아직 깨닫지 못한 것은 없다."라고 주장할 수 있는가? 너희가 보살과
비교하여 시간이 매우 짧고, 모든 무아를 깨닫는 방면에 대하여 응당
깨닫지 못한 부분이 있기에 완전히 증오함은 불가능하며, 그것이
아니면 이치에 어긋나며, 따라서 성문·연각은 일체의 '모든 무아(諸無
我)'를 아직 완전히 증오하지 못했다고 보는 것이 옳다. 왜인가? 보살의
지위가 초지부터 구지 등 많은 '견지見地'의 높고 낮음이 있기 때문이며,
나한과 보살의 견지 또한 높고 낮음에 있어 반드시 차이가 있다.

得地菩薩見法界 亦豈越上圓明也 득지보살견법계 역기월상원명야
지위를 얻은 보살이 법계를 보면 어찌 더욱 원만하고 명료해지지
않겠는가?

지위에 들어간 보살은 초지와 이지 등의 단계에 반드시 구별이
있고, 본래 이미 법계를 보지만 그 지혜가 원만함의 수준에서 일정한
구별이 있고, 밝음의 면에도 구분이 있다. 용수보살의 『법계찬法界

贊』에서 설한 바와 같이, 초하루부터 보름까지 달의 크기와 밝기에서 차이가 있음과 마찬가지로 초지에서 십지에 이르는 동안 보살의 지혜와 공덕은 점점 더 밝고 원만해지며, 성불에 이르러 구경의 원만함에 이른다.

이와 같이 십지위에 드는 보살도 모두 증상增上하는 원명圓明함이 있는데, 나한에게 그 지혜의 올라감이 어찌 없겠는가? 지혜의 올라감을 승인할 수 없으면 곧 부처 지혜와 나한 지혜가 구별이 없게 되며, 붓다께서 이미 소지장이 없지만 나한은 그것이 있다. 득지의 보살이 본 바의 법계는 더욱 원만하고 밝은 경계가 있는데, 하물며 나한이랴? (나한이 보살의 증오한 지혜를 이미 깨달았기에 더욱 밝고 원만함을 더 필요로 하지 않음이라고 할 수 없다.)

若具發心行回向 無邊理門積資助 약구발심행회향 무변리문적자조
必定一切應證悟 필정일체응증오
만약 발심을 갖추어 수행하고 회향을 하며 치우침 없는 이치로 자량의 조연을 쌓으면
반드시 응당 일체를 증오한다.

만약 나한이 이미 일체중생을 위해서 보리심을 발하는 대승발심을 구족했다면, 행위상에 있어서 항상 육바라밀과 사섭법을 행지行持하고 일체중생이 무여열반을 얻기 원하는 데에 회향해야 한다. 이로써 보살의 발심發心·행지行持·회향回向을 구족하게 된다. 또 중관에서 설하는 관찰인觀察因·관찰과觀察果 및 금강설인金剛屑因 등 무변無邊

의 이증 방법 또한 자량 쌓음을 구족할 것이다. 종합하면, 대승에서 설하는 자비심을 발함·보리심을 발함 및 기타 복덕자량을 씀으로써 조연助緣을 지어 나가면 그 나한은 반드시 공성을 증오한다. 보리심·회향 등이 모두 선교善巧의 방편이기 때문에, 만약 이 선교방편의 인을 갖추면 그 깨달음은 정해진 것과 다름이 없다.

如同密宗速證悟 具緣善巧方便故 여동밀종속증오 구연선교방편고
밀종과 같이 하면 속히 증오하는 바, 선교방편의 연을 갖췄기 때문이다.

밀종에서는 삼생에 성취를 얻거나 혹은 한 생 또는 육 개월에 성취하기도 하며, 이것에는 모두 수승한 증오가 있고 그 증오 또한 매우 신속한데, 이는 무슨 원인 때문인가?

밀종에는 많은 선교방편善巧方便이 있고, 또한 자기의 신심, 밀법의 가피와 근본상사의 가피가 있다. 이 같은 묘용 방편의 능력을 갖추기 때문에 밀승을 수행하면 빨리 성취하게 된다. 따라서 나한이 발심·회향 등 선교방편을 갖추면 밀종과 같이 신속히 해탈하고 성불할 수 있다.

현재 닝마파의 견見·수修·행行을 따라 분석하면, 그 '견'은『정해보등론定解寶燈論』, 그 '수'는 직매푼촉 린포체의『심성직지규결장心性直指竅決藏』, 그 '행'은 빼뚤 린포체의『대원만전행大圓滿前行』으로 주된 수행을 삼아 일상의 행위 방면에서 수지한다. 그 과위를 얻고 못 얻음에 관계없이 닝마파의 가장 중요한 관점은 이들 논서에서 모두 모아 설하고 있다.

이곳에서 또한 기타 외도의 아집은 부정한다. 그들의 구생아집俱生我執과 변계아집遍計我執에 대한 인식 방법은 같지 않은 바가 있으며, 먼저 그러한 아집을 잘 알아야 이후에 아집을 파할 수 있는데, 이곳에서 자종 닝마파가 어떻게 아집을 인정하는가를 설하고 있다.

雖除執着常有我 俱生我執貪五蘊 수제집착상유아 구생아집탐오온
是故何時有蘊執 彼有我執之教義 시고하시유온집 피유아집지교의

상유를 집착하는 아를 제거하여도 구생아집은 여전히 오온을 탐하며 이로써 언제든 오온에 집착하면 그에게 여전히 아집이 있다는 교의이다.

아집을 인식한 때에 많은 외도가 하나의 항상 존재(常有)하고 자재한 아我가 있다고 인정하지만, 당연히 자종은 이를 인정하지 않는다. 미팡 린포체의 논전을 활용해 쉽게 아집을 파할 수 있다.

외도가 인정하는 '아我'는 한 개의 '항상 존재하며 자재한 물건'으로서 오온의 밖에 있다. 예를 들어 "이 방은 내가 관리한다."라고 할 때의 '나'가 곧 구생아집으로서, 오온은 곧 내가 관리하는 바의 물건이며, 그 자재하여 항상 있는 것이 곧 '아我'이다. 이것은 항상 있는 물건으로, 후생의 해탈이나 혹은 윤회 업보 등이 모두 아我로 인하여 일어나기 때문에 그 아我는 필시 항상 있는 것이다. 이런 관점을 상세하게 관찰하면 이치에 맞지 않음을 알게 되지만, 상세하게 관찰하지 않을 때에 조금은 도리가 있어 보여도 이 같은 아집은 실제상으로 이치에 맞지 않다. 왜인가? 이런 아집은 구생아집이 아니라 변계아집이며, 기타의

종파가 관찰할 때에 더한 것이다.

항상 있는 아의 집착, 즉 너희가 말하는 '항상 존재하며 자재한 물건'인 그 '아'를 비록 제거하였어도 그 구생아집은 아직 제거하지 못하였으며, 따라서 너희가 이런 아집에 대한 이해가 아직 정확하지 않다. 중생이 무시이래로 막 태어나자마자 곧 오온을 집착하고, 이 구생아집은 무시이래로 오온을 탐착한다. 너희가 비록 항상 존재하며 자재한 아를 제거하였어도 구생아집은 그대로 존재하며 또한 오온을 탐착한다. 용수보살이 『보만론寶鬘論』에서 설하시되, "언제든 오온의 집착이 있으면 이때 아집이 있고, 아집으로 인하여 업이 있으며, 업이 있기에 생김이 있다."라고 하니, 용수보살의 이 교의는 항상 존재하는 아를 해석함이 아니고, '온이 존재하면 곧 아집이 존재함'을 해석한 것이다.

何時設施處蘊有 爾時彼執意樂有 하시설시처온유 이시피집의락유
假立我之因具故 彼果我執說不退 가립아지인구고 피과아집설불퇴
언제든 처處와 온蘊의 가유가 있는 그때 의락에 대한 집착이 있어 아를 가립하는 인을 갖추게 되므로 그 과인 아집이 불퇴한다고 말한다.

어느 때나 가립한 기초·주처住處가 있으면 곧 가립의 뜻이 있는 것으로, 마치 집을 다 짓고 집의 대표적인 곳에 이름을 써서 붙이는 것과 같다. 마찬가지로 아집이 표명되는 곳이 오온이며, 만일 오온이 존재하지 않으면 곧 가명假名의 아我도 존재하지 않는다. 언제나 의지처인 오온이 존재하면 아我에 집착하는 의향 또한 존재하는 것이니,

곧 오온에 집착하는 마음이 존재하는 것이다.

　중생은 오온을 가져 아와 아소를 삼으며, '온蘊'은 거친 심상속의 방면을 가리키는 것으로 무방분의 미진을 가리키는 것이 아니다. 거짓 이름인 아의 주요 원인인 오온을 이미 구족한 연고로 그 과果는 가립 아의 인으로 인한 과를 가리키며, 이는 곧 아집을 가리키는 것으로, 오온이 있는 즉 아집이 있다. 이 때문에 『보만론』의 교의는 응당 이같이 해석해야 한다.

何故常我雖遠離　假我尚依設施處 하고상아수원리　가아상의설시처
未止俱生執境故　生起我執無障碍 미지구생집경고　생기아집무장애
왜 상주하는 아를 멀리 여의었어도 거짓된 아가 가립의 처를 의지하는가?
탐경에 대한 구생의 집착이 그치지 않기에 아집을 일으킴에 장애가 없다.

　무엇 때문에 앞에 설한 변계의 상아常我를 각종 관찰방법을 써서 이미 멀리 여의었어도 구생의 거짓된 아가 어떻게 여전히 시설처인 오온을 의지하는가? 여기서 시설처는 '가립의 기基'라고도 해석할 수 있다. 관찰하지 아니한 때에는 당연히 이 같은 가립의 아는 '진정한 아집'이고, 관찰할 때에는 '가립의 아집'이 된다. 구생아집을 파함이 없을 때, 즉 거친 오온의 아집을 파하지 못했을 때에는 인이 구족된 연고로 과도 자연히 생긴다. 오온과 오온 집착의 인이 여전히 존재하면 곧 아집의 과도 영원히 퇴보하지 않으며, 따라서 아집이 생김에 장애가

없다고 설한다.

是故消除煩惱障 必需蘊等證空性 시고소제번뇌장 필수온등증공성
此說不合聖敎義 차설불합성교의

이로써 번뇌장을 제거함은 오온 등의 공성을 증오함이 필요하다면
이 주장은 붓다의 가르침과 맞지 않다.

　까담파를 위주로 한 일부 대덕이 설하되, 번뇌장을 제거함은 반드시
오온 등의 일체법을 가져서 공성을 증오해야 한다고 하는데, 이 같은
설법은 『보만론』 등 교의와 부합하지 않는다. 번뇌장을 제거하기
위하여 인무아를 설한 것인데, 만약 잘 관찰하여 결택하지 않으면
인무아를 오온에 집착함을 파하는 것으로 삼아 곧 인무아를 통달함이
일체법의 공성을 증오함(오온이 일체법을 포괄함)으로 여기게 된다.
　외도의 '항상 있고 자재(常有自在)한 아我'가 아의 집착하는 경계가
아니라고 여김에 대하여, 잘 관찰할 때에는 본래 항상 있고 자재한
아는 모두 없는 것임을 아나, 상세하게 관찰하지 않을 때 그 관점이
조금은 도리에 맞는 것으로 여겨, 그들 오온은 하나의 주관자가 필요하
며 그 주관자가 곧 '아我'라고 여긴다. 만일 아가 윤회하지 않으면
해탈·성불이 모두 이치에 맞지 않기에, 하나의 항상 지속하는 아가
있음이 필요로 하다는 이 같은 관점은 옳지 않다. 항상 있고 자재한
아를 이처럼 파했어도 무시이래로 오온을 집착한 구생아집은 여전히
파함이 없다.
　용수보살이 『중관보만론』에서 설하되, "어느 때이든 오온 집착이

있으면 이때 아집이 있고, 아집을 말미암아 업이 있으며, 업을 말미암아 생함이 있다."라고 하셨으니, 그 교의는 이와 같이 해석해야 한다. '온蘊'은 '모아진 무더기'의 뜻이고 거친 방면을 가리킨다. '방위가 없는 미진(無方微塵)'과 '분촌 없는 찰나(無分刹那)'는 매우 작은 것이므로 분할할 수 없으며, 따라서 무방미진, 무분찰나 등은 집착 모음에 의거하여 승인한 것이 아니다. 『중관보만론』에 설한 의의에 의거하면, 미세한 집착을 파함이 없어 아집을 물리치지 못한 것이 아니라, 거친 물체가 함께 모였거나 또는 미세한 물체가 함께 모인 것에 집착을 일으켜서 아집이 생긴 것이다. 미팡 린포체께서 자신의 언어로 닝마파 자체 종파의 관점을 설하셨고, 당연히 샤카파의 거롱빠가 인정한 자상속의 오온이나, 까담파가 인정하는 미세한 무분찰나 등을 좇아 다 증오하여 야 함을 뜻하는 것이 아니다.

거롱빠와 까담파의 관점은 또한 『구사론』에서 설한 바와 부합하지 않는다. 논 중에서는 '온蘊'에 대해 공성을 증오하면 된다고 하였을 뿐, 미세한 무방미진에 대해 공성을 증오해야 함을 설하지 않았으며, 또한 기타 다른 것들, 예를 들어 '자상속自相續에 대해 공성을 증오함이 필요하다'와 같이 설하지 않았다. 『구사론』에서는 무분찰나, 무방미진에 대하여 공성을 결택하지 않고 또한 승의제를 실유라고 허락한다. 『구사론』은 소승의 구경의 논전이기에, 당연히 불교의 각 종파는 모두 『구사론』에 의거하여 소승 중에 일정한 해탈이 있음을 인정하는데, 그것과 어긋나는 주장을 하는 즉 '『구사론』에서 설하는 나한 또한 해탈과를 얻지 못한 것임'이라는 과실이 있게 된다. 미팡 린포체가 『변도일광론辯倒日光論』에서 또한 설하시되, 중생들은 교증·이증을 의지하지 않고 다만 자기의 관상에 의거하여 '아집'의 상태가 미세한 것인지 아니면 거친 것인지를 말하려고 한다고 하셨다.

관상할 때에, 나의 신체가 곧 나의 집착 대상이고, 바로 이 그릇을 집착하여 그릇을 삼고, 법당에 대하여 집착하여 총상을 삼을 뿐, 미세한 부분을 원인하여 집착을 일으키지 않는다. '아我'는 총체적이고 가립적인 집착이고, 그래서 총체적인 부분에 대하여 공성을 증오하는 것은 설명할 수 있다. 다만 일부 사람이 생각하되, 미팡 린포체가 설한 것은 우리가 기본상으로 이해하는 가립의 '아'는 존재하지 않으며, 우리 몸에서 찾지 못한다면 우리가 왜 아직도 오온에 집착이 있는가? 알아야 할 것은 우리가 학문의 방식으로 '무아'를 결택하여 전면적으로 '무아'를 이해한다고 하지만, 여전히 아직은 현량으로 깨닫지 못했다. 예를 들어 내가 너에게 이미 베이징의 내막을 상세하게 설명했고, 이를 통해 너는 기본적인 베이징을 파악하여 그 총상은 이미 알지만, 아직은 실제로 베이징을 가보지는 않았다. 문자 관찰로 총상의 면에서 무아를 결택했지만, 여전히 자상 위에서 증오함이 필요하고, 만약 거친 오온의 존재가 있으면 곧 아의 집착의 습관이 존재한다. 아집의 원인은 오온이고, 오온을 둔 즉 인因이 갖춰진 것이며, 인이 갖춰졌기에 과가 생기나니, 곧 아집이 이뤄짐에 장애가 없다.

'가립된 아의 집착(假立之我)'과 '실상인 아의 집착(實相之我)'에 일정한 구분이 있는데, 가립의 아와 아소는 환幻과 같고 꿈과 같은 나한 경계羅漢境界 중에 존재한다. 『변도일광론』에서 설하되, 나한과를 얻은 유여나한有餘羅漢에게 묻되, 너의 이 몸은 누구의 것이냐고 하면 그는 '나의 것'이라고 말할 것인데, 이것은 다만 하나의 허망된 세속(虛

世俗)이다.『입중론』중에서 세속제世俗諦와 세속허世俗虛가 있는데, 뒤의 것은 세속제가 아니며, 범부가 집착하는 병瓶과 용수보살이 집착하는 병은 표면상으로 둘이 같아 보이지만 구별이 있다. 보살은 병을 보면 환인 줄 아나, 범부는 진정한 병으로 대한다. 마찬가지로 나한 또한 환같이 여기나 아가 됨을 승인하는데, 이것은 근본적으로 현량경계現量境界 중에 인무아를 깨달았기 때문이다. 총결하면, 아집의 원인인 오온이 모인 때에 아집은 생겨난다. 만약 모아진 오온을 제지하지 않으면 구생아집이 물러가지 않으며, 인연이 구족한 연고로 그 결과 아집 또한 장애 없이 생겨난다.

위에서 설한 도리로써 관찰하면 티베트의 일부 종파의 관점은 이치에 맞지 않는다. 그 설하는 바에 의하면, 나한이 나한과를 얻으려면 반드시 온 등 미세한 방면의 무방미진, 무분찰나 등 일체 제법에 대해 공성을 증오해야 한다고 하나, 이 같은 설은『보만론』의 교의와 부합하지 않는다. 논 중에 미세한 부분의 공성을 증오해야 한다고 설하지 않고, 다만 거친 오온에 대하여 공성을 증오한 때에 능히 인무아를 통달한다고 설한다. 위에서 설한『보만론』의 교의와 나한이 인무아를 증오하는 것에 대해서는 월칭보살의『입중론』등에서 해석한 바가 있다.

此義如是月稱解 倘若了達假立我 차의여시월칭해 당약요달가립아
則除我執能足夠 雖未了知無繩索 즉제아집능족구 수미요지무승삭
而見無蛇諸蛇執 이견무사제사집

이 뜻을 월칭보살이 해석하되 만약 가립의 아를 통달하면 곧 아집을 없애기에 충분하며, 비록 노끈이 없음을 통달하지 못해도 모든 뱀의 집착에 뱀이 없음을 볼 수 있다.

만약 네가 '가립아假立我'의 의의를 이해하고 통달하였다면, 이는 단지 이름을 취하여 거짓으로 세웠음을 아는 것이다. 만일 이와 같은 경계를 증오하였다면 곧 아집을 제거하는 조건을 이미 갖춘 것으로, 이미 자기의 오온을 가져 공성을 증오한 것이다. 즉 오온이 가립인 것을 통달한 것이며, 아는 존재하지 않음을 아는 것이다. 무릇 가립한 아집을 증오한 때에 곧 아집을 제거하는 조건은 이미 충분하다.

『입중론』에서 월칭보살이 이같이 해석하였고, 미팡 린포체는 이증의 비유 방식으로써 해석하였다. 황혼 시에 한 가닥 꽃 색깔의 노끈을 보고 한 마리 청색의 뱀이 똬리를 틀고 있다고 의심하여 자연히 두려움이 생기나, 등불로 비춰 보니 뱀이 아니고 원래 하나의 노끈임을 알게 되어, 마음에 그것이 노끈이라는 생각이 있게 되면 이때 이미 두려움은 소멸해 버린다. 그 노끈은 여러 가닥의 가는 줄들이 엮여서 이루어진 것이며, 이렇듯 미진으로 구성되어 있기에 승의관찰로 보면 노끈은 원래 없는 것이다.

미팡 린포체께서 이 비유를 쓴 것은 매우 잘하신 것이며, 이 노끈의 비유를 통해 작은 미진 등에 대해서 증오함이 필요하지 않다는 우리의 관점을 매우 쉽게 이해할 수 있다. 이렇듯 오온의 집착을 없애면 곧 아집이 생기지 않으며, 따라서 그 미세한 부분에까지 굳이 증오할 필요가 없으므로, 이 비유는 매우 중요하다. 미팡 린포체께서 라서 린포체와 변론 시에 이 비유를 말하였고, 라서 린포체도 수긍하셨다.
진정으로 미세한 법에 대한 공을 증오함이 없어도 인무아를 통달할
수 있는 것으로, 미세한 부분의 공을 증오해야 인무아를 통달한다면
그 노끈의 미세한 부분에 대한 공의 증오를 해야 하는데, 그렇지
못한다면 노끈을 뱀으로 착각한 두려움을 없앨 방법이 없다. 이처럼
노끈인 것을 알기만 하면 누구도 그것을 두려워하지 않듯이 아집
또한 마찬가지이며, 그러기에 두 가지를 합하여 함께 말한 것은 매우
중요하다.

또 항상 있어 자재한 아를 파함에 있어, 『입중론』에서 설하되,
"누구도 항상 자재한 아가 있다고 설하지 않는다."라고 하셨으니,
너희가 아집을 파할 때에 기타의 다른 곳에 또 다른 아가 있다면
사람들을 기이하게 여기게 할 것이다. 본래 뱀을 두려워하는데, 그
뱀의 집착을 제거했을 때에 "이곳에 코끼리가 없다."라고 말하면 어찌
사람들이 웃지 않겠는가? 또한 너희는 이같이 중생은 근본적으로
항상 있는 자재한 아에 집착이 없다고도 설하나, 비록 항상 자재한
아를 파했어도 다만 중생의 구생아집은 줄곧 파함이 없으니, 이 같은
설법도 이치에 맞지 않는다.

미팡 린포체께서 설하시되, 『입중론』의 이 문구와 『보만론』의 저
문구를 합해서 함께 이해하면 중관의 많은 요점은 자연적으로 깨닫게
된다. 다시 말하면, 『보만론』의 오온 집착 등과 『입중론』의 코끼리와
뱀의 비유를 합해서 함께 연결해 이해하면 인무아 등 중관의 요도를
깨닫게 된다는 것으로, 이것이 바로 수승한 규결이며, 항상 있으며
자재한 아我에 대한 변론이다.

아래에서는 성문·연각·보살 등에 관계없이 모든 승乘에서 최후의 구경은 모두 일승一乘임을 설하며, 자종인 닝마파도 이같이 인정한다.

最終必定需證悟 諸法本體卽一性 최종필정수증오 제법본체즉일성
現見眞實一相故 龍樹父子理證說 현견진실일상고 용수부자이증설
究竟成立唯一乘 구경성립유일승

최종에는 꼭 증오가 필요한데 제법의 본체는 곧 한 본성이며 현량으로 진실한 일상을 볼 수 있기에 용수 부자가 이증으로 설하되 구경에는 오직 일승만이 성립한다.

삼승의 구분은 잠시일 뿐이고, 최종에는 모든 일체 팔변을 여읜 공성을 증오함이 필요한데, 왜 그러한가? 일체법의 본성은 하나이기 때문이다. 비록 유식종의 일부 관점에서 중생 중에 일부 성불이 불확실함이 있어서 이들을 부정중생不定衆生이라 한다고 설하지만, 중관은 이런 경전은 불요의라고 하며, 기타 대승경전을 써서 교증을 지을 때 매우 큰 부작용이 있다.

위의 관점은, 모든 중생은 종국에는 성불해야 하는데, 만약 성불하고자 하면 곧 반드시 공성을 증오해야 하며, 법의 본성과 법계는 조금도 구별이 없으며, 법성의 지혜를 능히 보는 것(能見)과 현량으로써 보는 진실한 뜻은 '하나의 상(一相)'인 것이다. 즉 보는 바(所見) 법의 본성 방면을 좇아 말하면 모든 법은 같은 성품(同一性)이며, 법을 볼 수 있는(能見) 지혜 방면을 따라 보면 모든 법의 법상은 하나의 상(一相)·한 체(一體)이기 때문이다. 용수와 월칭 두 부자는 중관 논전 중에서

이증 방식으로써 이같이 설하되, "구경에는 일승이 됨이 성립한다."라고 하신다. 그들은 이구동성으로 최후에 일체 관점의 구경을 설할 때는 일승이 성립된다고 하며, 그 일승은 여래과如來果를 뜻한다. 이는 또한 인무아와 법무아를 증오한 '승乘'이라 설할 수 있다. 기타 일부 경전 중에서 설한 것은 무이승無二乘이며, 진정한 승은 모두 인정되지 않는다. 다만 『적집경積集經』에서 설하되, 중생을 인도하여 증오하도록 하기 위해 잠시 한 가지 방편으로써 쓰이는 긴요한 도를 승乘이라 부르나, 진정한 승은 없으며, 더욱이 '실상實相'의 승은 결단코 없다고 하였다.

용수보살이 『근본혜론根本慧論』 중에서 "법계는 분별이 없고, 모든 승은 나눌 수 없다."라고 이같이 이증하며, 또한 설하되, "잠시 삼승을 나누어 근기가 다른 중생에 순응한다."라고 하며, 또 월칭보살이 『입중론』의 최후 일절 중에서 설하되, "이런 연고로 중생을 위하여 2승이 없음(無二乘)을 설한다."라고 하셨으니, 최후의 길은 모두 한가지이다. 마치 라싸에 도착하기 위해 한 사람은 수레를 타고 가고, 다른 한 사람은 한 마리 말을 타고 가더라도 결국에는 모두 같은 목적지에 도착하는 것과 같다. 중관의 부자는 당연히 이같이 설하였으나, 다만 소승과 유식종은 모두 구경일승을 인정하지 않고 그들 각자가 구경일승이 된다고 주장한다.

假使以按汝自宗 彼者聲緣已證故 가사이안여자종 피자성연이증고
此理怎成爲一乘 儘儘立宗而已也 차리즘성위일승 진진입종이이야

만일 너희 자종 견해를 따르면 성문·연각은 이미 증오했다는 것인데 이 이치가 어찌 일승 됨을 이루는가? 다만 너희 종을 세웠을 따름이다.

이곳에서 까담파가 주가 되는 관점에 대하여 간접적으로 논파하고 있다. 가령 너희의 관점을 의지하여 말하면 저 성문·연각이 일찍이 '둘이 없는 지혜(無二慧)'를 증오했다고 하는데, 용수·월칭보살의 이증 방법으로써 관찰하면 그것이 어떻게 일승을 성립할 수 있는 것인가? 만약 성문·연각이 일찍이 둘이 없는 지혜를 증오하였다면, 범부와 보살은 일승인가 아닌가? 너희의 관점을 따라 삼승을 합하여 일승이 됨은 다만 구두선에 머물 뿐이다. 당연히 용수·월칭 두 보살의 설한 관점은 감히 부정할 수 없다. 그러나 너희의 관점을 실제로 관찰하면 어디에도 그 주장을 뒷받침할 아주 좋은 근거가 없다.

반면에 자종 닝마파의 관점은 매우 바르게 해석할 수 있는데, 성문은 인무아를 증오하며, 연각은 성문에 비교하여 조금 더 위로 나아간다. 이어서 보살지를 득하여 대승에 들어갈 때 삼승이 일승이 되며, 최후에 성불할 때에는 이미 이승은 없는 것(無二乘)이 된다. 따라서 너희 성문·연각이 공성을 증오한 것으로 "삼승이 일승이 된다."라고 함은 매우 곤란한 것이며, 이는 다만 너희가 너희 스스로의 종의를 세운 것일 뿐이다. 너희가 삼승이 일승이 됨을 인정하지만, 이 관점을 따라 관찰하면 '잠시暫時'와 '구경究竟'을 나눌 방법이 없기에 구경일승은 말뿐이며, 아무런 근거가 없다. 그러나 우리 닝마파 자종에서는 잠시 성문승·연각승·보살승이 있고 최후에 여래의 과승에 들며, 대승 중에서 다시 일지一地·이지二地 등을 안립하는데, 이것이 이치에 맞는 것이다.

이로써 다시 비교해 말하면, 너희의 관점은 그저 종파를 건립했을 따름이다. 종파를 건립할 때에 비록 구경일승을 성립시킨다고 말하나, 용수·월칭 두 보살이 중관의 모든 논장 중에 구경일승을 인정하여 설한 바가 분명하기에, 진정으로 너희 종파를 관찰해 볼 때 그 구경일승을 인정하는 것은 어렵다.

此說無二智慧者 唯有究竟所見性 차설무이지혜자 유유구경소견성
卽是唯一法性故 所有聖者至其處 즉시유일법성고 소유성자지기처
이는 둘이 없는 지혜를 설한 것으로 오직 구경의 보는 바 성품이 되며
곧 이는 유일한 법성이 되는 연고로 모든 성자가 그곳에 이른다.

능취와 소취가 분별이 없고, 일체 희론을 여읜 법성은 곧 '둘이 없는 지혜'가 된다. 성자가 보는 바의 법성이 곧 일체법의 본성이다. 법성과 부처님이 보는 바의 불성은 구별이 없고, 불佛의 지혜와 법계는 단지 측면을 따라 나눈 것일 뿐 둘의 본체는 구별이 없다. 따라서 '곧 이는 유일한 법성이 되는 연고(卽是唯一法性故)'라고 설한다. 최후에 둘이 없는 지혜에 이르렀을 때 성문·연각·보살에 관계없이 모든 성자가 모두 가장 구경의 지혜 경계에 이르며, 이것이 이치에 맞다. 잠시 지혜의 높고 낮음, 시간의 빠르고 느림, 경계의 대소 등이 있으나, 다만 구경에 도달했을 때에는 삼승三乘 성자 모두 둘이 없는 지혜를 증오하는 것이 필요하다.

이와 같이 용수·월칭 두 보살의 관점을 쓴다면 쉽게 해석이 된다. 세상에 지혜가 있는 사람이 많지 않음을 고려해 보면, 닝마파의 중관 견해는 이처럼 매우 수승한 것이다. 미팜 린포체가 이와 같이 설한 후에는 닝마파의 견해는 후퇴할 수 없으며, 어떤 방면의 교증과 이증으로 반론한다 해도 영원히 퇴보하지 않는다.

이와 같다면 세존의 제2차 법륜과 제3차 법륜의 내용과 모순을 이루지 않을 것이고, 세존 후기의 고승대덕의 견해와도 모순을 이루지 않을 것이다. 성문·연각이 공성을 증오함에 대한 문제는 미팜 린포체께서 설하신 바와 같이, '일체 모두를 증오한 것도 아니고, 조금도 증오하지 못한 것도 아니며, 그래도 조금 증오함이 있는 것'이다. 이렇게 이해함은 매우 잘된 것이고, 그렇지 않다면 곤란한 점이 있다.

是故此理若善證 龍樹宗及慈氏論 시고차리약선증 용수종급자씨론
互爲猶如蔗糖蜜 一同口味適相合 호위유여자당밀 일동구미적상합
이로써 이 이치를 바르게 증오하면 용수종龍樹宗과 자씨론慈氏論이 서로 설탕과 꿀이 됨과 같아서 한 입맛이 되어 서로 적합하게 된다.

이상으로써 위에서 말한 성문·연각이 증오한 내용에 대하여 너희가 잘 통달하여, 성문·연각은 다만 일부분의 법성을 증오했음을 이해하였다. 그러하다면 용수보살이 석존의 제2차 법륜을 해석한 내용, 즉 주로 공성을 설한 논전인 육대중관六大中觀(『칠십공성론七十空性論』, 『중관보만론中觀寶鬘論』, 『육십정리론六十正理論』, 『중론中論』, 『회정론回淨論』, 『정연마론精練磨論』 등)에서 설한 내용과 자씨·무착보살이 석존

의 제3차 법륜을 해석한 내용인 자씨오론慈氏五論(『현관장엄론現觀莊嚴論』, 『장엄경론莊嚴經論』, 『변법법성론辯法法性論』, 『변중변론辯中邊論』, 『보성론寶性論』)이 서로 모순이 되지 않고 잘 변하고 화합하게 된다.[22]

정확히 이해하지 못하여 나한이 일찍 공성을 증오했다고 말하면, 미륵의 논과 어긋나고 또한 용수의 논과도 서로 어긋나 둘이 모순을 이루게 된다. 본래 불교의 2대 수승(용수·무착보살)에 대하여 말하면 용수보살은 중관을 설하고 무착보살은 주로 유식 방면으로 주를 삼았으나, 양자가 내부에서는 서로 모순이 없다. 따라서 양자의 논은 서로 합치되며, 설탕과 꿀이 서로 모순을 이루지 않고 융합하여 몸에 유익함을 주는 것처럼, 용수의 교법과 자씨의 교법을 같이 수행하면 그 가피력이 크고 감응도 크며 또한 모순도 없어 매우 이치에 맞는다.

이상의 것들은 매우 중요하다. 미팡 린포체가 설하신 것이 단지 성문을 상대로 설한 것이라고 여기지 말고 우리와 무관하다고 생각해서도 안 된다. 위에서 이미 요의와 불요의 등의 방면을 모두 설하였는데, 만약 우리가 이후에 용수보살의 논전이 불요의라고 하거나 무착보살의 논전이 불요의라고 하여 경론을 취사하여 말하면, 용수보살과 무착보살이 서로 모순을 이룬다. 반드시 미팡 린포체가 설하신 것과 같이 이해해야 한다. 용수와 무착은 부처님의 2차와 3차 법륜을 해석한 매우 수승한 대덕이시고, 두 관점은 모순이 되지 않고 합치가 되므로 이처럼 이해해야 한다. '설탕과 꿀의 비유'는 두 법륜의 수레를 합하여 비유함이니, 항상 견지하면 지혜의 몸에 매우 유익하게 된다.

---

22 『현관론』과 『보성론』은 중관응성파의 견해를 설하고, 『대승장엄경론』은 대승의 내용을, 『변법법성론』, 『변중변론』 등은 유식을 설한다.(원역자 주)

此外如同非合食 腹內不安痞症時 차외여동비합식 복내불안비증시
揚起敎理銳刺針 數百刺入意深怯 양기교리예자침 수백자입의심겁

이 밖의 경우라면 음식이 맞지 않아 뱃속의 담병이 불안할 때와 같고,
교증과 이증의 침을 잡아 수백 번 찌르면 그 뜻에 깊은 겁을 내게
된다.

이를 제외한 그밖에 위의 내용에 대하여 잘 이해함이 없으면 곧
음식이 자기의 몸과 맞지 않아 병이 생기는 것과 같으며, 간담에
병이 있는 사람이 기름기가 많은 음식을 먹으면 열이 오르는 것과
같다. 마찬가지로 나한이 모든 공성을 증오했다거나 혹은 조금도
증오하지 못했다고 말하거나, 혹은 미륵보살이 설한 일부 논문이
불요의라고 하거나, 또는 삼승의 견도는 하나라고 해석하는 것은
맞지 않는 음식을 먹어 몸이 불편한 것과 같다. 이 내용에 대하여
잘 이해하지 못하고 반대로 해석하여, 이것은 불요의이고 저것은
불요의가 된다고 하여 원래 내용과 모순을 이루면, 담병을 앓는 것과
같기에 수술이 필요하다. 일부 사견이 엄중한 자는 이런 관점에 합치되
지 못하여 서로 다투며, 대덕이 교증과 이증을 들어서 이들의 사견을
꾸짖으면(사견의 부위에 침을 놓으면), 그 마음에 깊은 겁을 내게 된다.
우리가 어느 한 법을 배울 때는 필히 그 내용을 모두 이해해야
하고, 그 내용을 이해하지 못하면 근본적으로 남들과 크게 변론할
능력이 안 된다. 샤카 반즈다께서 "어리석은 이는 적게 말함이 좋다."라
고 하심이 옳은 말씀이다. 당연히 지혜가 있는 대덕이 변론할 때에는
특별한 면이 있으나, 일반의 어리석은 이는 내용도 이해하지 못하면서

이 관점도 틀리고 저 관점도 틀리다고 말하면 진정으로 대승을 비방하는 실수를 범하게 된다. 미팡 린포체께서 설하되, '우리의 입은 업을 짓는 문'이라고 하시니, 정확히 이와 같다.

변론은 응당 정지정념을 의지해서 해야 하며, 이는 지혜에 매우 도움이 되지만 주의하지 않으면 많은 업을 짓는다.『보성론實性論』에 설하되, 일반인은 산山 뒤의 색에 대하여 눈동자로 보아야 하지만 산에 막혀 그 색을 보지 못하므로 깊은 법에 대하여 겉으로 볼 때 서로 모순이 있는 것처럼 보이면, 응당 스승에게 기도하고 자세히 사유하며 의심을 없애는 것이 필요하다. 본래 우리의 지혜는 천박하기에 일상의 일에도 때때로 모순이 생기는데, 하물며 깊은 문제에 대한 것은 말할 것도 없다.

진메이펑춰 린포체께서 그의 근본스승이신 토가 린포체를 뵐 때에 근본스승이 말씀하시되, "무릇 교파와 교파의 사이에 그 구경의 경지의 여부에 대해 응당 변론하지 말아야 한다."라고 하셨다. 종카빠 대사가 말씀하신 것은 그와 인연이 있는 제자에게는 요의가 되고, 닝마파의 롱첸빠 존자께서 설하신 법은 그와 인연이 있는 제자에게는 요의인 것이고 구경인 것이다. 요의와 불요의는 그 정확하고 부정확함으로 결정할 필요가 없으며, 이곳에서처럼 마땅히 이렇게 해석해야 한다.

진메이펑춰 린포체께서 오대산의 게송 중에 설하시되, "늙은 호랑이가 멀리 뛰어도 청개구리는 그처럼 멀리 뛰지 못하기에 호랑이 흉내를 낼 수 없으며, 그저 머리뼈만 깨지기 쉽다."라고 하셨다. 이것은 진메이펑춰 린포체께서 오대산에서 미래에 대해 수기를 내리는 게송 중에서 설하신 것이다. 이로써 제2의 문제에 대해 설함을 끝맺는다.

 이상에서 주로 말한 것은 '견見'으로, 미팡 린포체께서 하나의 수행법
으로 편성한 것 중에서 설하시되, 제1의 문제에서 주로 현공무별現空無
別(현현과 공성이 구별이 없음)을 결택하였고, 제2의 문제에서 현공무별
의 둘이 아닌 지혜가 성문·연각의 경계가 아님을 설하였으며, 제3의
문제에서는 현공무별을 어떻게 수지할 것인가에 대하여 설한다.

제3의 문제: 선정에 안주한 뒤에 집착이 있는 것인가 없는 것인가?

이제부터 제3의 문제를 설한다.

見之正行修持時 有說一切不執着 견지정행수지시 유설일체부집착
견해의 정행을 섭지할 때에 '일체에 집착하지 않음'을 설함이 있다.

앞에서 이미 견해를 결택했는데, 견해에는 정행이 있으니 중관견·밀종견과 같은 것이다. 일반적으로 먼저 스승 앞에서 배우고 견해를 결택하고, 그 후에 견의 정행을 수지하여야 한다. 대원만견이나 중관견의 사변四邊·팔변八邊을 여읜 견을 수행해야 하고, 수지할 때 대강의 이치는 대부분 일치하지만, 일부분에는 같지 않은 부분도 있다.

'집착하지 않음'은 일반적으로 두 종류로 나뉘는데, 하나는 좋은 것이고 다른 하나는 나쁜 것이나, 좋지 않은 것이 비교적 많다고 말할 수 있다. 특히 중국 선종에는 먼저 좋은 것도 나쁜 것도 집착하지 말 것이니 일체가 법계라고 설하며, 최초에는 모든 분별망념을 가져 그치게 한다. 티베트에서는 무엇도 집착하지 않음을 견지하는 마얼빠, 밀라레빠 존자께서 대수인(大手印, 마하무드라)의 관점을 구경에 성취하였지만, 그 이후에 대수인을 배우는 사람들은 최초 입문할 때부터

158

인과를 취사함은 필요하지 않고, 모두가 대수인 경계이며 무엇도
집착하지 않고 안주하라고 말한다. 닝마파에서는 본래 대원만이 진정
한 경계이나, 어떤 이는 초학자에게 말하되 "네가 내려놓고 무엇도
집착하지 않으면 이것이 곧 정행이다."라고 하는데, 이 모두가 잘못된
'집착하지 않음'의 예가 된다.

所謂一切不執義 善證邪見分二種 소위일체부집의 선증사견분이종
이른바 일체에 집착하지 않음의 뜻은 바른 증오와 사견 두 종류로
나눈다.

　미팡 린포체는 '집착하지 않음'의 뜻을 두 종류로 귀납한다. 하나는
바르게 증오하는 것으로, 진정한 대원만大圓滿·대수인大手印·대중관
大中觀인데 마음 가운데 드러나는 진실 경계가 훌륭한 증오이다. 다른
한 종류는 다만 분별망념을 눌러두고 무엇도 집착하지 않는다고 하는
것으로, 법의 법상에 대하여 증오함이 없는 사견이 된다. 이곳에서의
사견은 내도內道의 미세한 부분에 속하고 외도견外道見과는 같지 않다.

一者遠離四邊戱 至于聖者智慧前 일자원리사변희 지우성자지혜전
一切見爲無住故 自然消盡諸執境 일체견위무주고 자연소진제집경
明空如同望虛空 명공여동망허공
첫째는 사변 희론을 여읨으로써 성자의 지혜 앞에 이르러
일체가 머무름이 없음을 보기에 자연히 모든 집착 경계를 다 녹이니
밝고 비움이 마치 허공을 보는 것과 같다.

먼저 바른 증오를 설한다. 무엇이 바른 증오인가? 이는 곧 중관에서 설한 바의 '유有·무無·역유역무亦有亦無·비유비무非有非無'의 사변을 멀리 여읜 것으로 진정한 법의 본성이 되며, 사변 희론을 멀리한 초지 이상의 보살이 현량으로 보는 지혜이다. 또한 우리가 듣고 사유할 때에 총상 위에서 각종 변론 혹은 관찰방법으로써 결택하고, 결택한 후에 도리道理상 이미 명백해진 성자의 유사한 지혜 경계가 있는데, 이를 '유사한 사변 희론四邊戱論을 여읨'이라고 부른다. 이 두 가지를 결택한 바의 견見은 머무름이 없기에 집착이 없는 것이며, 견해 방면에서 머무름이 없음으로 인하여 곧 능소의 이취二取가 있지 않고 자연히 소멸된다.

『입중론入中論』에서 설한 것과 같이 분별망념이 다한 때에 일체 경계도 또한 다하고, 그 경계는 "밝고 공(卽空卽明)"하여 허공을 바라보는 것과 같으며, 공함이면서 또한 밝음이기에 그 허공은 손가락으로 가리키는 바의 파란 색 하늘(藍色天空)이 아니다. 인명因明에서 설하되, '남색천공'은 '장엄허공莊嚴虛空'이 되고 방안에서 보는 허공은 '공간허공空間虛空'이 되는데, 이 뜻은 매우 중요하다. 법계를 진정으로 비유하여 설명할 때 그것은 하나의 불가사의한 경계인지라 비슷한 어느 경계로 그를 표시하기가 어렵지만, 위 두 가지의 서로 비슷한 점이 있기에 유사한 비유로써 활용할 수 있다.

일반 수행자도 자심自心의 본성 혹은 일체 제법의 본성을 잘 관찰하면, 그 본성이 허공과 조금도 구별이 없음을 알 수 있다. 그러면 그 허공에도 밝음의 구분(明分)이 있는가? 밝음의 구분이 없다면, 저것은 주로 마음의 측면에서 말하는 것인데, 마음에 어떠한 밝음의 구분이 있겠는가? 마음은 밝음과 공성의 중간에 아무것도 없음을 아는데, 이것은 기타의 도리나 논리적인 분석으로 아는 것이 아니라 실제 진정으로 보았다는 것이며, 그 본 것은 예전에 전혀 본 적이 없는 '허공'이다. 이 허공과 승의제는 닮았는데, '망허공望虛空'이란 곧 일체 사물을 보되 어떤 무엇도 보지 못하는 것(이곳은 스스로 증득한 경계를 가리킴)을 말한다. 이것이 '밝고 맑은 공성(청명공성淸明空性)'으로, 이러한 비유를 따라서 이같이 말하며, 대원만·대중관의 경계를 좇아서 이같이 설할 수 있다.

사변 희론을 여의고 성자의 지혜 앞에 있는 허공을 보는 것과 같으며, 일체의 집착 경계를 멀리 여의고 허공을 바라보는 것과 같고, '밝음과 공성'이 서로 구분이 없다. 이것이 제일의 바른 증득이며, '집착이 없음'의 뜻이다. 진정으로 이런 종류의 '밝음과 공성이 구별이 없는 지혜'의 경계가 있으면 어떤 종파이든 모두가 칭찬하며, 타종파라도 비방하지 못한다. 아래에서는 이치에 맞지 않는 '집착 없음'을 논한다.

二者無念和尚宗 이자무념화상종
두 번째는 무념화상종이다.

그런 종류의 '무념無念'으로써 수행하는 종파[23] 중 일부 수행인은 사견에 속한다.(여기서 구분을 짓는다 ─ 선종의 종지 중 '무념으로 종지를 삼음'이라는 말이 있는데, 이 무념의 내면의 뜻은 문자의 뜻만이 아니라 사변

---

23 올바른 깨달음이 부족한 일부 조사의 견해를 의미하며, 모두를 가리키는 것은 아니다.(원역자 주)

희론을 여읜 뜻을 내포하고 있다. 『돈오입도요문頓悟入道要門』 등 많은 논전에서 설하길, 선종은 상상근기上上根器에 대한 법문을 강조한 것으로서, 다만 후세의 근기는 하열하여 문자의 뜻에 집착하여 수행하기 때문에 이런 사견이 생겨나는 것이다. 논주 또한 티베트에 온 무념화상에 대하여 부정했을 뿐, 선종의 오대 종파의 선풍을 부정하는 것이 아니다.)

이것은 모든 화상을 대하여 말함이 아니다. 당나라 때 마하연 화상이 티베트에 와서 설하되, '좋은 집착, 나쁜 집착'이 다 있을 수 없다는 것이었다. 흰 개이든 검은 개이든 물면 다 같이 붉은 피가 나오는 것처럼 아무것도 집착하지 않고 정定에 든다는 관점인데, 이것은 이치에 맞지 않는다. 현재의 선종 대덕이 대원만의 '본래청정本來淸淨'과 선종의 '명심견성明心見性'이 뜻은 같다고 하지만, 선종의 수행법 중에 (진정으로 미팡 린포체가 설하신 것과 같이) 다만 고요함을 지켜 편히 앉아 있다는 면만 있고 수승한 관행(勝觀) 부분이 없으면, 이 둘을 하나로 보는 것은 곤란한 면이 있다.

달마 조사 등은 석가세존의 수기 중에 있고, 그들의 관점이 안 좋다고 하지 못하며 대부분이 진정으로 매우 훌륭한 것이다. 현재 우리의 관찰방법으로 볼 때 선종의 경계가 높은 분에 대하여 말하면 분명 훌륭하지만, 일부 경계가 낮은 일반 수행자를 보면 처음에 선업도 지을 것 없고 다만 눈을 감고 앉아 좌선만 하라고 말하는데, 이것은 그들에게는 잘 상응하는 법이 아니며, 무색계 경계에 빠지지 않는 높은 경지의 수행자에게나 맞는 법이다. 진정으로 대원만과 명심견성은 많은 면에 있어서 비슷하지만, 초학자에게 매일 앉아 좌선만 하라고 하는 방법은 초학자에게 상응하는 방법이 아니라고 논주가 설한다.

이전에 산타락시타 논사(靜明論師)의 수기에 말씀하시되, 중국에서 '무엇에도 집착하지 않는 바의 법'의 수행을 전하는 사람이 온다고 하셨고, 실제로 한 분의 화상이 티베트로 오니, 곧 인도의 까마라실라 논사(蓮華戒論師)를 청하여 그 중국에서 온 대승화상과 변론하게 하여 그 대승화상을 좇아내 버렸다.

현재 중국 선종의 범위가 매우 넓고 그 우수한 방면이 또한 많이 있다. 선종은 석가모니불의 하나의 진정한 교파이지만 초학자의 근기로는 감당하기에 높은 수준이다. 롱첸빠 존자(無垢光尊者)께서 『실상보장론實相寶藏論』에서 설하시되, "당시의 인명가가 그 화상의 관점이 구경의 논증이 없다고 하였으나, 실제상 화상의 관점은 이치에 맞는 것이며, 가장 구경의 과지果地에 있어 집착하지 않음과 대원만은 일치하는 것이다."라고 하신 바 있다. 다만 잠시 초학자를 위한 방편 시설로는 선종의 수행법이 어려운 면이 있다.

不察穩坐安住者 無有勝觀明分故 불찰온좌안주자 무유승관명분고
犹石沉海平凡住 우석침해평범주
관찰 없이 편히 안주하는 자는 수승한 관의 밝은 분상이 없으며, 돌이 바다 밑에서 평범하게 안주함과 같다.

만약 어떤 것도 관찰하지 않는다면, 곧 업을 지을 때 무슨 과보를 받는지, 자량을 쌓거나 탐진치를 일으키는 등 각 방면에 대하여 조금도 관찰이나 주의를 하지 않은 채, 다만 날마다 조용히 않아서 안주하기만 하면, 밝고 맑은 수승한 관행이 없기 때문에 곧 하나의 정해의 믿음이

없으며 다만 하나의 적지寂止에 있을 뿐이어서 이 말법시대에는 성취하기 어려우니, 좌선만 행함은 옳지 않다. 중생은 사견과 망념분별이 많기에, 좌선만 하면 가장 높게는 단지 무색계無色界에 날 수 있을 뿐이며, 공무변처空無邊處·식무변처識無邊處 등의 수행법을 닦아 천인이 되는 것 또한 매우 곤란하다.

수승한 관이 없이 단지 적지에만 머물러 있으면 안 된다. 이는 돌이 바닷물에 가라앉는 것과 같아 그저 평범하고 속되게 머무르게 될 뿐이다. 또한 '집착하지 않는다'는 것에 집착함도 이치에 맞지 않다. 눈을 감고 마음속에 하나의 집착하지 않는다는 경계가 있으면서 밝고 맑아서 매우 좋다는 데 탐닉한다면, 이것은 진정한 구경이 아니다.

譬如所謂一切無 中觀見得一切無 비여소위일체무 중관견득일체무
無色信解一切無 彼等語句雖相同 무색신해일체무 피등어구수상동
意義不同如天地 의의부동여천지
이른바 일체가 없음에 대한 중관 견해의 일체 없음과
무색계의 신해가 말하는 일체 없음 등 이 두 개가 비록 어구는 같지만
그 뜻은 천지간의 차이만큼 다르다.

위에서 설한 '일체가 없음(一切無)'은 두 종류로 나뉘는데, 한 종류는 수행으로 얻은 경계가 일체가 없음을 말하는 것으로, 사변과 팔변을 여읜 공성광명을 '견見'한 경계가 일체가 없음을 뜻하며, 다른 한 종류는 무색계의 믿고 이해하는 바, 믿고 받아들이는 바, 관상하는 바의 일체가 모두 없는 것으로 일체가 의식을 말한다. 두 가지가 문구상으로는

서로 같은 것이나 다만 그 의의로는 하늘과 땅의 차이만큼 큰 구별이 있으니, 전자는 바른 증오이고 후자는 사견이다.

如是遠離四邊戱 一切四邊亦不執 여시원리사변희 일체사변역부집
除此四邊餘執境 無故可許無執着 제차사변여집경 무고가허무집착
이같이 사변의 희론을 여의고 일체 사변을 또한 집착하지 않으며
이 사변을 제한 남은 집착 경계도 없기에 집착이 없음을 허락한다.

사변을 여읨도 한 종류의 집착 없음을 말하는 것으로, 소취所取 방면이나 법의 법성 방면으로 좇아 사변을 여의어 하나도 집착함이 없고, 또한 능취能取의 지혜 방면을 따라서도 사변을 여윈 것이기에, 곧 일체 사변에 집착하지 않는 것을 뜻한다. 이미 법성의 사변을 여의면 곧 능취의 지혜 또한 사변을 여윈 것이고, 그같이 이 주객(능소能所)의 사변을 제하고 다시 집착하여 취할 수 있는 외경이 있겠는가? 이것은 있을 수 없으며, 그런 있음이 없는 연고로 '집착이 없음'을 인정할 수 있게 된다.

若因此說無執着 或有愚者勸告言 약인차설무집착 혹유우자권고언
初皆不執應放松 초개부집응방송
이 집착 없음을 설함으로 인하여 어리석은 이들이 권고해 말하길
초학자는 모두 집착 말고 응당 방송하라고 한다.

이곳의 사변 희론을 여의고 집착하지 않음, 혹은 다른 경론에서

말한 팔변을 여읜 집착을 하지 않음에 대하여 잘못 이해하는 일부 어리석은 이들은 다른 이에게 권고하여 말하되, 일체를 집착하지 않아야 하고 선을 짓고 악을 짓는 것도 모두 분별망념을 생기게 하는 좋지 않은 것이며, 이 분별망념을 응당 놓아 버리면 곧 대원만, 명심견성을 증오하게 되니, 놓아 버림은 가장 좋은 수행방법이라고 한다. 미팡 린포체께서 이것이 과실이 됨을 지적하시며, 초학자에게는 이치에 맞지 않다고 하신다.

諸衆庸俗極松故 常漂三界輪回中 제중용속극송고 상표삼계윤회중
仍然不必再勸勉 잉연불필재권면
중생이 용렬하여 매우 방종하고 항상 삼계 윤회 중에 표류하므로 이미 다시 권할 필요가 없다.

　삼계에 윤회하는 일체중생들은 세속적인 탐진치 등의 분별망심을 무시이래로 대치하지 않고 매우 방종하였으며, 선지식의 규결로써 대치함도 없이 방종함이 또한 지나쳤기에, 항상 삼계의 윤회 중에 표류하며 무량한 고통의 핍박을 받는다. 다만 네가 도리어 다시 그들에 대하여 권고하여 말하길 편안히 하고 안정하라 하는데, 그렇게 권고할 필요가 없다.

　그들은 이미 삼계 가운데에 표류한 때가 오래고, 어렵게 사람 몸을 받아 불법을 배울 인연이 조금 있어 이제 막 불교를 배우는데, 그들에게 무엇도 집착하지 말고 분별망념도 일으키지 말라고 권하면 이는 그들을 해치는 것이다. 대원만·대수인의 방법을 빌려서 그들을 다시 윤회

의 고해 중에 떨어지게 하지 말아야 한다.

假使彼等本未知 而說吾等知本性 가사피등본미지 이설오등지본성

저들은 본래 알지 못하면서 본인이 본성을 증오했다고 말한다.

　그들이 본래 대원만을 증오하지 못하거나 마음 밝혀 견성하지 못했으면서도 그들 스스로 증오했다고 여기며 다른 사람에게 말하되, "나는 이미 법의 본성을 깨달았고, 스승의 은덕이 매우 커 스승으로부터 한 번의 가피를 받아 증오했으며, 또한 나는 많은 제자를 받을 능력이 있다."라고 한다.

要知勝義之本性 必需深解實空義 요지승의지본성 필수심해실공의

승의의 본성을 알고자 하면 반드시 실질공의 뜻을 깊이 알아야 한다.

　진메이펑춰 상사께서 중국 고급불학원에서 현종의 관점으로 이 논을 강의하였다. 후에 상사께서 라사에 도착했을 때 한 문수보살상像에 하다哈達(khata)를 올릴 때 문수보살상이 하다를 받지 않으시니 상사의 마음이 불편하여 생각하되, 『정해보등론』의 해석에 중관의 방법을 쓰지 말고 응당 대원만 밀승의 해석 방법을 씀이 옳다고 여겼다. 후에 다시 출발할 때에 상사께서 다시 문수보살상에 하다를 올리니 매우 좋아하는 방식으로 받으셨으며, 향후 상사께서 인도의 고급불학원에서 이 논을 강의하실 때에는 대원만의 내용을 써서 강의하였다.

이 논의 역자도 대원만의 견해를 의지하여 설하며, 게송의 해석에서 글자 한 자에도 심사숙고하여 적었다. 성자의 말은 범부와 같지 않아서 세심하지 않으면 틀리기 쉽다.

이곳에서 말하는 승의는 대원만의 경계를 말한다. 진정으로 승의 혹은 본래로 청정한 본래면목 혹은 본성을 알고자 하면 곧 반드시 '실질적인 공(實質空)'의 뜻을 깊이 체득해야 한다. 여기서 '실질공'은 까담파에서 설하는 실질공과는 다르며, 전승상사의 가피에 의지하여 자기 마음의 본성을 불가사의한 방식으로 증오한 실질공을 말한다. 승의를 알고자 하면 반드시 마음의 본성인 '실질공'을 증오하여야 하고, 증오한 후에는 수많은 지혜가 생긴다. 크게 성취한 분이 와서 일부러 너의 증오 경계가 틀렸다고 말해도 시종 동요하지 않게 됨은 네가 진정한 보물인 본성을 얻었기 때문이다.

대원만의 경계는 '지知, 감感, 증證'의 세 가지로 나눌 수 있다. 상사께서 항상 말씀하시되, 일반적으로 자량도의 시기는 경계를 깨달아 아는(了知) 경지이고, 가행도의 시기는 경계를 감수感受하는 경지이며, 초지에 도달하면 그때에야 진정으로 경계를 증오證悟하게 된다. 앎·감수·증오의 세 가지를 상사는 나누어 설명하신다. 당연히 자량도에서 승의의 본성을 분명히 알고자 한다면 마땅히 실질공의 뜻을 깊이 체득하고자 해야 한다.

만약 네가 본성을 안다면 그 본성은 도대체 어떤 모습인가?

辨別亂現自他者 誰亦了知何必修 변별난현자타자 수역요지하필수
자타에게 어지럽게 나타남을 변별하는 것은

누구나 아는 바이니 닦음이 필요하지 않을 것이다.

네가 글자상의 뜻만 아는지, 글자 면에서 자기 마음의 맑고 밝음을
능히 변별하는지, 다른 사람의 의식은 아니고 관찰할 때 찾지 못하는
것이지만 자기가 능히 각종 경계를 감수하는지 등, 너는 이러한 것들을
본성을 증오한 것으로 여기는가? 이런 것들은 근본적으로 증오한
것이 아니다. 만일 증오한 것이라면, 그것은 어리석은 사람도 또한
능히 아는 경계인데 어찌 수행할 필요가 있겠는가? 또는 말하되,
내가 다만 자신의 의식과 같지 않음을 깨우친 것이 아니라, 스승으로부
터 법을 전수받아 마음을 관찰함을 통과하여 일정한 경계를 얻었으며,
따라서 대원만을 증오했다고 말하기도 한다.

有說倘若觀察心 形色生住及去處 유설당약관찰심 형색생주급거처
未見故證空性也 미견고증공성야
어떤 이가 설하되 마음을 관찰함에 형색이 생기고 주하며 가는 곳을
보지 못하기에 곧 공성을 증오한 것이라고 한다.

어떤 사람이 말하되, 만일 마음을 관찰할 때에 마음의 형상, 얼굴색,
생긴 곳, 머무르는 곳과 가는 곳을 다 보지 못하는 연고로 곧 공성을
증오한 것이라고 한다.

法相極爲甚深故 此有極多錯失處 법상극위심심고 차유극다착실처
心者非爲色法故 誰亦不會見色等 심자비위색법고 수역불회견색등

若想未見證空性 此乃極爲誤解也 약상미견증공성 차내극위오해야
법상이 매우 깊은 연고로 이에 대해 매우 많은 착오가 있는데
마음은 색법이 아닌 연고로 누구도 또한 색 등을 보지 못하며
색을 보지 못하기에 공성을 증오했다고 하면 이는 지극한 오해가
된다.

　일체 제법의 본래 실상은 매우 깊은 연고로 위에서 말한 그것과
같은 것으로 증오한다는 것은 불가능하다. 그런 종류의 증오는 많은
위험한 점이 있는데, 왜 그러한가? 마음은 색법에 속하지 않아 그것의
색·모양 등을 갖지 못하기에, 종파의 교의를 배우지 않은 사람들도
마음에 색깔이 있다고 말하지 않는데, 마음을 관찰할 때 이렇게 색
등을 볼 수 없음을 알기에 곧 공성을 증오한 것이라고 여기면 이것은
매우 큰 오해이다.

百般觀察人頭上 不可得見旁生角 백반관찰인두상 불가득견방생각
若說彼者未見故 證悟彼空誰亦易 약설피자미견고 증오피공수역이
백 번을 관찰해도 사람의 머리 위에서 짐승의 뿔을 볼 수는 없으며
그 뿔을 볼 수 없기에 뿔이 공함을 증오했다면 누구에게나 쉬운 일이다.

　만일 여러 번 자세히 관찰해도 사람의 머리에 짐승 뿔을 시종 보지
못함을 아는 것이 곧 공의 마음을 증오함이라고 설한다면, 누구든
그런 공성을 쉽게 증오할 수 있을 것이다. 또한 어떤 사람들은 마음에
색과 형상이 없음을 관찰하면 곧 증오한 것으로 생각하지만, 마음이

본래 색법이 아니기에 형색을 볼 수 없음은 당연한 일이기에, 틀린 것을 말한다면 이미 증오하지 못한 것과 같고, 바른 행을 말한다 해도 옳지 않은 것과 같은 것이다. 다만 분별망념을 써서 방송을 할 것이기에 번뇌를 대치할 방법이 없다. 진정한 증오 경계를 설할 때, '요지了知'로써 또한 증오를 대체하여 사용할 수 있다.

是故以理觀察時 若見眞正實相義 시고이리관찰시 약견진정실상의
則此心者如虛幻 深刻了達無實性 즉차심자여허환 심각요달무실성
이로써 이치로 관찰할 때에 진정한 실상의 뜻을 보면
곧 이 마음은 허환 같아서 실로 없음을 깊이 통달하게 된다.

교증·이증(중관의 인因과 과果를 관찰함) 등으로써 법의 본성을 관찰할 때, 여기에서 관찰하는 것은 자기의 마음 혹은 대원만으로 마음의 내력(來)·머무름(住)·가는 곳(去) 등을 관찰하는 것이다. 만약 마음의 본래 실상의 뜻이나 마음의 본래면목을 진정으로 보았다면, 그것의 '공성 방면'과 '드러나되 자성이 없는 방면'은 비유하자면 허망하고 마치 환상과 같은 것이다. 다만 이런 종류의 허환虛幻은 상사께서 설하신 바와 같고, 번개·환술 등이 허환인 것과 같으니, 이렇듯 마음 본성의 '남이 없음(無生)'은 허환과 같은 것이다.

드러나는 모습은 번개나 환술이 각종 각양의 변화가 있는 것과 같고, 혹은 허공의 무지개와 같이 나타나되 실이 아니며, 드러나되 성性은 공空이라서 큰 허공처럼 구별이 없고, 꿈같고 환 같아 실성이 없음을 깊이 통달하면, 비록 천만의 외도가 너와 변론하여도 네가

그들에 의해 전향되지 않는다. 이런 종류의 '실성이 없음'은 위에서 말한 마음에 형상形狀·색色·옴(來)·감(去)·머무르는 곳(住處) 등이 없는 것을 말하는 것이 아니라, 본성상本性上·실상상實相上 진정으로 실성이 없음과 팔변을 여읨을 통달하는 것을 뜻한다.

미팡 린포체께서 대원만의 정해 경계를 이 몇 구절로 모두 포괄시켜 간략한 말과 이해하기 쉬운 내용·비유 등을 써서 설명한 것으로서, 이같이 깊은 뜻은 롱첸빠 존자의 『사심적四心適』과 기타의 법보 중에서도 찾아볼 수 없는 것이다. 이는 진정한 대원만 정행의 소개이며, 롱첸빠 존자와 롱수 반즈다의 정행에 대한 소개와 차별이 없는 것이다.

만약 상사가 제자에게 이를 전해준 후 제자가 정확히 증오했는지를 관찰함에 있어서 이 몇 구절로써 판단의 기준을 삼을 수 있다. 미팡 린포체께서 「대원만견가大圓滿見歌」에서 설하시되, 각종 모양의 마음이 나타나 관찰할 때 마음의 본성은 공성이고, '본성이 공성인 가운데에 밝게 나타남이 없어지지 않음'이며, 이 같은 '밝게 드러나 멸하지 않음(顯不滅)'이 오염이 없는 법계이고 각성이라고 하셨다. 진메이펑춰 린포체가 이렇게 미팡 린포체의 「대원만견가」 안의 가장 깊은 규결을 소개할 때, 설법을 듣던 가행도 중의 대부분의 제자들이 이미 공성을 이해했다고 말씀하셨다.

공성은 요달한 후에 반드시 수지해야 한다. 그러지 못하면 원래대로 퇴보한다. 롱첸빠 존자가 설하시되, "초학자의 증오는 전쟁터의 어린이와 같아 만일 그를 잘 보호하지 않으면 곧 적에게 잡혀가게 되거나 자신에게 장애가 생긴다. 따라서 각성을 깨달은 후에도 수도해야 하며, 그렇지 않으면 번뇌와 분별망념의 오염을 입게 된다."라고 하셨다. 또한 직메링빠 존자가 설하시되, "초학자의 각성은 구름 덮인 하늘에서 태양이 잠시 비춘 것과 같아서 언제든 빨리 번뇌장에게 덮여 가려진다."라고 하신 바 있다. 이로써 남에게 물을 것도 없이 미팡 린포체께서 설하신 이 몇 구로 비춰 보면 자기가 증오하였는지 아닌지를 스스로 명백히 알게 된다.

彼時自心起念空 譬如直視前虛空 피시자심기념공 비여직시전허공
必得堅定之深解 필득견정지심해
그때에 자심에서 생각 일어남이 공함을 바로 앞의 허공을 바라보듯 하면
반드시 견고하고 깊은 견지를 얻게 된다.

  이 같은 경계에 이르렀을 때 자기의 마음 가운데 각종 모양의 밝고 분명한 생각들이 일어나는 것도 또한 공한 것이다. 이것이 바로 생각이 일어날 때에 그 본성이 공한 것을 가리킨다. 비록 이때에 마음에서 각종 분별망념과 집착이 일어나도 그 마음이 동시에 공성인 것이며, 비유하자면 바로 허공을 보는 것과 같아서 우리들 중에서 많은 사람이 막 대원만을 만났을 때 이런 종류의 감각이 있게 된다. 동시에 공의 생각을 일으키며 더욱 눈앞의 허공을 바로 보면 불가사의한 경계가 있고, 내內·외外·밀密을 따라 본성을 관찰하여도 시종 찾을 수 없다. 본성을 찾지 못하지만 여의보배를 얻은 것과 같은 것이어서, 다만 하나의 허공과 같은 것이라고 설할 것이 아니고, 또한 하나의 장애가 있는 것과 같은 것이라고 말할 것이 아니기에, 이로써 결단코 하나의

굳건한 깊은 신해를 얻게 된다. 대원만의 정행은 알아도 이 몇 구절이고 몰라도 또한 이 몇 구절이다.

미팡 린포체가 라서 게쉐와 변론할 때에, 게쉐가 "대원만과 중관이 한가지의 견지인가 아닌가?"라고 묻자, 미팡 린포체가 답하되, "중관의 가장 구경의 관점이 대원만의 견해로 더불어 한가지인 것이나, 중관은 관찰방법을 통과하여 결택하고 규결의 방법을 써서 직접 전수해 줌이 없기에, 많은 변론과 이증의 방법으로써 결택한 후에 그때에야 구경의 견지에 도달한다. 그러나 대원만에서는 이같이 돌리지 않고 직접 규결의 방법으로 전수해 준다."라고 하셨다. 이렇게 직접 전수해 주는 대상 또한 상근기여야 하며, 먼저 관찰을 행한 후에 대원만 규결을 전수해 줄 것인지의 가부를 결정한다.

或問汝之彼心者 是否無者猶虛空 혹문여지피심자 시부무자유허공
或者種種能覺知 혹자종종능각지
그러면 너의 그 마음에게 묻노라. 그 없음이 허공과 같은가?
아니면 능히 여러 가지를 각지할 수 있는 것인가?

이곳에서 일부 그릇된 것을 설한다. 만약 그렇게 스스로 증오했다고 하는 사람에게 내가 묻는다면, 너의 그 마음이 '무無'인가, 즉 공한 것이 마치 허공과 같은가? 또는 그 마음이 '유有'인가, 즉 능히 가지가지로 나타나는 하나의 각지인가?

對此一切必定說 剎那不住移動心 대차일체필정설 찰나부주이동심

誰也有故是意識 수야유고시의식

이 일체에 대해 반드시 설하되 찰나에도 주함 없이 이동하는 마음이며 누구에게나 있기에 이것은 의식이다.

이 문제에 대하여 그들은 반드시 답하길, 나의 마음은 일찰나에도 머무르지 않으며 이동하는 마음이고, 이 같은 마음은 누구에게나 있는 하나의 심식이다.

故心非有非無者 彼爲光明法身了 고심비유비무자 피위광명법신요

고로 마음은 있지도 않고 없지도 않으며 그것이 바로 광명법신이 된다.

스스로 깨달았다고 여기는 스승이 제자에 대하여 회답하기를, "말하자면 네가 방금 말한 바 의식은 있는 것이 아니라, 곧 형상·온 곳·머무르는 곳·가는 곳이 없는 것이며, 또한 그 마음은 없음이 아니라 일찰나에도 머무르지 않으면서 밝고 명백하며, 모든 중생에게 있다. 이 마음이 곧 광명법신光明法身으로, 마음이 밝고 맑다고 설함은 곧 보신報身이며, 마음이 허공과 같아서 무엇도 찾을 수 없는 이것이 법신法身이며, 그 후에 둘을 합하여 화신化身이라고 부르는 것이다. 이런 종류의 마음이 실제로 광명법신이며, 내가 이미 대원만의 가장 깊은 규결을 가져서 너에게 소개하여 주는 것이다."라고 한다.

彼亦矜誇自認體 甚多聽聞雖不必 피역긍과자인체 심다청문수불필

一知諸解通達了 일지제해통달요

그 또한 자기가 체득함을 자랑하며, 이제 많이 들음이 별로 필요치 않고도

하나를 알아 모두를 통달했다고 한다.

그 제자 또한 스스로 칭찬하면서 말하길, "오! 현재 내가 마음을 깨달았으며, 있음도 아니고 없음도 아니니, 이것이 곧 광명법신이다. 스승의 은혜가 매우 크니, 나는 그 은혜를 영원히 잊지 못한다." 그 제자가 스스로 마음의 본래청정한 본성을 깨달았다고 여긴 후 다시 말하되, "인명·중관 등과 같은 것은 모두가 필요하지 않으며, 있지도 않고 없지도 않은 마음을 이미 증오하였기에 너희들이 '인명의 언어의 구슬이 가시 같이 찌르고 십만 언어가 찔러도 뚫리지 않는다'라고 하지만, 대원만 유가사인 나는 이런 것들이 필요하지 않고, 많은 들음과 배움도 필요하지 않으니, '청문聽聞'은 현교와 밀교에 대해 듣고 생각하는 것을 가리킬 뿐이다."

'일지제해통달요一知諸解通達了'란, 비유비무의 마음 본성을 통달했으므로 곧 일체 알아야 할 바를 통달한 것임을 말한다. 그 제자가 이같이 여길 수 있지만 실제상으로 이것은 하나의 바보 같은 짓이다. 대원만의 경계를 증오하는 것은 이 같은 것이 아니며, 입에 돌을 넣고서 조금도 씹지 못하는 격인데 아직도 대원만을 증오했다고 큰소리치고 있는가!

진메이펑춰 린포체께서 말씀하시되, "진정으로 대원만 경계를 증오하는 것은 가장 높은 산 위에 서서 일체 크고 작은 산들을 바라보는

176

것과 같고, 수행할 때에 일체 문사聞思의 지혜가 능히 나타나는 것이며, 현재의 많은 사람이 문사는 필요하지 않고 대원만을 증오하면 된다고 는 말하지만, 이것은 불가능한 것이다."라고 하셨다. 수행자가 듣고 배운 법문을 모두 외워두면 수행 중에 견해의 경계를 모두 해결해 알 수 있다.

非有非無大圓滿 遠離四邊之戱論 비유비무대원만 원리사변지희론
비유비무의 대원만은 사변의 희론을 멀리 여읜 것이다.

　이 게송 두 구문은 진정한 대원만 도리이며, 실제상으로 곧 비유비무 인 것이다. 승희금강勝喜金剛·시르상하(西日桑哈)·연화생 대사蓮花生 大師 등 모든 전승조사를 좇아서 전해 내려온 대원만법은 '비유비무非有 非無'인데, 이것은 위의 '비유비무'와 어구는 같지만 의의 상에 있어서는 천지간의 구별이 있다.

　이곳의 '비유非有'는 위에서 설한 색깔·모양·온 곳·머무는 곳·가는 곳이 없음과 같은 것이 아니다. 만약 실상이 있으면 삼세의 모든 부처님이 지혜의 눈으로 관할 때에 또한 응당 보게 될 것이나, 실제로는 볼 수 없다. 진정으로 하나의 실상인 사물을 찾아볼 수 없기에 '비유非有' 라고 한다. 또한 '석녀石女의 아들'과 같은 것을 증오라고 말할 수 없는데, 대원만의 본체는 윤회와 열반의 일체법의 기반이기 때문에 대원만은 또한 '비무非無'이기도 하다.

　전승상사가 전해 주시는 무상대원만법에 의거하면 그것은 사변의 희론을 여읜 것이고, 중관을 좇아 관찰하여도 진정한 대원만은 사변을

여읜 것이며, 위에서 설한 이변을 여읜 것이 아니다. 이것이 진정한 대원만의 경계를 따라 설하는 것이다.

若善觀察如此說 未敢言說卽有者 약선관찰여차설 미감언설즉유자
無者也是不可說 實上有無二俱者 무자야시불가설 실상유무이구자
或者非爲二俱邊 其二之一未超離 혹자비위이구변 기이지일미초리

이 같은 설법을 바르게 관찰하면 있는 것이라 말하지 못하고 없는 것이라고도 말할 수 없으며, 실지 상 유무가 함께한다고 하거나 혹은 양변 모두 아니라고 하지만 들 중의 한 변을 말해도 초월함이 아니다.

　너희의 관점에 대하여 전승상사의 교증과 자기의 잘 아는 이증을 써서 관찰해 보면, 너희의 그 경계는 감히 있다고 말할 수 없다. 너희가 설하는 오는 곳의 근원·형색·머무는 곳·가는 곳 등이 있는 것이 아니며(非有), 또한 감히 하나의 '공空'이라고 말할 수 없다(非無)는 것은 '석녀의 아들'과 더불어 하나도 다를 것이 없으며, 마음은 이와 같지 아니하다. 탐심·진심 등 각종 분별망념은 매우 분명하게 항상 나타나고, 무시이래의 분별망심은 분명하게 여전히 존재하기 때문에 너희의 있음·없음에 대하여 모두 감히 설하지 못하는 것이다. 그래서 너희는 마음 중에 실제상 '유와 무가 둘이 합하여 함께한다'라고 생각하고 집착하며, 이것을 최고의 경계라고 생각한다. 아울러 너희는 있는 것도 아니고 또한 없는 것도 아니어서 곧 '유무 양변이 모두 아니다'라는 생각에 집착하고 있다. 무릇 이 양변 중의 한쪽에 처하면 너희 마음

가운데에 아직 여의어 초월하지 못하였다고 할 수 있으며, 실제에 있어서 이는 진정한 각성을 깨달은 것이 아니다.

彼心非有非無者 此根系念于心中 피심비유비무자 차근계념우심중
此爲不可思議我 如彼不同名而已 차위불가사의아 여피부동명이이
所許之義無區別 소허지의무구별
그 마음이 비유비무라 여기는 것은 이 뿌리가 마음에 매여 있음이기에
이것은 외도의 불가사의한 아가 되며 저것과 이름만 다를 뿐
그 허락하는 바의 뜻은 구별이 없다.

너희가 온전히 자기의 마음을 하나의 '비유비무'의 개념 위에 두면, 비유비무의 집착의 뿌리가 자기의 마음에 묶이게 되어, 버리려 해도 버려지지 않는다. 이 같은 너희들의 '대원만' 경계는 외도의 '불가사의한 아'와 명칭은 다르지만 그 허락하는 바의 뜻은 구분이 없다. 비록 너희가 이것을 '자연지혜自然智慧'·'대락무별大樂無別'·'임운자성任運自成'·'본래청정本來淸淨'이라고 말하지만, 실제 수행하는 바는 외도법과 한가지이다. 진메이펑춰 린포체께서 일찍이 대원만의 용어를 사용하여 외도법의 명칭을 바꿔 하나의 문장을 지어, 제자들이 참고하여 경계할 수 있게 하셨다. 많은 이들이 그것을 수승한 대원만이라고 여기기에, 상사께서 외도의 '대자재大自在'를 '보현여래普賢如來'로 바꾸고 외도의 '자생自生'을 대원만의 '자생각성自生覺性'으로 바꾸어 쓰는 등, 많은 면에서 제자가 그 내용을 세심하게 관찰하고 구별할 수 있도록 해 주신 바 있다.

이상으로 대원만의 정행을 수행하는 법에 있어서 잘못된 길을 지적하여 설하였다. 이 논서는 먼저 틀린 점을 말하고, 바로 이어서 하나의 정행을 설한다. 그러나 기타의 논서들은 먼저 모든 틀린 것들을 함께 모아 설하고 난 후에 정행을 따로 한곳에 두어 설한다.

心及此外一切法 皆爲深解無實上 심급차외일체법 개위심해무실상
諸現現于緣起故 是非言思皆遠離 제현현우연기고 시비언사개원리
마음과 마음 밖의 일체법이 모두 실이 없음을 깊이 이해하고 모든 나타남은 연기상에서 나타남임을 알아 시·비·언·사를 멀리 여읜다.

진정한 증오는 이같이 해석하는 것이며, 무릇 마음과 마음 외의 일체법, 그리고 오온 유정의 세간 일체법을 모두 응당 그 본성을 요해하고 정해를 얻으면 곧 이 일체 심법·색법이 다 자성이 없으며 실로 있는 것이 없음을 알게 된다. 이 기초 위에서 밖의 일체 경계와 안의 마음 경계에 모든 나타남이 연기의 본성임을 또한 요해하게 된다.

일반 중관을 배우는 사람 중에 비록 입으로 말하지만 다만 진실로 연기를 이해한 자는 많지 않다. 이런 연기의 성품은 마음이 지은 것이라고 말할 수 있고, 마음의 짓는 바는 연기의 본성인 것이라고 설할 수 있으며, 이때에는 일체의 시是·비非·언言·사思 등을 다 멀리 여읜 것이 된다.

특별히 현재에 우리가 기세간을 관찰할 때에 있어 연기성은 매우

중요하며, 더욱이 과학과 불교의 같지 않은 관점을 해석할 때에 연기성은 더욱 중요하다. 중생의 업에 감응하는 성품이 같지 않기 때문에 이어서 일으키는 기세간에 대한 인식 또한 같지 않게 된다. 예를 들면 과학자가 아는 바의 지구·태양·은하계·전체 세계와 우주는 모두 어떤 상태나 형상이 있다. 그들이 묻되, 수미산과 사대부주 등은 어떻게 관찰되는가? 불교의 『구사론俱舍論』에서 설하되, 남섬부주의 정오는 북구로주에선 밤이라고 하니, 미국이나 캐나다는 북구로주인가?

이에 답하길, 불교는 불교의 설명 방식이 있고 과학은 또 과학자의 설명 방식이 있는 법이다. 또한 석존께서 설하시길, 외경의 일체법은 하나도 확정된 것은 없다고 하셨으며, 특히 지구와 우주 세계가 물체(상태나 형상을 가진)를 이룬다고 결택한 바가 없다. 일부 과학자들이 수미산이나 북구로주가 존재하지 않는다고 말하지만, 일부 몇몇 중생은 북구로주와 수미산을 보았기 때문에 수미산이 없다고 주장하는 과학자도 이 점에 대하여 대답할 방법이 없다. 롱첸빠 존자의 전기 중에서 묘음천녀가 존자를 모시고 사대부주와 수미산을 한 바퀴 돌았다고 하며, 근래에 다막사多莫寺의 한 수행자는 수행과정 중에 몇 분 공행모가 그를 데리고 인도에 가고 바다를 지나 수미산과 다른 세계를 보고 일주일 후에 돌아왔다고 한다. 이러한 변론에서 중요한 점은, 우리가 대면하고 있는 외경이 실유하고 고정된 것인가 하는 것이며, 이렇게 결택하기는 어려운 일이다.

예를 들어 불의 본성은 뜨겁고 불 가운데 불쥐(火鼠)가 있어 여유 있게 생존하며 불이 왕성하면 그 생명력이 더 활발해진다고 하면,

사람들의 의식으로써 이것을 보는 것은 불가능하다. 과학자와 불교학자가 각자의 의식분별을 써서 변론한다면 공통된 하나의 결론에 이르기 어렵다. 많은 불교경전 중에 석존께서 단순하게 수미산만 설하신 것이 아니라 지륜地輪·대해선요大海旋繞도 설하셨고, 경전마다 설하시는 수미산의 묘사도 같지 않아 네모짐·원형 등이 있으며, 바다의 거리도 칠만 유순由旬·팔만 유순 등이 있는데, 이는 모두 중생의 업의 감응이 같지 않기에 그 근기의 인연을 따라서 설한 것이다.

업의 감응함이 같지 않은 중생들 앞에서 하나의 외경이 결정적으로 한 종류로 나타날 수 없다. 불경을 열람하여 불법의 설하는 도리가 옳은 점을 알게 되어 사물의 본성은 진정으로 없고 단지 연기성일 뿐임을 이해하게 되면, 과학에서 '외경外境은 실재하는 하나의 고정된 물체'로 보는 주장이 곤란하다는 것을 인정하게 된다.

종합하면, 바깥 경계의 나타남은 고정된 것이 아니고 일체 외경은 마음이 지은 것(업력이 같지 않은 중생의 마음은 같지 않고 그 나타나는 바도 같지 않은 것임)이다. 『입중론』에 설하되, "유정세간과 기세간, 마음 중에 가지가지 경계가 있어 끝이 없다."라고 한다. 마음이 짓는 기정세간器情世間에 대한 공안을 하나 예를 들어 설하면, 이전에 녹야원에서 한 부인이 자신을 늘 늙은 호랑이로 관상하여 최후에는 늙은 호랑이로 변했고, 녹야원 도시의 전체 주민이 놀라 달아나 녹야원 전체가 빈 도시로 변했다. 무시이래로 표류하는 중생이 모두 무량한 무명 습기가 있는데, 이러한 무명 습기가 각종 모양의 기정세간으로 어찌 나타날 수 없겠는가? 이 때문에 우리가 현재에 나타나는 기정세간에 대하여 간단한 '옳음'과 '옳지 않음'으로써 결택할 수 없다. 중생은 다 각자의 의식으로써 근거를 삼는 연고로 석존의 설법이 당시의 인연이 있는 중생들의 근기에 상응하는 기정세간의 법을 설한 것이며, 따라서 붓다께서 설하신 언어는 매우 심오하기에 어떤 이증도 모두 부정하지 못하는 진정한 불설이다. 붓다께서는 매우 깊은 인과법을 모두 통달하시었다.

진메이펑춰 린포체께서 『입중론』 혹은 『중론』에 대하여 많이 듣고 사유하면 곧 연기와 공성에 대하여 비교적 쉽게 증오할 수 있다고 늘 강조하셨다. 우리 자신의 지혜가 너무 적기 때문에 자기의 분별망념에 근거하여 고승대덕의 관점이 옳지 않다고 말할 수 없다. 변론할 때 지구가 실로 있고 불변하는 물체라고 고정관념을 가져 집착할 수 없으며, 일체가 연기가 되고 그 성性은 공空임을 결택함이 없이는 그 방면에 대해서 변론할 수 없다. 과학자가 한 방면에 정통한다 해도 전지전능한 붓다이신 정각자와 서로 비교하는 것은 불가능하다. 결론적으로 이러한 나타남의 연기 경계는 일체의 시是·비非·언言·사思 등을 다 멀리 여읜 것이다.

遠離四邊戱論要 無緣通徹覺性也 원리사변희론요 무연통철각성야
此爲縱說離是非 然于意前如靶住 차위종설이시비 연우의전여파주

사변 희론을 여읜 요의는 인연이 없는 막힘없는 각성이며
이것이 비록 시비를 여의었으나 의식 앞에서 고삐처럼 매여져 머문다.

증오의 경계는 사변 희론을 여읜 것으로, 일체 희론은 없는 것[마음과 외경의 일체 윤회와 열반의 모든 법이 모두 이미 실로 있음이 아님을 깊게

통달하여 곧 사변의 '유변有邊'을 파하여 제거하며, 이어서 본성은 공한 것이기에 일체 현현(마음과 경계를 모두 포함함)은 모두 연기성인 것이니, 이것으로써 '무변無邊'을 파하게 된다. 또한 '시是'는 유와 무 둘 다 함께 있음(亦有亦無)을 가리키며, '비非'는 유와 무 둘이 함께 아님(非有非無)을 가리키고, 이 두 변 모두 멀리 여읜 것이다. 이렇게 사변을 모두 여읨으로써 마음·사유·언설 모두 멀리 여의게 된다]이며, 소연과 능연 모두 일체 찾지 못하는 것이다.

'통철通徹'은 막힘이 없다는 뜻으로, 롱첸빠 존자가 『승승보장론勝乘寶藏論』 등에서 주로 통철각성通徹覺性·적라각성赤裸覺性을 설하신 바 있으며, 자심에 막힘이 없는 각성을 증오하면 능과 소의 연緣은 얻지 못한다. 비록 '유'가 아니고, '무'도 아니며, 유와 무가 함께 함도 아니며, 유와 무가 함께 아님도 모두 아니나, 수행할 때에 있어서 너의 의식 앞에 마치 고삐처럼 하나의 의거하는 곳이 있게 되니, 이것이 '통철각성'이다. 그러나 마음속에서 그것이 '하나의 밝은 물체일 것, 혹은 하나의 매우 안락한 물체일 것'이라 생각한다면 이는 옳지 않은 것이다. 이런 경우는 입으로 멀리 여읜다고 설하고 있어도 마음으로는 멀리 여읨이 없는 것이다.

먼저 들음의 지혜(聞慧)로써 무아를 결택하고, 사유의 지혜(思慧)로써 결택한 무아를 잘 수행하면, 최후에 닦음의 지혜(修慧)로써 희론을 여읜 경계에 들어간다. 중관에서 설하는 4변을 여읜 핵심요의는 실제로 대원만에서 설하는 바의 통철각성과 구별이 없다. 이 사구 중에서, 앞의 두 구문은 중관 방면을 좇아서 설한 것이고, 후의 두 구는 대원만의 방면을 좇아서 설한다. 이곳에서 설하는 '사변 희론을 여읜 비밀한 요의'는 곧 '반연이 없는 통철각성'이고, 중관 중에 설하는 바의 가장

184

높은 경계는 곧 무상대원만에서 설하는 '능소의 두 연을 멀리 여읜 것, 장애가 없는 것, 적나라한 것'이고, 곧 '통하여 비치는 것, 밝고 맑게 증오한 각성'이라고 일컬어지는 것이며, 이것이 진정한 깨달음의 경계이다.

自他依此實執故 相續趣入三有河 자타의차실집고 상속취입삼유하
此等能翻之對治 卽是無我之執着 차등능번지대치 즉시무아지집착
자타가 이 실유 집착에 의거하기에 상속이 삼유의 윤회에 빠지는 것이며
이런 것을 능히 바꾸는 대치법은 곧 무아의 집념을 지속하는 것이다.

이곳에서 그 과환을 설한다. 이런 종류의 실을 삼는 집착은 이치에 맞지 않는 것으로, 유무시비 등 일체의 집착을 논하지 않고 반드시 제거해야 한다. 그렇지 아니하면 자타의 일체중생이 이러한 실집實執을 의지하여 무시이래로 상속하여 쉼이 없이 떠밀려 삼계 윤회의 큰 강에 빠져들게 된다.

그 실집이 삼계 윤회의 원인이니, 이것을 뒤집을 유일한 대치는 어떻게 해야겠는가? 그 대치법은 바로 '무아無我'이다. 초학자들에게는 '무아'에 대한 집착은 매우 중요하다. 종카빠 대사와 미팡 린포체 모두 이 '무아'의 집념이 매우 중요하다고 말하셨으며, 만약 '무아'도 집착하지 않으면 범부들에게는 곤란한 점이 있다. 먼저 '무아'를 붙잡고, 그런 후에 '무아의 집념'까지도 제거하면 곧 희론을 여읜 경계를 증오하게 된다. 『사백론四百論』에서 이르되, "만약 외경에 대해 증오하

면 능히 삼유의 근본을 끊는다."라고 하며, 만약 외경이 무아임을
증오하면 곧 삼유의 뿌리를 끊어 버리게 된다.

彼亦未知無理趣 唯思無有皆無益 피역미지무이취 유사무유개무익
如同花繩誤蛇時 雖思無蛇尙無益 여동화승오사시 수사무사상무익
了知無理則除怖 요지무리즉제포
그 또한 무아의 이치를 알지 못하고 오직 없음만 생각하면 이익이
없고
색깔 끈을 뱀으로 오인함과 같아서 뱀이 없음만 생각하면 이익이
없듯이
무아의 이치를 이해해야 곧 두려움이 제거된다.

　만약 '무아의 이치'를 도리상으로 명백히 알지 못한 채, 다만 마음속에
"나는 없는 것이다."라는 등을 관상하는 것은 이익이 없다. 중관의
관찰방법을 사용하여 비유로써 설명하면, 하나의 색깔이 있는 끈을
어두운 저녁에 뱀으로 오인하였으나 나중에 뱀이 아니고 끈인 줄
알았을 때, 비록 마음에서 이것은 뱀이 아니고 뱀이 됨은 불가능하다고
그렇게 관상하여도 마음 중에는 아직 두려운 점이 있기에 모든 두려움
을 없애는 것은 불가능하다. 뱀이 아니고 끈인 줄 분명히 알고서,
또한 끈은 한 가닥 한 가닥 꼬아 만든 것이고, 뱀은 피·살점으로
조성되었음을 분명히 알게 되어서야 철저하게 두려움을 제거할 수
있게 된다. 마찬가지로 '무아의 이치'에 대하여 도리상으로 정확히
이해한다면, 곧 '아我'에 대한 집착이 있을 수 없다.

또 우리들 중의 일부가 삼보는 가피를 내리는 것이라고 생각하지만 도리상에 있어서 아직 명백하지 않다면 이것은 근본적으로 잘못된 것이다. 특히, '무아'의 앎에 대하여 중관을 배우는 자가 어떤 방법으로 관찰해 보아도 '아我'가 있다는 증거는 하나도 찾지 못하면, 곧 '아'를 탐하는 집착은 점점 가벼워진다. 나는 있지 않고 모든 법은 공성이라고 생각하지만, 다만 '공'으로 반드시 실지의 집착을 대치하게 하는 것이 아니라면 '공'은 도대체 어떻게 설명해야 하겠는가? 샤카 반즈다가 설하되, "지혜로운 이는 이치에 맞는 지혜를 좇고, 어리석은 자는 그의 말을 따른다."라고 하신 것처럼, 지혜와 어리석음의 차이는 주로 사물에 대한 관찰능력의 강약에 따라 나뉜다. 따라서 무아의 뜻을 알지 못하고서 다만 "내가 없다."라고 생각만 하는 것은 쓸모가 없다.

故以觀察通達后 唯依觀察尚不足 고이관찰통달후 유의관찰상부족
無始串習實執故 反復應修具執着 무시관습실집고 반복응수구집착
분석으로써 통달한 후라도 오직 관찰에만 의지함은 오히려 부족하니
무시로 습관이 된 실집 때문이므로 응당 반복하여 집착 없는 무아를 닦는다.

따라서 중관의 관찰방법을 써서 인과 과를 관찰하고, 혹은 마음을 닦는 방식으로 자심의 옴·머무름·가는 곳을 관찰하며, 마음의 대상은 어떠하고 마음의 본성은 어떠한지 등을 관찰함을 따라 '아我'가 존재하지 않고 일체의 모든 법이 공성인 것을 통달하게 된다. 그러나 관찰만으로써는 충분하지 못하며, 중관만 조금 배우고 가는 곳마다 변론하는

것으로는 이를 만족시킬 수 없다. 본래 유루법有漏法에 대하여 소욕지족少欲知足 해야 하나, 문사수 등 성재칠법聖財七法[24]에 대해서는 만족함이 없어야 하며, 해탈을 얻기 전에는 부지런히 수행·정진·노력을 해야 한다.

비록 관찰을 통하여 대개 '무아'에 대해 이해했지만, 아직도 장기간 수행이 필요하다. 비록 상사의 가피를 받아 내가 존재하지 않음을 체험했지만, 항상 수행하지 않으면 그 같은 무아의 경계는 조금 지나면 법계로 사라져 버릴 것이므로 마땅히 구체적으로 잘 수행해야 한다. 무시이래로 우리들 중생이 실을 삼는 집착의 고정된 습관, 번뇌장과 소지장 등이 우리의 자체 상속에 이미 습관화되어서 그 뜻을 이해한 정도로는 모두 대치하는 것이 불가능하며, 반드시 반복하여 '무아'를 수지해야 한다.

衆多大德再三說 若修無我則我執 중다대덕재삼설 약수무아즉아집
除根之故此務必 제근지고차무필
많은 대덕이 재삼 설하시되, 만약 무아를 수지하면 곧 아집을 뿌리까지 제거할 수 있기에 그것이 꼭 필요하다.

승의제를 증오한 대덕들이 설하시되, 항상 무아의 수행법을 행하면 아집이 근본적으로 제거되기에 무아는 반드시 힘써 수행해야 한다고 하신다. 상사께서 또한 설하시되, 이전에 한 대덕은 제자들이 『입중

---

24 믿음, 계율, 참회, 부끄러이 여김, 법문을 배움, 보시, 지혜 등이다.

론』, 『중론』을 매년 한 번에서 세 번까지 듣기를 요구하였고, 이같이 몇 년을 수행해야 능히 대원만 본래청정함의 견해에 관하여 결정된 믿음을 낼 수 있다고 하셨다. 최초에 대원만을 강의할 때 실지의 집착을 파하고 무아를 수행하게 하는 것은 매우 중요하며, "무"를 증오함이 없으면 수행 시에 쉽게 후회하게 된다. 이 때문에 대원만 혹은 중론 등 무엇을 수행하든지 종카파 대사 등은 여러 번 '공'·'무아' 등이 중요함을 말씀하셨으며, 그 목적은 주로 근본상根本上을 좇아서 아집을 제거하기 위함이다.

진메이펑춰 린포체께서 설하시되, 사람이 근기가 같지 않기 때문에 수행법도 같지 않다. 대원만의 직계 제자나 중관응성파의 직계 근기인 사람에게 사변 여의는 것을 설하면 그는 바로 사변을 증오證悟하게 된다.

그러나 일반 근기는 먼저 유변을 파하여 '아'는 존재하지 않음을 알게 되고, 이어 '무아'를 잘 수행하여 '무변'을 파하며, 다시 '시是'·'비非'를 파하는 등 차제로 결택하고 수행하여 곧 '현현顯現'을 결택하여 '공성'이 되고, '공성'을 결택하여 '둘이 없음'을 삼으며, '둘이 없음'을 결택하여 '이희離戱'를 삼게 되는데, 이러한 차제의 방식을 써서 한편으로 결택하고 또 한편으로 수행하여야 증오함이 가능하다. 반면에 둔근鈍根 중생에게 이근利根의 법을 함께 합하여 증오하게 하려면 매우 곤란한 일이 된다.

비록 법에는 수승한 가피와 경계가 있지만, 중생이 도리어 이런 법을 받아들이는 일은 이십 근의 저울에 팔십 근의 쌀을 다는 것처럼 어렵다. 이렇듯 초학자는 바로 사변을 여의는 경계에 들어가는 일은 쉽지 않다.

最初學者入門法 此是無有迷失處 최초학자입문법 차시무유미실처
若說初時彼舍棄 則定魔說之密語 약설초시피사기 즉정마설지밀어
초학자가 입문의 법으로써는 이것이 실수 없는 확실한 것이며
만약 초학자 단계에서 이것을 버리면 곧 마魔가 설하는 밀어가 되어버
린다.

초학자에게는 먼저 '공'·'무아'를 결택하여 수행하는 것이 밀교 또는
현교에 관계없이 가장 좋은 입문의 방법이다. 이것은 단연코 위험이나
잘못된 실수가 되지 않는다. 현재 절대다수의 불교를 배우는 사람들은
방장이나 활불 등 명성이 높은 소수를 제외하고 모두 초학자의 근기에
속하며, 따라서 반드시 먼저 '무아'를 수행해야 한다. 이것은 절대로
틀린 것이 아니기에 모두가 잘 닦아야 한다.

닝마파 중에서 일부가 초학자에게 "처음에는 다 놓아서 무엇도
집착하지 말아야 하고, 무아·가행·자량·문사수 등 집착이 모두 필요
하지 않으므로 마땅히 모두 버려라."라고 설하는데, 이 같은 규결은
틀림없이 마왕 파순의 속임수 말이다. 일체 중관의 관찰방법 등에서
집착하지 말라고 하는데, 이를 위해 그저 눈을 감고 편하고 안정되게
앉기만 한다면 이는 미혹한 것이다. 초학자들은 먼저 '무아'에 집착함이
필요하고, 그렇지 않으면 무시이래의 습기를 끊을 수 없다. 현재의
일부 대덕이라고 대접받는 사람들이 공양을 받은 후 하나의 '규결'로
무엇에도 집착하지 말라고 하는데, 초학자들에게 이런 말은 마귀의

밀어가 될 뿐이다.

彼執所引對實空 生起殊勝定解時 피집소인대실공 생기수승정해시
從此近似無執者 幷非究竟實相故 종차근사무집자 병비구경실상고
遠離三十二增益 大空離戲應修習 원리삼십이증익 대공리희응수습
그 무아의 집념을 따라 실질공에 대해 수승한 정해가 생긴 때에
이것이 집착 없음과 유사하나 아직은 구경실상이 아니기에
삼십이 증익을 멀리 여의는 희론 여읜 큰 공성을 수습한다.

무아의 집착에 대하여 항상 수행하여 생기는 바가 실질공(實空)이
고, 이 실질공에 대한 수승한 정해가 생겨날 때에 곧 '집착 없음(無執)'에
가까운 것이지만, 아직 '무아에 대한 집착'이 있기 때문에 구경의 실상은
아니고 여전히 한 종류의 집착에 속한다. 따라서 계속 수행하여 '서른두
가지의 늘어나고 줄어듦(增損)'을 여읨과 큰 공성의 희론을 여읨을
수지해야 한다.

서른두 가지의 늘어나고 줄어듦은 사제四諦 십육행상十六行相을
가리키는 것으로, 각각의 동품同品과 일품逸品을 추가하면 곧 32가지의
늘어나고 줄어드는 것을 이룬다. 예를 들어 고제苦諦에 대하여 '고苦·무
상無常·무아無我·공空'의 4행상에 동품과 일품을 더하면, '고'에 대하
여 '고가 아님(非苦)'과 '고가 아님이 아님(非不苦)', '무상'에 대하여
'무상이 아님(非無常)'과 '항상 있음이 아님(非常有)', '무아'에 대하여
'무아가 아님(非無我)'과 '아가 있음이 아님(非有我)', '공'에 대하여 '공이
아님(非空)'과 '공이 아님이 아님(非不空)' 등이 있게 된다. 이렇게 매

하나에 양변을 파하면 함께 32가지의 더하고 덜함이 되므로, 간략히
귀납하면 '16행상', '8변을 여읨', '4변을 여읨'이 된다. 여기서는 4변의
경계를 여읨을 설명하고 있으나, 최후에는 '무아'의 집착도 제거해야
한다. 따라서 4변을 여읨 또한 잘 수행해야 한다. 여기서 보듯이
미팡 린포체가 이 논에서 설하시는 수행과 견해는 매우 수승함을
알 수 있다.

完全通達實空後 空性現于緣起性 완전통달실공후 공성현우연기성
現空何者亦不執 猶如用火煉純金 현공하자역부집 유여용화연순금
如是雖可得信解 여시수가득신해
실질공을 완전히 통달하게 되면 공성이 연기의 본성으로 나타나고
현과 공 어느 것에도 집착이 없으며 불로 순금을 제련한 것과 같이
되면
이것으로써 진정 신해를 얻게 된다.

앞에서 설한 바 중관의 각종 방법으로써 윤회와 열반이 포함하는
바의 일체 모든 법 혹은 유위·무위법에 대하여 관찰하면 반드시 '일체
제법이 실질공임'의 경계를 통달하게 된다. 즉 먼저 '현현'으로 '공'이
됨을 결택하고, 그런 후에 '공'을 결택하여 '연기'를 삼으며, '연기'를
결택하여 '무이無二'를 삼고, '무이'를 다시 결택하여 '희론을 여읨'을
삼게 된다. 이렇게 몇 가지의 경계를 결택하는 방식으로써 '현현과
공성이 다름없음'의 경계에 도달하게 된다.
일체의 모든 법을 어떻게 결택할 것인가에 대하여 공의 측면으로

말하면, 모두 본래 공하여 근거가 없는 것이며, 따라서 『입중론』의 십육공十六空과 『미륵보살론』의 이십공二十空 등과 같이 설한다. 또 이곳에서 '실질공'을 귀납하면, 공성은 공일 뿐이라는 것이 아니라 그것은 연기緣起의 성性을 나타낸다. 『칠십공성론』 중에서 설한 것처럼, '일체 모든 법의 본성이 공성이고, 공성은 연기로 나타나며, 연기는 공성 가운데에 드러나니 현현과 공성은 구별이 없음'이다. 때로는 인과 연을 구족함을 연기라 하고, 혹은 연분을 연기라 하며, 또는 현현을 연기라 하며, 어떤 때는 승의제의 법을 가져 연기라 하며, 또 세속제법을 가져 연기라 일컫기도 한다. 이렇듯 연기에 대한 이해는 각각의 사정에 따라 달리 해석해야 하고, '현現' 혹은 '공空'의 각각 모두 집착하지 말아야 하니, 현과 공의 본성은 구별이 없기 때문이다. 본성상 구별이 없으므로 진정으로 실질공에 도달했을 때 '실공實空' 또한 집착하지 않으면 이것이 바로 매우 수승한 지혜가 된다.

예를 들어 금을 뽑아낼 때 열여섯 번의 불로 제련해야 하며, 이를 통과하면 최종적으로 변하지 않는 황금 색깔이 나타나는 것처럼, 붓다의 지혜에 대해 하나의 결정적인 견해를 얻게 되면 그것은 영원히 퇴보하지 않는다. 다만 상근기의 인연 있는 중생은 능히 이 같은 신해를 얻으나, 일반 근기의 사람은 이와 같지 않다.

否則極爲甚深要 聖藏智成諸大德 부즉극위심심요 성장지성제대덕
長期精勤所證義 嗚呼愚者一瞬息 장기정근소증의 오호우자일순식
說是證悟起懷疑 설시증오기회의

이렇게 매우 깊은 법요가 됨은 인도와 티베트의 지혜를 갖춘 모든 대덕이
장시간 정진하여 증오한 뜻인데, 애석하도다! 어리석은 자들은 순식간에 증오했다 말하고는 곧 회의심을 낸다.

　지극히 깊은 요점인 대원만의 '본래청정', 선종의 '명심견성', '대수인' 등 정밀한 요의에 대하여, 인도와 티베트의 큰 지혜를 성취한 많은 대덕들 또한 긴 시간 동안 법을 수행하며 정진하고 노력하여 그 깊은 뜻을 증오했다. 그러나 지금의 말법시대에 일부 매우 어리석은 사람들은 겨우 몇 개월의 무문관 수행을 하고는 또는 상사께서 관정을 내리실 때 자기가 깨쳤다고 말하니, 저자는 실제 현실을 안타깝게 여기며 "애석하다!"라고 한탄한다.

　깨달음의 측면을 좇아 말하자면 앞의 분들의 행하신 것이 매우 깊은 요점이 되며, 중생의 근기로 좇아서 말하면 앞의 분들은 진정한 상근기이다. 그러나 상근기인 인도의 80명의 대大성취자들도 오랫동안 수행하여 깨달음을 얻었다. 특히 뿌마모자, 쟈나쓰자 등 존자님도 과거 생에 오백세 동안 삼장법사이셨음에도 현생에 9년, 21년의 수행을 거쳐 대원만을 증오하셨고, 최후에는 오대산에 도착하여 상사上師 시르상하를 의지하여서야 증오하셨다. 또한 티베트의 마르빠 존자와 밀라레빠 존자께서 또한 긴 시간 고행과 정진을 하셨고, 롱첸빠 존자는 거마르자 상사를 의지하실 때 먹고 입을 것이 거의 없었고 마대를 쓰고 주무시는 등의 고행을 겪으셨으며, 그분들도 이같이 고행을 통과하여 매우 깊은 요점을 증오하셨다.

194

요즘 일부의 어리석은 거사들은 스승께 관정 받고 일주일에 깨달았다고 하며, 회사에 근무하러 가겠다고 말한다. 진메이펑춰 린포체도 대원만을 수행하실 때에 미팡 린포체께서 지으신 『심성직지心性直指』를 만 번, 미팡 린포체 기도문을 백만 번 염송하고, 대예배를 백만 번 하고서 최종적으로 대원만을 증오하시었다. 진메이펑춰 린포체는 레로랑빠의 환생이시고, 전생의 레로랑빠도 이미 깨우친 분이셨는데도, 금생에 다시 이처럼 긴 시간 정진수행하고서 대원만을 증오하심을 보이셨다. 어떤 이는 고승은 환생하는 것으로써 증오함을 보이신 것이라고 말하는데, 숙세의 선근으로 시현함도 없이 직접 증오한다는 것은 인명 논리의 이치로는 있을 수 없는 일이다.

이렇듯 법의 수승한 근기, 장기간의 시간과 정진 등 각종 인연을 구족하여야 능히 과果를 증오할 수 있는 것이며, 그렇지 않으면 과위를 얻음이 불가능하다.

正行現有輪涅法 遠離有無是本性 정행현유윤열법 원리유무시본성
本來未成有無法 若起偏執成戲論 본래미성유무법 약기편집성희론
윤회 열반을 포함하는 법을 수행함에 유와 무를 여읨이 본성이며 본래 유무는 이룰 수 없는 법이니 편집을 일으키면 희론을 이룰 뿐이다.

일체법의 본성은 이와 같이 본래대로 그러하며, 바른 행을 수행할 때에 이와 같은 정견을 의지해야 한다. 이와 같은 진정한 정견은 기세간과 유정세간 등 일체 윤회와 열반을 포섭하는 일체법의 본성이 유무를 멀리 여의는 것이며, 실제상에 윤회 열반이 포괄하는 바의

모든 법은 지혜의 현현이며, 이런 지혜의 현현이 사변을 여읜 것이다.

　어떤 이는 윤회법은 사변을 여의는 것이고 열반법은 여읨이 아니라고 하는데, 이것은 옳지 않다. 경전에서 열반도 사변을 여읜다고 설함이 있으며, 본래 모든 법의 본성 측면에서 보면 성립이 가능한 법은 없고, 유와 무 모두 성립할 수 없기 때문이다. 만약 정행 방면에 있어 유 또는 무에 치우쳐 집착을 일으키면 그것은 곧 희론을 이룬다. 진정으로 정행을 수행할 때에 유·무에 모두 집착하지 못하며, 이것이 최고의 경계이다. 이것은 진정으로 증오하는 바의 경계로써 설하는 것이다.

是故以理觀察時 不見一切成立故 시고이리관찰시 불견일체성립고
于彼爲何起執着 우피위하기집착
이로써 이치로써 일체를 관찰할 때 일체 성립함이 없는 것인데 어찌 그것에 집착을 일으키겠는가?

　이처럼 이증의 방법으로써 관찰해 보면 외경이든 자기 마음이든 어느 하나도 성립할 수 있는 것이 없다. 모두 실상이 없는 것이며, 능히 인정받을 하나의 사물은 전 세계 어디에서도 찾아볼 수 없다. 이미 정행 방면에서 한 개도 성립하는 법이 있음을 보지 못하는데, 그 마음이 무엇에 대하여 집착을 일으킬 수 있겠는가?

　집착하는 바의 외경이 사변을 여의면 곧 주관의 집착하는 마음도 또한 반드시 사변을 여읜다. 능과 소의 경계는 서로 관대觀待하는 연기법이기에 주관의 취하는 방면에서 또한 어떤 집착도 없는 것이며,

또한 집착이 없음을 증오할 때에 정해가 없을 수 없다. 결정적인 신해(定解信)와 집착은 분명 구별이 있으며, 일반적으로 정해는 몇 종류가 있다. 범부는 '집착이 있는 정해'이고, 가행위加行位는 '인연이 없는 정해'에 가까우며, 초지위初地位는 '진정으로 인연 없는 정해'이다.

然而遠離四邊戲 觀察引得定解中 연이원리사변희 관찰인득정해중
自生光明之智慧 勝觀明顯猶如燈 자생광명지지혜 승관명현유여등
사변 희론을 여의고 관찰하여 정해를 얻은 중에
자생하는 광명의 지혜로 승관이 밝게 나타남이 등불과 같다.

앞에서는 집착이 없음을 논했고, 여기서는 사변 희론을 여읨을 설한다. 일정한 관찰을 통과하여 이 같은 사변을 여읜 뜻을 얻으면, 최후에 공성에 대한 몇 가지의 정해를 얻게 된다. 범부의 인연 있는 정해(有緣定解), 가행위의 무연에 비슷한 정해(相似無緣定解)를 거쳐 초지의 진정한 무연의 정해(眞正無緣定解)를 얻을 때 마음 중에 자연스럽게 광명의 지혜가 생기게 되는데(본래 있는 한 개의 물체이기에 자생自生이라고 부른다), 이는 본래지혜의 광명 또는 승관勝觀을 가리킨다. 승관은 '밝고 맑은(明淸)' 방면에서 설하는 것으로서 승관과 명청明淸은 매우 중요하다. 승관은 매우 명청하여 마치 등燈의 광명과 같아 '아무것도 아는 것이 없음(無知)'을 말함이 아니다. '무념으로 편히 앉음'과 같이 '밝은 분상(明分)'이 없으면 돌이 깊은 바다에 가라앉음과 같다. 이는 가행도, 초지 이상의 경계에 대하여 모두 설하는 것이지만, 또한 중생들 중 일부 경계가 있는 사람들에게도 설할 수 있다.

與彼達品之行相 四邊劣意如黑暗 여피위품지행상 사변열의여흑암
除根對治勝觀故 何修必需生定解 제근대치승관고 하수필수생정해
정해와 어긋나는 행상인 사변의 뜻이 하열하기가 흑암과 같으며
그 뿌리를 제거하는 대치가 승관이니 무엇을 닦든 정해를 생기게
해야 한다.

이곳은 반대 방면에서 설하고 있는데, 위에서 설한 바와 어김을
이루는 행상은 곧 사변을 집착함이고 하열한 의식의 형태이며, 사변
(유·무·유와 무 둘 다 포함·유와 무 둘 다 아님)의 어디에 집착하든
이는 모두 흑암과 같은 것이다. 이 사변의 뿌리를 제거하는 유일한
대치가 곧 승관이고, 무엇을 수행하든 먼저 정해를 내는 것이 매우
중요하다. 이곳의 정해는 승관에 대하여 말하는 것이며, 승관은 곧
법계를 이해하는 지혜이다.

同時能破四邊戱 超意本來之法界 동시능파사변희 초의본래지법계
동시에 능히 사변 희론을 파하여 의식을 초월한 본래 법계를 증오한다.

이근利根(상근기)은 근성根性·상사·법 등의 인연이 구족하기 때문
에 동시에 유·무 등 사변을 능히 파할 수 있으므로, 일반의식이 판별하
는 경계를 초월하여 여의며 본래의 법계를 증오할 수 있다. 옛적에
연화생 대사가 시르상하를 친견했을 때 상사께서 3개의 자모를 허공에
두고서 설하시되, 일체 현현에 집착하지 말라고 세 번 말함에 연사께서
문득 증오하셨고, 은자뿌더 또한 관정을 받으실 때 곧 깨치신 바

있다. 중관응성파 혹은 대원만의 특별한 근기는 이처럼 동시에 사변을 파할 수 있다.

異生同時難證故 輪番而破四邊戱 이생동시난증고 윤번이파사변희
此爲聞思正見派 차위문사정견파
중생은 동시에 증오하기 어려워 순서대로 반복해 사변 희론을 파해야 하니
이것이 문사하는 정견의 종파이다.

위의 동시에 사변을 파하는 수행법은 이생異生 범부들에게는 곤란한 점이 있다(이근도 때로 점점 둔근으로 변하고, 둔근인도 어떤 때는 점점 이근이 되기도 한다. 어떤 때는 하나하나 관찰해도 신심을 못 내고, 어떤 때는 문수보살의 화신인 듯하면서도 현량으로 보지 못한다. 그렇다고 이근이 아니라고 말하지 못하니, 단지 비량比量으로 말하면 문수보살도 사람 몸으로 화현하기 때문이다). 범부는 일찰나의 시간에 법계를 증오하는 것은 매우 어려우며 많은 인연이 갖춰져야 할 필요가 있으나, 이근은 동시에 사변을 가리키고 동시에 사변을 파한다. 범부는 먼저 '유'를 파하고 그런 후에 '무'를 파하며, 다시 '둘을 함께 둠'을 파하고, 최후에 '둘 다 아님'으로 차례대로 파한다. 마치 전행을 수행하고, 먼저 상사유가를 닦으며 그 후에 공성, 본존유가를 차례로 닦는 것과 같다.

미팡 린포체가 상근기를 위한 한 가지 수행법의 강의 중에 설하시되, 삼근본 혹은 몇 개 본존관을 가져 같이 수행할 수 있지만, 일반인은 불가능하다. 일반인이 이렇게 경론 연구의 관찰수행 방식을 따르는

것을 '반즈다파(班智達派)'라고 부르고, 또 다른 한 종류로는 구샤리(古沙里)[25]의 직접 수행파가 있다. 일반 반즈다파는 각종 변론의 방식으로 관찰하고 수행하며, 구샤리파는 직접 안주하여 수행한다. 결론적으로 일반인들에게는 경론 연구의 관찰파가 적합하고 과실이 없으며, 상근기로 말하면 구샤리파 또한 매우 좋다.

于彼常時修行者 如是定解越明顯 우피상시수행자 여시정해월명현
摧滅顛倒之增益 智慧增如上弦月 최멸전도지증익 지혜증여상현월
항시 문사를 수행하는 자는 이 같은 정해가 더욱 분명하고
전도의 증익을 멸하게 되어 지혜가 늘어남이 상현달이 커짐과 같다.

이처럼 장기간 경론을 연마하는 수행자에게는 그 결정된 신해가 더욱 밝게 드러나며, 일체 전도된 증손增損을 모두 능히 부수게 된다. 증손은 널리 설하면 32종이 있고, 간략하게는 팔변과 사변이 있다. 그 문사수의 공덕이 나날이 늘어나 마치 상현의 달과 같고, 더욱 원만하고 밝게 나아간다.

一切不執劣見者 未成諸法之定解 일체부집열견자 미성제법지정해
于其由何能生起 是故不能除障碍 우기유하능생기 시고불능제장애
일체에 집착 없음을 행한다는 열견자는 제법의 정해를 이루지 못하는데

---

25 마찍랍된께서 전하신 수행이며, 단법 혹은 쬐 수행이라고 하며, 스승께 수행법과 의궤를 전수받고, 먹고 자는 외의 모두를 끊고 의궤를 독송하고, 일심으로 선정을 닦으며 관상으로 자신의 몸을 잘라 보시하는 수행이다.

어찌 결정신을 낼 수 있겠는가? 이것으로는 장애를 제거할 수 없다.

여기에서는 처음 불법수행에 입문한 자에 대하여 말하고 있다. 상근기가 먼저 집착을 하지 않음을 결택하는 것은 비교적 좋은 방법이지만, 평범한 근기의 수행자에게 먼저 일체 사변의 집착이 없음을 결택하게 하는 것은 불가능하다. 이런 종류는 일종의 하열한 견해로서, 이런 하열한 견해의 사람은 인무아와 법무아의 결정된 믿음을 일으키지 못하고 일체 제법의 공성에 대한 정해신定解信을 성립시킬 수 없다.

그러하다면, 일체법의 본성인 공성에 대하여 어떻게 정해를 일으킬 수 있는가? 일체에 집착하지 않음만으로는 일체법의 본성에 대한 신해가 없기에 증오한 지혜의 공덕을 일으키지 못하며, 이것으로는 이장二障을 제거할 수 없다. 이장의 유일한 대치는 인무아와 법무아이기 때문이다. 무엇에도 집착하지 않음은 곧 인무아도 법무아도 아니기에 이무아二無我를 증오할 수 없다. '무엇에도 집착하지 않음'과 같은 종류의 수행법은 모든 법의 본성에 결정신이 없어 장애를 제거할 수 없다. 『입행론·지혜품』에서 또한 이장을 제거하는 유일한 대치는 이무아이고, 만약 속히 불과를 구하려면 응당 빨리 이무아를 수행해야 함을 설한 바 있다.

由于此二之差別 如同烟因推測火 유우차이지차별 여동연인추측화
上進斷證而了知 상진단증이요지
이 두 가지의 차별점을 이해함은 연기를 보고 불이 있음을 추측함과 같고

점차로 단증의 진전을 통해 통달한다.

왜 장애를 제거할 수 없는 것인가? 위 두 종류 수행법은 차별이
있는데, 하나는 초기 수행부터 모두 다 집착하지 않는다는 사견의
수행법이고, 다른 하나는 정행에 도달하여 구경에 이를 때에 사변을
여읨을 결택하는 수행법으로, 이것이 바르게 증오하는 수행법이다.
이 두 가지 사이의 차별이 사견인지 혹은 정견인지는 쉽게 추측할
수 있으니, 마치 산 위에 연기가 나는 것을 보고 그곳에 반드시 불이
타는 것이 있음을 추측해 아는 것과 같다. 이는 인명의 설하는 법을
써서 결과로서 원인을 추리하는 일종의 비량比量의 방법이며, 위의
두 가지 견지가 정확한지 아닌지는 마땅히 그것에 의지하여 스스로
법을 수행하여 번뇌장(탐심·진심 등)이 적어지거나 제거되었는지, 보
리심·출리심 및 인과에 대한 신심이 증가했는지 등의 여부를 보아
증오함의 진전 여부를 판단해야 한다.

물론 집착이 없는 수행법으로 끊고 증득하는 면에 진보가 있다면
이는 곧 옳은 수행법이다. 이 논 중에 일체에 집착하지 않음을 단순히
부정하기만 하는 것이 아니고, 다만 주로 초학자에게는 일체에 집착하
지 않음을 처음부터 결택하지 않는 것이 좋다는 것이며, 이것은 매우
중요한 관점이다. 너희들 중에 어떤 사람이 항상 좌선하는 것을 좋아하
면 나는 반대하지 않는다. 다만 중요한 것은 네가 인과에 대하여
혹은 기타 불법의 방면에 대하여 조금도 신심을 일으키지 못함이
이치에 맞지 않음을 우려하는 것이다. 자기의 수행법이 정확한지
아닌지는 이 구문의 말로써 가늠할 수 있으니, 곧 단증斷證을 따라

진보함이 있는지 없는지를 따라 판단할 수 있다.

何故愚昧盲修者 幷非斷證之眞因 하고우매맹수자 병비단증지진인
阻障生起功德故 猶如漢茶過濾器 조장생기공덕고 유여한차과려기
滅盡敎證增煩惱 尤其因果退信心 멸진교증증번뇌 우기인과퇴신심

어찌된 이유인가? 우매한 눈먼 수행자가 단증의 진실한 원인이 아닌 것으로
장애를 막고 공덕을 내려고 하는데, 이는 중국차 찌꺼기 거름망 같아 교증을 없애고 번뇌를 더하며, 또한 인과에 대한 신심을 퇴보하게 한다.

이는 왜인가? 스스로의 우매함 혹은 사도의 스승을 모심으로 인하여 잘못된 수행을 하였기 때문이다. 지금 많은 사람들이 진정한 수행법을 알지 못하고 눈먼 수행을 하고 있다. 이런 수행은 이장을 끊음, 2무아의 공성을 증오하는 등의 진정한 해탈의 인因이 아니다. 중국 등 다른 곳의 많은 불자들, 특히 초학자들이 이 논을 문사聞思하면 분명 수행의 진보가 있을 것이다.

일체에 집착하지 않는 견해에 대한 눈먼 수행은 이전에 갖춘 바 있는 문사수·상사삼보에 대한 신심 및 출리심 등 공덕에 대하여 장애를 이룬다. 본래 수행은 인과·상사삼보를 향한 신심이 더 생기게 하는 공덕이 있지만, 이런 눈먼 수행은 분별망념을 조절하거나 공덕을 일어나게 하는 데에 반드시 장애가 있다. 이것은 마치 중국의 가루차(末茶)를 거름망에 올려 물을 통과시키면 차의 정화는 흘러 빠지고 잎과

찌꺼기만 거름망에 남는 것과 같다. 다시 말하면, 이런 눈먼 수행은 이전에 있던 문사수와 신심·출리심 등의 공덕을 모두 흘러 빠지게 하고 청정한 계율까지도 없애버리며, 기타 일부 사견에 대한 집착만 남게 하기에, 수행자의 자심상속(自續)이 시간이 갈수록 차 찌꺼기만 잔뜩 갖고 있는 거름망처럼 되어버린다. 이렇게 수행한다면 무문관 수행을 한 후에도 탐진치의 습기는 '차 찌꺼기'처럼 아직 여전히 남고, 이전에 있던 신심·출리심은 모두 없어지게 된다.

빼뚤 린포체께서 설하시되, 이런 수행은 교법과 증법을 멸하고 번뇌가 늘어나게 한다고 하셨다. 여기서 교법은 이 사구四句의 이해로 얻은 교법을 가리키는 것으로 문자를 따르고 불탑과 승중에 대해 말하며, 증법證法은 자기가 증오한 바의 마음을 가리키는 것으로, 보리심이나 공성에 대하여 내심의식에서 증오함을 말한다. 총결하면, 이런 종류의 눈먼 수행은 교법과 증법을 소멸하게 하고, 새로 생기거나 이미 생긴 번뇌를 늘게 하며, 인과에 대하여 신심을 퇴보하게 한다. 우리들 중에 많은 사람이 이와 같은데, 대원만을 수행하여 일정한 시간이 경과한 후에 증오했다고 말하면서 인과를 두려워하지 않고 집착하지 않는다는 등 최고의 경계에 대해 쉽게 여기지만, 많은 사람이 실제로 최고 경계를 증오할 수 있는 것이 아니다.

미팡 린포체께서 여기서 말하되, 수행이 정확한지, 특별히 인과에 대한 믿음이 늘어났는지를 보는 것이 중요다고 하셨다. 만약 네가 인과에 대한 신심이 굳건하면, 비록 한 개의 백색白色 명점明点을 얻음이 없고 공성 또한 어떻게 증오하는지를 알지 못하여도 너의 수행이 괜찮다는 것을 설명하는 것이 된다. 만일 네가 인과에 대하여

204

원래 조금 믿었지만, 지금은 믿는 둥 마는 둥 하면 수행 중에 이미 옳지 못한 점이 있는 것이고, 특히 인과에 대한 신심이 퇴보하면 마장에 덮인 것이다. 이런 상황이 나타날 때는 반드시 스승님께 기도함을 의지하고, 상사유가를 수행하며 인과에 대한 신심을 일으켜야 한다. 미팡 린포체의 이 논서는 매일 공부하는 것이 매우 중요하며, 우리에게 꼭 필요한 설법이다.

設若具足正見眼 盛燃前無敎證相 설약구족정견안 성연전무교증상
由于見空之功德 無欺因果緣起法 유우견공지공덕 무기인과연기법
生信將成滅煩惱 생신장성멸번뇌

만약 정견의 안목을 구족하면, 전에 충분한 교법·증법의 상이 없어도
공성을 본 공덕과 속임 없는 인과 연기법으로 인하여
신심을 일으켜 장차 번뇌를 멸하게 된다.

　진정으로 정견의 바른 눈을 갖췄다면 그 정견은 현현과 공성이 다르지 않음, 본래청정함 등을 말한다. 일반적으로 집착 혹은 무집착 방면에서 정견을 결택하여 진정으로 바른 안목을 갖춘 사람은 곧 그 이전에 없었던 교법·증법의 공덕이 장차 왕성하게 일어나며, 원래 문사수 방면에서 혹은 신심·출리심 방면에서 그저 평범했어도 향후에는 공덕의 영험함이 왕성해진다.

　공성을 보는 공덕과 가피가 있으면 곧 속임이 없는 인과에 대하여 매우 좋은 신심이 생긴다. 모든 중생 한 명 한 명이 능소를 취함이 법계에서 사라지지 않을 때까지 인과는 없어지지 않는다. 정견을

갖춘 자가 공성을 본 가피력으로 일체의 현현은 연기성이 되고 인과는 반드시 있어 멸하지 않으며, 자연히 수승한 신심이 일어나 점점 자기의 탐진치 삼독 번뇌를 멸하게 된다. 만일 자기에게 이런 체험이 있으면 이것으로써 자기의 견해가 정확함을 알 수 있다.

연화생 대사께서 '가장 높은 견해에 도달하게 되어도 인과의 취사는 또한 응당 분말가루같이 미세하게 해야 함'을 말씀하시니, 말법시대에 연화생 대사의 견해보다 높은 사람은 찾아볼 수 없다고 할 수 있다.

이러한 밀법을 수행하여 증득한 공덕이 없이는 널리 전법을 할 수 없다. 샤카 반즈다의 격언에 설하되, 공덕이 있는 사람은 하나의 모란꽃과 같아서 어디에 있는지 처음에는 알려지지 않아도 꿀벌은 언젠가 반드시 이 꽃을 찾아내며 다른 꽃은 찾지 않는다. 따라서 우리가 미팡 린포체와 롱첸빠 존자의 논전을 잘 수학하여 마친 후에는 인연이 있다면 불법을 널리 펴는 것이 어려울 것이 없다. 그러나 인격이 없고 하열한 견해를 갖고 있다면 진정한 불법을 펼 수 없다. 이렇듯 인과를 바르게 취사하는 것이 중요하다.

인과는 '공성과 연기가 다름이 없음'으로써 말하는 것이며, 인연이 없음으로써 오는 것이 아니다. 진정으로 공성을 증오한 사람은 인과에 대하여 매우 중요하게 여긴다. 가돈 켄포의 예를 들면 어떤 면에 있어 그는 전혀 집착이 없지만, 인과 방면에 대해서는 특별히 매우 중요하게 여겼다. 그는 어릴 때부터 남들에게 법을 전했으며, 나중에 나이가 많은 노인이 되었을 때도 그의 집에 가 보면 항상 등 공양·청수 공양·잠빠 공양·경전 독송을 하는 것을 볼 수 있었다. 이처럼 노인이 고생하며 실천함이 아티샤 존자가 생전에 행하신 것과 같았다.

일반적으로 공성을 본 사람은 인과에 대하여 특히 중하게 여기는데, 이는 필시 공성을 깨달은 공덕력과 가피력이다. '속임이 없는 인과의 연기성'에 대하여 공성을 증오한 사람은 일체가 연기성이며 연기 중에 또한 공성임을 잘 알지만, 공성 중에 능취와 소취를 법계 중에 소멸시키기 전에 반드시 인과가 있음을 분명히 안다. 그는 인과에 대한 결정적인 믿음이 있기에 인과 과를 분명히 느껴 알았으며, 이로써 탐진치의 번뇌를 점차로 파하여 없앨 수 있었다.

觀察引得定解中 一緣安住之等持 관찰인득정해중 일연안주지등지
未見見性殊勝義 所見之義無偏袒 미견견성수승의 소견지의무편단
관찰로써 정해를 끌어내어 얻고 하나의 소연으로 선정에 안주하며
볼 바 없는 견성의 수승함으로써 본 바의 뜻이 편견에 머물지 않는다.

교증과 이증 방식의 관찰로써 일체 의심을 멀리 여의면, 전체 법계에 대하여 동요함이 없는 결정된 신해를 갖추게 된다. 하나는 중관의 방식으로 공성을 증오하는 것으로, 마음이 밖으로 분산되지 않는 반연에 의지하여 일체에 집착하지 않는 삼매 혹은 선정에 오롯이 안주하며, 다른 하나는 대원만 중에 안주수행의 방법을 써서 공성을 증오한다. 그들이 견성할 때에 진정한 하나의 모양이 있는 물건을 봄이 없고, 이것은 오히려 허공을 보는 것과 같으며, 허공이 본체가 없기 때문에 마찬가지로 법계를 보는 것도 이와 같다.
관찰 방식이나 안주 방식에 관계없이 '공성을 볼 때 봄이 없으나 진정으로 보았음'이 바로 수승한 본성인 것이다. 이 본성은 치우침이

없으며, '봄이 없음(無見)'과 '성품을 봄(見性)'이 치우침이 있는 것처럼 보이나 본 바의 뜻은 유변·무변 등 사변을 다 여읜 것을 말한다. 이것이 곧 공성을 증오한 경계를 말하며, 이런 종류의 증오는 반드시 자기가 스스로 알아야 하며 또한 스스로 알 수 있다.

縱使一切無執着　然如啞巴受糖味 종사일체무집착 연여아파수당미
修習瑜伽士生信　不須惟有依觀察 수습유가사생신 불수유유의관찰
진정 일체에 대한 집착이 없어지면 벙어리가 사탕을 맛봄과 같고 유가사 경계에 믿음을 내어 수행하면 관찰에만 의지함이 필요하지 않다.

증오하면 유·무 등 사변을 모두 여의어 이에 대한 아무런 집착이 없으나, 이는 아무것도 모르는 것이 아니라 자기가 증오한 경계는 분명히 알고 있는 것이다. 벙어리가 사탕을 먹고 그 단맛을 느껴도 신身·구口·의意로써 그 느낀 맛을 표현할 방법이 없는 것처럼, 법계를 증오한 것은 또한 언어를 써서 전달할 방법이 없다. 그러기에 다만 '불가사의'나 '사변을 여읨' 등으로써 표시할 뿐이다. 항상 수행하는 유가사는 그 마음에 증오의 경계를 감수함이 있기에 능히 이에 대한 믿음을 내며, 이는 벙어리가 사탕을 먹는 것과 같다.

예전에 진메푼촉 상사께서 대원만을 수행하실 때에 그의 법우가 "도대체 대원만의 경계는 어떠한 것인가?"라고 묻자, 상사가 말씀하시되, "곧 내가 정에 들었을 때의 그 모습이다."라고 하셨다. 이처럼 자기가 정확한지 아닌지 다시 관찰할 필요가 없는 것, 이것이 안주수행

에 대하여 체험의 감수가 있는 유가사가 설한 바이다. 종카빠 대사의 스승이신 런다와 린포체께서 말씀하시되, "내가 중관의 가장 구경의 관점을 증오했을 때, 천백만의 대보살이 와서 내가 구경이 아닌 사도의 법을 깨달았다고 말하였어도, 나의 마음은 조금도 그분들 말씀에 따라 동요하지 않았다."라고 하시었다. 이상으로 제3의 문제를 설함을 끝낸다.

제4의 문제: 관찰의 수행인가 안치安置의 수행인가?

修習勝乘正見時 觀察安住何應理 수습승승정견시 관찰안주하응리
수승한 승의 정견을 수습할 때에
관찰수행과 안주수행 중 무엇이 이치에 맞는가?

　먼저 간략히 설하는 방식으로써 묻되, 대중관 이상의 높은 경계의 전승인 속부 등(당밀唐密과 동밀東密은 외속부外屬部를 말하고 마하유가부에 속한다고 할 수 없다)에서 결택한 정견을 수행할 때에 관찰수행으로 하는가, 아니면 안주수행으로 하는가? 앞에서 두 개의 문제는 정견을 결택하였고, 제3의 문제는 주로 수행할 때 집착이 있는지를 설하였으며, 이곳에서는 주로 관찰觀察과 안치安置를 설한다.
　관찰과 집착은 분명히 구별이 있기에, 진메푼촉 상사께서는 일찍이 제3, 제4의 문제를 함께 합하여 수행의 문제를 설하셨다. 수승한 법맥의 정견을 수행할 때에 관찰수행 또는 안주수행 중 어느 것을 쓰는가, 어느 것이 불경과 논전의 도리에 부합하는가? 이런 종류의 관점은 꼭 중관에서 나뉜 종파여야 하는 것은 아니며 개인적인 관점에서 말할 수 있다.

有謂不察安置修 觀察障蔽實義故 유위불찰안치수 관찰장폐실의고

不察籠統而安住 불찰롱통이안주
어떤 이는 관찰 없는 안치수행을 말하는데 관찰은 실의를 가리기 때문에
대략 포괄한 상태로 관찰 없이 안주한다.

 닝마파 중의 일부 사람 혹은 까규파 중의 일부 사람들은 관찰이 필요 없고 그저 마음 하나로 정행을 안치하여 수행한다고 생각한다. 그들이 생각하되, 관찰은 반드시 하나의 분별망념일 뿐이고, 그 분별망념이 좋고 나쁨에 관계없이 수행 중에 분명히 일정한 장애를 조성한다. 이러한 관찰의 분별망념은 일체법의 실상의 뜻(實義)을 장애하므로 관찰할 필요가 없으며, 마음을 대략 안주시키고 자연적으로 편안하게 하고 몰입하며 안주해야 한다. 이것이 대승 정견의 수행이며, 이와 같이 마음에 분별망념의 오염이 없으면 쉽게 법성을 보게 된다.

有謂唯一需觀察 無有觀察之修習 유위유일수관찰 무유관찰지수습
如同睡眠無利故 時時必定需觀察 여동수면무리고 시시필정수관찰
어떤 이는 꼭 관찰이 필요함을 말하며 관찰의 수습이 없으면 수면상태와 같아 이익이 없기에 시시때때로 꼭 관찰함이 필요하다.

 이것은 주로 까담파가 설한 관점으로, 그들은 승관勝觀이 매우 중요함을 강조하며, 승관 없이 단순하게 마음을 안주하기만 함(寂止)은 해탈을 얻지 못하고, 출정과 입정에 관계없이 관찰은 모두 매우 중요하다고 한다.

일반적으로 우리 자종의 관찰을 비추어서 말하면 정定에서 나옴에
있어 당연히 관찰이 요구되는데, 반대로 정에 들 때는 어떻게 관찰해야
하는가? 이 방면에 의심이 있게 되는데, 그들의 많은 중관론에서
설하되 정에 들 때 하나의 공을 붙드는 것이 매우 중요하고, 그렇지
않으면 만약 공함이 아니기에 일체 제법이 변하여 실로 있음이 될
것이며, 따라서 정에 들어 있을 때에 공의 본성을 여읠 수 없다고
한다. 춰씨장둬의 강의 중에 그 '붙드는 것'과 '관찰을 여의지 말아야
함'에 대하여 자세히 설한 바 있다. 우리들 중의 일부 관찰을 특히
중요하게 여기는 사람들의 관점을 여기에서 설한 것으로, 수행 중에
관찰은 매우 중요하고 관찰이 없으면 근본적으로 안 된다고 한다.

잠잘 때에는 관찰이 없어 자기 공덕의 증가가 없는 것처럼, 관찰이
없는 정행수습은 다만 고요함만 있고 의리義利가 없어 번뇌장과 소지장
을 대치할 수 없기 때문에 무분별의 망념일 뿐이라고 설한다. 즉
관찰이 없는 수행은 잠자는 것과 같아 번뇌를 끊고 지혜를 증득하는
데에 도움에 안 되고 이치에도 맞지 않으므로 시시각각 정에 들면서,
또 정에서 나올 때에 반드시 모두 관찰해야 한다.

이상 두 종류의 관점은 각자의 이치에 의거하여 주장을 하지만,
자종의 닝마파는 이 문제에 대해 두 가지로 나눌 것을 요구한다.
그 하나는 선정이 중요함을 설하고, 다른 하나는 관찰이 중요함을
설하며, 각기 그 이유를 들어 논한다. 미팡 린포체는 위의 두 자기
관점에 대하여 모두 찬성하지 않으며, 아래에서 먼저 첫 번째 관점을
부정한다.

修習不得偏執爲 斷定觀察或安置 수습부득편집위 단정관찰혹안치
바른 수습은 한쪽에 치우침 없기에 관찰 혹은 안치를 단정하지 않는다.

대승의 중관, 유식 혹은 금강승의 정견을 수행할 때에 관찰이나
혹은 안주 두 가지 중에서 그 하나만을 선택하여 치우쳐 집착하면
안 된다. 마땅히 두 가지가 모두 다 필요하다. 법의 본 모습은 매우
깊은 것이기에 그 하나에 치우쳐 집착하지 않아야 하고, 신심을 일으키
고 이후에는 마땅히 계합하여 들어가기를 발원해야 한다.

一般不察安住修 雖能成就儘寂止 일반불찰안주수 수능성취진적지
然修未生定解故 脫道一目卽定解 연수미생정해고 탈도일목즉정해
彼舍不能斷除障 피사부능단제장
일반적인 관찰 없는 안주 수행은 비록 성취해도 단지 적지일 뿐이기에
그런 수행은 정해를 내지 못하며 해탈도의 유일한 목적은 정해이므로
그런 관찰을 버림은 이장理障을 끊지 못한다.

일반적으로 마음의 미래·과거·현재를 관찰하지 않고 그 마음을
사유하지 않은 채 안주하는 그런 수행은 비록 닦아 얻음을 잘 성취하여
도 이전에 머무르는 것만 가능할 뿐 현재의 순간에는 좀 곤란하다.
여기에서의 '적지寂止'는 일반적으로 사선四禪 혹은 사공정四空定(四
無色界)을 가리키는 것으로 사선·사무색계의 인으로 당장 이 순간에
성취하기는 매우 곤란하다. 수행 중에 결정적인 이해의 신심과 법의
본성에 대한 승관의 지혜가 없이 다만 고요한 정(寂止)을 의지하여

마음을 내려놓고 안주하면 능히 이렇게 마음이 안정된 경계를 얻을
수 있다. 그러나 해탈도를 위한 유일한 목적은 곧 결정된 신해(定解)이
며, 만약 정해가 없으면 보살의 과위는 물론이고 나한의 과위도 얻지
못한다. 따라서 승관과 적지는 나눌 수 없다. 만약 나눈다면 사선과
사무색계에 오래 머무를 뿐이며, 정해신을 버리면 번뇌장·소지장을
끊을 수 없다. 정해신이 없으면 지혜가 없기에 곧 아집을 끊을 수
없으며, 따라서 수승한 관행이 없는 선정은 해탈과를 이루기 어렵다.

未知法性何修者 修俗妄念有何利 미지법성하수자 수속망념유하리
如同盲人趣入道 여동맹인취입도
법성을 어떻게 닦을지 모르는 세속 망념의 수행이 무슨 이익이 있겠
는가?
이것은 마치 맹인이 길을 걸어감과 같다.

　이곳에서 수승한 관행이 없는 과환過患을 설한다.
　만일 법의 본성이 어떠한가를 모르고 또는 문사수의 수행 방식이나
각종 결택의 방법을 모르고 법성을 결택한다고 하면, 다만 일체에
집착하지 않는다는 것은 도대체 무엇을 수행한다는 것인가? 단순히
속된 망념이나 분별망념을 닦아 단증斷證함이 무슨 의미가 있는가?
이것은 마치 맹인이 길을 가는 것과 같아 매우 위험하고, 좋은 목적지에
도달할 수 없는 것이다. 마찬가지로 만일 수승한 관(勝觀)이 없으면
그 마음을 다만 고요하게 안주할 뿐 해탈을 이룰 수 없다.
　미팡 린포체의 제3의 문제는 어떻게 법을 수행하는가를 설하는

214

것이고, 제4의 문제는 수행하는 바의 의미를 어떠한 방식으로 증오할 것인가를 설하는 것이다.

유식 이상의 대승·금강승의 정견에 대해서는 이미 앞에서 결택하였고, 여기서는 어떤 방식으로 그 정견을 수지할 것인가를 설하는데, 이에는 세 종류의 관점이 있다.

(1) 어떤 사람은 관찰이 필요하지 않고 다만 마음을 안주, 방임하고 적정으로 수행을 삼는다.

(2) 어떤 사람은 정에 들어감, 정에서 나옴에 다 관찰이 필요하고, 이 관찰이 없으면 수승한 관의 지혜가 없기 때문에 수면과 같다고 여긴다.

(3) 닝마파 자종은 적지와 승관을 쌍으로 운행한다.

無始迷亂之習氣 顚倒貪執自性故 무시미란지습기 전도탐집자성고
應用百般方便力 若未勤察難證悟 응용백반방편력 약미근찰난증오
무시의 미혹의 습기로 인해 전도되어 탐욕으로 집착하는 자성이 있기에 백 가지 방편을 응용해 써도 부지런히 살핌이 없으면 증오가 어렵다.

적지寂止로만 수행하면 증오하기 어렵다. 무시이래로 중생의 상속 중에 탐진치의 삼독이 존재하고 육도윤회 중에 미혹한 습기가 생겨나기 때문에 이런 번뇌습기가 성숙하면 의미가 전도되어 본래 항상 있지 않은 것을 집착하여 항상 있음(常有)으로 삼고, 본래 아我가 없는 것을 집착하여 아我를 삼는 등 네 가지 전도에 빠지게 된다.

이런 전도의 뜻은 법에 대한 탐욕 집착을 자성으로 삼으나, 자성은

본래 모든 희론을 여읜 것이다. 그럼에도 불구하고 자성을 집착하는 것은 매우 엄중하고, 또한 매우 긴 시간을 거쳐 굳어진 것이어서 이를 대치하는 것이 매우 어렵다. 대치할 때에 있어서 수승한 관행(勝觀) 혹은 결정된 신해(定解)가 매우 중요한데, 무시이래로 자기의 마음은 번뇌의 습관이 있기에 항상 수많은 방편과 방법, 곧 보시·지계·인욕 등 6바라밀, 문사수의 규결 등과 같은 것을 잘 써야 한다.

이 게송에서 '역力'이 가리키는 것은 이증, 즉 원인을 관찰함, 과를 관찰함, 본성을 관찰하는 등의 현교 방법과 밀교의 네 가지 증득한 상相의 관찰방법을 말한다. 이는『대환화망총설광명장론大幻化網總說光藏明論』에서 널리 설하고 있는데, 일체 제법의 본성은 유일하기에 일체 제법은 모두 본성이 가피한 것이며, 일체 제법은 가지가지로 현현하기에 일체 제법은 문자형식인 것임 등의 이런 내용은 매우 깊어 나중에 밀법 중에 설한다.

다만 간단히 정리하면, 밀법에서 제법을 본래청정함으로 관찰하는 것은 유일함이기 때문이고, 그래서 제법은 문자형식인 것이고 또한 현량성現量性인 것인데, 이것이 바로 '사대인四大因'을 말한다. '역力'은 현교의 백 가지 이증과 밀교의 백 가지 방편의 힘을 가리킨다. 이렇듯 수많은 이증과 방편으로 정근하고 관찰하지 않으면 법의 본성을 증오하기 어려우며, 증오를 위해서는 많은 조건이 필요하다.

何故貪執此迷亂 與見眞義相違故 하고탐집차미란 여견진의상위고
極爲串習有暗中 實義光明眞難得 극위천습유암중 실의광명진난득
왜 이 미혹에 탐집하여 진실의 뜻을 봄과 서로 어긋나 버리는가?

매우 고질화된 무명에 빠져 버리면 진실한 뜻의 광명을 얻기가 정말
어렵다.

　여기서는 증오하기 어려운 원인을 설한다.

　증오하는 데 왜 백 가지의 이증과 방편이 필요한가? 무시이래의
무명의 탐욕과 집착으로 육도 중에서 미하여 혼란함에 휩쓸리는 것은,
본래의 일체가 공성임을 모르고 도리어 집착하여 실유實有로 삼고,
탐욕의 집착으로 미혹하고 산란한 기세간器世間과 유정세간有情世間
에서 이것이 진정한 승의제의 실상을 깨달은 것으로 착각하기 때문이
다. 지혜는 정품正品이고 무시로 미혹한 번뇌는 위품違品이 되는데,
이 둘 중 누구의 힘이 더 셀까? 당연히 무시이래로 매우 습관화된
우치의 어두운 힘이 더욱 크며, 따라서 승의제를 증오하는 지혜광명을
얻기가 매우 어렵다.

　우리 스스로의 하루 24시간의 마음을 관찰해 보면, 아마도 신심과
지혜가 네 시간 정도라면 탐진치는 대여섯 시간 이상을 점유할 것이다.
여기에 수면과 식사시간 등을 고려하면 24시간 중에 진정으로 실상의
광명을 얻는 시간은 일 분도 안 될 것이고, 길어봐야 십 분이나 한
시간 정도가 될 것이다. 다른 사람들의 지혜와 분별망념을 비교해
보아도 지혜가 훨씬 적음을 또한 쉽게 확인할 수 있다.

　진정 무시이래로 이어지는 습기는 매우 대치하기 어렵고, 때로는
심지어 대치할 수도 없다. 이 때문에 승의실상을 증오하는 지혜광명은
매우 얻기 어렵고, 큰 틀에서 보아도 불법광명을 얻는 것은 정말
어려운 극소수일 뿐이다. 이것이 곧 미팡 린포체께서 설하신 바이다.

往昔修學之宿緣 成熟上師加持故 왕석수학지숙연 성숙상사가지고
觀察生住來去時 雖有通達實空義 관찰생주래거시 수유통달실공의

과거에 수행하고 배운 숙세 인연과 상사의 가피가 성숙하여
생주래거를 관찰할 때에 실질공의 뜻을 통달하게 된다.

　　다만 극히 소수만 쉽게 증오할 수 있다. 예를 들어 어떤 사람이
세세생생 대원만과 밀법의 선지식을 친견하며 밀법 또는 구경실상의
뜻을 들을 때 마음속에 불가사의한 느낌이 있다면, 과거 생에 훈습한
종자가 시절인연을 따라 밀법을 수행하게 하였고, 그런 숙세 인연이
성숙하여 금생에 증오할 수 있게 된다. 또한 덕을 갖춘 상사의 특별한
가피와 자기의 신심이 구족될 때에 증오하게 되는데, 스승이 제자에게
마음의 오고(來) 가고(去) 머무름(住)과 형색 등을 관찰하라고 하였을
때, 스승의 말씀에 따라 여실하게 관찰하면 실질공의 뜻을 통달할
수 있다. 이 실질공은 이전에 까담파가 설한 바와 같지 않다. 이는
희론을 여읜 것으로 불가사의한 진실의眞實義를 친히 증득하여 통달한
것을 말한다.

　　상사 진메이펑춰께서 이전에 이 부분의 내용과 관련하여, 미팡
린포체께서 대원만을 증오할 때의 공안을 설하신 바가 있다. 일찍이
미팡 린포체가 스승 잠양켄체왕뽀의 처소에 매일 갔었는데, 한번은
가서 스승을 뵈려고 할 때 시자가 들어가지 못하게 하기에 미팡 린포체
가 곧 그를 밀치고 스승의 방으로 들어갔다. 당시 스승님은 두루마기를
입고 정좌하여 언짢은 표정으로 앉아 계셨다. 미팡 린포체는 오늘
스승님이 언짢은 것은 내가 시자를 밀치고 들어온 원인일 거라고

생각하면서, 스승 앞에서 나가려니 감히 그러지 못하고 두려워하며 앉아 있었다. 바로 이때 스승이 갑자기 손을 뻗어 그의 옷을 움켜잡고는 "너는 무엇이냐? 너는 누구냐? 너는 어느 곳에서 왔느냐?"라고 물었다. 이때 미팡 린포체는 마음의 본성을 돌이켜 비춰보고 명철한 각성인 대원만 본래의 청정한 실상을 증오하였으며, 그 후로 잠양캔체왕뽀 스승님에 대한 특별한 신심이 일어나 근본스승님으로 공경하며 모셨다. 이 공안은 진메이펑춰 상사께서 인도에서 이 논을 강설하실 때 말씀하셨다.

빼뚤 린포체께서 대원만을 증오한 일화도 역시 비슷한 점이 많다. 하루는 빼뚤 린포체가 집에 머물고 있는데, 갑작스레 친저이씨둬지 린포체가 오셨다.

친저이씨둬지 린포체는 대성취자이시며, 자주 신통을 나타내셨다. 한번은 도푸에서 탁발하실 때 하얀색과 검정색의 두 마리 개가 달려들어 물자, 작은 칼로 개들을 두 동강 내어 죽였다. 개를 죽인 것을 사람들이 비난하자 아래와 위 몸통을 바꿔 붙여(하얀색, 검정색이 섞인 얼룩개로 바뀜) 살려내셨다. 또한 날아다니고 벽을 통과하는 등 많은 신통을 시현하시었다. 또한 친저이씨둬지 린포체께서 마얼캉에서 전법을 마치고 떠나려 하자 대중이 가지 못하게 하기에, 진흙으로 본인 모습의 상을 만들어 주고 그와 똑같이 가피를 내릴 것이라고 하셨다. 하지만 대중들이 믿지를 않자 진흙상에게 직접 물어보라고 하니, 진흙상이 고개를 끄덕이며 답하길 "똑같다, 똑같다."라고 말하였고, 이에 사람들이 그 상을 '친저안잔마(나와 똑같다)'라는 명칭으로 불렀다.

친저이씨돼지 린포체가 대문 밖에서 삐뚤 린포체를 불러냈다. 삐뚤 린포체가 문을 나서자마자 친저이씨돼지 린포체가 팔을 잡아 넘어뜨렸다. 이때 스승에게서 술 냄새가 나자 삐뚤 린포체가 스승을 두고 '계율이 없는 땡초'라고 싫어하며 의심하는 생각을 품었다. 이 순간 스승이 큰소리로 욕하며 꾸짖었으며, 바로 그 찰나에 삐뚤 린포체는 자신의 본심을 분명히 보고 확철대오하였다. 이런 연유로 스승께서 '늙은 개'라고 밀명을 붙여주었고, 뒤에 저작을 하면 책 말미에 '늙은 개'라고 기재하였다.

상사께서 말씀하신 또 하나의 일화가 있다. 룬돈이라고 하는 켄포가 스취 동굴에서 삐뚤 린포체를 모시고 수행할 때 한번은 신자가 큰 빵을 하나 가져왔다. 삐뚤 린포체께서 룬둔 켄포에게 묻되, "이 빵은 머리가 어디고 꼬리가 어디냐?"라고 하니, 룬돈 켄포가 "이 빵은 네모져서 머리나 꼬리가 없습니다."라고 답하였다. 바로 그 순간 룬돈 켄포는 마음을 깨달았으며, 뒤에 많은 대원만 강의본을 짓고 후대에 그의 제자들이 널리 전승시켰다.

이런 사례에서 본 것처럼, 제자의 인연이 익으면 스승이 그를 불러 마음을 관찰하게 할 때 스승의 가피와 자기의 신심으로 말미암아 분명히 증오하게 된다.

彼者罕見極少數 全都如是不能證 피자한견극소수 전도여시불능증
그 같은 자는 극소수로 매우 드물며 모두 이같이 증오하지 못한다.

스승을 만나 바로 증오하는 그런 사람은 극히 적은 수이고, 누구나

관정을 받자마자 깨달음을 얻어 성취하는 것은 불가능하다. 오늘 관정 받고 내일 스승을 반대하여 모레 스승을 떠났다가 얼마 지난 뒤에 다시 스승에 대해 조금 신심을 내거나, 또는 오늘은 수행하고 내일은 정진하지 않는 등과 같이 해서는 증오하기가 어렵다.

어떤 사람들은 밀법이 수승하여 금생에 능히 모두 성취할 수 있다고 하는데, 어떤 논전의 인연을 따라 이렇게 말했는지는 모르겠으나 이것은 어려운 일이다. 티베트의 대원만법을 구하기 위해 어떠한 과정을 거쳐 얼마나 노력을 들여야 하는지를 고려한다면 이같이 말하는 것은 불가능하다.

探求本來清淨義 必需究竟應成見 탐구본래청정의 필수구경응성견
본래청정의 뜻을 탐구하려면 궁극에는 응성파의 견해를 취해야 한다.

대원만의 본래의 청정한 뜻을 결택·증오하려면 반드시 중관응성파의 견해를 구경 성취해야 한다. 미팡 린포체께서는 중관을 한쪽으로 밀쳐놓아도 능히 대원만의 대성취자가 될 수 있다고 설한 적이 없다. 응성파의 관점은 어떻게 관찰하고, 어떻게 수도하며, 그 방식은 어떠한지 등을 이해하는 것은 매우 중요하다. 『입중론』과 『중론』을 한쪽으로 백 리 밖에 둔 채 대원만의 대성취자가 되려는 것은 불가능하고, 정견을 구족하지 않으면 대원만을 증오하기는 매우 어렵다. 특히 이는 일반 근기는 필요하지만, 다만 위에서 설한 것과 같은 특수한 상근기의 사람에게는 꼭 필요하지는 않다.

롱첸빠 존자와 미팡 린포체의 논 중에서 수행법을 설할 때 어떤

때는 집착이 중요함을 강조하고 어떤 때는 집착하지 않음이 중요함을 강조한다. 미팡 린포체께서 일반 중생의 근기에 적응시키기 위해, 아울러 특수 근기를 같이 고려하여 설한 논전들은 매우 좋은 방편이며 잘못됨이 없다.

현재 중생의 업이 매우 복잡하기에 상사의 가피도 또한 무량하고 무변하다. 진메이펑춰 상사께서 미국·유럽 등에서 본인 사진이 말을 하게 하고 육도윤회를 나타내 보이는 등 신통을 보이셨는데, 이렇듯 상사의 감응과 가피는 불가사의하다.

만약 불공통의 근기들과 같은 증오를 할 수 없으면 응당 차제대로 수학해야 한다. 탐구·증오 혹은 결택 등에 대해 모두 설할 수 있으나, 만약 본래청정한 본의를 진정으로 탐구하려면 반드시 중관응성파의 구경 견해가 필요하다. 그렇지 않으면 둔근들은 그 본래로 청정한 심오한 도리를 통달하기가 매우 어렵다.

응성파의 견해는 명언名言 중에서 그 자체의 모습(自相)을 인정했다는 점에서 자속파의 견해와 같지 않다. 응성파는 정견을 결택할 때에 팔변을 모두 여의고, 명언의 가운데에서도 또한 꿈같고 환 같은 형식으로써 승인하며, 일체의 모든 법이 모두 실로 있음을 승인하지 않으며, 제법의 본성과 허공의 본성이 다르지 않다고 한다. 본래로 청정한 뜻을 결택하려면 반드시 먼저 『입중론』, 『근본혜론』, 『중론』 및 용수보살의 모든 논을 잘 문사聞思해야 하고, 문사하여 정견을 결택하면 대원만의 도리를 쉽게 이해하게 되며, 그런 후에 계속 대원만을 수습해 나가면 곧 잘못됨이 없다. 특히 롱첸빠 존자의 『승승보장론勝乘寶藏論』, 『종파보장론宗派寶藏論』에서 이미 중점적으로 설한 바가 있으니,

이로써 중관응성파의 관점을 반드시 먼저 결택을 해야 한다.

由從離戱方面言 已說此二無差別 유종리희방면언 이설차이무차별

희론·여읨의 방면으로 말하자면 이 둘은 차별이 없음을 이미 설한 바 있다.

증오한 바의 방면을 따라 말하면, 중관응성파가 결택하는 사변을 여읨과 대원만 중에 결택하는 본래청정, 이 양자는 서로 구별이 없다. 즉 법계의 희론을 여의는 면으로 좇아 말하면, 롱첸빠 존자의 『승승보장론』에 이미 설한 것과 같아서, 중관의 사변을 여읜 뜻과 대원만의 본래청정함의 뜻은 구별이 없다.

그러면 중관과 대원만의 견見은 조금도 차별이 없는 것인가? 그렇지는 않다. 능취能取의 지혜 방면에 있어서 일정한 구별이 있고, 법계 방면을 좇아서는 구별이 없다.[26] 마찬가지로 현교와 밀교가 법계 방면에 있어서는 차별이 없으나, 지혜 방면·자증 방면을 좇아 말하면 일정한 차별이 있다.

是爲斷除空性執 密乘宣說大安樂 시위단제공성집 밀승선설대안락

이는 공성의 집착을 끊기 위함이며 밀승에서는 대안락을 널리 설한다.

---

26 집착이 없는 법계와 지혜 방면을 좇아서 다만 표시할 때에는 비량으로 능취와 소취를 말하지만, 진정으로 능취와 소취는 없는 것이다.(원역자 주)

현교 중에서는 '공성 집착(空性執)'이 있다. 본래 현교 또한 사변四邊 여윔을 허락하지만 사변을 여읜 후에도 그들은 여전히 공성에 대한 집착이 있다. 공성 집착은 곧 현교가 결택하고 강설한 것이다. 왜냐하면 현교에서는 많은 비량 방식과 승의인勝義因으로써 결택하는 고로, 비유비무非有非無를 설할 때 그 마음속에 어떠한 감수感受도 없는 것 같으며, 마음 가운데에 여전히 "일체 제법이 없다."라는 어떠한 것이 있으며, 이런 관점에서는 실제상 희론을 여윔이 여전히 하나의 공성이 되기 때문이다. 중관을 결택할 때에 아직 공성의 집착이 좀 있으나, 진정으로 관찰할 때에는 사변을 여읜 것이 되며, 사변을 여윔은 또한 어떤 물체로써도 찾을 수 없다.

미팡 린포체께서 설하시되, 이러한 현교의 사변 여윔은 여전히 일종의 공성에 대한 집착이고, 공성의 집착을 제거하기 위해서 밀승 중에 희론을 여윔, 공성, 지혜의 대안락大安樂을 널리 말씀하시었다. 만약 이런 대락의 지혜가 없으면 그 일체의 희론을 여의는 지혜를 증오하지 못하며, 따라서 지혜 방면에서 말하자면 이는 하늘과 땅만큼 의 차별이 있다. 중관에서 설한 바의 사변 희론을 여의는 최고 지혜와 대원만에서 설하는 바의 지혜를 서로 비교하면, 실제 상에서 현교의 사변 여윔은 일종의 공성 집착이다.

현교에서 유有·무無·시是·비非 사변을 모두 파했으면 이것은 일종 의 공의 집착이 아니지 않은가? 이는 다만 주로 비량으로 결택한 대상일 뿐이다. 진메푼촉 상사가 설하시되, 밤중에 쏜 화살이 어디에 떨어졌는지 아무도 알지 못하듯이, 현교가 결택한 사변을 여윔은 사람에게 이런 느낌을 준다. 이와 같이 현교에서의 결택은 설함이 있어도 성립하지 않고 설함이 없어도 성립하지 못하여 무엇으로도 회답할 방법이 없는 정도를 사변 여읨이라고 한다.

반면에 밀교에서는 스승을 의지한 규결과 대원만의 많은 방편법을 의지해 직접 몸으로 이런 불가사의한 뜻을 체득하게 한다. 또한 현교의 공을 증오함은 총상總相 방면이고, 밀교는 전승상사의 가피를 의지한 후에 직접 몸의 자체 상으로써 공을 증오하는 것이다. 아래에서 하늘의 달(天月)·물에 비친 달(水月)·그림의 달(畵月) 등의 비유로써 이 방면의 구별을 설명하고 있다.

법계에 희론을 여의는 방면을 좇아서는 차별이 없음을 설한다. 샤카 반즈다께서 설하시되, "만약 홍교紅敎의 대원만이 지혜바라밀다에 비하여 더 숭고한 견해라고 여긴다면, 이는 정견이 아니며 하나의 사견일 뿐이다."라고 하셨다. 홍교가 이에 대하여 답하되, "그는 능견과 소견 방면에서의 차이점을 알지 못하고 있다. 소견 방면에 있어서 현교의 지혜바라밀다와 밀교 중의 무상대원만의 본래의 청정지견은 조금도 구별이 없지만, 능견 방면을 따라서 설하면 일정한 구별이 있으며, 현교가 설한 바의 필경의 뜻은 비량의 경계이고 밀승이 설한 바는 하나의 현량의 경계이다."라고 하였다.

비량이 비록 하나의 논리의 양量이지만 현량에 비하면 아주 좋지만은 않은 것(언어문자·사상 등이 제한이 있음)이다. 예를 들어 친히 스스로 불을 본 것과 산 뒤에서 연기가 나는 것으로 불이 있다고 추측하여 아는 것은 분명 차이가 있으니, 당연히 현량으로 본 것이 더 정확하다. 이 몇 구의 게송은 샤카 반즈다의 견해에 대해 일종의 부정을 하고 있다. 샤카 반즈다가 그의 『삼계론三戒論』에 설하되, "만약 반야바라밀다에 비하여 더 높은 견해가 있다면 그것은 이미 희론을 여의지 못한 과실이 있음을 이룬다."라고 하였고, 닝마파가 이에 대답하되, "소견의 방면에서는 구별이 없으나, 다만 능견의 방면에 있어서는 현교·밀교는 구별이 있다."라고 하였다.

현교의 중관은 하나의 비량의 경계이기 때문에 현량의 증오가 없는 연고로 따라서 마음속에 하나의 '공의 집착'이 있다. 미팡 린포체의 모든 논 중에서 설하되, 공성은 크고 작음이 있고, 희론을 여의는 것 또한 크고 작음이 있는 것이며, 밀승 중에 결택한 바의 희론을 여임은 현교에서 결택한 희론을 여임보다 훨씬 크다고 하셨다. 현교에서 관찰할 때에 일체 변을 여읜 것을 희론을 여읜 것이라고 하지만, 밀승의 관찰방법을 쓰면 이는 아직 변을 여읜 것이 아니다. 현교에서는 근본적으로 '공의 집착'이라는 변집邊執이 있음을 인정하지 않지만, 밀승에서 상사께서 친히 스스로 가르쳐 주신 현량 증오의 경계를 써서 비교해 보면 이것은 당연히 공의 집착이며, 따라서 공의 집착 방면 또한 구별이 있다. 이곳의 '공의 집착'은 현교에서 설하는 단순한 공의 집착이 아니라, '가장 미세한 공의 집착'을 말한다. 현교의 사변을 여읜 공성의 집착을 제거하기 위하여 밀승에서는 '대안락大安樂'의 지혜로써 대치를 삼음을 설하였다.

空樂無別之法界 以離能取及所取 공락무별지법계 이리능취급소취
如是之理而感受 여시지리이감수

공성과 대락의 구별이 없는 법계는 능취와 소취를 여의는
이 같은 이치로써 감수하게 된다.

이런 대안락의 지혜는 곧 대락지혜와 공성법계의 두 개가 분별없이 융화하여 한 체가 됨을 말한다. 감각체험을 할 때는 능취도 없고 소취 또한 없고, 곧 유무시비도 없으며, 이렇게 능취·소취를 멀리 여의는 방식으로써 체득한다. 전승상사의 가피 아래 자기가 친히 능히 체득하는 것이 밀법의 특성이며, 일반 현교 중에는 이 같은 특성이 없다.

由此現明覺三者 卽是大樂之異名 유차현명각삼자 즉시대락지이명 현현, 명료, 각명의 세 가지가 곧 대락의 또 다른 이름이다.

이러한 '대락지혜大樂智慧'는 몇 가지 같지 않은 명칭이 있는데, 곧 현現, 명明, 각覺이다. '현現'은 현현과 공성이 다르지 않은 신금강身金剛이고, '명明'은 밝음과 공성이 다름이 없는 어금강語金剛이며, '각覺'은 각과 공성이 다름없는 의금강意金剛이다. 곧 신·어·의 삼금강三金剛은 대락지혜의 다른 이름이며, 이것은 대락지혜의 옆면을 좇아서 나눈 것이다.

또 '대중관'의 현현과 공성이 구별이 없는 지혜, '대수인'의 밝음과 공성이 구분이 없는 지혜, '대원만'의 각명과 공성이 다름이 없는 지혜 등 이들이 모두 '대락지혜'의 다른 이름이다. 상사께서 인도에서 이 논을 강의하실 때에 말씀하시되, '마하요가' 중에서 주로 현현과 공성이 구별이 없는 지혜(현공무별現空無別)를 설하고, 본존 등 일체를 가져 결택하여 청정한 것으로 여기며, '아누요가' 중에 주로 '대락' 곧 명공무별의 지혜를 결택하며, '아띠요가' 중에 주로 각성이 적나라하게 드러남을 설하였다. 대원만은 주로 각명과 공성이 구별이 없는 지혜(각공무별覺空無別)를 결택하는데, 이것들 또한 밀승에서 설하는 '대락지혜'의 다른 이름이다.

以此現分色身者 乃至世間爲救度 이차현분색신자 내지세간위구도
一切有情得利樂 究竟大悲之本性 일체유정득이락 구경대비지본성
이 현현분의 색신으로써 세간에 이르러 구원하고 제도하여
일체유정이 대락지혜와 구경대비의 본성을 얻게 된다.

대락의 지혜를 증오할 때에 나타나는 모습은 색신의 인因인데, 색신은 보신·화신을 말하며, 증오하는 바의 공성 방면으로는 실제상 법신의 인이다. 나타나는 모습이 짓는 바의 일체 자량은 색신의 인이 되는데, 색신은 중생을 구원하고 제도하며, 세간이 없어지기 전까지 중생들이 잠시의 인천의 행복과 구경의 여래 과위의 안락을 얻도록 해 준다. 각공무별覺空無別의 지혜와 대자비의 본성은 본체에서 나눌 수 없으며, 각공무별과 대락지혜는 실제로 구경대비의 본성이다. 또한 이런 구경대비의 본성이 색신의 인이다. 우리가 현재에 증한 공성이나 각성은 이후에 중생을 제도하는 하나의 인因이 된다.

현교에서 불과를 얻을 수 있는지에 대하여, 일부 지혜가 있는 자 또는 반즈다는 밀승에 입문하기 전에는 불과를 얻을 수 없다고 여기며, 『삼계론三戒論』에서 또한 이같이 설한 바가 있다. 따라서 일부 논 중에서는 먼저 현교를 통과한 후에 반드시 밀승에 들어야 성불한다고 설한다.

　성불한 후에는 어떤 방식을 써서 중생을 제도하는가? 응당 색신(화신·보신)으로 구제하는데, 모든 논장 중에 법신이 중생을 제도한다는 교언은 없다. 우리가 항상 보는 보현여래의 불부佛父와 불모佛母가 쌍운하는 상은 법신이 아니라 법신의 보신, 화신이다. 진메푼촉 상사의 『심성직지心性直指』에 법신의 보신, 보신의 화신 등을 27종으로 나누는 법이 있다. 『입중론入中論』에 최후의 과를 얻는 때를 여의수 혹은 여의보를 써서 비유함이 있는데, 이런 비유는 모두 색신을 가리키고 법신은 이런 비유를 쓸 수가 없다. 법신은 모두 무위법이어서 현현의 분상에는 존재하지 않기 때문에 무위법이 중생을 직접 구제함은 곤란함이 있다. 따라서 응당 색신으로써 중생을 제도하고, 앞에서 설한 바의 현공現空·명공明空·각공覺空무별 등이 모두 현현하는 방면에서 말하는 것이며, 현현 방면의 실제는 색신이다. 예를 들어 내가 이미 대락지혜를 증오하였다면, 그 대락의 한 분상分相은 법·보·화 삼신 중의 어느 것인가? 앞의 이치로써 관찰해 보면, 이런 종류의 대락은 보신과 화신이지 법신이 아니며, 실제상 우리가 증오한 바의 모두는 색신 중에 포괄된다.

　이로써 말하면 증오의 나타나는 면은 실제상 구경의 대비의 본성이며, 대비의 본성과 각성은 나눌 수 없으며, 나누는 것 또한 설명될 수가 없다. 색신은 왜 중생을 제도하는가? 위에서 주로 지혜 방면을 설하기 때문에 이곳에서 색신을 말하면 의심이 들 수 있다. 일반 각성을 제외하고 또 다른 하나의 대비가 있을 수 없으며, 대비와 공성이 둘이 아니므로, 『보만론寶鬘論』에서 '대비와 공성은 둘이 아님' 이라고 설하며, 그렇게 설명한 교증이 많다.

是故本來之自性 不住有寂大智慧 시고본래지자성 부주유적대지혜

이로써 본래의 자성은 적멸에 머무르지 않는 대지혜이다.

"본래의 청정한 뜻을 탐구함(탐구본래청정의探求本來淸淨義)……"에서부터 이곳까지의 문단에 대하여 일부 강설에서는 마하요가로써 강의했지만, 이 부분을 단지 마하요가[27]로써 주를 삼아 강의하는 것은 곤란한 점이 있다. 앞쪽의 본래청정을 탐구하는 방식과 뒤쪽의 밀승의 대락지혜가 같지 않은 명칭이기에 마하요가만으로 설명하면 맞지 않는다.

마음의 본성, 즉 일체법의 본성은 대비와 더불어 다름이 없는 본성을 갖고 있으며, 이런 자성이 가장 높은 지혜이다. 본래의 자성은 '최고 지혜'와 '구경의 대비'이고, 그것이 지혜를 갖추고 있기 때문에 삼유三有의 변에 머무르지 않으며, 또한 대비심이 있기 때문에 열반의 적멸의 변에도 머무르지 않는다. 따라서 구경의 대비는 가장 큰 본성이자 가장 큰 지혜이다.

만약 마하요가로써 설하자면 승의의 7종 방법으로 관찰하는 것인데,

---

27 내밀교의 속부를 수행하고자 하여, 우리가 반드시 제법의 본래청정함을 이해해야 한다. 이에 따라 바깥의 5대를 오방불모로 관하고 몸 안의 5온을 오방불로 관한다. 마찬가지로 8식과 그 대상 경계인 8진을 8대 보살부모로 관한다. 이 청정관을 통하여 우리가 제법의 청정함을 볼 뿐만 아니라 윤회 열반의 대평등을 관하게 된다. 모든 나타남이 본존, 소리가 밀주의 음, 모든 생각이 법신임을 알아서 관하는 것이다. 이 같은 견해를 바탕으로 생기차제를 수행함이 마하요가인데, 부속父續에 속하며 4관정의 보병관정이고 화신불을 증하며 유식견을 의지하여 수행한다.

이는 곧 윤회와 열반이 다름없음으로써 기基가 되고, 공성과 대락大樂
이 다름이 없음으로써 도道를 닦아, 최후에 과果를 얻게 된다. 이런
방식을 쓸 수 있지만, 설한 바 법의 뜻을 비춰보면 조금 곤란함이
있다.

本基之中如何住 是依便慧空樂道 본기지중여하주 시의편혜공락도
修持今身亦現前 色法雙運之佛果 수지금신역현전 색법쌍운지불과
본래의 기基 중에 어떻게 머무르는가? 방편·지혜·공락무별의 도를
의지하여
현재의 몸을 수지하면 곧 색신·법신이 쌍운하는 불과가 현전하게
된다.

이 게송은 주로 아누요가[28]를 강설한다. 이와 같이 대비와 지혜가
둘이 아닌 본성('본기本基'는 기基·도道·과果 중의 '기'를 말함)은 본래의
'기' 중에 어떻게 머무르는가? 수도할 때에 본래의 기를 잘 알아야
하는데, 만약 본기를 알지 못하면 곧 수도 중에 망념을 쓴 연고로
윤회 중으로 돌아가게 되기 때문이다.

그렇다면 그 본기를 아는 방법은 무엇인가? 그것은 방편도方便道와
지혜도智慧道를 쓰는 것이다. 지혜도는 풍風·맥脈·명점明点[29] 방면의

---

28 원만차제 수행은 모속母續에 속하며 4관정 중의 비밀관정과 지혜관정이 되고
보신불을 증득한다. 전자는 중관견을 의지하고 수행하여 능히 스스로 광대법락
을 수용하며, 후자는 밀주견을 의지하여 수행하여 타他로 하여금 광대법락을
수용하게 한다.

수행을 가리키고, 방편도는 밀승 중의 비밀한 일부 수행법을 수행함을 말한다. 또한 '혜慧'는 생기차제를 가리키고, '편便'은 원만차제를 가리킨다. 최후에는 '공성과 안락이 분별이 없는 도(낙공무별樂空無別)'로써 수행하고 수지修持하면 아누요가 중에 금생에서 이미 현전에서 법신, 색신이 쌍운하는 불과를 얻게 된다.

  우리가 다만 색신과를 얻고자 할 때 법신도 같이 얻게 되는데, 삼신으로 나누어 표현해도 결국에 삼신은 서로 여읠 수 없는 도리이기에 진정으로 나눌 수 없음을 안다. 경전과 속부 중에서 설하되, "최초에 법신을 성취하고, 법신 중에 있어 보신이 나타나며, 최후에 화신이 드러나니 성취할 때에 삼신은 이미 구족하게 된다."라고 하였다.

基道果三實不分 金剛乘果四灌頂 기도과삼실불분 금강승과사관정
着重覺空自生智 光明金剛頂之宗 착중각공자생지 광명금강정지종
卽是諸乘究竟處 즉시제승구경처

기도과의 3실은 나눌 수 없고 금강승의 과는 구의관정을 얻으며
각공무별의 자생지혜를 중시함이 광명금강승의 가장 높은 가르침이 되니
이것이 곧 모든 승의 구경처이다.

---

29 풍은 기인데 상행기, 변행기, 평행기, 명근기, 하행기가 있다. 맥은 삼맥으로 중맥과 좌우 맥이 있으며, 명점은 인체의 생명에너지가 응집된 곳으로 콩만한 것이 매끄럽고 밝고 텅 빈 모습으로 빛나며 생명·정신·기능의 정화를 일으키며, 제불의 지혜가 집중된 곳이라고 관상된다.

이곳은 아띠요가[30]를 위주로 설한다. 기·도·과가 나타날 때 이들을
나누지 않는데, 『금강살타의경속金剛薩埵意鏡續』에 설하되, 생기차제
인 마하요가는 일체법의 기본이기에 기基라고 이름하며, 원만차제인
아누요가는 일체법의 도道이며, 생기와 원만이 둘이 아님이 대원만
아띠요가가 되고 이것이 일체 제법의 과果이다. 현현顯現할 때에 이
같이 해석할 수 있으며, 『심성직지心性直指』에서도 이 교증을 인용하
였다.

그러나 실제상에서 아띠요가의 불공통의 관점을 의거하여 보면,
이 기도과基道果 세 가지는 나눌 수 없고, 또한 나눌 만한 것도 없다.
기基는 제법의 본성이자 여래장의 본성이며, 도道는 생기차제와 원만
차제로서 소승의 관점에서는 필요하지 않은 것이며, 친히 스승의
규결을 얻으면 과果는 바로 현전하게 되니, 따라서 대원만 중에서는
이 세 가지가 서로 나뉠 수 없다.

일체 모든 법의 가장 높은 전승을 금강승 또한 대원만승이라고
하는데, 그 과는 어떻게 현전現前할 수 있는가? 반드시 관정과 상사의
가피를 받아야 한다. 게송 중의 4관정은 제4의 구의관정句義灌頂[31]이나
혹은 4종 관정의 통과를 말하지만, 구의관정으로써 해석하는 것이
제일 적합하며, 이로써 응당 구의관정의 도道로써 수지해야 한다.

---

30 가랍 도르제께서 시르싱하와 연화생 대사께 전한 무상밀법으로 최극요가라고
　　하며, 공과 유가 둘이 아니고 번뇌와 보리가 둘이 아니며 닦음 없이 닦는
　　도리를 설한다.

31 우리의 신구의는 나눠지는 것이 아니고, 삼문의 업과 습기를 청정하게 하여
　　그의 본성이 융합되어 완전히 한 채로 이뤄진 상태로 과위인 지금강 자성신을
　　증득하는 연을 심는 구의관정을 받는다.

상사께서 수정 등으로써 먼지 없는 청정한 본성을 표시하여 보이면, 무구 청정한 수정이 자기 마음을 상징함을 한번 보고, 이로써 수행하여 증오하게 된다.

이때에 기타 일부 지혜와 같지 않은 점은 각명과 공성이 다름없는 자생自生지혜를 깊이 중시해야 한다는 것이다. 어떤 이는 이에 의심이 있어, '만약 자생이라고 하면 어떻게 증오할 수 있는가?'라고 생각한다. 이에 의심할 필요가 없는데, 예를 들어 허공이 본래 무위법이기에 구름이 있으나 없으나 허공은 여전히 바뀌지 않는 것처럼, 이런 종류의 각성도 자생인 것이다.

여기서 티베트어에서 '자생自生'은 중국어의 '자생自生'과 같은 것이 아니다. 티베트어의 '자생'은 실제상 '무위법'의 뜻, '항상 있음(常有)'의 뜻이다. 그러나 중국어의 '자생'은 '자기가 생산한다'가 되어, '유위법'이 되므로 무상함으로 변한다. 응당 항상 있는 물건으로 여겨지기에 대원만에서는 중점적으로 각공무별의 자생지혜로서 설했으며, 이것이 곧 광명대원만의 금강정승의 유일하고 특별한 가르침이다. 이렇게 도道에 쓰는 방법이 다른 승乘에서는 곧 마하요가·아누요가·내속부와 사속부 등에 모두 있지 않으며, 이것이 모든 구승九乘의 구경의 경지이며 일체의 성자가 도달하는 곳이다.

대원만의 기도과基道果는 다른 모든 승乘들과 같지 않다. 현교의 기는 계界·처處·온蘊 등 제법이고, 도道는 삼십칠도품三十七道品이며, 과果는 색신色身과 법신法身이 되며, 이같이 분리해서 논한다. 칠보장七寶藏 중의 대원만의 구경의 관점을 수학할 때에는 일정한 결정신(정해신定解信)과 신심信心을 내는 것은 매우 중요한데, 당연히 중관과 일부

밀승 중에 있어서 실제상 승의제로써 관찰하면 기도과 세 가지는
분리될 수 없는 것이다. 이 세 가지를 실상을 좇아 설하지 않고 드러나는
뜻을 따라서 설해도 역시 나눌 수 없는 것이다.

제4관정을 받을 때에 곧 자생지혜를 깨달을 수 있기 때문에 기·도·과
삼자의 나눔이 없는 것이 금강승이고, 그 과위의 수지修持가 제4관정인
구의관정이다. 상사께서 소개해 주어 이해한 후에 수도하면 그 중간에
생기차제와 원만차제가 필요하지 않고 또한 기타 다른 법의 고행과
수도가 필요하지 않으며, 다만 상사께서 제4관정을 내려주는 형식으로
써 도의 묘용으로 삼으면 된다. 상사께서 '각공자생지覺空自生智'의
구전을 내리실 때에 능히 불과를 얻게 되는데, 이것이 광명대원만
금강정의 법맥이며 또한 모든 9승32의 구경처이다.

이상에서 '수도차제修道次第'를 설하였고, 아래에서는 '정해차제定解
次第'를 설한다.

乃至定解未生前 方便觀察引定解 내지정해미생전 방편관찰인정해
若生定解于彼中 不離定解而修習 약생정해우피중 불리정해이수습
정해가 생기기 전이라면 방편과 관찰로 정해를 끌어내야 하고
만약 정해가 생기면 그 정해를 여의지 않고 수습해야 한다.

위에서 설한 바와 같이 정해를 내기 전에는 마땅히 각종 방편과
관찰방법으로 정해를 끌어내야 하며, 정해가 없으면 수행이 불가능하

部, 밀삼승密三乘: 마하유가·아누유가·아띠유가.(원역자 주)

다. 만약 정해를 일으키면 다시 관찰하고 결택함이 필요하지 않으며, 그렇지 아니하면 무궁한 과실을 이룬다. 수행할 때에 있어 정해를 여의지 않고 닦아야 하며, 이는 곧 수승한 관행을 여의지 말고 수행함을 뜻한다.

如燈定解之相續 能除轉倒分別念 여등정해지상속 능제전도분별념
對此應當常精進 대차응당상정진
등불과 같은 정해의 상속이 능히 전도된 분별망념을 제거하니
이처럼 마땅히 항상 정진해야 한다.

이미 정해定解를 여의지 않고 수행한다면, 그것은 곧 어두운 밤의 등불같이 밝게 비치는 상속의 정해이기에 능히 일체 전도된 분별망념, 즉 선악·유무·탐진치·무명 등 모든 분별망념을 제거할 수 있다.

우리 일상의 경험을 돌이켜 보면 이런 정해가 없을 때에는 항상 탐심·진심·질투 등이 일어나지만, 정해에 들어 있으면 번뇌가 있을 수 없다. 예를 들어 마음이 실제로 조복되지 못할 때라도 전승조사의 대원만 등에 관한 수승한 논을 읽으면 좋지 못한 분별망념을 조금씩 분명히 제거할 수 있고, 읽기를 마치고 나서도 다시 일어나는 분별망념을 잘 생각해 통제하게 된다. 이와 같이 비록 법에 대하여 아직 증오하지 못했어도 상사와 법에 대하여 여전히 신심을 낼 수 있고, 수행과정 중에서 실제로 얻게 되기에, 능히 '등불과 같은 정해의 상속이 능히 전도된 분별망념을 제거함'을 체험할 수 있게 된다.

이런 종류의 정해에 대하여 반드시 정진심을 일으켜야 하고, 만약

정진이 없으면 그 정해는 일어나지 않으며, 다만 그 이치만 이해해서는 해탈할 수 없기에 모든 수행에 있어서 정진심精進心은 매우 중요하다.

初時觀察極關要 若未引上善觀察 초시관찰극관요 약미인상선관찰
怎能生起勝定解 즘능생기승정해
최초의 관찰이 매우 중요한데 만약 상등의 관찰을 끌어내지 못하면 어찌 수승한 정해를 생기게 할 수 있겠는가?

　이곳에서는 정해定解의 차제를 설하고 있는데, 최초에 다만 집착 안함·관상 안함 등은 틀린 것이고 반복해서 관찰하는 것이 매우 중요하다. 먼저 스승을 의지하여 정법을 들어야 하며, 그런 후에 자기의 지혜 능력으로써 각종의 관찰을 해야 한다. 관찰할 능력이 없을 때는 응당 스승께 기도하거나 금강 도반에게 물어야 하는 것 또한 매우 중요하다. 관찰이 중요하다고 하면서도 부지불식간에 매일 분별망념을 내며 관리하지 않는 것은 옳은 것이 아니다.

　왜 관찰이 매우 중요한 것인가? 작자가 차제의 방식으로써 그 중요성을 설하였다. 만약 중관과 인명의 법문을 써서 관찰함이 없으면, 그 어찌 능히 하나의 수승한 정해가 일어나겠는가! 일반적으로 중관과 인명(『현관장엄론現觀莊嚴論』 등 같은 대론大論)을 학습하지 않은 사람은 그 주장을 배운 사람과 비교해 보면 많은 차이가 있고 우둔해 보이며, 그 닦는 방법도 다시 엉터리가 되어버린다. 수행법은 본래 세심한 일인데 그게 다시 모호해지는 것은, 어떤 승려가 의궤에 대한 염송을 그럴듯하게 하여도 다만 그 수행은 옳지 않은 것과 같다. 쟈와 린포체가

일찍이 설하시되, "우리가 법을 수행할 때 먼저 배우고 연구하는 것은 매우 중요하며, 그렇지 못하면 남을 인도하거나 자기가 수행할 때 모두 성취할 수 없다."라고 하셨다. 이렇게 먼저 의심을 제거함이 필요하고, 그렇지 않으면 성불 또한 곤란하기에 최초에 법을 수학함에 선지식을 의지하는 것이 매우 중요하다.

若未生起勝定解 怎能滅除惡增益 약미생기승정해 즘능멸제악증익
만약 수승한 정해가 생기지 않는다면 어찌 능히 악업의 늘어남을 제거할 수 있겠는가?

만일 수승한 정해신이 일어남이 없으면, 그 어떻게 나쁜 분별망념이 늘어남을 제거하겠는가? 현재 사회상의 분별망념의 증가를 제거하기 어려운데, 마치 일부 사람들은 불법에 대해 조금의 연구나 사유도 하지 않고서 눈을 감고 말하길, "석가모니가 거짓말을 한다."라는 등 정신 나간 말을 한다.

이에 그의 설함을 직접 부정하지 않으면서 그의 논리가 성립되지 않음을 밝히고자 한다. 그의 '불법은 하나의 신화와 같다'는 질문에 대하여 답하되, "부처님과 신이 도대체 구별이 있는지 먼저 분명히 따져보면, 불법 중에서 신화와 전설은 부정되며, 불법은 신화나 전설이 아니기에 이 둘은 큰 차별이 있다. 불교대장경이 분명한데 네가 전체 불법이 가짜라고 설할 수 없으며, 그중에서 『입중론』은 비록 불법 중의 매우 작은 부분이지만 네가 이 논을 배우고 연구하기 바란다. 배운 후에 네가 다시 논파해 보고도 파하지 못하면, 전체 불법을

238

파하는 관점은 옳지 않다. 금생은 물론이고 네가 세세생생에 논파해 보아도 성립하지 못한다. 이생에 네가 먼저 『입중론』의 도리를 잘 배워 『입중론』의 관점을 파했다면 너는 세계에서 가장 큰 과학자가 될 것이지만, 생각하건대 그것은 성공하지 못할 것이다."라고 할 것이 다. 이것은 그저 어리석음만 더하는 일이다.

若未滅除惡增益 怎能禁止惡業風 약미멸제악증익 즘능금지악업풍
악업이 증가함을 제멸하지 못했다면 어찌 능히 악업 풍을 금지할 수 있겠는가?

'증익增益'은 분별망념을 써서 본래의 사물을 과장하거나 축소하는 것으로, 일반적으로 과장하는 것을 가리킨다. 만약 전도분별의 악렬한 증익을 끊지 못한다면 어떻게 악업의 힘을 막을 수 있겠는가? 대원만 중에 설하되, "만약 마음에 분별망념이 일어나면 곧 풍風을 만들고, 그 풍이 일어나는 연고로 분별망념을 끊지 못한다."라고 하였다. 그러 나 풍이 중맥中脈[33]으로 들어간 후에는 분별망념이 없어지고 사유에 지혜가 나타난다. 여기서 '풍風'은 한편으로는 현교 중의 업과 무명을 가리키고, 다른 한편으로는 업력의 마음 일으킴, 마음 움직임을 의미 한다.

若未禁止惡業風 怎能斷除惡輪回 약미금지악업풍 즘능단제악윤회

---

[33] 좌맥과 우맥의 중간이고, 선한 생각과 악한 생각이 없으며, 고도 아니고 낙도 아니며, 지혜를 깨달은 대락맥이다.

악업의 바람을 끊어내지 못하면, 악한 육도윤회를 어찌 멸할 수 있으리오?

만약 악업의 바람을 끊지 못하면 당연히 악한 육도윤회를 끊어 없앨 수 없으니, 중생은 업풍을 따라 생겨나기 때문이다.

若未斷除惡輪回 怎能滅盡惡痛苦 약미단제악윤회 즘능멸진악통고
만일 윤회의 뿌리를 끊지 못하면, 악도의 고통을 어찌 멸할 수 있으리오?

또한 윤회의 뿌리를 끊지 못하면, 곧 윤회의 가운데에 표류하고 전생轉生할 것이다. 육도의 어느 곳이든 모두 세 가지 큰 고통이 가득하고, 이러한 고통은 소멸시킬 수 없다. 이상에서 설한 정해는 고를 멸하는 주요한 원인이다.

輪涅實上無賢劣 證悟等性無賢劣 윤열실상무현열 증오등성무현열
此爲殊勝之定解 차위수승지정해
윤회 열반이 실상에서 수승함 또는 하열함이 없고, 평등성을 증오함에 현명함 또는 하열함이 없으며
이것이 바로 수승한 정해가 된다.

이곳에서 구경의 정해를 설한다. 윤회와 열반은 실상 위에서 좋고 나쁜 것이 없다. 비록 언설 상에 있어서 윤회는 불량한 일이고 열반은 훌륭한 경계라고 하지만, 각성의 증오와 증오하지 못함, 통달함과

통달하지 못함 사이의 구분은 현교 중에서 단지 밝고 밝지 못한 관계로 설명할 뿐이고, 미륵보살의 『경관장엄론經觀莊嚴論』에서 또한 이같이 설하고 있다. 따라서 윤회와 열반은 승의제의 실상 위에서 우수하고 하열하거나, 좋고 나쁜 등의 구분이 없는 것이다.

중생은 이러한 평등성의 경계를 아직 증오하지 못하였으나 일단 정해를 얻으면 윤회와 열반, 번뇌와 지혜, 지옥과 정토 등이 모두 우열이 없음을 알게 되며, 대원만 중에도 또한 이런 평등성을 설하고 있다. 증오에 깨달으면 어떤 취사도 없는 완전한 평등성의 경계가 되는데, 이것이 진정으로 수승한 정해이다. 이것은 곧 '평등성의 지혜'로써 정해를 삼은 것이다. 용수보살의 『중론中論』에 윤회와 열반에 대하여 실상의 의의 상에 있어 열반과 윤회가 조그만 차별도 없음을 여러 번 설하였다.

此說殊勝定解者 未作舍立輪涅故 차설수승정해자 미작사립윤열고
雖似相違而句義 不違諸道之關要 수사상위이구의 불위제도지관요
이곳에 설하는 수승한 정해는 윤회 열반의 버리고 세움을 짓지 않기에 비록 서로 어긋난 듯해도 구의는 모든 도의 요의의 관건에 어긋나지 않는다.

이곳에서는 실상에 대하여 거짓이 없는 정해의 믿음을 일으키는 것을 설하고 있다. 가장 구경의 각성에 도달하면 '윤회를 버림'도 '열반을 세움'도 없는데, 본성 가운데에 있어서 파하고 세울 것이 없기 때문이다. 표면을 좇아 보면 이러한 '버리고 세움을 짓지 않음(未作舍

立)'이 서로 어긋나는 것 같고, 윤회와 정해가 서로 대치對峙하는 것으로 집착하게 되나, 이곳에서 오히려 버리고 세움을 짓지 않으면 어구 면에서 서로 어긋나는 것처럼 보여도 실제 그 어구의 뜻이 서로 상충되지 않는다.

어구를 따라 말하자면, 한 가지는 나타남(顯現)을 좇아 말하고, 다른 한 가지는 실상實相을 좇아 말하는 것이다. 현현 방면으로 좇아서 말하면 능취와 소취의 이취二取가 법계에서 소멸되지 않았을 때에는 윤회는 여전히 대치對治하는 대상이나, 정해는 대치의 주체이며, 의의 방면에 있어서도 서로 어긋나지 않는다. 또한 실상의 뜻을 증오한 자의 앞에서는 두 가지는 버릴 것도 취할 것도 없기에 문구상에 있어서도 모두 서로 어긋남이 없으며, 이것이 일체 대승도의 관건인 비밀한 요의이다.

정리하면, 윤회 열반은 실상 중에 있어서 나눌 수 없으나, 표면으로 드러날 때에는 응당 나눠지며, 이러한 정해로써 윤회를 대치해야 한다.

見行竅訣之密要 應當觀察受義味 견행규결지밀요 응당관찰수의미
견과 행에 대한 규결의 비밀한 요의로써 응당 관찰하여 수승한 의미를 이해해야 한다.

위에서 설한 바의 요점은, 한 방면인 심심견甚深見[34]의 비결과 다른

[34] 용수보살의 저작을 근본으로 월칭 등의 보살이 『입중론』 등에서 설하는 반야공성의 견해.

한 방면인 광대행廣大行[35]의 규결[36]은 모든 견見·행行의 규결竅訣, 비밀
요의要義이므로 응당 선지식을 의지하여 배우고 관찰하여 수승한
의미로 감수하는 것이 옳다. 관찰·체험은 매우 중요한데, 만약 상사
앞에서 관정을 받을 때 깨닫지 못했다면 여러 면에서 자량을 쌓고
방편을 끌어와 관찰하고 정진 노력해야 한다. 이것은 초학자에게
매우 중요하다.

中須觀察輪番置 設若觀察生定解 중수관찰윤번치 설약관찰생정해
未察執着庸俗時 再三觀察引定解 미찰집착용속시 재삼관찰인정해
중간에 잘 관찰하고 번갈아 안주하여 정해가 생겨나게 하며
관찰이 없어 용속함을 집착할 때에는 재삼 관찰하여 정해를 끌어내야
한다.

먼저 관찰이 필요하지만 이미 정해가 생긴 때까지 관찰이 필요한
것은 아니다. 수행하는 중간 계단에 도달한 때에 먼저 관찰로 인하여
정해가 생기고, 후에는 안주하면서 관찰과 안주에 번갈아 머물러야
한다. 각종 방법으로써 법계에 대하여 정해가 생긴 때에는 곧 응당
안주를 의지하여 수지하고, 다만 일정한 시간이 지나 관찰하지 않는
연으로 인하여 또다시 용속한 분별망념을 집착한다면 마땅히 다시

---

35 무착보살의 『유가사지론』 등 오부대론의 사상을 근본으로 하여 보살도의 실천이
   론을 구현하는 유가행.
36 모든 내용과 뜻을 구족하고, 그 언어가 간략하게 표현된 것을 규결이라고
   한다.(원역자 주)

관찰하여 정해를 끌어내야 한다.

己生定解彼性中 不散一心而修習 이생정해피성중 불산일심이수습
이미 정해가 생겼으면 그 본성 중에 일심으로 분산함 없이 수습해야
한다.

  이미 정해가 생겼다면 다시 관찰함이 필요하지 않으며, 반드시
본성 가운데 안주하면서 한마음으로 분산됨이 없이 법요法要를 수행해
야 한다.

  '분산'에는 두 종류가 있는데, 하나는 밖으로 분산됨(外散)이고,
다른 하나는 안으로 분산됨(內散)이다. 어떤 사람이 자기 마음은 분산
되지 않는다고 여기나, 실제상에 그 마음은 어느 곳으로 분산되어
있지 않은가? 만약 정해가 있고 마음이 의지하는 것이 없을 때는
'정해 중에서 분산됨이 없음'이 가능하다. 만약 정해가 없으면서 어느
것에도 모두 집착하지 않는다고 하면, 실제로는 안으로 집착함이
있고 내면의 상을 여읨이 없다.

  즉 정해가 생기지 않은 상태라면 '분산 없음' 또한 얻지 못하며,
스스로 분산이 없다고 생각하는 것은 바깥으로 분산함은 없을지라도
안으로 분산함이 여전히 있다. 수행 중에 명점이나 광명 등을 느끼는
것도 옳지 않은 것이니, 여기서 설하는 핵심은 정해 중에서 일심으로
분산됨이 없이 수지해야 한다는 것이다.

定解增益互達故 觀察斷除增益根 정해증익호위고 관찰단제증익근

應當增上勝定解 응당증상승정해

정해와 악업의 증익은 서로 어긋나기에 증익의 뿌리를 관찰하고 제거
하면
당연히 수승한 정해가 늘어나게 된다.

   정해와 증익의 의식은 서로 어긋나는 것이다. 정해가 있을 때에는
곧 증익 의식은 생겨나지 못하며, 증익 의식이 있을 시에는 정해의
지혜가 있을 수 없다. 따라서 각종 방법으로 관찰하여 정해를 끌어내어
정해가 생겨난 후에는 능히 증익의 뿌리를 제거하게 되므로, 정해의
지혜가 당연히 늘어나게 된다.

最後雖無依觀察 自然生起定解時 최후수무의관찰 자연생기정해시
除彼性中安置外 已成何必又成立 제피성중안치외 이성하필우성립

최후에 관찰에 의지함이 필요 없으니 자연히 정해가 생겨날 때에
그 본성 중에 안주함 이외에 필요한 또 다른 것이 어찌 있겠는가!

   이미 증오하였거나 혹은 중관의 관찰을 통해 정해를 이끌어 내었을
때에는 비록 관찰이 없어도 마음 중에 자연히 정해가 생기게 된다.
이때 정해의 본성 중에 안주함을 제외한 그밖에 또다시 성립해야
할 정해가 어찌 필요하겠는가? 이미 본성을 알았다면 곧 다시 관찰하지
않는다.
   미팡 린포체가 『심성직지心性直指』에서 설하되, "내가 닦는 것이
의식인가 지혜인가? 이렇게 관찰할 수 없는 것이며, 그렇지 않으면

적지寂止와 승관勝觀에 대하여 일정한 장애가 있게 된다."라고 하셨다.
진메이펑춰 상사께서 설하시되, "우리가 이미 자신의 모친을 인지하고
나면 다시 알려고 하지 않으며 이 분이 나의 모친이라고 다시 말할
것 없으니, 그렇지 아니하면 어리석은 행동이 된다."라고 하셨다.

假使了知繩無蛇 則彼定解斷蛇執 가사요지승무사 즉피정해단사집
仍說此處無有蛇 又復觀察豈非蠢 잉설차처무유사 우부관찰기비준
가령 노끈이 뱀이 아님을 알아 곧 그 정해로써 뱀의 망집을 끊고서
여전히 이곳에 뱀이 없다고 말하면서 다시 관찰하면 어찌 우둔하지
않은가!

황혼 무렵 노끈을 뱀으로 오인하였으나 후에 각종 연기로써 그곳에
뱀이 없다는 것을 알았다면, 이는 곧 '그곳에 뱀이 없음'이라는 정해가
생긴 것이다. 즉 노끈을 오인하여 뱀으로 여기는 집착을 제거한 것이다.
이미 이와 같은데도 아직도 관찰을 필요로 한다고 생각하여 여전히
그곳에 뱀이 없다고 말하는 것은 매우 우둔한 행위이다.

現前聖道智慧時 不必依尚觀察修 현전성도지혜시 불필의상관찰수
已經現量證悟者 何必伺察因論式 이경현량증오자 하필사찰인론식
성도의 지혜가 현전한 때에는 오히려 관찰수행에 의지할 필요가 없음
이니
이미 현량으로 증오한 자에게 추론을 통한 관찰이 왜 필요하겠는가?

'현전現前'은 성취를 가리키는데, 이미 견도見道·수도修道의 지혜가 현전하였을 때 다시 관찰하는 수행에 의지할 필요가 없다. 진실한 지혜가 현전한 때에는 이것이 진실한 지혜인지 아닌지 등을 다시 관찰할 필요가 없다. 이미 현량으로 성자의 지혜를 증오하였는데, 왜 다시 분별과 사유의 비량 추론 방식으로 관찰하는 것이 필요하겠는가?

현량으로 증오한 진실한 지혜는 다시 분별의 인因인 추론의 비량 방식으로 관찰하여 결정함을 쓰지 않는다. 이미 불을 보았으면 다시 연기煙氣를 통해 추론할 필요가 없는 것처럼, 지혜의 자체 상을 이미 보았으면 집착과 분별망념을 따라 관찰할 필요가 없다. 즉 현량의 사물에 다시 비량을 쓸 필요가 없으며, 다만 현량이 성립하지 않는 경우에만 곧 비량을 쓰면 된다.

이러한 사유상의 모순에 대하여 『양리보장론量理寶藏論』에서 설하고 있으며, 일반적으로 지혜가 존재할 때에 전도의 분별망념은 다시 존재하지 못하니, 마치 어둠과 햇빛이 한 모양으로 같이 존재하지 못함과 같다.

若謂遠離伺察意 爾時不成見義智 약위원리사찰의 이시불성견의지
만일 관찰(伺察)의 뜻을 여의었다 하면 이때 바른 뜻을 본 지혜는 성립하지 못한다.

이것은 상대가 승인하는 관점으로, 주로 까담파가 이렇게 설한다. 관찰의 뜻을 여의었다고 하면 그때 곧 진실한 뜻을 본 지혜는 성립하지

못한다. 그러므로 관찰이 매우 중요함을 설한다.

則諸聖智如來智 世間無害識所取 즉제성지여래지 세간무해식소취
汝宗皆成轉倒意 因爲彼等無分別(己證故) 여종개성전도의 인위피등
무분별(이증고)
自時無有觀察故 자시무유관찰고
곧 모든 성지와 여래지가 세간의 해함이 없는 식의 취한 바이고
너희 종의로 다 전도의 뜻이 되며, 저 등이 무분별이 되기에
자기가 증오 시에 관찰이 없게 된다.

여기서 위 관점을 파하고 있다. 만약 너희가 설한 바와 같이 수행의
앞과 뒤에 다 관찰이 필요하다면 과실이 있게 된다. 초지初地에서부터
십지十地에 이르는 성지聖智와 여래의 진소유지盡所有智[37]와 여소유지
如所有智[38] 그리고 세간 상에 손상이 없는 오근이 보는 바인 색色 등과
현량을 좇아 성립하는 의식 등 이러한 성지·여래지와 세간 의식이
취하는 바에 이르기까지, 너희 종의 관점에 비추어 보면 이것들은
모두 전도顚倒의 뜻을 이룰 것이다.

왜 전도의 뜻을 이루는가? 아래에서 위 종파가 승인하는 관점에
대해 파하고 있는데, 성지·여래지·세간의 오근식五根識은 이미 분별
망념의 연緣이기 때문에, 만약 너희 종의 관점을 따라 시시각각 관찰해

---

37 일체법이 자성이 없고 곳 법성공임을 체득하여 알지 못하는 바가 없고 밝지
않음이 없는 지혜이고, 어떤 한 법이라도 그 내포된 의미에 미치지 않는다.
38 법성의 가장 깊은 자리에 들어간 지혜.

보면 이는 곧 무분별념無分別念이어서 잠자는 것처럼 이로울 것이 없으니, 너희 종의 설함에 비춰보면 이 모두가 전도의 뜻을 이룬다. 증오한 때인 초지에서 견도할 때에는 관찰도 없고 분별도 없는데, 만일 그렇지 않다면 초지 이상도 관찰이 필요하다는 것이 되어, 이는 곧 과실을 이루게 된다.

遠離四邊之戱論 具有殊勝定解前 원리사변지희론 구유수승정해전
思惟此是此境等 所緣觀察不得故 사유차시차경등 소연관찰부득고
사변 희론을 멀리 여의고 수승한 정해를 갖춘 앞에서는
이것은 옳고, 이것은 경계 등의 사유로 소연의 관찰함을 얻지 못한다.

관찰이 필요하지 않은 도리를 따라 설하면, 초지 이상의 지혜에서 이미 사변의 희론을 여의었고, 아울러 매우 수승한 현공무별의 정해지혜를 얻었기에, 이 정해지혜의 앞에서 이것이 옳음·저것이 옳음, 이 경계·저 경계 등을 사유하고 추구하는 등 인연이 있는 관찰의 분별망념은 시종 얻을 수 없다.

미팡 린포체께서 라서 게쉐와 변론 시에 말하되, "우리가 석가모니불과 부처님께서 설하신 삼승교법三乘敎法을 인정하는 것과 마찬가지로 우리는 종카빠 대사와 그 교법을 인정한다. 종 대사의 교법도 세존처럼 전기前期와 후기後期로 나뉜다. 너희 다수는 종 대사의 후기 교법을 주로 삼는데, 전기와 후기 중 어느 것이 구경인가? 나는 전기의 관점이 구경이 된다고 생각하는데, 당연히 나는 이렇게 말할 수가 없다. 왜냐면, 내가 닝마파에 속하기 때문이다. 내가 그렇게 말하면 너희는 '우리

가 견지하는 바는 구경의 관점이 아니고, 네가 도리어 우리 까담파의
구경 관점을 안다'고 말할 수 있기 때문이다."라고 하셨다. 진정한
교리의 논증에 따르면, 종 대사의 전기 관점이 구경이며 이치에 맞는
것이다. 여기서 종 대사가 전기에 지은 논 중에서 설하되, "초지 이상은
사변 희론을 여읜 지혜를 얻는다. 최후 희론을 여읨을 결택할 때에
일체 인연하는 바와 의식이 있는 것을 하나도 얻을 수 없다."라고
하였다. 이것은 그가 근본스승 런다와께 올린 편지 중에서 말한 것이며,
다만 후기에 들어서는 입정 시에 관찰이 필요하고 무차無遮를 결택함
등을 설하였다. 당시 미팡 린포체는 라서에게 이런 내용을 설할 때라서
또한 매우 기뻐하였고, 아울러 린포체와 많은 말씀을 나누었다.

　이곳에 설한 바는 어느 종파에 관계없이 최후의 정해는 희론 여읨을
결택할 때에 일체 사물에서 이것이 옳음·저것이 옳음, 이 경계·저
경계 등 그 인연되는 바를 하나도 얻을 수 없다는 것이다.

此時觀察執相者 如蚕以絲纏自身 차시관찰집상자 여잠이사전자신
彼念束縛彼者故 如是正義不得見 피념속박피자고 여시정의부득견
이때 상에 집착하여 관찰하는 자는 누에가 실로써 자신을 얽매듯이
그 생각이 자기를 속박하기 때문에 이 같은 바른 뜻을 얻지 못한다.

　이미 성자의 지혜가 드러나고 상사께서 대원만의 본래청정함과
스스로 각성을 이룸을 너에게 설해 주어서 이미 본성을 보았는데,
아직도 다시 관찰을 필요로 할 때면 곧 장애를 이룬다. 만약 성인의
지혜가 현전함에 도달할 때에 아직도 차유此有·차무此無 등을 관찰함

이 필요하고 각종 모양을 집착하면 이런 집착이 자신을 얽매어 버리는데, 마치 누에고치가 스스로 토해낸 실로써 껍질을 만들어 그 안에 자신을 얽어맴과 같으며, 그 분별망념으로 본래청정한 각성이나 혹은 네가 증오한 바의 각성을 묶고, 얽매고, 장애한다. 따라서 자기의 분별망념으로써 본래의 청정한 각성을 스스로 얽매는 것은 옳지 않다.

이런 종류의 분별망념이 있을 수 없다는 설법은 최후에 각성이 현전할 때를 말함이며 초학자에 대해서 말함이 아니다. 초학자는 먼저 관찰해야 하고 후에 관찰과 안주를 번갈아 하며, 최후에 수승한 정해가 높아졌을 때는 응당 안주하고 관찰함이 필요하지 않다. 그렇지 않으면 그 분별망념이 도리어 본래청정한 각성을 묶어 장애를 조성하게 되어, 법계의 진정한 본뜻이나 대원만의 본래청정한 뜻을 얻을 수 없게 된다.

故以殊勝定解者 斷除實相之障時 고이수승정해자 단제실상지장시
本義光明見無誤 卽是各別自證智 본의광명견무오 즉시각별자증지
何爲心所之妙慧 하위심소지묘혜

이어 수승한 정해로써 실상의 장애를 끊을 때
본뜻 광명이 그릇됨이 없음을 보며, 이것이 곧 각기 다른 자증지혜인데
어찌 심과 심소를 포함하는 묘혜가 되겠는가?

대원만의 각성을 증오한 사람은 그 지혜가 분별망념이 아니다. 어떤 사람이 증오했다고 말해도 그 실제는 마음과 심소心所의 분별망념이나, 만약 진정으로 법의 실상을 증오했다면 결단코 그 지혜는 마음과

심소의 분별망념이 아니다. 따라서 수승한 현공무별顯空無別로써 정해
가 되는 것은 곧 대법對法의 실상에 대해 거짓이 없는 지혜[39]를 일으킨
것이고, 전도된 유·무·시·비 등의 증익과 장애를 능히 끊어 제거한다.
이렇게 대법의 실상 방면의 장애를 제거하면 이때에 법의 실상인
현공무별의 광명지혜를 현량으로 그릇됨 없이 보게 된다.

관찰로써 이끌어 낸 수승한 정해의 지혜는 실상을 깨닫는 장애를
제거하고, 그 끊는 찰나가 본래청정의 실상의 뜻이 되며, 또한 광명대원
만의 본래청정한 뜻을 능히 현량으로 보게 된다. 이것이 곧 자기가
'진소유지盡所有智와 여소유지如所有智의 분별없는 지혜를 증오한 경
계'이며, 혹자는 수도할 때에 '유사한 지혜를 증함'이라고 설하기도
하고, '실상을 깨달음'이라고도 말하는 등 곧 '각기 다르게 스스로
증오하는 지혜(各別自證智)'가 된다. 이렇게 자체로 증오한 지혜를
왜 마음과 심소가 포괄하는 일반적인 지혜라고 설하는가? 마음과
심소는 분별망념이기 때문이다.

이곳에서 말하는 '반야般若'와 '지智'는 조금 구별이 있다. 일반적으로
'반야'는 '혜慧'를 가리키고, 기基·도道·과果 삼종반야로 나뉘는데,
여기서는 도반야道般若를 가르키며, 곧 심心·심소心所의 혜慧가 되어
능히 판별하는 지혜를 말한다. 그 '각기 다른 자증지自證智'는 과반야果
般若를 말하며 곧 진실한 지혜·무분별지無分別智가 된다. 반면에 능취
와 소취가 없는 지혜를 지智·본지本智라고 부른다.

대원만중에 있어 아뢰야식과 법신이 구분이 있고, 지혜와 본지

---

39 무릇 지혜를 얻는 모든 지혜, 곧 문혜·사혜·수혜와 이를 통해 얻는 청정한
   지혜.

사이에도 구분이 있는데, 여기서는 '반야般若'와 '지智' 사이의 구분 혹은 '혜慧'와 '지智'의 구분을 말하고 있으며, 일반 수도修道의 지혜를 '혜慧'라 하고, 증오하는 지혜를 '지智'라고 한다. 아띠요가에서 설하는 지혜는 '구경지究竟智·과지果智'이고, 아직 구경이 없을 때는 '도道의 지혜'이며, 현전함이 없을 때는 '기基의 지혜'가 된다.

妙慧之境卽辨別 意念如此等執着 묘혜지경즉판별 의념여차등집착
묘혜의 경계는 판별이고 의식이 이 같은 것들에 집착한다.

'묘혜妙慧'와 '지智' 사이의 구분을 말한다. 묘혜의 경계는 모든 법의 모습을 판별하고, 그 의식은 많은 집착이 있으며, 이것이 '승의제'임·저것이 '법계'임 등의 분별이 있다. 그러나 대원만을 증오한 때에는 이러한 의념판별 등과 같은 집착이 없다.

由于等性智慧者 意念如此等執着 유우등성지혜자 의념여차등집착
不緣二取各現空 不住心及心所相 불연이취각현공 부주심급심소상
평등성 지혜를 말미암아 능취·소취에 반연하지 않고
현과 공이 모두 심心과 심소상心所相에도 머무르지 않는다.

이 게송은 진정한 지혜는 또한 어떠한 것인가를 논하고 있다. 티베트어 중에 '시로(西繞)'와 '이시(意西)' 두 가지는 구별이 있는데, 무릇 판별하는 혜慧는 '시로'라 하고, '이시'는 범부에게 있지 않은 성인의

지혜로서 곧 본래지혜를 가리킨다. 이것은 구경지혜를 설할 때에
진소유지와 여소유지를 말하고, '혜慧' 자字는 설하지 않는 것과 같다.

'혜慧'는 '지智'보다 낮은 경계이다. 본래 반야는 '지智'의 뜻이 있는
것으로서, 반야바라밀다는 최고의 지혜를 가리켜 말하는 것이지만,
이곳의 뜻이 그것과 더불어 모순이 되지 않는데, 어떤 경우든 상황에
따라 이렇게 잘 구별해 내면 된다. 윤회와 열반이 다르지 않음, 혹은
현현과 공성이 다름없음(현공무별)의 평등성 지혜는 능취와 소취의
두 가지 인연하는 바에 집착하지 않고, 또한 현현·공성을 인연하지도
않으며, 그 법상이 마음과 심소의 중간에도 포함되지 않는다.

是故觀察引定解 入定于其無垢慧 시고관찰인정해 입정우기무구혜
彼因得果無二智 피인득과무이지
이로써 관찰하여 정해를 끌어내고, 입정하여 무구지혜에 다다르니
저 혜의 인연으로 무이지無二智의 과를 얻는다.

혜慧와 지智는 서로 인과의 관계인데, 먼저 정해가 있어 다음으로
혜慧를 끌어 올리며, 혜가 있음으로 해서 정定에 들어 마침내 지智가
현전한다. 따라서 각종 관찰방법으로써 정해를 끌어내고 수승한 정해
의 가운데에서 정에 든다. 정에 들 때에 무구혜無垢智가 나오게 되는
것이니, 먼저 정해로 혜를 끌어내고, 혜를 인因으로 삼아 지智를 끌어내
어 과과를 삼으며, 따라서 저 혜慧의 인이 둘이 없는 지智의 과果를
얻게 한다.

決擇正見立定宗 以及了達各辨別 결택정견입정종 이급요달각판별
卽是無垢之慧量 즉시무구지혜량

정견을 결택하여 정을 세우는 종파는 각각을 요달하고 판별하니
이것이 곧 무구의 혜량이다.

　여기서는 정定에 드는(入定) 근본혜根本慧와 정에서 나온(出定) 후득
지後得智를 나눠 설하고 있다. 일반적으로 정에 들 때 지智를, 정에서
나온 때 혜慧를 가리키는데, 정에서 나온 때는 관찰의 방식을 쓰기
때문에 혜라 일컬으며, 정에 들었을 때는 '스스로 생긴 지혜(自生智)'라
일컫는다.

　정에서 나온 때 일반적으로 종을 세우는 종파는 정견을 결택하고
요의와 불요의를 판단하는 등에 혜를 써서 설했는데, 중관에 있어서
두 가지의 구별은 중요하다. 정견을 결택함이 중관·대원만 등의 견해
를 결택한 것과 같아 청정무구한 혜이며, 견실한 정을 세우는 종파는
변론 등이 필요한데, 이것들 또한 혜에 속한 것으로 포함된다. 아울러
법성과 유무 등의 법과 승의·세속을 요달하고 판별하며, 요의와 불요
의 등을 판별하는 것 등이 또한 일종의 허물없는 혜의 정리이자,
순수한 반야의 비량比量이라고 설한다.

慧引定解之道中　究竟實相入定智 혜인정해지도중 구경실상입정지
此爲大乘道正行 차위대승도정행

무구혜로 정해를 끌어내어 구경실상의 정에 드는 지혜가 되며
이것이 바로 대승도의 정행이 된다.

정에 들 때 지智를 말하는 것은 지의 본성 중에서 정에 들기 때문이며, 최후에는 '무구혜無垢慧'로써 매우 좋은 정해를 끌어 일으키게 된다. 여기서는 혜가 정해를 끈다고 하고, 위에서는 정해가 지혜를 끈다(정해가 깊고 옅음·크고 작음·범위의 나눔 등이 있음을 보게 됨)고 하였는데, 이처럼 정해의 의의는 매우 넓다.

혜로써 끌어내는 정해 중에 도를 수행할 때 가장 구경인 법의 실상 위에서 정에 들게 되는 바, 이것을 '정에 드는 지혜(入定智)'라고 하며, 이런 종류의 정에 드는 지혜는 대승도의 정행이 된다. 일반적으로 먼저 지혜를 끌어 정해를 내고, 집착이 없는 가운데 정에 드는 것을 관찰한 즉 능히 성지와 여래지가 현전하게 된다. 마음을 관할 때에 있어 바로 증오가 있고, 이때 인식에 응하고 얼마 지나서는 곧 찾을 수 없는데, 마치 고요한 물에 달그림자가 나타나는 경우 조금 물이 움직이면 달그림자를 보지 못하는 것과 같다. 따라서 언제든 수시로 증오를 확인해야 한다.

반야의 범위가 크다고 해도 '시로'를 '반야'로 번역함은 맞지 않으며, 능소를 여읨은 지智가 되는 것이지, 혜慧가 아니다.

具此今生得無二 是故卽乘亦是大 구차금생득무이 시고즉승역시대
이를 갖추면 금생에 둘이 없음을 얻게 되니 이로써 곧 승乘이 또한 크다고 말한다.

만약 이런 정해를 바탕으로 대승의 정행도를 갖추게 되면, 금생에 능히 '둘이 없는 쌍운의 불과'를 얻게 된다. 이 경우 현교와 외속부의

관점이 필요하지 않는데, 비유로 설하되, "현교의 지혜는 배후를 좇아서 현현하고, 외속부의 지혜는 전면을 좇아서 현현하며, 대원만의 지혜는 내심을 좇아서 현현한다."라고 한다. 위에서 설한 정행을 갖추면 곧 금생에 능히 둘 없는 금강여래의 과나 혹은 유학도有學道와 무학도無學道의 과를 얻게 된다. 일부 강의에서는 유·무학도를 둘이 없는 과에 포괄하지만, 일부는 무학도만을 둘이 없는 과로 인정한다.

일반적으로 초지에서 둘이 없는 과를 얻는다고 한다. 따라서 자종自宗의 대원만은 모든 승 가운데 가장 높은 것이니, 구승九乘 차제의 정점이다. 승乘에는 인승因乘과 과승果乘이 있다. 대원만(아띠요가)은 이것으로써 붓다의 구경의 지를 증할 수 있기에 과승이라고 설할 수 있으며, 또한 인승이라고도 할 수 있는데 수도의 과정 중에서 같지 않은 증오가 있기 때문이다. 대원만은 실다운 지혜이고 또한 '승乘'이 되는데, 승乘은 일종의 과정의 경계가 되기 때문이며, 『대집경』에서 이같이 설한 바 있다. 이 대원만은 또한 '대大'라고 말하는데, 금생 중에서 능히 대수인과 대지명과[40]를 얻기 때문이다. 『현관장엄론』에 '대大'에 대한 해석이 있는데, 곧 '행대行大·단대斷大·증대證大'의 3대가 있다. '행대'는 석존께서 증오한 지혜를 가리키고, '단대'는 일체의 번뇌장과 소지장을 제거한 것을 가리키며, 증대는 가장 큰 증오를 가리키니 곧 진소유지와 여소유지를 가리킨다.

使以按照四續宗 此道無上句灌頂 사이안조사속종 차도무상구관정

---

40 진언을 염송하며 수행하여 얻는 지위이고, 이숙지명·수자재지명·수인지명·원성지명을 4종 지명과라고 한다.

雖是究竟之智慧 然未安立單獨乘 수시구경지지혜 연미안립단독승

사속의 종파를 비춰보면 이 도는 무상 구의관정이 되며

비록 구경의 지혜이지만 단독승으로 안립하지는 않는다.

대원만은 그 특별히 다른 점과 우수성이 있는데, 다른 종파의 지혜와 서로 비교하면서 설명한다.

까담파를 위주로 한 종파는 일반적으로 삼승사속三乘四續을 인정한다. '사속'은 사사·행行·요가瑜伽·무상요가無上瑜伽를 가리킨다. 닝마파는 삼승육속을 인정하는데, 육속은 앞의 삼속에 무상유가부를 더하고, 무상유가부를 마하·아누·아띠의 세 개로 더 나누니 모두 육속이 된다.

여기서 다른 종의 관점을 설하는 것은, 다른 종 또한 최고의 지혜가 있고 자종 또한 인정하기 때문이다. 사속부를 따라 설하면 수행 중에 생기차제生起次第로 좇아 유상有相 원만차제圓滿次第에 이르고, 이어서 무상無相 원만차제에 이르며, 최후에는 원만차제의 무상법에서 표시가 필요한 때에 또한 구의관정句義灌頂이 있음을 인정하며, 이로써 원만차제의 최고 지혜를 이해시킨다.

이것이 비록 가장 높고 구경인 원만차제의 지혜이지만 너희가 이 구경지를 가져서 안립하여 단독의 승乘으로 삼지 않았고, 마찬가지로 대원만의 아띠요가는 비록 승乘이라 불릴 수 있지만 우리는 그것을 구경지究竟智라고 할 뿐이며 승乘이 된다고 하지 않는다.

譬如具德時輪續 着重解釋等性智 비여구덕시륜속 착중해석등성지

彼許諸續之究竟 피허제속지구경

비유하면 덕을 갖춘 시륜속은 평등성지를 해석함에 중점을 두며 그것이 모든 속부의 구경임을 승인한다.

비유할 것 같으면 너희가 인정하는 부속父續·모속母續·무이속無二續에서, 부속은 밀집금강密集金剛 등을 가리키고, 모속은 승락금강勝樂金剛 등을 가리키며, 무이속은 『대환화망속大幻化網續』과 『시륜금강時輪金剛』 등을 가리킨다. 가장 높은 시륜금강 중에 중점적으로 설명한 것은 평등성지平等性智 혹은 주변허공금강지周遍虛空金剛智이며, 시륜금강이 일체 속부의 구경임을 너희가 허락하므로 대원만도 이렇게 안립하는 것이 이치에 맞다.

無上續中第四灌 着重宣說此道智 무상속중제사관 착중선설차도지
諸續密意之精華 제속밀의지정화
무상속부 중의 제4관정은 이런 도의 지혜를 펴 설함에 중점을 두며 모든 속부 밀의의 정화이다.

이곳에서 닝마파의 삼요가三瑜伽의 의의를 설한다. 무상속부의 마하·아누·아띠 등의 삼요가가 속부 중에서 최후에 대원만으로써 주가 되는 것이 제4관정이며(여기에서는 주로 대원만의 삼요가 중에 모두 세 가지 차제가 있음을 설하는데, 이는 곧 대원만 차제로 설하는 것이다), 이 도道의 각공무별覺空無別의 지혜 혹은 유가사가 친히 증한 본래청정한 뜻의 구경지에 대하여 중점적으로 설한다.

여기에서 '차도此道'는 무상속無上續의 제4관정의 도, 곧 무상대원만
의 도를 가리킨다. 닝마파 자종은 이것을 일체 속부 밀의의 정화로
인정한다. 자종自宗과 타종他宗의 구경지에 대한 해석과 자종의 특색,
공덕 등을 설명하기 위하여 닝마파 자종은 무상속부를 삼요가로 나누
어 마하요가는 밀집금강, 아누요가는 승락금강, 아띠요가는 시륜금강
으로 해석한다.

이것이 닝마파가 최후 삼속 중에 각성覺性, 각공무별覺空無別 등의
지혜를 중점적으로 설한 것이며, 일체 속부 밀의의 구경의 정화이다.

如金十六煉極淨 餘乘宗派經觀察 여금십육연극정 여승종파경관찰
越來越淨此究竟 월래월정차구경
열여섯 번 제련하여야 순금이 되듯이, 다른 종파와 비교해 관찰해
보면
자종은 더욱 청정해지는 최고의 구경이 된다.

금광석을 열여섯 번 제련하여야 순금이 되는 것과 같이, 자종의
대원만이 외도·소승·대승·금강승의 모든 종파에 대하여 최고의 지혜
로써 관찰하여 내린 결론은, '대원만은 모든 승이 더욱 청정해지는
최고점'이라는 것이다. 소승에서 통달하지 못한 것은 유식에서 통달하
고, 유식에서 통달하지 못한 것은 외속부에서 통달하며, 외속부에서
청정하지 못한 것은 대원만 중에 청정하게 되며, 최후에 아띠요가에
이르러 원만청정의 구경에 이른다.

롱수 반즈다의 『입대승론入大乘論』에 설하되, 최고의 아띠요가에서

부터 소승유사부에 이르는 사이의 종파 중에 하하下下 종宗의 사견은 상상上上 종宗이 능히 대치하여 제거하고, 하하 종의 공덕은 상상 종에 증상增上으로 갖추어 있는 것이니, 소승의 인무아의 지혜는 유식 종에서 그 공덕이 증상하는 것이며, 소승 중에 가장 미세한 미진은 유식종은 승인하지 않는 등, 하하의 사견은 상상에 없고 하하의 정견은 상상에서 증상의 청정이 되며, 최후에 아띠요가에 이르러 구경의 청정함이 된다. 우리는 이로써 닝마파의 수승한 논전을 보고 의심을 제거해야 한다.

是故無垢智慧量 成立此義之理趣 시고무구지혜량 성립차의지이취
若思諸續密意疏 尤其法賢理觀察 약사제속밀의소 우기법현리관찰
離魔成熟不奪智 이마성숙불탈지

따라서 무구 지혜량으로써 이 뜻의 이치를 성립하고
모든 속과 밀의 해석의 소를 사유하며, 특히 법현의 지혜로써 관찰하면
마를 여읨이 성숙하여 지혜를 뺏기지 않는다.

　앞에서 대원만이 구경에 청정함이 되는 것을 설하였고, '허물없는 지혜(無垢智)'의 정리로써(일반적으로 교敎·현現·비比의 3량을 쓴다) 관찰할 때에 대원만의 깊은 뜻은 능히 성립하는 것이다. 교량을 좇아서 보현여래로부터 현재의 역대 전승상사에 이르기까지 관찰해 보면 교증의 방면은 성립하는 것이고, 그런 후에 비량을 좇아 관찰하면 역대 고승대덕의 추리 방식으로써 또한 성립하여 과실이 없으며, 현량으로 좇아 말하면 과거로 좇아 현재에 이르는 역대의 전승상사는

그 성립을 현량으로 증오하였다. 따라서 삼량으로 성립하는 것은 모두 과실이 없다.

만일 사속부에서 내속부에 이르는 강의, 곧 가랍 도르제, 시르상하, 연화생 대사, 비로자나 역사 같은 분의 법문 및 롱첸빠 존자의 『삼대해탈三大解脫』, 『삼대휴식三大休息』, 『칠보장七寶藏』 등을 잘 사유하고, 또한 롱수 반즈다의 이증관찰 방식을 잘 활용하면 모두 허물없이 그 뜻을 성립할 수 있다. 미팡 린포체가 롱수 반즈다의 설법에 대하여 매우 찬탄하였으며, 그의 이치로써 관찰하여 허물없는 선설을 수학하면 능히 일체 사마외도를 널리 여의게 된다. 그의 저서로는 『입대승론入大乘論』, 『청정본존관淸淨本尊觀』 등 몇 권만 남아 있으며, 기타 많은 논서가 유실되어 애석하게도 현재는 많지 않다.

상사 린포체께서 말씀하시되, "너희는 『입대승론』을 잘 배워야 한다. 이 논전은 현량과 비량의 논리로써 대원만을 이해하며, 특별히 교량 방면으로써 의심 없이 대원만의 관점을 성립시킨다. 모두 매우 중요하다."라고 하셨다. 상사께서 인도에서 쟈와 린포체께 대원만을 전수하실 때 『입대승론』의 언어를 인용하여 교증을 하셨기에, 쟈와 린포체도 롱수 반즈다의 『입대승론』을 구하여 읽고 대원만 방면의 일부 의심을 해결했다. 닝마파에 대해서 말하면 미팡 린포체의 은혜가 무량하며, 그 앞에 롱수 반즈다, 미랑 린포체, 롱첸빠 존자의 공덕 또한 후학자들이 오랫동안 갚기 어려울 만큼 크다. 1987년에 상사 린포체께서 오명불학원에서 『입대승론』을 강설하셨는데, 처음 들을 때엔 이해하기 어려웠으나 나중에 다시 관찰해 보니 그 뜻이 갈수록 명확해졌다.

262

대원만의 뜻에 대하여 3종의 무구 지혜량으로 그의 성립함을 증명하여 알게 되는데, 우선 모든 속부의 밀의의 설법을 연구하고 이해하고, 특히 롱수 반즈다의 논리로써 증명하는 방식의 관찰에 대해 학습해야 한다. 미륵보살의 『경관장엄론經觀莊嚴論』 중에 "법현法賢[41]은 이치로 관찰함을 설하고 항시 마魔의 해치는 바가 없다."라고 하는 등의 문구의 수기가 있으며, 이치로써 관찰하는 법현의 논을 연구하면 능히 마를 제거하게 되며[42], 아울러 자체의 상속 중에 다른 사람에게 빼앗기지 않는 지혜를 성숙시킨다.

어느 종파를 수학하든지 먼저 자기 종파에 대해 확고하게 이해함이 필요하다. 마치 겔룩파를 수행하는 훌륭한 강사가 비록 근본적으로 변론으로 너를 굴복시키지 못하지만, 그는 실제로 종카빠 대사의 설한 법의 밀의를 증오하였다. 우리 닝마파의 수많은 좋은 켄포는 사마외도가 신통을 나타내어도 그의 마음은 동요되지 않는데, 그가 이미 구경의 대원만을 깨달아 마음속에 정해가 있기 때문이다. 그러나 우리들 중에 일부의 사람은 정해가 없어, 동풍이 불면 동으로 가고 서풍이 불면 서로 가는데, 이것은 견見·수修·행行·과果가 함께 확고하지 못하기 때문이다.

닝마파의 설법을 항상 연구하면, 곧 능히 악취에 떨어지지 않는

---

41 롱수 반즈다의 중국어 호칭이다.

42 그의 논전이 많이 전해지고 있지 않지만, 롱첸빠 존자의 『삼대휴식』 등을 보아도 마의 해를 입지 않는다. '마를 여읨'은 일체의 내·외마를 여읨을 가리키는 것이다. 안으로 일부의 삿된 분별망념을 여읨은 예를 들어 "대원만이 좋은 것만은 아니다."라는 등의 사견과 일체 마음의 집착, 법을 비방함 등을 여의는 것을 말한다.

지혜를 성숙시키며, 이것은 매우 중요한 것이다. 마치『정해보등론定解寶燈論』에서, '정定'과 '해解'의 많은 뜻을 일부분이라도 잘 이해하면 마음이 능히 편하게 한 곳에 안주하게 되는데, 이것은 미팡 린포체의 특별한 마음이 성장하는 가피를 얻었기 때문이다. 우리가 '법현'을 '미팡' 혹은 '롱칭'이라고 바꾸어, "더욱 미팡의 이치로 관찰하면 마를 여읨이 성숙하여 지혜가 퇴보되지 않는다."라고 말하여도 역시 좋은 방법이다.

然而見之正行義 若以偏執現空等 연이견지정행의 약이편집현공등
說爲心與心所境 則已非說宣說故 설위심여심소경 즉이비설선설고
智者密意皆相違 지자밀의개상위

그런 견해의 정행의 뜻에 대하여 만약 현과 공 등을 치우쳐 집착하여 심과 심소 경계라 말하면 이미 바른 설법을 말하는 것이 아니기에 지자의 밀의와 서로 모두 어긋난다.

대원만의 본래청정견은 이와 같이 곧 실질공의 뜻이며, 만일 어떤 사람이 대원만을 가져 공으로 집착하거나 혹은 집착하여 현현이 된다고 함은 모두 옳지 않고, 또한 명점 혹은 무지개라고 집착하는 것 등도 옳지 않다. 현재 구능邱陵 선생이 대원만을 연구하고 책을 펴내는 것으로는 유명하지만 진정으로 규결이 포함되었는지는 말하기 어렵다. 후기 번역기의 일부 대덕 또는 까담파(格登派)에서 대원만 최후의 지혜는 실제상 하나의 미세한 의식이라고 하였는데, 미팡 린포체가『삼대본성론三大本性論』에서 전문적으로 이런 관점을 파하면서 그것

은 미세의식이 아니라 '각성覺性'이라고 설하셨다. 현현·공성·의식을
대원만의 지혜라고 생각하거나 혹은 대원만을 심소心所의 요소가 된다
는 등으로 말할 수 없다. 대원만은 유·무·시·비를 여읜 경계이며,
관정을 받지 않은 자에게는 설할 수 없는 도리인데, 이것을 도리어
표현하여 말한다면 지자(智者, 대원만 역대 전승조사)의 밀의密意와는
완전히 서로 어긋나게 된다.

由于阿底約嘎者 現空不可思議智 유우아띠요가자 현공불가사의지
是故唯離不淨心 시고유리부정심
아띠요가를 말미암은 현공의 불가사의한 지혜는
이로써 오직 불청정한 분별심을 여읜다.

스스로 조금의 증오도 없으면서 도리어 남에게 대원만을 임의로
설할 수는 없다. 아띠요가에서 '아띠(阿底)'는 극점極點의 뜻을 가리키
고, '요가(瑜伽)'는 선정을 가리킨다. 또한 '마하(馬哈)'는 크다는 뜻이고
'아누(阿努)'는 수순행隨順行의 뜻을 말한다. 극점이 된다는 것은 가장
수승한 선정을 가리키는 것으로, 그 '본래로 청정함(本來淸淨)'과 '임운
하여 자연 성취됨(任運自成)'을 설하는 것이며, 이것들은 매우 수승한
경지이다. 그 '현現' 또한 불가사의하고 '공空' 또한 불가사의하며,
그 또한 언어로 서술함이 불가능하다. 즉 현현과 공성이 불가사의한
밝은 지혜(明智) 혹은 각성지혜覺性智慧가 대원만이며, 따라서 대원만
은 청정치 못한 마음과 심소를 여읜 유일한 것이라 설한다.
『진실명경眞實名經』은 닝마파의 모든 대덕이 대원만·아누·마하요

가로 해석하며, 『심경心經』 또한 대원만의 의리로 해석된다. 이는 석존의 경전은 어느 계단에 두어도 모두 맞고 진리의 논설이기 때문이다. 석존의 말씀에 많은 비슷한 특징이 있으며, 아울러 직접·간접·은장隱藏의 비밀한 뜻이 있다. 롱수 반즈다의 논은 일반적으로 인명因明의 방식으로써 대원만을 성립시키는데, 이는 매우 중요하다. 일반적으로 대원만을 인정하지 않는 사람에 대해서는 인명의 방식을 써서 이치로 증명해 주어야 하는데, 그들에게는 교증이 성립되지 않을 수도 있기 때문이다. 대원만 견해 등과 같은 정견을 확립하여 이에 대한 깊은 신심이 흔들림 없이 여여부동하면, 금번 일생에 사람 몸 얻은 것이 큰 의의가 있게 된다.

이상은 대원만을 배우는 일부 잘못이나 수행법에 대하여 설한 것이었다. 이제부터 강설하는 내용은 비교적 깊으며, 이전에 대원만 강의를 들은 사람은 이곳에서 설하는 본래청정과 임운하여 스스로 이뤄짐을 기본적으로 이해할 수 있지만, 아직 배우지 않은 사람이나 관정을 받지 않은 사람은 자세히 강설해도 반드시 효과가 있다고 말할 수 없다. 따라서 이곳에서는 간략히 설한다.

於此分二直斷見 決擇本淨之空分 어차분이직단견 결택본정지공분
光明頓超能決擇 自成身智之自性 광명돈초능결택 자성신지지자성
들로 나뉘는 수행법 중 직단견은 본래로 청정한 공성 부분을 결택하고
광명돈초가 능히 결택하는 바는 자연 성취되는 신지혜의 자성이다.

대원만 정행의 수행법은 두 부분으로 나뉘는데, 그 첫 번째가 직단견

直斷見이다. 직단견은 '끊어 세움'이라고도 하는데, 대원만의 본래로
청정한 견해를 결택하여 현행의 좋은 것, 안 좋은 것의 분별망념을
직접 끊어 제거하며, 아울러 법성이 됨을 확언하여 곧 일체의 만법이
모두 크게 공하고 분별이 없음을 결택한다.

深解內明瓶童身 심해내명병동신
안으로 밝은 동자병불신을 깊이 깨닫고

그 두 번째는 '광명이 임운함(光明任運)'을 설한다. 이것은 '광명돈초
光明頓超'라 하며, 결택하는 바는 모든 중생 자체에 생겨나는 지혜는
'거듭 새것(重新)'인 공성으로부터 오는 것이 아니라, 본래 자신에
원만하게 이뤄진 신밀身密·지밀智密의 본성이다. 여기서 신밀은 청정
한 불신을 가리켜 말함이고, 지밀은 부처님의 지혜본성을 가리킨다.
이렇듯 모든 중생들은 이 같은 불성이 있기에 깊은 정해를 내며,
따라서 명점明点·금강련金剛鏈 등의 전법하는 방법으로써 능히 신해를
일으키게 한다.

중생 한 명 한 명이 모두 불성이 있고, 대원만에서는 규결의 방식으로
전법하는데, 비유의 방식으로는 병 속에 한 존의 불상을 두고 내면에
존재함을 설하거나 또는 병 속에 하나의 등을 놓아 내면이 밝음을
설한다. 모든 중생의 불성도 또한 이와 같이 각자의 내면의 마음에
존재하지만, 자기 마음 중에 하나의 석가불상 등이 있다고 오해하지
말아야 한다. 대원만의 광명임운은 그렇게 이해하는 것이 아니다.
현시대의 많은 사람이 자신이 전승법맥의 근본상사의 규결을 전수받음

도 없으면서, 책을 보고 뜻을 해석하고 표면상으로 이해하여 대원만을
타인에게 전하여 준다 함은 매우 불쌍한 일이다. 그 자신이 완전히
롱첸빠 존자의 밀의를 잘못 이해한 것이고 또한 타인도 잘못되게
한다.

이 게송은 일종의 비유로 말하되, 중생은 본래 스스로 불성을 구족하
고 있고 그 불성은 광명의 성질이 있어 색도 없고 오염됨도 없다고
설한다. 임운자성의 규결은 각 중생의 신밀과 지밀의 본성을 결택하는
것이고, 아울러 안으로 밝은 지혜에 대하여 신심을 일으켜야 하며,
임운자성은 하나의 지혜로써 이같이 이해해야 한다.

二者亦無各分別 卽是本淨及自成 이자역무각분별 즉시본정급자성
唯有雙運大智慧 유유쌍운대지혜
이 두 가지는 각기 분별함이 없는 본래청정함과 자체로 이뤄짐이며
오직 쌍운함이 있는 대지혜이다.

'본래청정함(本淨)'과 '자체로 이뤄짐(自成)'은 본성에 있어서 서로
나눌 수 없는 것이다. 다만 같지 않은 근기의 사람에 대해서는 앞의
것에 적합함이 있거나 또한 뒤의 것에 적합함이 있을 뿐이다.

이곳 게송의 형식이 완벽한 귀납이라고 할 수는 없으나, 롱첸빠
존자의 『칠보장七寶藏』[43]을 연구해 보면 본래청정함과 자체로 이뤄짐
은 각기 자체로 나눌 수 없으며, 두 가지는 쌍운대지혜雙運大智慧이다.

43 롱첸빠 존자께서 지으신 『여의보장론』, 『실상보장론』, 『종파보장론』, 『승승보장
론』, 『구의보장론』, 『법계보장론』, 『규결보장론』이 있다.

즉 하나의 공성 혹은 하나의 명점明点이 아니고, 또한 명점을 말할 때 공이 아닌 명점이 아니다. 이것은 위에서 논한 바의 현현과 공성이 구분이 없음과 다르지 않으며, 마땅히 이같이 이해해야 한다.

對此余續不同名 稱爲無毀智明点 대차여속부동명 칭위무훼지명점
此處宣說極明顯 차처선설극명현
다른 속에서 다르게 명명하여 '훼손 없는 지혜의 명점'이라고 칭하는데 여기서는 극히 밝게 나타남이라고 말한다.

위에서 설한 바의 본정本淨과 자성自成은 또한 닝마파만의 독자적인 견해가 아니고, 다른 속부 중에서도 그 이름이 다른 것이 있다. 황교黃敎의 어느 강사가 전문적으로 닝마파 동병신童瓶身[44]을 부수는 철추론鐵錘論을 지었는데, 그의 뜻은 닝마 자체 종파가 설하는 바인 동병신을 망치를 써서 훼손하는 것이었다. 미팡 린포체 또한 전문적으로 이 논을 파하는 한 편의 문장을 지었는데, 밀집금강密集金剛[45] 중에 하나의 훼손함도 없는 명점이 있으며, 닝마파의 동병신과 의미는 한가지이고 다만 이름만 다를 뿐이며, 전수해 주는 규결 방면에서 같지 않을 따름이라고 설하였다. 임운자성의 지혜에 대하여 밀집금강에서 설하되, '훼손됨이 없는 명점(無毀的明点)'이라 하고, 만약 '동병童瓶'을 부수면 곧 훼손이 없는 명점을 부수는 것이 된다.

---

44 마음의 본성이 영원히 동자같이 젊고, 깨닫지 못했을 때도 불성이 안으로 밝은 모습이 병 안에 등불이 빛나는 것과 같은 것을 비유로 말한 것.
45 티베트 밀교 오대 금강 본존의 한 존 본존이다.

자기 종파의 관점을 알지 못하면서 오히려 다른 종파의 관점을 파하고자 함은 곤란한 일이다. 불성이 현종에서는 여래장이라고 해석되는데, 다만 밀종에 있어서 응당 이 같은 규결과 방식으로써 동병신을 전수함이 맞다. 동병신은 대원만에 있어서는 설함이 분명하나, 밀집금강 등의 속부경전에서는 설함이 분명하지 못하다.

분별망념을 끊는 방면의 규결은 바로 본래청정이다. 중관은 공을 설하고 밀법은 청정을 설한다. 규결에 의지하면 바로 능히 금생에 보현여래의 과를 얻을 수 있으나, 그렇지 않으면 금생 중에 보현여래의 과위를 얻는 것은 매우 어렵다. 상사께서 전수해 주신 규결에 의지하여 명점·금강련[46]의 방편 수행법을 따라 수행하면 본래 매우 곤란한 일을 뛰어넘게 된다.

광명임운과 돈초頓超의 수행법으로 자기가 본래 갖춘 신밀과 지혜밀을 보게 된다. 롱첸빠 존자가 설하되, "본래청정"은 주로 분별망념을 제거하는 것이고, "광명임운"은 분별망념을 제거한 후에 그 본래 갖춘 지혜 혹은 본성을 드러나게 하는 수행법이다. 응당 이에 신심을 일으키고 토가(脫噶)[47]의 3종 좌법坐法[48]과 3종 간법看法[49]에 의지하여 명점과

---

46 토가 수행 중에 체험하게 되는 것으로, 둥근 타원형의 빛무리 같다고 하며 원공광이라고 한다.

47 닝마파 대원만의 최상의 수행법이고 돈초라고 하며, 어떤 경계도 관상하지 않고 광명 중에 안주하는 수행.

48 사자좌인 법신좌, 코끼리가 누워 있는 모습의 보신좌, 신선이 앉은 모습의 화신좌가 있다.

49 위로 보는 법신의 법성안, 옆으로 보는 보신의 지혜안, 아래로 보는 화신의 명혜안 등 삼종 간법이 있다.

금강련을 수행하면, 이때 자기 내면의 마음 가운데에 보현여래의 본성이 능히 허공 중에 드러난다. 일부 대원만에서 여래의 거울 같은 지혜(如來鏡智)를 설하면서, 이 여래지혜의 거울 중에 영상이 비침을 말하는데, 이런 영상을 동병신 등에 비유할 수 있다.

우리가 허공을 본성으로 관할 때에 그 가운데 보현여래의 본성인 금강련(명점)이 있고 이러한 방식으로써 곧 자기의 내심 중에 존재하는 본성을 이해하게 되고, 일반 토가 수행 중에 이 같은 방식으로써 수지하는 것이다. 같은 도리로, 공성이 없는 물체로는 눈을 통해서 금강련을 드러나게 할 수 없는 것이며, 이것에 대해 만약 롱첸빠 존자의 설법을 보지 않았다면 곤란한 점이 있다. 자생신自生身과 지혜 의 비밀로 "매 한 중생마다 모두 동병신을 갖추고 있다."라는 신심을 일으켜서 규결의 수행법으로써 증오할 수 있는 것이고, 이 동병신은 일반 현교에서 설하는 여래장·불성과 같지만 밀교 중에서 설하는 문구가 같지 않고 오광五光(빛 무더기) 등이 된다고 말하며, 각 속부에서 설하는 바가 같지 않다.

본래청정과 임운은 나누어 설하나, 다만 실제로 둘은 나눌 수 없으며 분별망념을 끊는 것과 자생의 지혜를 나타냄은 나누지 못하니 이것은 명공쌍운明空雙運·지공불이智空不二의 큰 지혜이다. 밀집금강속에서 설하되 마음에 하나의 지혜명점이 있고, 수행할 때에 상사의 규결로써 능히 명점을 증오한다. 다만 설법함에 있어 방편이 같지 않고, 이곳의 동병신은 각종 규결의 방식으로써 설한 것이 매우 분명하다.

미팡 린포체가 설하시되, 현재 세간에서 만나는 상사가 법상을 다 갖춘 것이 아니라 일부는 법 방면에 외도이거나 사도이고, 어떤

이는 불법을 만났어도 그것이 요의가 아니며 기타 간접적인 방법으로
설한 법일 뿐이다. 그러나 우리 닝마파의 법은 매우 수승한 대원만이고
요의了義이며, 친히 명점·금강련 등 규결 방식으로써 설하는 것이며,
그 본사이신 연화생 대사 등 전승조사께서 친히 증득하고 성취하신
것이다. 따라서 이 교법을 만났다면 마땅히 매우 기쁜 일이다. 자종과
다른 종파가 의미상에서는 한가지이지만, 규결의 방편 상에서는 천지
간의 차별이 있다. 밀집금강 중에서 설하되, 현교의 십지보살이 여래장
의 진정한 본성에 대하여 이해하려고 함은 마치 깜깜한 어둠 속의
물체를 이해한 것과 같아서 그 본성을 잘 본 것이 아니다. 현교에서는
일반적으로 숨겨둔 형식으로 설하고 있고, 기타의 속부에서 또한
은장의 방식으로 설하고 있지만, 대원만 속부는 분명하게 말하면서
또한 규결의 방식으로 설하고 있어 이 같은 구별이 있다.

大圓心部竅訣義 各諸大德所修持 대원심부규결의 각제대덕소수지
道果息滅大手印 無二中觀等異名 도과식멸대수인 무이중관등이명
實上離心智慧故 一切皆爲許相同 실상이심지혜고 일체개위허상동

대원만 심부의 규결의 뜻은 모든 대덕의 수지하는 바이고
도과, 식멸법, 대수인과 무이중관 등의 다른 이름들이 있으나
실상 위의 분별심을 여의는 지혜로써 모두가 다 서로 같음을 허락한다.

티베트의 모든 교파가 이런 종류의 대원만법이 있는가? 그렇다.
그러나 대원만 중 일부분의 법만 있다. 대원만은 심부心部·계부界部·
규결부竅訣部의 세 가지로 나눌 수 있는데, 뒤쪽 두 가지는 비교적

깊이가 있고, 심부는 주로 만법萬法을 결택할 때 마음의 방식과 공空의 방식으로써 결택한다. 기타 교파에 모두 대원만 심부의 수행법이 있으나, 뒤의 두 부部는 없으며 오직 닝마파 자종만이 갖추고 있다.

대원만 심부의 규결의 뜻은 샤카·까규·까담·죠낭 등 종파의 대덕 중에 수지한 분이 있는데, 다만 그 이름을 채용함이 다르다. 샤카파의 도과법[50]은 주로 밀법의 도道와 과果로써 설하며, 뿌로빠가 도과법을 전하였고, 대원만 심부의 하나의 규결 부분에 속한다. 파담빠와 마지라준이 전한 식멸법은 반야경과 단법을 융합하여 함께 하나의 종파로 결택한 것이다. 까규파 위주의 대성취자는 대수인으로써 주를 삼으며, 무이중관은 까담파가 주를 삼았으며, 당연히 그 또한 밀집금강 등 최고의 밀법이 있으나 다만 그들은 중관을 여의지 못하였다. 또한 까마까규 등이 있는데, 이들 모두 대원만 심부의 법에 속하며 대원만 심부를 수행하는 사람들이라고 말할 수 있다.

그들 각 종파의 설하는 바의 구경의 관점, 수지하는 법은 마음과 심소를 여읜 지혜이며, 가장 높은 대수인 등도 모두 마음·심소 등을 여읜 지혜이다. 대성취자 츄지단빠가 말씀하시되, "일체 희론을 여읨이 대중관이고, 일체 사찰하는 뜻을 여읜 법이 대수인이며, 일체가 원만구족한 법을 대원만이라고 한다."라고 하신 것처럼 크게 볼 때 그 뜻은 서로 같으며, 특별히 미팡 린포체의 『중관장엄론소中觀莊嚴論疏』의 앞부분에서 설하시되, 까규·샤카·까담 등 종파는 다 한가지라고 하신 바 있다.

---

50 샤카파의 도를 깨닫고 불과를 증득하는 불학 이론과 그 실수행의 법문.

연화생 대사의 전기 중에 스스로 설하시되, "내가 인도의 금강좌에 있을 때는 석가모니불이라 불렸고, 보타낙가산에 있을 때는 관음보살이었으며, 우진정토에 있어서는 내 이름을 연화생 대사라고 하였으며, 최후에는 종카빠가 되어 정법을 홍양하고 그때 라사에서 많은 사원을 세우며, 그 뒤에 샤카 지방에 있어 공가젠찬이라 하고 능히 나의 법당과 절을 복원하며, 또한 나의 화신이 아티샤 존자이다."라고 하셨다. 이것은 연화생 대사께서 티베트를 떠나실 때 국왕의 청에 응하여 설한 것으로, 연사께서 장래 티베트의 불법 상황을 분명히 수기하였으며, 소전기小傳記 중에는 그 설함이 더 많다.

또 진메이펑춰 상사님도 종카빠 제자 커주제이셨고, 샤카파에 있어서 샤카 반즈다 공가젠찬이셨다. 우리들 일반 범부는 자기가 환화幻化할 수 없기에 연사의 전기 중에 설해진 바가 이치에 맞지 않고 불가능하다고 생각한다. 많은 고승대덕은 그 지혜와 법계가 한 체이기에 능히 각종 형상으로 나타나신다. 현재 일부 사람들이 생각하길, 각종 교파는 같지 않고 대원만과 대중관도 같지 않으며, 대원만과 대수인이 화합하는 부분이 있으나 대원만과 선종 및 대중관의 사이에 아직 화합되지 않는다고 여기는데, 이처럼 두 나라가 대적한 것 같이 생각함은 옳지 않다. 미팡 린포체가 말하되, 도과·식멸·대수인·무이중관 등이 다 대원만 심부의 규결의 수행법이나 다만 이름이 같지 않고 각기 전승이 있을 뿐이며, 실제상에서는 모두 심과 심소를 여읜 구경의 지혜이다. 이 일체가 구경의 의의 상에서는 모두 서로 같음을 허락한다.

一切智者同聲說 如來成就同密意 일체지자동성설 여래성취동밀의

일체 지혜자가 한소리로 말하되 여래와 같은 밀의를 성취하였다 한다.

지혜를 갖춘 존자, 보살(석존·마르빠 존자 등)이 이구동성으로 말하되, "여래의 과果와 대성취자의 밀의密意는 서로 같은 것이다."라고 한다. 성취의 방식과 나타나는 화신은 비록 같지 않으나 구경의 뜻과 관점 상에서는 구분이 없으며, 위의 다른 이름의 수행법에서 전하는 구경의 뜻은 진정으로 공성을 증득한 사람에서 보면 서로 어긋나지 않고 완전히 같은 것이다. 그 의의는 같으나, 다만 그 교화하려는 바의 근기가 다르기에 각자의 규결은 서로 같지 않게 된다.

有說自宗大圓滿 已經勝過大手等 유설자종대원만 이경승과대수등
어떤 이는 자종의 대원만은 이미 대수인 등을 지나 수승하다고 한다.

어떤 사람이 말하되, 닝마파 자종의 대원만이 대수인·도과 등을 초과했으며, 가장 높은 것이고, 매우 수승하다고 한다. 그러나 이것이 꼭 그런 것만은 아니다.

無證則無道名言 若證密意一致故 무증즉무도명언 약증밀의일치고
理證應理不可分 이증응리불가분
그러나 증함이 없으면 도를 말할 수 없고, 만약 증하면 밀의가 일치하기에
이치를 증하면 응당 그 이치는 나눌 수 없다.

만일 대원만을 아직 증득하지 못했다면 '대원만이 수승하다 혹은 수승하지 않다' 등을 말하는 것은 아무런 쓸모가 없다. 증오하지 못한 사람은 무엇이 수승한지를 모르기 때문에 이를 판단할 수 없다. 만일 대원만 혹은 대수인 등을 증오했다면, 곧 그 증오한 밀의는 같은 것이며 다만 인연과 근기가 다른 것일 뿐이다.

밀라레빠가 대원만 성취자인 커라와운둥장춰를 친견하자 대사가 말하되, "나의 이 대원만은 인연 있는 자가 만나면 낮에 수행하여 낮에 성취하고 밤에 수행하여 밤에 성취하며, 만약 상근기이면 수행하지 않아도 성취한다."라고 하자, 밀라레빠가 생각하길, "내가 이전에 비밀주문을 수행할 때 참으로 간단하게 득력했었는데, 지금 대원만법을 만난 것은 나와 인연이 있는 것이니, 나는 곧 성취할 것이다."라고 하고는 게을리 잠만 자고 법과 자기 마음을 거꾸로 행하였다. 최후에 상사가 그를 불러 말하되, "네가 업력業力이 매우 중하고, 현재 너와 나의 대원만은 인연이 없다. 야둬룽 산골짜기에 가면 마르빠라는 분이 있는데, 네가 그와 숙세의 연분이 있으니 너는 응당 그곳으로 가라."라고 하셨다. 당시 밀라레빠가 마르빠라는 이름을 듣고서 그의 상속 중에 속된 분별망념이 잠시 끊어졌으며, 이후에 기필코 마르빠에게 찾아가 그를 의지하고 수행하여 한 생에 무이금강여래無二金剛如來의 과위를 증득하였다. 밀라레빠와 같은 상근기의 사람도 대원만은 인연이 없고 대수인과 인연이 있었던 것이니, 따라서 인연이 있고 없음에는 구별이 있다.

이증의 방식으로서 이것이 정확함, 저것이 부정확함 등은 이치에 맞지 않다. 증오하지 못한 때에 있어 분별은 이치에 맞지 않는 것이며,

증오했을 때는 그 밀의는 하나이기에 분별할 방법이 없다. 이상에서 우리가 반드시 주의할 일부 요점을 설했으니 반드시 깊이 체득해야 한다.

如是一切無上續 第四灌頂諸智慧 여시일체무상속 제사관정제지혜
大圓滿中無分別 대원만중무분별
이같이 일체 무상속은 제4관정의 모든 지혜로서
대원만 중에 아무런 분별이 없다.

　증오 방면에 있어서 구별이 없고 다만 범주 방면 등에서만 구별이 있을 뿐이다. 『시륜時輪』, 『대위덕大威德』, 『밀집密集』, 『대환화망속大幻化罔續』 등 무상속부無上續部는 제4관정[51] 시에 가장 구경의 지혜를 설했는데, 이 같은 지혜는 원융무애하게 대원만에 모두 포용되며, 모든 교파의 가장 수승한 법은 모두 대원만에 집중되어 있다. 그러나 대원만의 비교적 수승한 일부의 법은 기타 교파가 꼭 갖춘 것은 아니다.

然彼諸源大圓續 心界窺訣部所分 연피제원대원속 심계규결부소분
深廣殊勝之密要 餘宗曾無之修法 심광수승지밀요 여종증무지수법
衆多零散之密訣 不必說爲差別法 중다영산지밀결 불필설위차별법
저 모든 대원만 속부의 근원은 심·계·구결부로 분류되고

---

51 구의관정을 말한다. 승의보리심 탄청 중에 신구의의 번뇌습기를 완전히 청정하게 하며 자성대원성도를 수행할 자격을 얻고, 신심 중에 과위지금강자성신을 얻는 인연을 심는 관정이다.

깊고 넓은 수승한 비밀의 요점이며 다른 종파에는 일찍이 없는 수행법
이며
여러 곳으로 분산된 비밀 구결이니 차별법이 된다고 설할 필요가
없다.

대원만에는 공통되지 않는 특성이 있는데, 그렇다면 대원만이 대수
인 등과 같은 것인가? 당연히 증오의 기초지혜의 면에서는 같으나,
수행법의 규결 방면에서 일부 같지 않음이 있다. 모든 시륜·대위덕·대
수인 등 속부의 근원은 대원만 속부이며, 대원만은 심心·계界·규결竅
訣의 삼부三部로 나뉘는데(규결부는 다시 4개로 나뉨), 이 삼부는 가장
심오하여 일반 사람은 증오하기 매우 어렵다. 또한 롱첸빠 존자(無垢光
尊者)의 『사심적四心滴』[52]의 내용은 방대하며, 그같이 대원만의 깊고
넓으며 수승하고 밀밀한 요의의 전승이 매우 많다. 기타 종파에서는
대원만 수행법의 이름조차도 들을 수가 없다.

당연히 대원만 중에는 총합한 형식의 규결이 많이 있고, 여러 개로
흩어져 전해지는 규결 또한 많다. 진메이평춰 상사의 『문수대원만文殊
大圓滿』, 미팡 린포체의 『심성직지心性直指』, 빼뚤 린포체의 『삼대규결
三大竅訣』 등과 같은 것들이 일생 중에 능히 불과를 얻게 하는 흩어져
전해지는 규결(零散竅訣)이며, 이처럼 대원만에는 기타의 수행법과
같지 않은 많은 특색이 있다. 4대 지명인 가랍 도르제, 포마모자
등의 4대 밀속은 이전에 전수되어 현재까지 전승되고 있으며 이를

---

52 롱첸빠 존자가 지은 닝마파의 불공통의 규결법으로 뽀마심디, 상사정적, 공행심
적, 공행정적, 심심정적으로 되어 있다.

278

의지하는 자는 금생에 또한 여래의 과를 얻는다. 비록 과를 얻지는 못하여도 보배를 얻은 자들이 매우 많다. 이러한 대원만의 특색을 모르면서 다른 사람에게 대원만의 수승함을 설해 주는 것은 부끄러운 일이다.

于此究竟大圓滿 深寂光明無爲法 우차구경대원만 심적광명무위법
雖是如來之智慧 此處暫時修道中 수시여래지지혜 차처잠시수도중
與彼同分之智慧 喩義雙運分別用 여피동분지지혜 유의쌍운분별용
畵月水月天月喩 화월수월천월유
이 구경 대원만은 깊고 고요한 광명의 무위법이고
비록 여래의 지혜이지만 이곳에 잠시 수도 중에
그와 더불어 비슷한 지혜로써 유지·의지·쌍운지로 분별 사용하여
화월·수월·천월로 비유한다.

  가장 구경의 대원만, 그 진정한 뜻은 무엇인가? 그것은 다음과 같은 특성이 있다. 첫째는 '깊이(深)'이니, 일반인이 증오하기 어려운 바이고, 언어로 또한 추측하기 어려워 매우 깊고 깊다. 둘째는 '고요(寂)'이니, 유무시비有無是非의 사변 희론을 여의었고, 그렇게 쉬어 멸한 연고로 고요라고 부른다. 셋째는 '광명光明'이니, 자체 빛과 색이 멸해 다한 것이 아니라 자연적으로 광명이 있는 것으로 자성이 멸하지 아니하기 때문이다. 넷째는 '무위법無爲法'이니, 삼세에도 변화가 없음을 가리킨다. 대원만은 이 같은 특징이 있으며, 증오하는 때에 현량으로 알게 된다.

이것은 비록 여래의 구경지혜이고 수도修道의 지혜가 아니지만, 수행의 5도 중에서 여래지와 비슷한 종류의 수도지혜는 또한 증오할 수 있다. '유喩'는 자량도資粮道를 가리키고, '비유比喩 방면의 지혜'를 말하며, '의義'는 가행도加行道의 '의리義理 방면의 지혜'이며, '쌍운雙運'은 견도見道 이상의 '쌍운지혜雙運智慧'를 가리킨다. 이 삼종지혜는 삼종비유를 써서 설명할 수 있는데, 비유지혜는 '그림의 달(畵月)'로 비유하고, 의리지혜는 '물속의 달(水月)'로 비유하며, 쌍운지혜는 '하늘의 달(天月)'로 비유한다.

자량도에서 증오하는 대원만은 종이 위에 그린 달을 보는 것과 같아 그 법의 총상은 이미 보게 되나, 다만 진정한 법은 아직 친견하지 못한다. 가행도에서 증오한 지혜와 공성은 물속의 달과 같으니, 그림의 달에 비하여 더 높은 경지이나 진정한 달은 역시 아직 친히 보지 못한다. 초지의 견도 시에 있어 증오한 쌍운지혜는 하늘의 달을 보는 것과 같고, 이는 진정으로 법계를 본 것이다.

상사께서 대원만을 전수하실 때에 일부의 사람이 증오하는 바가 있지만 얼마의 시간이 지나면 다시 흐릿해지는데, 이는 소小 자량도에 있어서 비유지혜를 증오하는 것으로, 법의 총상을 이해하는 바가 있지만 진정한 법계는 증오하지 못한 것을 말한다. 이것은 그림·물·하늘의 달을 보지 못한 사람들과는 분명 구별되는 바가 있는 것이며, 따라서 비유지혜를 '비유광명'이라고도 일컫는다. 이것은 매우 중요한 요점이다. 대원만은 매우 높은 여래지혜로 일반 범부인은 증오함이 불가하다고 생각하지만, 이런 종류의 비유를 통해 같지 않은 수준의 증오가 있을 수 있음을 설명하고 있다.[53]

次第前引後者故 此爲自然無漏智 차제전인후자고 차위자연무루지
按自慧力有修故 譬如爲得聖道智 안자혜력유수고 비여위득성도지
如是修行同分也 여시수행동분야

앞에서부터 차제로 뒤를 끌어내니 최후에는 자연 무루지가 되며
자기의 혜력을 의지해 여실히 수행하면 무릇 성도지를 얻게 됨이니
이같이 상사지혜를 수행해 나간다.

3종 지혜는 차제로 이끌어 내므로 최후에 증오할 때에 '대원만의
지혜' 혹은 '자연본지自然本智'라고 하며, 이것은 번뇌가 없는 무루의
지혜이다. 자기의 혜력慧力을 비춰보면 차원이 같지 않은 수도지혜修道
智慧를 수행에서 얻을 수 있음을 알 수 있다.

일부 종파에서 말하되, 대원만은 여래지如來智로서 범부가 닦는
바가 아니라고 하는데, 이에 대해 회답하길, "너희가 초지의 성스러운
지혜는 닦을 수 없으나, 결택할 때에 이미 초지의 근본지를 결택하였기
에 이와 비슷한 동분同分의 지혜는 닦을 수 있다. 마찬가지로 대원만
여래지의 동분지혜 또한 닦을 수 있다."고 한다.

法性無二大智慧 若以現量抉擇時 법성무이대지혜 약이현량결택시
一切伺察執着見 皆必消盡見離戱 일체사찰집착견 개필소진견리희

법성의 둘 없는 대지혜를 현량으로 결택하게 되면

---

53 이상의 그림·물·하늘의 달에 대한 비유는 『대환화망총설광명장론大幻化網總說
光明藏論』에 설한 바와 약간 차이가 있다.(원역자 주)

일체의 사찰하고 집착하는 견해가 다 소진되고 희론을 여읨을 보게
된다.

　대원만의 각명과 공성이 다름없는 '각공무별覺空無別'의 대략의 구경
지혜를 현량의 방식으로 결택하게 되면(이미 대원만을 증오함을 가리킴),
일체 4변을 사찰하는 견해와 분별망념을 집착하는 상이 모두 반드시
법계에 소멸되어 희론을 여읜 법계의 본성을 보게 된다.

是故若未善辨別 定說有執或無執 시고약미선변별 정설유집혹무집
悉有過患及善分 如同月形盈虧住 실유과환급선분 여동월형영휴주
아직 잘 판별하기 어렵다면 집착 있음 혹은 없음을 잘 정해 말해야
하고
과환과 옳은 부분이 모두 있음은 달이 차고 기우는 모습으로 머무름과
같다.

　위에서 설한 것들에 대해 잘 변별할 수 없는 처음 수행할 때에는
관찰이 매우 중요하다. 중간에서는 관찰과 안주를 번갈아 수행해야
하며, 최후에는 관찰할 필요 없이 마땅히 안주하여 수행해야 한다.
이렇듯 수행의 차제는 분명하다. 잘 변별할 수 없음에도 불구하고
수행할 때 집착 있음이 꼭 필요하다고 하거나 혹은 집착 있음이 불필요
하다고 결정적으로 설하는 것은 옳지 않다.
　만약 수행할 때에 집착 있음이 반드시 필요하다고 하면, 곧 과환過患
이 되기도 하고 또한 옳은 것이 되기도 한다. 왜냐하면 수행의 최후에는

집착이 필요하지 않은데, 집착이 있어야 한다고 하니 과환이 되며, 또한 수행의 최초에는 집착 있음이 필요하기에 수행에 집착이 있어야 한다고 함은 옳은 것이 된다. 마찬가지로 만약 수행할 때에 집착이 절대적으로 필요하지 않다고 말하면, 이 또한 과환과 옳음이 동시에 될 수 있다. 비유하자면, 달은 차고 기울며 머물기에 달이 결정적으로 '찬다 혹은 기운다' 등으로 단정하지 못하는 것과 같음이니, 이처럼 관찰과 안주에 대하여 차제로써 설명한다.

此爲眞實聖教義 無垢理證而成立 차위진실성교의 무구이증이성립
이것이 진실한 성교의 뜻이며 미혹 없는 이증으로써 성립된다.

이것이 진실한 성교聖教의 뜻이고 또한 허물없는 이치의 증명으로써 능히 성립하는 것이니, 마땅히 이 뜻으로써 수행하여야 한다. 이상으로 제4의 문제를 강설하여 끝낸다.

二諦其中何關要 有說勝義極重要 이제기중하관요 유설승의극중요
世俗幻像知所斷 勝義不是迷亂故 세속환상지소단 승의불시미란고
勝義卽是淸淨見 승의즉시청정견

이제二諦 그중에 무엇이 긴요한가? 어떤 이는 승의가 중요하다고
설하는데
세속의 환상은 끊을 바이며 승의는 미혹함이 아니기 때문이며
그래서 승의는 곧 청정견이라 한다.

　　간략히 말하자면 승의제와 세속제 중 무엇이 중요한가? 이곳의
내용은 까담파가 주가 되는 후기 번역기의 대덕과 일부 사람들이
갖는 관점이다. 그들이 말하되, "결택한 공성이 일체법의 본래 실상이
되기 때문에 승의제勝義諦가 매우 중요하다. 세속제世俗諦는 환상이고
각종 방법을 써서 파할 때 파해지지 않는 것이 없으며, 그저 이름
지어 세운 허망한 것이며, 그렇게 청정하지 않기에 응당 세속제는
끊어야 하는 것이고 증오하는 바가 아님을 알아야 한다."고 말한다
승의제는 청정한 것이고 성자의 근본지혜로 결택함이 주가 되는 것이
며, 법계로써 결택함이 주가 되는 것이기에 승의제는 미혹한 것이
아닌 구경인 것이다. 승의제는 또한 유무시비의 희론이 없는 진정한

공성이며, 오염되는 것이 없는 매우 청정한 견해라고 한다.

이상은 상대의 관점으로, 그들은 승의가 중요하다고 여기고 세속은 환상이고 파할 바이며, 공성을 증오하는 것은 매우 좋은 경계이나 세속은 필시 거짓된 것이라고 한다.

世俗不迷若眞實 勝義不得空性故 세속불미약진실 승의부득공성고
彼語如是雖說之 피어여시수설지
세속이 미하지 않고 만약 진실이라면 승의는 공성을 얻지 못할 것이기에
이와 같이 설할 수밖에 없다.

이 아래는 위에서 제기한 상대방의 관점을 파하고 있다.

먼저 이 세 구절은 불경에서 설하고 있는 "세속은 거짓이고 승의는 진실이다."라는 것의 비밀한 뜻을 해석한 것이다. 만일 세속제가 미혹한 것이 아니고 진실한 하나의 무엇이라면 승의제는 곧 공성을 이룰 수 없으며, 또한 기둥이 세속제의 포섭되는 바가 아니라고 가설하면 진실한 것이 되기에 승의제 측면에서 판단할 때 그것이 공할 방법이 없게 된다. 불경 중에 이런 도리를 의지하여 '세속은 거짓됨, 승의는 진실함'이라 설했으나, 실제상 "기둥은 청정하지 않기에 먼저 제거해야 하며, 그 후에 다시 하나의 새로운 승의제를 건립한다."라고 설한 것이 아니며, 그런 뜻이 아님을 잘 알아야 한다.

旣除世俗法之外 少許不得勝義故 기제세속법지외 소허부득승의고

彼二方便方便生 피이방편방편생

이미 세속법을 제외시키고는 조금의 승의도 얻지 못하기에
저 둘은 방편과 방편의 생긴 바가 된다.

　이것은 승의와 세속이 서로 관대觀對하여 있음을 설하고 있다. 관대
는 버림이 아니라 둘이 평등하고 가지런한 것을 말한다. 이미 청정치
못한 기둥·병·산하대지 등에 이르는 모든 세속법을 제하고 근본적으
로 단독 존재하는 하나의 승의제가 성립됨은 불가능하다. 곧 세속이
없으면 승의도 없다. 보이는 바 황색 해라(海螺, 소라고둥)을 제한
밖에 백색 해라를 찾을 방법이 없으니 원래 황색 해라가 실제상으로는
백색 해라인 것처럼, 청정치 못한 기둥·병이 실제상으로는 청정한
승의제가 된다. 이렇듯 세속과 승의는 방편과 방편의 생긴 바의 관계가
된다.

　세속이 방편이 된다고 말한 즉 세속제의 방편인 세속명언을 의거하
여서 승의제를 증오하게 되므로, 승의제는 방편이 생기한 바가 된다고
설할 수 있다. 혹은 승의제가 방편이 된다고 할 때, 공성의 승의제를
인연하여 능히 환 같고 꿈같이 현현하는 모든 법이 나타나게 되므로,
세속제가 방편이 생기한 바가 된다. 이렇게 둘은 서로 바꿀 수 있다.
이것이 현교의 설하는 방편과 방편이 생긴 바이고, 만약 밀교를 비추어
보면 수도의 생기차제, 원만차제와 최후의 공성과 희락이 다름없는
지혜로 각명과 공성이 다름없는 경계에 도달할 수 있으며, 이로써
이 둘을 '방편方便'과 '방편이 생긴 바(方便所生)'라고 부를 수 있다.

不依所察之有事 與彼無事皆無有 불의소찰지유사 여피무사개무유
是故有事及無事 二者緣起許相同 시고유사급무사 이자연기허상동
관찰하는 바를 의지함이 없는 유사는 저 무사와 함께 다 없는 것이며
따라서 유사 및 무사 이 들은 연기의 측면에서 서로 같음을 허락한다.

　능히 작용하는 법은 유사有事라고 하고, 작용하지 못하는 법은 무사
無事라고 한다. 만약 유사의 명언을 의지함이 없으면, 다시 말해 유사의
법이 의지하고 관찰함이 없는 경우라면, 그와 관대하는 무사의 법도
없는 것이다. 예를 들어 병瓶은 유사법인데, 만약 병이 없으면 곧
능히 관찰하는 '병이 아님' 또한 없다고 할 수 있다.
　일체의 유사는 연기법을 의지하여 생기고, 일체 무사법은 관대하여
가립함으로써 생긴다. 만약 길고 짧음이 관대하여 가립한 것이 아니라
면 길고 짧음 모두 다 성립하지 않는 것처럼, 병과 병이 아님, 기둥과
기둥이 아님, 공과 불공 등 일체의 유사와 무사의 관계가 양자의
연기로 생겨나 관대함으로써 존재하는 것이기에 그 연기가 서로 같음
을 허락하며, 이는 모두 관대하여 성립되기 때문이다.

若以空執斷現相 空性現于緣起性 약이공집단현상 공성현우연기성
染汚龍樹之善宗 염오용수지선종
공에 집착하여 현현을 끊는다면 공성이 연기성을 통해 나타남과 어긋
나기에
이는 용수의 바른 종지를 오염시킨 것이다.

위에서 주장하듯이 승의가 중요하고 세속은 그 다음이라고 하면, 이와 같음은 즉 공의 집착이 있음이다. 승의가 중요하다고 여기기 때문에 현현顯現·명언名言을 단멸하여 세속명언을 제거하고, 공의 집착만을 두고 현현함이 없으면 곧 '공성이 연기성에 현현함'은 성립할 수 없으며, 이렇게 되면 용수보살의 바른 종지를 오염시키게 된다.

만약 공성과 현현을 끊어 낸다면, 곧 공에 집착하여 세속의 현현을 끊어 내는 것이 되며, 이것은 용수보살의 『중론』에 설한 바인 '불생역불멸不生亦不滅, 불상역부단不常亦不斷, 불일역불이不一亦不異, 불래역불거不來亦不去' 등 팔변 여읨·연기성 등의 바른 설법을 모두 훼손시키게 된다. 본래의 일체 제법은 공성이며 공성은 다만 명언의 연기성으로 나타나게 됨이 용수보살의 바른 종지이나, 위의 주장은 이미 이 바른 종파를 오염시킨 것이다. 그렇기에 그 설은 이치에 맞지 않고 성립할 수도 없다.

'견해를 결택하고 수행하며 행지'할 때에 이제二諦를 바르게 이해함이 중요하다. 해라海螺를 예로 들어 설하면, 눈병이 있는 사람은 황색으로 보지만 황색은 해라의 본색이 아니다. 실상 중에 있어서 일체의 모든 법과 청정불토에 이르기까지 어느 것도 볼 수 없는 것이나, 현현하는 중에는 모든 법과 정토까지 분명하게 성립한다. 유위법 또는 무위법에 관계없이 진정 실상이 있음을 인정하는 법은 찾을 수 없으며, 승의와 세속은 평등하며 서로 관대하여 성립한다.

見空彼道修行後 惟有證悟空界故 견공피도수행후 유유증오공계고
聖者入定空性智 汝宗亦成滅法因 성자입정공성지 여종역성멸법인

공을 보고 저 도를 수행한 후에는 오직 공계만을 증오하게 되며, 이것이 성자가 입정하여 갖춘 공성지혜라면 너희 종은 모든 법을 멸하는 인이 되는 과실이 있다.

계속해서 "승의가 중요하고 세속은 덜 중요하다."라는 관점을 파한다. 수도할 때에 있어 이에 의지하여 수행하여 얻게 되는 공성은 다만 공성일 뿐 현현함이 없으며, 그렇게 얻게 되는 최고의 공성 또한 현현함이 없는 공의 법계를 증오한 것일 뿐이다. 만일 이것이 성교의 근본혜정根本慧定(혹은 여래지)에 드는 공성지혜가 된다면, 너희의 관점은 곧 모든 법을 멸하는 원인을 이룬다. 이것은 본래 응성파[54]가 자속파[55]에 대하여 제기한 바의 3대 큰 과실의 하나이다.

자속파는 "명언 가운데는 있고 승의 가운데는 없다."라고 설하는데, 그렇게 되면 성자의 근본혜정이 곧 제법을 멸하는 원인을 이룬다. '승의가 가장 중요하고 세속은 그 다음 중요함'으로써 수행하여 다만 공성에만 의지하여 수도하면, 최후의 증오함 또한 현현함이 없는 오직 공의 법계일 뿐이다. 이렇게 되면 원래 일체의 모든 법은 있고 현현하는 것이지만, 초지에 이른 후에나 혹은 성불할 때에는 일체 제법이 다만 공성이 되면 이는 곧 성자의 근본혜정이 모든 법을 멸하는

---

54 불호, 월칭, 적천 논사가 대표적 응성파 논사이다. 불법의 명언 중에 자상이 있음을 허락하지 않고 자기 종파의 종지를 세우지 않으며, 한 법도 세우지 않는 입장에서 다른 종파의 주장을 파한다.

55 청변, 적호, 연화계 논사가 대표적인 자속파의 논사이다. 인명 논리의 방식으로써 직접 중관의 의리를 논증하는 것을 주장한다.

원인이 된다. 자속파에게는 이 같은 허물이 있으며, 너의 관점도 또한 마찬가지로 이러한 허물이 있다.

是故諸法本來空 然而現空不偏袒 시고제법본래공 연이현공부편단

이로써 모든 법은 본래로 공이나, 현과 공에 치우치지 않는다.

　따라서 본래의 일체 제법은 공성인 것이다. 다만 이런 종류의 '공空'은 그릇 안이 빈 것과 같지 않고, 응당 '희론을 여읜 대공(離戱大空)'을 말한다. '모든 법의 공상空相'은 본래로 모든 법의 실상이 있지 않은 것이고, 무시이래로 공이기 때문에 이런 종류의 공은 홀로 공하거나(單空) 홀로 나타남(單現)이 아니라 현현과 공성 둘이 치우침이 없는 것이며, 색을 제한 밖에 공이 없고 공을 제한 밖에 색이 없는 것이기에 단상斷常의 견해를 여읜다.

此說唯空爲主者 彼執未知究竟義 차설유공위주자 피집미지구경의

이는 오직 공을 위주로 하는 자의 그 집착은 구경의 뜻이 아님을 말한다.

　이 '승의가 중요하고 세속은 다음으로 중요함'이라고 한 것은 오직 공으로써 주를 삼고 현현은 다음으로 필요하다는 말인데, 이런 종류의 집착은 일체법의 구경의 뜻인 '현공무별現空無別'의 관점을 이해하지 못한 것이다. 이상으로써 '승의가 중요함'이 주가 된다는 관점을 파하였다.

有者遣除勝義後 儘儘以爲世俗中 유자견제승의후 진진이위세속중
續部之見分高低 속부지견분고저
어떤 자는 승의를 제한 후에 다만 세속 중에서
속부續部의 견해로 높고 낮음을 나눔을 삼는다.

일부 종파와 개인이 설하되, 승의제 중의 일체가 모두 공성이고 공성 중에 아무것도 나눌 수 없으나, 세속은 여전히 매우 중요하다. 이것은 닝마파의 일부 사람이 가지는 견해로서, 그들은 승의는 일체가 희론을 여읜 공성인 것이기에 무엇을 제거하거나 종파를 건립하는 등이 모두 다 필요하지 않지만, 세속 중에 있어서는 현교와 밀교·소승 과 대승·속부 중 바깥(外)과 안(內)의 견見·수修·행行·과果의 높고 낮음의 같지 않음이 모두 세속 중에서 나뉘며, 따라서 세속은 매우 중요하다.

勝義空性未攝持 世俗自見分高低 승의공성미섭지 세속자견분고저
如此區分不應理 여차구분불응리
승의공성을 포섭하지 않고 세속 자체 견해로 높고 낮음을 나누는 이와 같은 구분은 이치에 맞지 않는다.

파하여 말하되, 세속 중에 이같이 높고 낮음의 구분이 있음은 승의 결택의 지혜를 써서 증오와 증오하지 못함의 방면을 좇아서 설한 것인데, 만약 승의를 완전히 증오하면 곧 세속의 분상分相은 또한 필요하지 않다. 외속부에 속하는 사사·행行·유가瑜伽 중에, 사부에서

본존을 수행할 때 본존은 존귀한 것이고 자기는 하열한 사람이며, 행부에서 수행할 때에 자기와 본존은 동등한 것이 되며, 유가부에서는 본존과 자기는 둘이 없는 것이 되어 법을 수행한다. 승의 중에 있어 자기와 본존은 평등성이고 높고 낮음의 나뉨이 없으면, 세속에 있어 이같이 높고 낮음을 나누는 것은 곧 의미가 없다. 어느 한 종파는 승의에 대하여 이해가 매우 높고 승의에 대한 증오도 매우 높아 곧 세속의 판별을 능히 나눌 수 있음에도, 예를 들어 현교 중에 본존과 자타의 수행법이 모두 없고 밀교 중에는 있으며, 그 승의의 견해는 수승함이 있고 그 세속의 수행법 또한 일정한 구별이 있다고 한다. 그러나 그렇지 않은 것이니, 승의 중에 이미 제거하고도 세속 중에 여전히 높고 낮음을 나눔은 이치에 맞지 않는다.

 '현현顯現' 또한 승의제와 세속제로 나누고 '실상實相'도 이제로 나뉘는데, 이것이 미팡 린포체의 관점이다. 일반적으로 '현현의 승의제'는 일체 제법이 본존형상이 되는 것이고, 제불불토의 청정한 상이 여기서 말하는 현현의 승의제가 된다. '실상의 승의제'는 희론을 모두 여의었기 때문에 곧 위에서 설한 바와 같이 어떤 구별도 없으며, 다만 현현하는 승의제는 일정한 구별이 있다. 만약 너희가 승의 중에 공성을 조금도 섭수하지 않고, 즉 승의공성과 관계없이 그것에서 벗어나 세속 중에 있어 자기의 견해 방면을 높고 낮음으로 나누어 현밀顯密·대소大小, 외外·내속부內續部 등의 견해 방면을 구분한다면 이러한 구분은 이치에 맞지 않는다.

不具勝義之定見 世俗觀修本尊者 불구승의지정견 세속관수본존자

儘是觀想非正見 有些外道持呪者 진시관상비정견 유사외도지주자
亦誦呪時自觀他 역송주시자관타

승의의 정견을 갖추지 못하고 세속제에서 본존을 관수하는 것은
이는 단지 관상일 뿐 정견이 아니며, 주문을 수지한 일부 외도들도
또한 주문을 외을 때 자신을 타인으로 관한다.

왜 그러한가? 승의정견勝義定見을 구족함이 없기 때문이며, 혹은
공을 증오한 정견定見 때문이다. 실제로 그 어떤 법을 닦음에 관계없이
승의의 공성관점으로 섭지攝持함이 매우 중요하고, 법을 수행함에
있어서 승의공성의 섭지가 없으면 곧 그 승의의 정견을 구족하지
못한다. 만약 명언名言 중에서 본존 등을 관수하면, 이는 단지 일종의
관상일 뿐 승의정견의 수지修持를 갖추지 못한 것이다. 일부 외도들도
이와 같아서 심주를 염송할 때에 자신을 남의 몸으로 관하는데, 이것은
올바른 공성정견의 섭지가 아니다.

有謂世俗極重要 幷說二諦須雙運 유위세속극중요 병설이제수쌍운
又復稱讚世俗方 우부칭찬세속방

어떤 이는 세속제가 매우 중요하고 아울러 쌍운이 필요하다고 하며
또한 다시 세속 방면을 칭찬한다.

일부 대덕이 말하되, 수행할 때 세속제가 매우 중요하고 아울러
최후 구경 시에 있어 세속과 승의·현현과 공성·대락大樂과 지혜智慧
등이 모두 쌍운雙運해야 한다고 하는데, 이는 과果를 얻을 때 응당

쌍운함을 설하는 것이다. 아울러 재삼 세속 방면을 칭찬하면서, 세속 방면에서 명언의 안립을 설하며, 공성을 관하고 상대의 관점을 파하며 자기의 관점을 건립하는 등은 모두 명언세속 방면에 있어 건립한 것이므로 세속은 극히 중요하다. 이것이 그들의 관점이며, 이후 이 관점을 파하고 나면 그 건립한 바의 관점과 수행이 합할 수 없음을 알게 된다.

修持雙運之見時 舍棄雙運執單無 수지쌍운지견시 사기쌍운집단무
善妙所說之母後 未能跟上修行子 선묘소설지모후 미능근상수행자
쌍운의 견해를 수지할 때에 쌍운을 버리고 단독의 무만을 집착하면 바른 방편을 설하는 모친에게 수행의 아들이 따르지 못함과 같다.

너희에게 필요한 것은 이제가 쌍운함이나, 이 정견을 수지할 때에 쌍운을 버리고 그 수행도 하지 않으면서 단지 하나의 '단독의 공(單空)'을 집착하면, 그러한 단독의 '있음이 없음'은 교리의 문사聞思와 수행이 서로 무관하고 어긋나게 된다. 비유하자면 그 좋은 방편으로 설한 '이제 쌍운'의 '모친'을 뒤따르는 수행하는 '아들'이 없는 것과 같으니, 이는 문사의 '모친'과 수행의 '아들'이 서로 어긋나 벗어남을 말한다. 이상으로 타종을 파함을 마친다.

是故前譯自宗者 基道果之諸法名 시고전역자종자 기도과지제법명
常如無常二諦等 遠離一切諸偏袒 상여무상이제등 원리일체제편단
唯以雙運立宗派 유이쌍운입종파

이로써 전역의 닝마파 자종은 기도과의 모든 법의 이름이
상과 무상, 이제 등에서 일체의 치우침을 멀리 여의고
오직 쌍운으로써 종파를 세운다.

먼저 닝마파 자종을 건립하여 설한다. 자종의 관점은 일부 기타
종파가 설하는 바와 같지 않은데, 그 핵심은 마땅히 이제가 쌍운하고
치우침이 없는 것이다. 기基 방면에 있어서는 '이제'가 쌍운하고, 도道
의 방면에 있어서는 '2자량(복과 지혜)'이 쌍운하며, 과果의 방면에
있어서는 '2신(색신과 법신)'이 쌍운하며, 따라서 기도과 3방면 중에
승의제와 세속제는 모두 떠날 수 없다.

기에 있을 때에 승의제는 주로 공성 방면을 가리키고 세속제는
주로 현현 방면을 가리키며, 도를 결택할 때에 지혜자량은 승의제
방면이고 복덕자량은 세속제 방면이며, 과를 얻을 때에 있어 법신은
승의제를 말미암아 얻는 바이고 색신은 세속제를 말미암아 얻는 바이
다. 따라서 승의제와 세속제는 나눌 수 없고, 본래 승의제는 곧 세속제
로 부르고 세속제는 곧 승의제로 부르며, 진정으로 최고의 경계를
증오한 사람은 이 둘을 나누는 것이 없지만 다만 아직 증오함이 없는
사람의 앞에서는 이와 같은 구분이 있다.

기·도·과의 모든 방면에 있어서 항상함(常)과 항상하지 않음(不常)
은 다 인정되지 않으며, 세속과 승의 모두 단독으로 인정되지 않으며,
유·무·시·비 등등이 있는 모두 일체 치우친 것을 여읜 것이며, 세속을
파함·승의를 건립함·항상과 무상 등이 모두 성립하지 않음과 같은
것이니, 닝마 자종의 기도과는 오직 쌍운의 방식으로써 종지를 건립한

다. 이에 대해 많은 교증과 이증의 성립하는 바가 있는데, 예를 들어 어떤 종파는 생각하되 여래장은 항상 있어 변하지 않으며 이와 같이 승인해야 하는데, 항상 있어 변하지 않는 본성이 '공성'이기 때문이며, 이와 같은 승인이 하나의 불변하는 공성이 될 필요는 없다고 한다. 그러나 이것은 제3차 전법륜의 설한 바의 '현현하여 멸하지 않음'과 서로 어긋난다. 룽수 반즈다가 설하되, "승의제와 세속제가 둘이 다름이 없는 경계를 증오하면 이는 대원만을 증오함이라 이름 붙인다."라고 하셨다.

脫離二諦各自上 不能安立基道果 탈리이제각자상 불능안립기도과
이제가 나뉜 각자 위에서는 기도과를 안립하지 못한다.

만일 이제가 서로 떨어져 분리되면 세속제 위에 있어서 기·도·과를 건립함은 불가능하게 되며, 이제 쌍운이 없기 때문에 그렇게 건립된 바는 다만 세속법일 따름이다. 또한 세속을 빼어놓고 승의 중에 있어서 기·도·과를 건립함도 역시 성립할 수 없으니, 그렇게 해서는 수행할 방법이 없기 때문이다. 이 두 구절은 매우 중요하며, 기타의 아직 배우지 못한 이에게도 이 두 구절을 잘 사유하게 하면 또한 매우 큰 이익이 된다. 결론적으로 이제가 쌍운함을 여의면 기도과를 건립하는 것은 불가능한 것이다.

于此基道果三者 亦無此舍此取分 우차기도과삼자 역무차사차취분
若除世俗無勝義 若除勝義無世俗 약제세속무승의 약제승의무세속

이 기도과 세 가지에 대하여 버리는 것도 취하는 것도 없는 것이니 세속을 제하면 승의도 없고 승의를 제하면 세속도 없다.

기도과 삼자에 대하여 결택하는 때에 있어 '기'는 버리는 것, '도'는 취하는 것이거나 혹은 '도'는 버리는 것, '과'는 취하는 것이 아니다. 또한 세속의 분량을 버리고 승의의 분량을 취함도 없는 것이다. 왜 인가?

세속제를 제거하면 곧 승의제도 없게 되고, 마찬가지로 승의제를 제거하면 세속제 또한 가히 말할 것이 없기 때문이다. 두 가지는 '불火'과 '불의 속성(火性)'과 같고, 또는 백색 소라를 눈병 때문에 황색으로 오인함과 같다. 이것은 경계 방면을 좇아 말하는 비교적 높고 깊은 내용으로, 이 두 가지는 구별이 없다.

一切顯現周遍空 一切空性周遍現 일체현현주편공 일체공성주편현
若有顯現無不空 空亦不成不現故 약유현현무불공 공역불성불현고
일체의 현현은 두루 공하고 일체의 공함은 두루 현현하며
현현이 있어 공하지 않음이 없으면 공 또한 현현하지 않음을 이루지 못한다.

일체의 현현은 기둥(柱)과 병瓶, 산하대지山河大地에 이르기까지 그 현현하는 바가 모두 반드시 공성인 것이고, 일체의 공성은 다 필연코 현현하는 것인데, 이에 대하여 일부는 잘 이해하지 못한다. 저 '석녀의 아들'이 능히 현현하지 못함에 대해 관찰하지 않을 때에는

이것이 또한 이유가 있는 것처럼 보이겠지만, 진정으로 증오한 자와 배우고 수행함이 있는 사람들은 이해하기가 어렵지 않을 것이니, 현현顯現과 공空은 곧 하나의 명사로서 설한 것이기 때문이다. 『심경心經』에서 설한 '색즉시공色即是空, 공즉시색空即是色, 색불이공色不異空, 공불이색空不異色'에 있어서, 이곳의 '공'은 '없다'는 의미가 아니라, '색을 제하고는 공이 없음'이며 '공을 제하고는 색이 없음'의 뜻이다. 만약 이것이 단지 '없음'의 뜻이라면 그 '석녀의 아들'은 당연히 나타나게 된다. '공'은 '없음'이 아닌데, 만약 잘못 이해하면 그 '색'이 곧 '없음'이고 '없음'이 곧 '색'이 되는데, 이것은 옳지 않다.

다시 정리하여 말하면, 공은 하나의 사물을 둔 곳 혹은 거짓으로 세운 것이 있는 기초 위에 안립하는 것이고, 가립하고 시설한 곳이 없이는 공 또한 안립할 필요가 없으며, '석녀의 아들'이 존재하지 않음은 이와 같기 때문에, 그 '아들이 없음' 또한 존재할 수 없다. 무릇 일체의 모든 법은 능히 연기의 법으로 다 현현하며, 이러한 능히 연기하는 모든 법은 공성인 것이며, 어느 한 법도 관찰할 때에 있어서는 능히 존재로써 있을 수 없기 때문이다. 현현하는 법이 있으면 공하지 않는 것이 없음이며, 이치로써 관찰하여 하나도 영원히 존재할 수 없기 때문이며, 마찬가지로 만약 공한 법이면 또한 그 현현이 성립하지 않음은 불가능하다.

쌍운이 법계에 부합하고 제불의 모母는 반야경인데, 그 수행의 자식이 도리어 따르지 못한다면, 그런 관점은 모두 구경이 아니다.

有事無事此二者 亦作空基而空故 유사무사차이자 역작공기이공고

一切顯現是假立 空性亦是意假立 일체현현시가립 공성역시의가립

유사와 무사 이 두 가지는 또한 공의 기반을 짓고서 공하므로 일체 현현은 가립이고 공성 또한 마음의 가립일 뿐이다.

'유사(일이 있음)'는 일체 유위법을 가리키는 것으로, 기둥·병 등과 같이 능히 공용이 있는 물체를 말하며, '무사(일이 없음)'는 허공·무위법·석녀의 아들·토끼 뿔 등과 같이 공용을 짓지 못하는 법을 뜻한다. 이 같은 유사와 무사(예를 들면 병과 병 아닌 것 두 가지)들은 어떻게 공한 것인가?

유사는 공空을 짓는 기초이기 때문이며 이는 다시 공함을 필요로 하는데, 비유하면 이 병으로 '공의 기초'를 지으며, '공의 형상' 방면에 있어서는 구별이 없으나, '공의 기초'를 짓는 방면에 있어서는 다소간의 구별이 있다. '유사'는 '연기'로 생겨나는 것으로, 예를 들어 병瓶을 만드는 각종의 인연이 갖추어지면 '병'이 생겨난다. '무사'는, 예를 들어 '병瓶이 아님' 같은 것은 '가립假立(거짓 세움)'이며, 당연히 유사 또한 가립으로 생긴 것이나, 무사는 오직 가립일 따름이다. '연기'와 '가립'은 조금 같지 않은데, 무사는 다만 가립으로, 진정한 인과 연으로 조성됨이 없이 그저 관대해서 생겨난다. 유사와 무사 모두 공의 기초 방면을 지음이 필요하고, 그런 후에야 능히 공이 되기 때문이다.

'공의 형상' 방면에는 구별이 없으나, '공의 기초' 방면에 있어서는 구별이 있으니, 곧 유법有法[56] 방면에 있어 하나는 연기로써 생기고

---

56 인명因明 용어. 법과 상대이고, 주어구가 반영하는 사물의 속성, 작위가 있는 법.

하나는 다만 가립으로 생긴다. 무릇 일체의 나타남은 기둥·병 등 세속제의 불청정不淸淨의 현현이고 다 가립일 따름이며, 동시에 공성空性 혹은 승의제공勝義諦空·무사無事의 공空(승의제와 무사의 공은 조금 구별이 있는데, 승의는 열반을 말하고 이미 유사와 무사를 포괄하며, 무사는 없는 물건이고 또한 마음 뜻의 가립을 말한다) 또한 마음으로써 가립한 것이다. 꿈에서 '아들을 낳음'이 현현함과 같이 이런 종류의 현현은 또한 가립한 것이고, 그런 후에 아들이 죽으면 그 마음이 고통스럽지만 그 아들이 죽어서 공을 이루니, 이 공 또한 마음이 가립한 것이다. 실제 실상을 증오한 사람이 보면 아들은 남이 없고 또한 죽음도 없으나, 증오하지 못한 사람이 보면 아들이 생긴 것은 현현이기에 '아들'이 나타남이 있으며, 죽으면 공함을 이루기에 아들이 없음이 공성인 것이 된다.

以理觀察定解前 此二方便方便生 이리관찰정해전 차이방편방편생
不成一有一無故 本來無合無離住 불성일유일무고 본래무합무리주
이치로써 정해를 관찰하는 앞에서 이 둘은 방편과 방편으로 생긴 바이며
하나는 있음, 하나는 없음이 되지 못하니 본래 합함도 여읨도 없이 머문다.

증오한 자 혹은 제법을 관찰하여 구경의 정해에 이른 자는 이증으로써 관찰하여 증오지혜의 정해를 얻은 앞에서는 '현현과 공성' 혹은 '세속과 승의' 등의 둘은 '방편'과 '방편으로 생긴 바'의 관계가 되는데,

현현에 의거하여 공성을 증오한다면 현현은 방편이 되고 공을 증오함은 방편으로 생긴 바가 된다. 이 둘이 현현은 있음(有)이고 공성은 없음(無)이 된다고 말할 수 없으니, 하나의 본체상에 있기 때문이다.

만약 승의제는 청정한 것이어서 있음이고 세속제는 불청정해서 없는 것이라 말하면 이 또한 설할 수 없다. 본래로 일체의 모든 법은 여읨도 합함도 없이 머무르고, 그런 종류의 '이전에 없는 것이 뒤에 증오할 때에 자기의 상속과 지혜가 합하였다.' 혹은 '원래는 장애가 있었으나, 최후 증오했을 때는 여의었다'라고 생각함은 옳지 않은 것이니, 이미 합함도 없고 여읨도 없음이다.

모든 법성이 각각 중생의 지혜 중에 존재하는 것이기에 본래 합해짐도 없고 또한 어떤 여읨도 없으니, 이것이 문수대원만 중에 설하는 바의 최고 경계와 같다. 대원만은 이 논에서 전수해 주는 것을 제외하고는 또 다른 것은 없는 것이니, 무엇을 더 구할 필요가 없다.

故知現空之各分 然而實義永不分 고지현공지각분 연이실의영불분
由此稱爲無二名 能見實相之定解 유차칭위무이명 능견실상지정해
不墮任何諸邊故 불타임하제변고
고로 현과 공의 각 나눔이 있으나 실의는 영원히 나눔이 없음을 알며
이로써 '둘이 없음'이라 일컫고 능히 실상의 정해를 보니
어떠한 한쪽 편에도 떨어지지 않는다.

따라서 후득後得 혹은 결택할 때에 있어 현현과 공을 나누어 설할 수 있지만, 다만 실제상 실의는 나눌 수 없는 것임을 안다. 비록 출정

혹은 결택의 지혜량智慧量에 있어서 '현現'은 일종의 결택의 방법이고 '공空' 또한 하나의 결택 방법이며, '현'은 명언 중에 두어 결택하고 '공'은 승의 중에서 결택하지만, 실의 중에서는 나눌 수 없는 것이다. 이렇기에 많은 경론 중에 있어 현현과 공성이 구별이 없음을 일컬어 '둘이 없는 지혜(무이지혜無二智慧)' 혹은 '분별이 없는 지혜(무별지혜無別智慧)' 등이라고 하니, 이 둘은 같이 쌍운하기 때문이다. 왜 '무이無二'라고 일컬어지는가? 이는 능히 실상을 보는 현량지혜의 정해는 유·무 혹은 공·불공의 4변의 인연에 떨어지지 않기 때문이다.

眞實觀察智慧前 顯現空性此二者 진실관찰지혜전 현현공성차이자
有等無等一本體 可許同體面異分 유등무등일본체 가허동체면이분
진실로 관찰하는 지혜 앞에서는 현현과 공성 이 둘은
유와 무 등이 하나의 본체이며 같은 몸에 얼굴이 다른 부분임을 허락
한다.

특히 승의제를 결택할 때에, 진실로 관찰하는 지혜의 앞에서는 현현과 공성 둘, 혹은 세속과 승의는 '유有'의 때에는 둘이 다 있고 '무無'의 때에는 둘이 다 없으니,[57] 유·무 등의 성性이 그 하나의 본체로부터 원인이 되기 때문이다. 승의제와 세속제 사이의 관계는 동일한 본체가 된다고 인정되나 그 옆면에서 보면 같지 않아 나눌 수 있으며, 언설의 분별망념의 방면으로는 서로 같지 않은 것이다.

---

57 있는 즉 쌍으로 갖추고, 없는 즉 쌍으로 보낸다.

중관종에는 이에 대하여 변론함이 많은데, 자속파와 응성파가 인정하는 각각의 관점은 최후의 의의에 있어서는 서로 같지 않다. 『해심밀의경解深密意經』에서 설하되, 만약 이제가 한 체가 된다고 인정할 때는 4가지 과실이 있고, 만약 그 둘을 나누면 또한 과실이 있으며, 그중 한 가지를 증오한 때에 있어 다른 하나는 증오할 수 없다. 만약 둘이 한 체가 된다고 인정하면, 곧 세속제에 대해 앎이 있을 때에 승의제 또한 증오할 수 있다.

'동체에 대하여 다르게 나누는 것(同體異分)'을 어떻게 이해해야 하는가? 롱첸빠 존자가 『심성휴식心性休息』의 강설 중에서 해석하되, 달그림자가 물속에 비칠 때 '물에 비친 달(수월水月)'을 세속제라 하고, 그 '물에 비친 달은 공성'인 것이기에 승의제라고 부른다.

'동체이며 측면이 다름(同體面異)'은 하나의 큰 발명으로, 비유하면 기둥은 그 소작성所作性·무상성無常性이 있는 유법有法인데, 측면으로 나눌 때에 매우 많은 특징이 있으나 기둥의 본체 상에 있어서는 어떤 구별도 없다. 예를 들어 소작·무상·기둥 등은 '동체면이同體面異'라고 할 수 있으며, 분별망념으로써 보면 서로 같지 않은 특징이 있다. 다만 실제상에서 보면 기둥은 곧 무상이고, 무상이 곧 기둥이며, 승의와 세속의 관계는 중관응성파의 구경의 관점에 있어서 마땅히 희론을 여읜 것으로 인정한다. 롱첸빠 존자의 『승승보장론勝乘寶藏論』에 이같이 설한 바 있고, 자속파가 인정하는 그런 것도 가능한 것이며, 어느 때는 중관응성파도 그같이 인정한다.

유사·무사가 다 '공의 기초를 지은 후에 공하기를 지음'이 필요하다. 유사의 법은 연기를 의지하여 생겨나 각종 인연을 갖춘 때에 있어 현현하며, 또한 분별망념 중의 무사無事의 법은 다만 한 가지의 분별망념이어서 자상이 없는 것이다. 유사는 5근 앞에 있어 현현하고, 무사는 '석녀의 아들'처럼 다만 마음의 분별망념 상에 있어 능히 현현하는 것이니, 유와 무가 가립假立에 속하는 구별이 없는 것이며, 다만 이증의 방법으로써 관찰할 수 있다. 최후에 증오한 정해定解 앞에서 현현과 공성은 아직 일정한 구별이 있는데, 명언세속을 의지하여 현현함으로써 곧 능히 공성의 승의를 증오한다.

이 두 가지는 연기를 좇아 관대하는 방면으로 설하는 것으로, "세속은 있고 승의는 없으며, 혹은 세속은 없고 승의는 있다."라는 관계를 이루지 못한다. 본래 이제는 '합함도 없고 여읨도 없이 머무는 것(無合無離而住)'으로, 이전에 나뉜 것, 여읜 것이 아니라 증오할 때 서로 합해지는 것이라고 하거나, 이전에 번뇌·소지의 이장二障인 것이기 때문에 둘은 여읜 것이나 현재 증오한 때의 둘은 화합한 것이라고 하면, 이것들은 모두 옳지 않은 것이다. 응당 일체의 윤회와 열반의 모든 법의 현현이 비록 나누어 설할 수 있으나, 결택할 때에 있어서는 모두 다 성립하지 못한다. 후득 시에 있어서 환과 같이 현현할 수 있고, 문사聞思가 아직 구경에 이르지 못한 자의 앞에 역시 나누어 현현할 수 있지만, 진정으로 쌍운하는 뜻에서는 결코 나눌 수 없는 것이다. 나타남이 곧 공함이고 공함이 곧 나타남이기 때문에 모든 경론 중에서 무이無二·무별無別·쌍운雙運·지혜智慧·법계法界 등이라고 명명한다.

彼亦初學者面前 猶顯能破所破相 피역초학자면전 유현능파소파상

爾時現空未雙運 이시현공미쌍운

그것들은 초학자의 면전에서는 능파와 소파의 상이 나타남과 같으나
이때는 현과 공이 쌍운함이 아니다.

   교학이 아직 구경성취에 이르지 못하고 현공무별과 원융무애의
경계를 아직 증오하지 못한 사람의 앞에는 여전히 능파能破와 소파所破
의 상이 현현하며, 공성이 능히 번뇌와 장애 등을 파함이 아직도
현현한다.

   능취와 소취가 법계에 사라지지 아니한 초학자들에게는 세속과
승의 혹은 현현과 공성의 관계가 마치 능파와 소파의 관계와 같이
나타나며, 그들은 현현과 공성이 쌍운함을 이루지 못하였기에 그
쌍운의 경계를 아직 증오하지 못한다. 종카빠 대사께서 『삼주요도론三
主要道論』에서 설하되, "현현과 공성이 나뉘어 나타남이 있음은 여래의
교장을 아직 증오하지 못했기 때문이다."라고 하셨다.

一旦現空自性者 現于顯現得解信 일단현공자성자 현우현현득해신

일단 현현과 공성의 자성은 현현에 대해 신해를 얻음에서 나타난다.

   일단 공성이 현현함에 나타나면 곧 일체의 윤회와 열반의 모든
법이 다 공성이 되고, 공성을 결택한 후에 그 공성의 자상은 현현에
나타나는 것이며, 공성이 곧 연기성이기 때문에 연하여 일어나는
연고로 그 현현은 멸하지 않으며, 이에 대해 응당 퇴전이 없는 신해를
얻어 하나의 증오의 경계를 얻게 되어, 이때에 곧 현공現空이 쌍운하게

된다.

일부의 사람이 공성을 증오했다고 말하지만 실제로는 꼭 그런 것만은 아니며, 만약 공성을 진정으로 증오했으면 해로운 일이 있어도 해롭지 않다고 본다. 상사께서 영화를 보는 것으로 비유하시며, 영화가 환과 같고 실상이 없는 것인 줄 이해하면 누가 총으로 겨눈다 해도 네가 두려워하지 않고 마음이 움직이지 않을 것이라고 하셨다. 그러나 현실에서 어떤 사람이 총을 겨누기에 네가 두렵고 놀란다면, 너는 현실의 사람에 대하여 아직 공성을 증오하지 못한 것이다. 이 때문에 출정出定하였을 때에는 응당 환 같고 꿈같음을 써서 모든 인연되는 바를 대하여야 한다.

諸法本來爲空性 此等諸現空性故 제법본래위공성 차등제현공성고
見空顯現現而空 對此生起定解也 견공현현현이공 대차생기정해야

제법은 본래 공성이 되고 이런 현현이 모두 공성이 되는 연고로 공을 봄이 현현이고 현현이 곧 공이니 이에 대하여 정해를 일으켜야 한다.

이는 중관의 정견의 차제를 설하고 있다. 먼저 일체의 현현을 결택하여 공성을 삼고, 다음으로 공성을 결택하여 쌍운을 삼으며, 쌍운을 다시 결택하여 희론을 여읨(離戱)을 삼으며, 희론을 여읨를 결택하여 등성等性을 삼게 되는데, 이것이 중관의 네 가지 차제이다.

일반적으로 말하자면 쌍운·이희·등성은 큰 구별이 없다. 그러나 초학자에 대하여서는 일정한 차제가 있는데, 먼저 일체의 만법을

가져서 인과 과를 관찰하는 방법으로써 공을 결택하고, 그런 후에
이 공성은 단공이 아니고 현현과 나눔이 없는 쌍운이며, 이런 종류의
쌍운은 또한 '뜻 앞에 고삐같이 머무름'의 집착과 같지 않으니, 이런
종류의 쌍운을 관찰하면 진정으로 일체의 희론을 여읨이 된다. 그
일체의 희론을 여읨은 '그 어느 것도 없음'의 그런 모양이 아니고
응당 여래의 평등성지平等性智와 같은 것이다.

　일체의 윤회 열반이 포섭하는 바의 자성은 공성인 것이며, 연기를
말미암음인 연고로 공성이 됨을 이룬다. 세속 중의 일체의 현현은
또한 이 공성이고, 그 공성의 현현은 실제는 쌍운의 공성이다. 공성을
볼 때 곧 현현이고 현현은 곧 이 공성이며, 두 가지가 동시이기 때문에
이 중관의 네 가지 경계에 대하여 정해를 일으킬 때에 이미 곧 이
네 가지 경계를 증오한다. 이 중에 제1구는 '공성'을 결택함이고, 다음
구는 '쌍운'을 결택함이며, 그 뒤 구문 중에 '견공현현見空顯現'은 '희론
을 여읨'의 뜻이 되고, '현이공現而空'은 '등성等性'의 뜻이다.

此乃經續窺訣中 一切甚深之根本 차내경속규결중 일체심심지근본
聞思斷除增益義 卽是正見無岐途 문사단제증익의 즉시정견무기도
이것이 경전, 속부, 규결 중에 일체 깊은 뜻의 근본이고
문사로써 증익의 뜻을 제거하니 이것이 곧 정견이며, 다른 옆길이
없다.

　이것이 현교의 경전, 밀교의 속부 및 대원만의 규결 중에 일체의
깊은 긴요한 도법의 근본이다. 중관이 설하는 바 이런 견의 차제는

교리 학습의 방법으로써 전도를 일으키는 분별망념을 제거한다. 아울러 이것은 수행의 방법으로써 끊어 제함이 아니라 주로 교증·이증으로써 관찰하여 끊음을 말한다. 이것은 진정으로 착오가 없고 갈래가 없는 정견이다.

彼要愈深通達故 一切世俗此顯現 피요유심통달고 일체세속차현현
亦漸斷盡自相執 續部乘次現如是 역점단진자상집 속부승차현여시
이것은 더욱 깊이 통달함이 필요하기에 일체의 세속은 그렇게 현현하며 또한 점차 자상의 집착이 끊어 다해지니 속부승의 차제는 이같이 설한다.

　위에서 설한 바의 현공무별의 요점을 더욱 깊이 이해하면 현교를 좇아 밀교에 이르고, 외속부로부터 내속부에 이르며, 이어서 초지로부터 십지에 이르는 사이에 모두 더욱 더 깊이 통달하게 된다. 일체의 세속 중의 현현은 점점 제거되어 가는데, 현교에서 모든 분별망념을 제거하지 못하나 외속부에 도달하면 그중 일부분을 제거하게 되며, 그런 후에 내속부에 이르면 각종 방편을 의지하여 나머지 모두를 제거할 수 있게 된다. 그 견해의 차제가 올라갈 때 중요한 도를 통달함이 점차 늘어나며, 승의제를 더욱 통달하면 세속제의 현현 혹은 청정하지 못함도 점차로 다하여 없어지게 된다. 이것은 승의제 통달의 가피를 받았기 때문인데, 이곳의 '자상집自相執'은 공성을 이해하지 못한 것과 같으나, 기둥의 자상집착에 대해 비교적 깊게 더 통달하면 곧 그 집착이 더 덜어지게 되며, 이같이 구경을 통달하게 되면 그 자상의

집착도 모두 없어진다.

어떤 사람이 자신이 수년을 배웠지만 조금의 증오도 없다고 말하는데, 꼭 이렇게 되는 것은 아니지만 일반적으로 그 깊은 뜻은 하루이틀에 능히 이해되는 바는 아니다. 현재까지 이렇게 많은 것을 배우고, 다시 이삼 년을 더 지나 자기를 돌아보면 자기의 탐진치 등이 감소되었는지를 알 수 있다. 이것은 먼저 앞에서 배운 것이 있기 때문이며, 각자가 느껴 아는 바이다. 예를 들면 자신이 중관 방면에 있어서 이전에 가지는 관점이 매우 구경이 된다고 여겼으나, 현재에 보니 하나의 어린애의 생각과 같고, 구경과는 매우 큰 차별이 있음을 알게 된다. 이와 같이 승의제를 더욱 통달하게 되면 그 세속 방면의 탐진치는 더욱 담박해지는 것을 말한다. 그렇기에 속부續部와 경부經部의 견해의 높고 낮음 또한 이와 같이 나타나게 되며, 승의 방면에 대한 분석을 마치면 세속 방면은 이와 같이 현현하게 된다.

중관의 4가지 견차제見次第 혹은 4가지 경계를 설한다. 모든 법은 시간 방면을 좇아서 설하며 현재 증오할 때만 공성인 것이 아니고 그 본래가 곧 공성이며, 설하는 바의 공성이 곧 현현이며, 공이 곧 현이며, 현이 또한 곧 공이니 이에 대하여 마땅히 정해가 생겨야 하며, 이것이 곧 중관의 현과 공이 쌍운하는 경계이다. 이것이 일체 깊은 도의 근본이자 교학의 문사 방법으로서, 미혹의 증익을 제거해 주고 공성을 증오하게 해 주는 긴요한 도이다.

미팡 린포체가 『팔대법행총술八大法行總述』에서 설하되, 현교의 얻는 바의 과果와 밀교의 얻는 바의 과果가 구별이 없고, 과의 공덕 방면에서도 조금의 구별도 없으나, 과를 얻는 방편의 방식에서 큰 차이가 있는데, 밀승은 많은 방편이 있고 현교는 이런 방편이 매우 적기 때문에 시간이 매우 오래 걸린다고 한다. 다만 일찍이 미랑 린포체와 아얼 반즈다가 설하되, 어떤 종류의 현교이든지 최후에는 꼭 밀교에 들어가야 하며, 밀승에 들지 않으면 곧 진정한 불과를 얻지 못한다고 하였다. 이와 같은 점에 대한 교증이 있는데, 미팡 린포체께서 『삼상보등론三相寶燈論』에서 현교와 밀교의 얻는 과와 그 공덕 방면에 조금의 구별도 없지만 수도修道의 묘용방편, 신속함과 느림 상에는 일정한 구별이 있다고 논술한 바 있다.

　이 부분의 요점은 이근利根과 둔근鈍根의 나뉨이 있다는 점이며, 만약 더욱더 통달하면 그 세속의 자상 상의 무시이래의 집착이 승의제에 대해 점차 더 통달함을 말미암아 능히 점차 제거하게 된다.

器情現尊定解見 與意觀修此二者 기정현존정해견 여의관수차이자
永無相同之時機 영무상동지시기
기정세간에 나타난 성존의 정해견과 뜻으로 관하는 수행의 이 둘은 영원히 서로 같은 시기가 없는 것이다.

　여기에서 관상과 진정한 정해가 있음에 대해서 설하고 있는데, 이 둘은 매우 큰 구별이 있다. 공성을 증오한 수행과 공성을 증오하지 못한 채 다만 관상수행만 함은 큰 구별이 있다.
　기세간과 유정세간의 모든 현현은 다 성존聖尊의 정해의 견을 나타냄이 되고,[58] 이는 곧 일체 기세간器世間과 유정세간有情世間의 청정하지 못하고 속된 현현과 일체 분별망념을 밀승에서는 모두 다 청정형상으

로 결택하여 탄청·본존·무량전 등을 이루게 한다. 무릇 일체 현현이 모두 현재의 평범한 모습과 같지 않고, 이 정해의 견을 얻은 후에 교증과 이증으로써 결택하거나 혹은 상사의 규결로써 결택하면 그 기세간과 유정세간에 청정하지 않은 법상이 없다. 그 근본 상에 있어서 이미 일체의 제법이 본존의 형상임을 알아 이같이 증오한 사람과, '일체가 청정한 본존'이라는 관상으로 자기 마음에서 다만 이같이 사유하는 사람이 서로 같아지는 때가 있을 수 없으며, 그 법을 수행하는 방면에 있어서나 견지見地 및 득과得果 방면에서 모두 같아질 수 없다.

　만일 문수보살을 관상수행하며 자기가 문수보살이 아니라고 여기지만, 지금 스스로 문수보살이 된다고 관함은 크게 잘못된 것이다. 많은 교증과 이증을 따라 성립하되, 자기의 본 모습은 본래 문수보살로 더불어 둘이 아니다. 응당 이 같은 정해가 있다면 자신은 사람이고 문수보살은 본존이며, 자신이 문수보살이라고 관상수행한다는 등으로 생각하면 안 되며, 이와 같음은 단지 뜻으로 관상수행할 따름이다.

譬如中觀于諸法　了達實空卽爲見 비여중관우제법 요달실공즉위견
梵者爲病誦呪時　觀想無病非爲見 범자위병송주시 관상무병비위견

예를 들면 중관에서 제법에 대하여 실공을 통달한 즉 정견이 되나 바라문이 병을 위해 진언을 염송할 때 병 낫는 것을 관상함은 견이 아니다.

---

58 이곳의 성존의 범위는 일반 '본존'보다 커서, 능히 탄청壇城·본존本尊·제불諸佛·
　보살菩薩 등의 청정한 모습과 경계를 포함한다.

여기에서는 하나는 정견이 되고 하나는 정견이 되지 않는 경우를 비유로 설명한다. 예를 들어 중관에서 각종 방법으로써 이미 모든 법이 일체의 희론을 여읨을 통달하면, 이에 대해 정해를 얻었으므로 곧 정견이 된다. 위의 게송 중 '기정현존정해견器情現尊定解見'의 문구가 이와 같은 정해의 정견을 말한다.

한편 외도의 바라문은 병을 제거하기 위하여 주문을 외울 때에 병이 나아지기를 관상하지만 이는 정견이 아니다. 두 가지가 모두 비록 '없음'의 방면에서는 서로 통하지만, 하나는 정해신定解信이 있고 하나는 오히려 없으며, 이 때문에 하나는 청정 경계를 증오하고 다른 하나는 그저 청정을 관상하는 것으로서, 큰 구별이 있다.

진메이펑춰 린포체께서 항상 설하되, 만약 『대환화망총설광명장론大幻化罔總說光明臟論』에 대하여 많이 연구하면 본존을 관상수행하는 것에 어떤 곤란함도 없으며, 이런 속경續經에 대하여 잘 학습함이 없으면 비록 관상수행을 하여도 일정한 과를 얻지는 못하게 되는데, 그 방법을 이해하지 못하기 때문이다.

若證勝義實相義 深信世俗爲尊性 약증승의실상의 심신세속위존성
否則住于迷亂相 而何成立聖尊性 부즉주우미란상 이하성립성존성
만약 승의실상의를 증오하면 세속이 본존의 본성임을 깊이 믿게 되며 그렇지 않으면 미혹상에 머무는 것이니 어찌 본존의 본성이 성립하겠는가?

만약 승의제를 증오하였다면 곧 세속제 중의 청정관도 또한 능히

증오한다. 이곳의 '성존'은 본존을 가리키는 것이 아닌 청정형상을 말하며, 밖의 일체 색법의 현현이 다 상사본존의 형상이 됨과 같으며, 모든 생각이 곧 본존의 지혜가 되고, 모든 음성이 곧 본존의 어금강語金剛이 된다.

만약 교학 혹은 선지식의 규결로써 승의실상의 뜻을 증오하면[59], 곧 세속의 청정하지 못한 현현에 대하여 '이것은 청정치 못함이 아니라, 성자의 형상이며 청정의 형상임'이라고 깊은 믿음을 일으키면 능히 자연히 정해를 일으키게 된다. 그렇지 아니하면 승의의 공성을 증오하지 못하고, 자신이 청정하지 못한 미란迷亂의 상相 중에 머물게 되며, 자기를 청정한 문수보살로 관하면서 도리어 자기의 청정치 못함에 대하여 조금도 공성을 증오하지 못하니 이로써 어찌 본존의 형상으로 변하게 할 수 있겠는가? 따라서 먼저 공성을 증오해야 한다.

현재 중국과 티베트의 많은 불교수행자가 모두 '미혹의 상相에 머물면서 본존상을 세움'의 상황을 이루고, 많은 사람이 승의제의 공성 방면에 조금도 정해가 없으며, 심지어 조금도 이해가 없으면서 명언세속 중에서 문수보살, 관음보살을 관상하며 한편으로 주문을 외우고 한편으로 마음속에 '나는 문수, 나는 관음'이라 생각하는데, 이는 모두 실제적으로 미란迷亂의 상相에 머문 것이니, 응당 먼저 어찌 본존이 되는지를 이해하고 무엇이 청정함이 되는가에 대해 의심해 보아야 한다. 다른 방면으로 해석하되, 너희가 미란의 상이나 다른 경계에 머물면서 원만상호의 여래가 너의 앞에 이른다고 한다면 이것도 또한

---

59 지금 우리가 비록 자상自相으로 증오하지는 못하였어도, 기본적으로 승의의 실상에 대하여 해오解悟가 있으면 이 또한 하나의 경계이다.

불가능한 것이다.

除此二取迷現外 無有其餘輪回名 제차이취미현외 무유기여윤회명
彼除所有道分類 幷非唯由勝義分 피제소유도분류 병비유유승의분
勝義理趣卽一故 승의리취즉일고

이 두 가지 미란한 현현을 취하는 것을 제한 외에 다른 윤회의 이름이
없고
저에 대한 모든 도의 분류를 제외하고 승의를 나눔은 오직 있지 않음
이니
승의의 뜻은 곧 하나이기 때문이다.

능취能取와 소취所取를 제한 밖에, 곧 고통과 번뇌가 포함되는 바인
미현迷現 이외에 기타 윤회를 가리키는 다른 이름이 없으니, 윤회는
곧 이 이취(능취·소취)이다. 롱첸빠 존자가 『심성휴식心性休息』에서
인명 방식으로 교증한 바 있듯이, 능취와 소취를 제한 밖에 따로
윤회의 이름이 없고, 현재의 미란迷亂한 능소 이취가 곧 윤회이다.
이것은 매우 중요하다. 만약 능취와 소취를 법계에 소멸시키면 곧
윤회는 가히 말할 것이 없다. 어떤 사람은 자기가 이 능취와 소취를
집착하지 않을 때에 윤회가 없어지는 것이 아닌가 하고 생각하지만,
이것이 꼭 그렇지 아니하며, 윤회가 아직 무기無記 중에 있어 그를
기다리고 있다.
 윤회를 제거하기 위해서는 많은 도道의 분류가 있는데, 닝마의
9승·다른 종파의 3승·4속·6속 등의 나누는 법이 있으며, 현교 중에는

5도 10지의 분류 등이 있다. 그러나 이런 도의 분류는 승의제 가운데에 있어서는 그 나눔이 없고, 승의에서는 분류가 필요하지 않으며, 승의 중의 법성은 모두가 다 한 체가 되기 때문에 나눈다고 할 것이 없으니, 무엇 때문에 세속과 승의에서 현현과 실상 방면으로 나누는가? 승의의 구경은 법계와 한 체이기 때문에 승의에서는 5도 10지·삼승사속 또는 9승 등의 나눔을 말할 필요가 없다.

世俗有法之現分 已見修行勝義性 세속유법지현분 이견수행승의성
依其意力而宣說 事行瑜伽及無上 의기의력이선설 사행유가급무상
세속 유법의 현현분에서 이미 승의성을 수행함을 알기에
그 의력에 의지하여 널리 설함이 사부, 행부, 유가부, 무상유가부이다.

그것은 어떻게 나누는가? 이제를 증오하면 마땅히 세속과 승의를 함께 합해서 나눠야 하는데, 속부에서 분류함도 또한 이와 같다. 세속의 유법有法의 청정치 못한 현현분顯現分은 문사聞思와 규결에 의지해서 보면 이미 그 현현이 공성임을 알고서 수행을 시작하게 되는데, 이는 곧 승의 중에서 수행함이 되며 실제로 승의와 세속을 합해서 함께하여 수행하는 것으로, 이로써 지혜가 일정 수준으로 증상하게 된다.

중생지혜의 의력意力의 크고 작음을 고려하여 여래께서 사事·행行·유가瑜伽 및 무상부無上部 등 4속을 설하셨다. 먼저 증오가 아주 높지 않은 경지인 사부事部, 그 다음은 행부行部, 다시 유가부瑜伽部를 선설宣說하셨고, 최후에 구경을 증오하는 무상속無上續을 설하였다. 이처럼 속부는 승의에서만 혹은 세속 중에서만 있으면서 나누는 바가 아니라

이제를 함께 합해서 나눈 것이며, 이렇게 증오한 그 지혜에는 분명한 차이가 있다.

일체 세속의 현현은 밀법 중에서는 본존형상으로 결택한다. 중관은 '일체의 모든 법이 본래로 청정함'이라고 설하지 않고, 청정한 것은 탄청, 성존 형상이라고 한다. 그러나 밀법에서는 앞에서 설한 바와 같이 이것은 '희론을 여읜 승의'가 아니라 '현현의 승의(顯現之勝義)'가 된다. 일반적으로 쌍방이 모두 인정해야 비유가 성립하는 것이지만, 여기 비유의 뜻은 꼭 상대방이 인정해야 하는 것은 아니다.

미팡 린포체의『대환화망총설광명장론』에서는 특별히 세속의 현현이 어떻게 청정한 것인가를 설하고 있다. 현교에서도 평등성을 말하지만, 밀교에서는 더 나아가 본래청정·2대 평등·4대 평등을 설명하고 있으며,『흑사기록黑蛇記錄』에 이르되, 기세간과 유정의 일체 세계가 모두 변해서 청정함을 이룬다고 하였다. 현교의 '희론을 여읨'의 방면에 대해 일정한 정해신이 있으면, 밀교의 '본래청정'에 대하여 곧 일정한 정해가 있는 것이니, 마땅히『대환화망총설광명장론』을 많이 학습해야 한다.

是故二諦各自上 不分續部之高低 시고이제각자상 불분속부지고저
然而二諦雙運義 于此如何得解信 연이이제쌍운의 우차여하득해신
如是修行亦隨行 여시수행역수행

이로써 이제 각자를 나눔으로써 속부의 높고 낮음을 구분하지 못하며
단지 이제가 쌍운하는 뜻을 어떻게 신해 하는가에 따라
이같이 수행하며 그에 따라 행해야 한다.

이제 각자의 면에 있어서 크고 작음을 나눌 수 없는데, 현교와 밀교 및 속부의 높고 낮음의 차별은 어떻게 나뉘어지는 것인가? 이것은 '이제쌍운二諦雙運'의 기초 위에서 나뉘는 것으로, 승의가 곧 세속이고 세속이 곧 승의이기 때문이다.

유가행자가 이제쌍운의 의의 상에서 수행하여 이미 같지 않은 수준의 정해를 얻게 되면, 그가 얻은 이제쌍운에 대한 정해의 수준에 수순하여 그의 모든 수修와 행行을 실천하게 된다. 따라서 현밀 및 속부의 고저는 이와 같이 안립하는 것이며, 그 견해가 더욱 높으면 그 수修와 행行 또한 높고 깊으며, 그 견해가 낮으면 그 수修와 행行 역시 얕게 나타난다.

是故無上金剛乘 一生賜與解脫道 시고무상금강승 일생사여해탈도
無誤如是修行者 譬如異類有情衆 무오여시수행자 비여이류유정중
所見水相不同喩 如是若依淸淨見 소견수상부동유 여시약의청정견
現有等淨壇城性 對此誰者不生信 현유등정탄청성 대차수자불생신

이로써 무상금강승은 한 생에 해탈도로 이끌어 주며,
그릇됨 없이 이같이 수행하는 자는 이류 유정의 무리들이
각자 보는 물의 모습이 같지 않음의 비유로 아는 청정견을 의지하면
평등 청정한 탄청성이 현전할 것이니 이에 대하여 누가 믿음을 내지
않겠는가!

오탁악세의 말법시대의 일생 중에 해탈도로 이끌어 주는 무상금강승은 그 밀법의 의궤, 수행법을 그릇됨이 없이 수행하는 사람에게는

매우 적합한 것이다. 예를 들어 같지 않은 육도의 중생에게는 그 보는 바의 물의 모습이 또한 같지 않다. 귀신도鬼神道·인간도人間道·천도天道의 중생이 보는 물의 모습은 각기 피고름·물·및 감로가 되며 지명자持明者와 불보살이 보는 것은 법계와 불모佛母 등이다. 그 업장이 더 청정하면 할수록 그 보는 바도 또한 더욱 청정해진다.

이것은 비량과 현량이 성립하는 바인 것인데, 앞의 예와 마찬가지로 만약 청정한 자상속의 성자보살의 보는 바에 의지하면(이것이 청정견, 곧 환화망속幻化罔續에서 결택하는 바인 일체 본래로 청정한 견해를 말함), 곧 일체의 기세간과 유정세간에서 윤회와 열반을 포함하는 모든 법이 다 평등성과 청정한 탄청성이 되어 나타나니, 곧 본존本尊·심주心呪·지혜智慧이며 그 이외에 청정하지 않은 것이 없다. 일체의 모든 법이 본래 이와 같은데, 그 어느 누가 이에 대해 신심을 내지 않겠는가?

이 게송에서 설하되 금생에 금강승을 잘 문사수행하면 금생에 수행에 힘을 얻게 되고, 보통의 중생들과 다른 정법을 수지하는 자가 되며, 그 보는 바 또한 중생들이 업을 따라 보는 것과 같지 않으며, 그 업장은 더욱 가벼워지고 보는 바 또한 더욱 청정해진다. 따라서 이 청정한 견해, 곧 『대환화망총설광명장론』에서 결택한 바인 '제법이 본래청정함'을 의지한즉 밀법에 대해 반드시 신심을 내게 된다. 도리상 으로 본래청정함을 이미 알았는데, 어찌 이에 대하여 신심을 내지 않을 수 있겠는가? 반드시 신심을 내게 된다. 이것은 수행의 견해가 매우 중요함을 말하며, 만일 정견을 바로 세우면 제법이 본래청정함을 관하는 것이 어렵지 않게 된다.

如果如是未了達 正許輪回不淨性 여과여시미요달 정허윤회부정성
而爲觀修聖尊者 猶如嘔瓶涂香水 이위관수성존자 유여구병도향수
悲哉等性金剛乘 彼思修行如燈畫 비재등성금강승 피사수행여등화

만약 이 같음을 통달하지 못하여 윤회의 부정성을 허락하고
그렇게 성존을 관상 수행한다면 이는 오물 병에 향수를 바른 것 같음
이니
슬프도다! 평등성의 금강승을 그렇게 수행함은 그림 위의 등과 같음이라!

만일 윤회와 열반을 포함하는 제법이 본래청정하다는 이 도리를
통달하지 못하면 곧 윤회가 청정하지 못함을 허락하는 것이고, 그것은
번뇌와 업력이 조합되어 이뤄진 것이다. 이 같음을 인정함과 동시에
또한 청정한 본존 등의 형상을 관한다면 이런 것을 얻음은 불가능하다.
이는 마치 청정하지 못한 병에 많은 부정한 물건을 채우고 그 바깥
표면상에 많은 향수를 발라도 그 병은 여전히 깨끗하지 못한 것과
같다.

마찬가지로 만약 전체 기세간과 유정세계를 관상하여 청정하지
못함으로 삼고, 본존은 청정하다고 관하는 등은 성취할 수 없는 것이다.
이같이 수지修持하는 사람은 매우 가련하다. 한편으로 자신이 청정하
지 못하다고 생각하고, 한편으로는 또 청정하다고 관상함이니, 이에
작자는 심히 슬퍼한다. 말법의 중생이 윤회와 열반이 평등성인 무상금
강승에 대하여 수지하고자 생각하지만, 그들의 수행은 그림 위의
등燈[60]과 같고, 그런 그림의 등은 무명흑암을 제거하지 못한다. 이것은
다만 유사할 따름이며, 그 수행법이 이치에 맞지 않기 때문에 근본적으

로 무시이래의 무명번뇌를 제거하지 못한다. 이것이 미팡 린포체께서 설하신 수행법 중 가장 깊은 규결이며, 현재에는 진정한 청정을 통달하고 이치대로 관을 수행하는 자가 매우 적기에, 앞으로 우리는 반드시 이런 이치를 따라 관상수행을 해야 한다.

증오는 다만 이제의 각각의 방면에 있는 것이 아니고, 반드시 '이제쌍운'의 기초 상에서 증오한다. 견見은 기基의 이제를 결택하고, 수행의 도道는 이자량二資糧이 되며, 과果는 이신二身이 현전하게 한다. '견수행과見修行果'는 수행자의 방면을 따라 설한 것이고, '기도과基道果'는 수행하는 대상의 방면을 좇아 설한 것이다.

계속 금강승을 학습하고 수지해 나가면 마침내 어느 날 자기의 청정치 못한 탐진치 등이 본존·탄청·심주 등으로 현현하게 된다. 붓다보다도 더 만나기 어려운 금강승이 이 말법시대에 일생의 기간에 능히 해탈하는 도를 내려 주시니, 응당 믿음을 내어 정진하고 수행해야 한다.

현현과 실상은 불의 본성과 같이 두 종류로 나누어지는데, 한 종류는 그 '뜨거운 성질'이고 한 종류는 '희론을 여읨'이니, 곧 '잠시暫時'와 '구경究竟'의 나눔이다. 우리의 눈앞에 있어 현현함이 또한 진실과 가유假有의 두 종류가 있으니, 마치 눈병이 없는 사람이 보는 소라의 백색이 황색으로 분별되어 눈병이 있는 사람 앞에 나타남과 같다. 미팡 린포체가 승의제와 세속제의 두 종류로 나누고, 그중 밀종의 이제에 대해 현현과 실상을 좇아서 설함은 매우 이치에 맞는 것이다.

---

60 등燈은 밀법을 가리킨다.(원역자 주)

現相雖現不淸淨 彼爲迷亂所立宗 현상수현불청정 피위미란소립종
實相眞實所見義 此名不分金剛宗 실상진실소견의 차명불분금강종

현현상이 불청정을 나타낸다면 그것은 미혹으로 세운 바의 종이 되고
실상진실의 보는 바의 뜻이라면 이는 나눔 없는 금강종이라 이름한다.

현존하는 기세간과 유정세간의 모든 법이 무명번뇌가 있는 중생의
앞에 비록 청정하지 않은 것으로 나타난다는 것은 무시이래의 미란迷亂
한 업력·번뇌·무명이 기초가 되어 성립한 바의 종의宗義를 말하는
것이다. 그 현현은 무시이래의 무명 미란이 나타난 바인데, 그렇다면
그 보는 바인 본존·보현여래·탄청 등은 현현인가 아니면 실상인가?
여기서 명언제를 관찰할 때 승의와 세속 두 종류의 방법(결택)이 있고,
그 보는 바의 실상은 명점明點 등의 현현과 같으며 모두 실상 방면에
포함한다.

일반적으로 첫 번째 종류의 이제는 '승의는 이희離戲가 되고, 세속은
유법有法이 됨'을 말하며, 이것은 현교의 나누는 법을 따라 설함이다.
다른 한 종류의 이제 분류는 '승의제는 모두 청정하여 무량전無量殿·명
점明點·본존본성本尊本性 등과 같으며, 세속제는 일체의 청정하지
못한 법을 가리킴'을 말한다. 이것이 밀교에서 나누는 바의 이제이며,
이곳에서는 밀법을 따르는 현현과 실상으로써 설한다.

실상견의 뜻은 다 진실로 청정한 것이고, 그 보는 바의 뜻은 성자보살
이 청정을 관하고 보는 것을 가리키는 것으로, 예를 들어 모든 기세간은
무량전의 형상과 같고, 모든 유정세간은 모두 본존이 된다. 대원만
전행前行에서 밀승의 발심 방법을 수행할 때에 설하되, 상사를 보현여

래 혹은 연화생 대사로 관하고, 금강도반는 보현여래의 권속 혹은
연화생 대사의 권속, 혹은 금강살타의 남녀가 됨으로 관하며, 법은
대승법이고, 시간은 삼세의 시時가 없으며, 그 장소는 동색 길상산
정토이고 혹 동방 유리광琉璃光 세계世界 등으로 관상하게 한다. 이것을
가르켜 '승의실상을 짓는다' 또는 '진실이 보는 바의 뜻'이라 부르며,
이를 '기·도·과 셋을 나누지 않는 금강승 종파'라고 말한다. 그 미란함
이 없음은 승의를 봄을 따라 안립하기 때문이며, 정견을 결택함에
있어서는 현현과 실상을 나누어, '현현은 청정하지 못함'이 되고 '실상
은 청정함'이 되나, 수행할 때에는 실상의 기초 위에서 현현을 수지하
고, 최후에는 실상에 들게 해야 하며, 그렇지 아니하면 곧 과실이
있는 것이다.

若想器情能所依 本來不是淸淨性 약상기정능소의 본래불시청정성
而觀淸淨之修法 現露抵觸之本相 이관청정지수법 현로저촉지본상
彼道卽是道形象 如洗黑炭無轉白 피도즉시도형상 여세흑탄무전백

만약 기정세간의 일체 만법이 본래청정성이 아니라고 생각하고
청정함을 관하는 수행법이 모순된 본상이 드러나게 함이니
그 도가 도의 형상뿐이며 흑탄을 씻어도 백색으로 바뀜이 없음과
같다.

　만약 견見과 수修의 두 가지를 벗어나면 곧 과실이 있는 것이다.
만약 정지정견이 없으면 곧 능의의 유정세간과 소의의 기세간 혹은
기세간과 유정세간을 포함하는 일체의 모든 법이 본래로 청정한 것이

아니라, 산은 진실한 산, 흙은 진실한 흙, 유정 또한 평범한 유정 등이라고 생각하게 된다. 또 수행할 때나 법을 들을 때에 상사가 본래 부처가 아니지만 부처로 관상하고, 우리도 본래 금강살타의 남녀가 아니지만 금강살타의 남녀의 형상이라고 관하며, 이곳의 환경은 본래 연사의 임운자재로 이뤄진 연화광명궁이 아니지만 오히려 그 궁으로 삼아 관하는 등, 무릇 생기차제生起次第·원만차제圓滿次第 중에 있어 청정상을 삼아 관한다면 자신의 자상과 모순되는 본상이 드러나게 됨이니, 본래청정치 못하다고 여긴 것을 청정하다고 관하여 청정과 불청정이 서로 어긋나게 되기 때문이다.

이렇게 되면 닦는 바의 대승금강도가 도의 형상을 이루는 것 같지만, 실제상으로 진정한 도가 되지 않는다. 마치 숯을 어떻게 씻어도 여전히 백색으로 변하는 것은 불가능함과 같은 것이니, 자신의 진정한 혈육의 몸을 청정한 문수보살이 된다고 관상함은 '숯을 씻는 비유'와 다름이 없다. 『대환화망총설광명장론』에서 이런 것들을 설함이 매우 분명하며, 현재의 관상은 생기차제인데, 이 수행에서 청정한 성품을 관함이 매우 중요하다.

本非思是假修者 若能成就殊勝果 본비사시가수자 약능성취수승과
則諸外道太陽派 本無實空之定解 즉제외도태양파 본무실공지정해
而舍顯現修空者 亦能應成斷諸惑 이사현현수공자 역능응성단제혹
바르게 사유하지 못하는 거짓된 수행자가 만약 수승한 과를 성취하면 이는 곧 모든 외도 태양파이며, 그들은 본래 실질공의 정해가 없으며 현현을 여의고 공을 관하는 것이 능히 모든 혹을 끊는다고 말한다.

과학자가 묻되, 너희는 왜 자신을 문수보살·관음보살로 관하는가?
많은 사람들이 답을 못 하거나 혹은 '불법 중에 이 같은 하나의 법규가
있다'고 답하기도 한다. 그러나 불법 중의 일체는 법규·전통이 아니고
그에는 깊은 도리가 내포되어 있으며, 이 같은 것들에 대해 반드시
널리 배워야 바로 이해할 수 있다.

본래청정치 못함을 청정한 것으로 삼아 관하는 가식의 수행자가
수승한 과를 성취한다면, 그것은 외도 중의 태양파이며, 그들 관점에는
본래 중관의 실질공에 대한 정해가 없다. 현현을 버리고 다만 공을
수행하여도 응당 번뇌를 끊는다는 그들의 생각은 이치에 맞지 않는다.

若謂事行無上續 正見無有高低者 약위사행무상속 정견무유고저자
已證現有等淨見 自尊賢劣淨不淨 이증현유등정견 자존현열정부정
如是未見分各自 則自損害自而已 여시미견분각자 즉자손해자이이

소위 사事·행行·유가의 속부續部에서 바로 높고 낮음이 없음을 보면
이미 현현과 청정의 평등견을 증오했음을 말하며, 자기 본존의 장단과
청정 및 불청정에 대해
이 같음을 보지 못하고 각자대로 나누면 곧 자기가 자기를 해침이
된다.

닝마파 교법 중의 높고 낮음은 증오한 바의 견해를 따라 구분된다.
만약 사·행·유가 및 무상속의 정견의 높고 낮음이 없다면 이미 기정세
간의 모든 법이 희론 여읨이고 청정하다는 견해를 증오한 사람인데,
그가 수지하는 중에 왜 이 같은 구별이 있겠는가? 자기는 서언존誓言尊[61]

324

이고 닦는 바의 본존은 지혜존智慧尊[62]이며, 사부·행부의 속부 중에 지혜존은 어질고 자기는 악하며 본존을 의거하여 가피를 얻는다고 하면 이것은 이치에 맞지 않는다. 유가부 중에서 특히 청정으로써 주를 삼고, 청정치 못함은 버려져야 한다는 것도 또한 이치에 맞지 않는다.

견해 상에 있어 평등하다면 현명과 열등함, 깨끗함과 부정함을 보지 않으나, 원만지의 행지에 있어서는 분별한다고 함도 또한 이치에 맞지 않는 것이며, 이는 오직 자기가 자기를 해롭게 할 따름이다. 이는 대원만 견과 같지 않고, 행지 중에 또 인과 취사가 필요하다는 견해이다.

或者如同下續部 于此耽着諸舍取 혹자여동하속부 우차탐착제사취
無上運伏酒肉等 若行取舍等性者 무상운복주육등 약행취사등성자
則名不證狂妄行 豈非悉應呵斥處 즉명부증광망행 기비실응가척처

혹자는 하속부 같이 평등성의 견해를 결택함이 없이 모든 취사에 탐착하며
무상유가의 쌍운·항복·음주·식육 등에 대해 평등성의 취사를 행하면 곧 증하지 못한 자의 광망행狂妄行이니 어찌 꾸짖을 점이 아니겠는가?

다른 한 방면을 좇아서 위의 관점을 파한다. 사·행·속부 중에 있어서

___
61 밀종수행자가 마음 가운데 서언을 수지하고 관상하여 일어나 자체로 생기는 공행, 호법 등 공경의 대경의 영상.
62 본성지혜의 선정력을 말미암아 생겨 나타나는 성존을 지혜존자라고 한다.

쌍운雙運·항복降伏·음주飮酒 등이 모두 이치에 맞지 않는다고 여기는
데, 이것은 그들에게는 일정한 취사가 있기 때문이며, 현교 중에도
또한 이러한 집착과 취사가 있다. 만약 견해의 방면과 마찬가지라면,
왜 이 같은 집착과 취사가 있는가? 무상부無上部 중에는 항복법이
있어 곧 십종의 불법을 훼멸하는 원적怨賊에 대하여 시행하고, 또한
쌍운법은 깊은 불공통의 견해의 섭지攝持가 없으면 이런 방편은 사음邪
淫을 이룬다. 또한 서언誓言 중에 음주飮酒·오육五肉·오감로五甘露
등을 먹는 등의 작법作法이 있다. 만약 견해 방면에 있어 구별이 없다고
하면, 행지할 때에 취하지 않을 것을 취하고 버리지 않을 것을 이미
버린 것이기에, 취사가 평등성과 구별이 없음을 이루게 되는데, 이는
미친 사람의 작법이라고 하지 않을 수 없으니, 이것이 대덕의 꾸짖는
점이 되는 것이 아니겠는가? 그러나 밀종의 무상청정견을 증오한
때에는 마땅히 이런 작법을 허락하며, 만약 이를 허락하지 않으면
오히려 삼매야계를 위배하게 되며, 이처럼 견지 방면에 있어서 일정한
구별이 있다.

　현교 중에서는 당연히 이런 것들을 범할 수 없지만, 밀승에 있어서는
지음을 허락한다. 밀승에서는 윤회와 열반의 모든 법이 청정하다고
결택함이 중요하며, 만약 청정을 증오하지 못하면 오육을 먹고 술을
마심이 아직은 삼매야계를 범하는 것이다. 롱수 반즈다께서 설하시되,
초학자에 대해서 말하면 쌍운·항복·5육을 먹음·음주에 대하여 다만
관상으로 응해야 하며, 만약 밀종수행을 핑계 삼아 살생·사음 등을
하면 분명히 타락함이고 서언을 파함이며, 반면에 진정으로 청정견을
증오한 후에 만약 지음이 없으면 오히려 이것이 서언을 범한 것이

326

된다. 별해탈別解脫·보살菩薩·삼매야계三昧耶戒 중에는 서로 어긋나는 부분이 많이 있는데, 한 사람이 동시에 위 삼종계를 받는 것이 어떻게 성립할 수 있겠는가? 미팡 린포체 저서인『삼계일체론三戒一體論』에서 삼종계가 서로 어긋나는가에 대한 의문에 대하여 해답을 해 준다.

如是如是實相義 能見定解名爲見 여시여시실상의 능견정해명위견
실과 같이 실상의 뜻을 현량으로 보며 그것의 정해가 견이 된다.

위의 차제를 따라 '여시여시如是如是'하면 법계 실상의 뜻을 증오한 것이며, 실상의 뜻에 대하여 점차로 증오하게 된다. 그 증오한 바인 '반연이 없는 지혜(無緣智慧)'를 '견見'이라 하며 또한 '정해定解'라고도 이름한다.

以見如何決擇義 如是隨修及行持 이견여하결택의 여시수수급행지
이러한 견으로써 실상의를 결택하고, 이를 따라 수행하며 행지해야 한다.

따라서 견수행과見修行果에 대하여, 먼저 견해를 결택하여 견해로써 법계 실상의 뜻을 결택하고, 그 후에 견해에 의지하여 따라 수행한다. 현교·밀종에 관계없이 정견은 매우 중요하고, 만약 정견이 없으면 다 눈먼 수행을 이룰 뿐이다.

若謂不定九乘數 以見高低分乘故 약위부정구승수 이견고저분승고
구승九乘의 수는 정할 수 없으니 견해의 고저를 따라 승이 나뉘기
때문이다. (아래 게송에 이어짐)

기타의 다른 이가 묻되, 너희 닝마파가 구승이 됨을 인정하지만
꼭 그렇지만은 아니라 구승보다 많거나 또는 적을 수도 있는데, 왜
구승인가? 승은 견해의 높고 낮음을 따라 나뉘는데, 높은 방면의
견해도 많고 낮은 방면의 견해도 많기에 구승으로 정할 수 없다.

是由內宗最低至 究竟金剛頂之間 시유내종최저지 구경금강정지간
安立九部有理故 안립구부유리고
자종이 가장 낮은 경지에서 구경의 금강정에 이르는 사이에
구부九部를 안립함은 이치가 있다.

자종이 상대방에게 회답하여 말하되, 불교의 가장 낮은 승에서부터
구경의 금강정승金剛頂乘에 이르는 사이에 구승을 안립한 것은 도리가
있는 것이다. 우선 성문·연각·보살 삼승은 '법상法相'의 인을 삼아
외삼부外三部를 안립하는데, '불성'을 법상의 방식으로써 결택하기
때문이다. 이어서 사·행·유가 삼승은 '고행명각苦行明覺'인 내삼부內
三部를 안립하는데, 이는 고행의 방법으로써 명료한 각성을 결택하기
때문이다. 마지막으로 마하·아누·아띠는 '방편을 전환'시켜 따르는
밀삼부密三部를 안립하는데, 이는 '직접적인 방식'으로 불성을 결택하

328

기 때문이다. 이로써 구승이라고 이름한다.

如乘雖有衆高低 而立三乘等有理 여승수유중고저 이립삼승등유리
승이 비록 여러 높고 낮음이 있지만 삼승 등을 세움은 이치가 있다.

이 게송은 구승을 안립하는 이유를 설한다. 승이 비록 많이 있으나 너희가 삼승을 안립함이 이유가 있는 것처럼, 자종 또한 교화하는 바인 상·중·하의 근기를 기반으로 하거나 또는 붓다의 3차 전법륜에 의지하여 그렇게 안립한다. 우선 '근기와 기초'를 따라 상중하로 나누고, 상등을 다시 세 가지 등으로 나누며, 중·하도 차제에 의하여 나누면 모두 9승이 된다. 또한 '수행법'의 방면으로써 나누면 외·내·밀 세 종류의 수행이 있어 주가 되며, 이어서 '방편'을 따라 구분하면 외삼승은 방편이 없고, 내삼승은 일부 방편이 있으며, 밀삼승은 많은 방편이 있는 등의 차이가 있다. 따라서 닝마파가 구승을 나눔은 일정한 이유가 있다.

故內智力愈增上 如是如是諸器情 고내지력유증상 여시여시제기정
分別見爲不淨淨 분별견위부정정
따라서 내면의 지혜력이 더 증상함을 의지하여, 이같이 모든 기정세간을
분별하여 부정함을 청정함으로 보게 된다.

총결하면, 자기 내심의 지혜 능력이 더욱더 늘어날 때 이와 같이

기세간과 유정세간의 모든 원래 청정치 못한 법을 청정으로 보며, 그 내면의 지혜가 증상하는 연고로 기세간과 유정의 제법에 대한 견해가 점차적으로 청정하게 된다.

是故現空無二基 證悟二諦無別相 시고현공무이기 증오이제무별상
彼道如是修行者 能得二身雙運智 피도여시수행자 능득이신쌍운지
이에 현공現空이 둘이 아님의 기초 하에 이제가 구별 없음의 실상을 증오하며
이같이 그 도를 수행하는 자는 능히 이신쌍운의 지혜를 얻는다.

따라서 일체법의 본성은 '현현과 공성이 다름이 없음(現空無別)'이 '기基'가 되며, 이 기를 증오하기 위하여 '두 가지 자량이 쌍운함(二資雙運)'을 '도道'로 삼아 이 도를 수행해 가면, 최후에 능히 '이신이 쌍운(二身雙運)'하는 지혜의 과果를 얻게 됨을 설한 것이다.

이상으로 제5번째 문제를 설하여 마친다.

제6의 문제: 같은 경계를 이류중생이 봄에 왜 각기 다른 현상인가?

제6번째 문제는 주로 중생의 '업의 감응(業感)'을 강의했다. 상사 린포 체께서 설한 바와 같이, 일체의 모든 법은 그 본성 위에 있어 그 무엇도 아니고, 진정한 하나의 법은 이미 승의도 아니고 또한 세속도 아니며 그 무엇도 아니지만, 어떤 것으로든지 모두 나타내어질 수 있는 것이다. 예를 들어 보현여래가 과를 얻고 난 후에도 윤회 중의 중생들을 따라 유전한다. 일체가 환과 같고, 유가 무로 변하고 무가 유로 변하며, 중생의 업의 감응은 불가사의하고 환화의 술도 불가사의 하며, 제불보살의 가피력도 불가사의하다.

일반적으로 4, 5종의 불가사의가 있는데, 그중 '일체의 모든 법이 그 무엇도 아님', '무엇이든 모두 현현할 수 있음', "무엇이든 모두 변할 수 있음'의 이 세 가지는 롱수 반즈다의 설법이다. 표면상으로 보면 모든 대덕이 변론의 형상이 있어 보이나, 이는 다만 중생들이 각종 업의 감응을 밝게 알기 위함이며, 단지 변론을 위해서 이런 문제들을 제기하는 것이 아니다. 변론을 통해 정견을 결택하는 것이 중요하며, 교증·이증으로써 자종을 성립하고 외도와 내종의 삿된 주장에 대하여 반박하기 위함이다.

롱수 반즈다가 말하되, 명언 중에 있어서 '일체가 환과 같음'과

'환화幻化'가 조금의 구별도 또한 없고, 이것은 승의의 관찰로써 옴이 아니며 명언관찰로서도 가능하다고 하셨다. 명언상의 사람·중생 등이 환술幻術과 조금도 구별이 없는 것이니, 그가 『입대승론入大乘論』에서 일례를 들어 현실 중에 있는 중생과 환화 중의 중생이 조금도 구별이 없음을 설명하였다.

예전 인도의 한 부인에게 아들 하나와 그들을 도와주는 환술에 능한 바라문 시종이 한 명 있었다. 하루는 이 부인이 밭에 나가 일할 때 그 아들 파뢰가 엄마를 따라 나갔는데, 바라문이 아이를 찾아도 줄곧 찾지 못하였다. 그가 생각하길, '그 부인은 권력이 높아 만약 이 아들을 잃는다면 반드시 나를 죽일 것'이라 하여, 환술로 하나의 아이를 만들어 내어 '파뢰'라고 이름 불렀다. 그 부인이 원래의 아들 파뢰를 데리고 밭에서 돌아오니 집에 또 다른 '파뢰'가 있음을 보고서 누가 진짜이고 가짜인지 몰라 이것이 어찌된 일인지 바라문에게 물으니, 그는 두려워하여 감히 환술의 일을 솔직히 말하지 못했다. 이에 두 아들은 일생동안 조금도 구별이 없고, 함께 먹고 잠자며 지냈다. 마을 사람들이 또한 한 사람은 가짜인 것을 알지만, 그 환화의 파뢰 또한 피와 살 있는 몸이어서 조금도 거짓 모습임을 알아볼 수 없었다.

이것은 롱수 반즈다가 한 개의 실제 사례를 소개한 것인데, 이처럼 보는 바 중생과 환화의 중생이 조금도 구별이 없는 이 도리를 어떻게 교리로써 설명하고 증명할 수 있는가? 환으로 변함은 끝이 없고 불가사의한 것인데 우리들 중생은 어떻게 조성되는 것인가? 그것은 모두 불가사의한 업력이 변하여 나타난 것이고, 그 환의 변화와 업력은 다 불가사의한 것이며, 가피가 있는 것도 역시 불가사의한 것이다.

일찍이 인도에 함께 베를 짜 살아가는 몇 명의 사람들이 있었다. 그들은 나무로 베틀 기계를 만들어야 하기에 산으로 나무를 하러 갔다. 산의 풍광이 아름답고 베고자 하는 그 나무가 잘 생겼으며 보기 좋아서 그들 중 한 사람이 말하되, "만약 나무를 자르면 이 아름다운 숲을 망치게 되니 베지 않는 것이 좋겠다."라고 했다. 모두 동의하여 다른 곳에 가서 나무를 베었다. 이에 그 원래 땅의 토지신이 그들이 나무를 베지 않았기에 매우 기뻐하며 그들을 따라가 말하되, "너희는 마음이 매우 착하니 네가 시디를 구하고자 한다면 내가 너의 요구를 만족해 주겠다."라고 하자, 그들 중 한 사람이 말하되, "나는 무슨 시디가 필요한지 잘 모르겠다. 마침 나에게 몇 명의 동료가 있으니, 상의해 보고 내일 그대에게 말하겠다."라고 하였다. 그들이 상의해 보니, 토지신이 주는 것은 출세간의 시디가 아니라 세간의 시디라고 여겼다. 이에 생각하기를, '현재 우리는 몸의 앞쪽만 베를 짤 수 있고 몸의 뒤에서는 베를 짜지 못하는데, 우리가 이 같은 몸이 한 개 더 있으면, 몸의 전면과 후면으로 모두 베를 짤 수 있게 되어 좋을 것 같다' 하여 토지신에게 이 요구를 말하였다. 토지신이 그들에게 가피하자, 그 몸 뒤에 손·다리·눈이 자라나서 베를 짤 수 있게 되었다. 그들이 후에 시내에 나갔을 때 지인들은 도망가고, 시민들이 마귀가 나타났다고 말하며 그를 붙잡았다. 그가 나는 마귀가 아니라고 말하며 토지신과 있었던 일을 설명하자, 시민들은 더는 두려워하지 않았다. 뒤에 그가 죽은 후에도 그 앞뒤의 손발은 조금도 구별이 없었다. 이렇듯 토지신의 환술 변화가 불가사의함을 알 수 있으며, 마찬가지로 모든 불보살의 가피는 더더욱 한이 없는 것이다. 이 공안이 설명하는 것은 중생의 업의 감응은 무변하며, 우리의 현실은 모두 업이 감응하여 환으로 변하여 나타난 것이다.

롱수 반즈다가 이런 고사를 널리 설법한 숨은 뜻에 대하여 깊이 듣고 음미하면 그 깊은 뜻을 깨닫게 되며, 현대 과학의 창조는 업력 감응의 무변한 환의 변화가 현량으로 이루어짐을 설명하고 있다.

一水各自有情前 顯現不同有事時 일수각자유정전 현현부동유사시
有謂共同所見水 一切能見全爲量 유위공동소견수 일체능견전위량
若水少許有自性 則無正量及非量 약수소허유자성 즉무정량급비량
하나의 물이 각자 유정 앞에 같지 않은 물질로 나타날 때
공동으로 물로 보면 보는 주체의 능견이 고루 정량이 된다고 주장한다.
물을 봄에 자성이 있다고 허락하면 곧 정량이 없음이고 비량이 된다.

문답 형식으로써 변론하여 설한다. 물로써 예를 들면 같은 물이라도 육도중생과 모든 불보살 조사의 앞에 있어서 그 나타남이 같지 않다.(여기서 제불·보살·지명자持明者 등 증오한 사람을 다 유정에 포함시킨다. 만일 아미타불이 유정에 속하지 않는다면 그의 세계 중에는 다만 보살만 있게 되고, 그러면 그는 중생도 무정도 아닌 것이 되기에 바른 설명이 아니다. 일반적으로 2지 이하의 보살 및 범부와 소승인만을 유정이라고 여기나 이 또한 일정하지 않다.)

같은 물이라도 지옥중생이 보는 것은 쇳물이고, 아귀는 피고름 물로 보며, 사람은 물로 보고, 어류 등 물에 사는 동물은 주거공간으로 보며, 제불보살의 앞에는 법계로 현현하여 감로 혹은 불모가 되는

등 같지 않은 현상으로 보인다. 따라서 같은 물의 경계가 그 십법계十法界 유정들에게 보이는 바가 같지 않게 현현하고, 같지 않은 물체가 된다. 그렇다면 하나의 공통된 바깥 경계가 있는가? 유식에서는 공동의 바깥 경계를 허락하지 않고, 중관은 하나의 공동의 경계를 인정하지만, 그 공동의 경계가 어떠한가를 구체적으로 설명함은 곤란하며, 만일 공동 물체가 없다면 그 나타나는 바는 또 무엇인가?

종카파 대사의 『선해밀의소善解密意疏』에서 말하되, 공동의 보는 바 경계가 있고 그것이 물이라 함은 그들의 비유를 비춰 보면 당연히 옳은 것이며, 이것은 물을 보았음을 말하는 것이 아니라 '공동으로 보는 바의 경계가 물'임을 뜻하는 것이다. 또한 거룽빠의 논전에서 말하되, 공동으로 보는 바가 물이라고 함은 석존이 인간세상에서 법륜을 굴리시기 때문에 보는 바가 물이라고 하는 것이며, 육도중생 및 지명자·보살·불이 모두 그 능견인 안식을 의지해서 양量을 삼는다. 아울러 '저것은 옳고 이것은 그름'이 있지 않으면 모두 정량正量이며 그릇된 양(非量)이 아니다.

이 관점을 파하자면, '공동으로 보는 바의 경계가 물'이라면 곧 과실이 있게 되는데, 공동으로 보는 바의 경계가 물이라면 물에 약간 기타 물체의 본성이 있음이고, 이는 쇳물의 본성, 고름의 본성, 또는 감로의 본성 등이 또한 약간씩 있게 됨이니, 이는 곧 정량 없음이고 비량非量의 과실이 있게 된다. 사람에 대하여 말하면 물을 본 것이 정량이나, 만약 물을 고름으로 보면 곧 정량이 아니고 비량이 된다. 다시 말하면, 이 물에 이미 쇳물의 본성이 있고 고름의 성질도 있으며 또한 감로의 성질이 있다면, 이는 곧 정량 없음이며 비량을 이룬다.

336

거룽빠가 설하되, 담병이 있는 자가 볼 때 백색의 바다소라(海螺)가 황색으로 보이기에 백색 해라에 황색의 부분이 조금 있다고 한다면, 이 같은 과실이 있게 된다.

若是各境不共同 如見甁柱之眼識 약시각경불공동 여견병주지안식
共同所見不成有 공동소견불성유
만약 각 경계가 공동이 아니라면, 병과 기둥을 보는 안식이 공동으로 보는 바가 있을 수 없음과 같다.

　이미 이류異類중생이 보는 바의 그 경계가 또한 서로 같지 않다고 하였으니, 곧 어느 한 사람이 병을 보는 안식眼識과 다른 한 사람이 기둥을 보는 안식 등의 두 안식이 같지 않음이며, 이로써 그 공동으로 보는 바는 성립하지 못하며, 따라서 물은 공동으로 보는 바의 경계가 아니다.
　혹은 한 사람이 제1 찰나에 병을 보고 제2 찰나에 기둥을 보면, 그 병과 기둥이라는 외경은 같지 않고 그 안식도 또한 같지 않음이니, 같은 이치로 고름을 봄과 물을 보는 경계와 안식은 또한 같지 않은 것이다. 이러할진대 어찌 공동의 대상 경계를 안립할 수 있겠는가? 이상으로 공동의 대상 경계가 물이 된다는 관점을 파하여 마친다.

有謂共境爲潮濕 若有共同各潮濕 유위공경위조습 약유공동각조습
不滅而存則潮濕 不共所見不應起 불멸이존즉조습 불공소견불응기

어떤 이가 공동 경계가 습성이라 말하며, 공동으로 보는 바가 조습함이면
소멸이 없이 남는 것은 곧 조습의 진실이므로 공동이 아닌 보는 바경계는 응당 일어나지 않는다.

　일부 대덕이 육도중생의 공동으로 보는 바는 물이 아니라 조습하다고 여기며, 물은 일체를 두루 아우르지 못하기에 조습한 것으로 물을 대신해야 한다고 생각한다. 물의 정의 중에 '조습潮濕'을 갖추고, 따라서 이것들은 자심에서 생각한 바의 둘이 같지 않은 것이다.

　커주제의 중관 필기 중에 '조습'으로써 해석하여 공동의 경계를 삼은 것이 있고, 또 종카빠 대사의 교법을 해석한 4대 반즈다의 한 분인 소남저빠의 중관에 대한 「총소總疏」 5, 6편 중에서 공동 경계를 해석하여 '조습'으로 삼는 것을 논한 바 있다. 만약 같지 않은 부류의 중생이 공동으로 보는 바의 '조습'이 멸하지 않고 존재한다면, 이는 곧 이류중생의 보는 바가 다만 조습일 뿐이고 그 공동이 아닌 보는 바는 응당 있지 아니하며, 조습으로 인하여 공동이 아닌 보는 바의 경계는 현현하지 못한다.

一見一者前無有 膿水等基爲何者 일견일자전무유 농수등기위하자
한 중생이 보는 바가 다른 부류 앞에 없는데 고름·물 등의 공동의 습성은 어떤 모습이란 말인가?

　아귀가 보는 바인 고름은 사람 앞에는 없으니 조습이 공동으로

보는 바의 경계가 되지 않음을 알 수 있으며, 그렇다면 고름·물·쇳물 등의 공동으로 보는 바의 경계는 도대체 무엇인가?

此外空無邊處者 所見濕境由何成 차외공무변처자 소견습경유하성
若濕與水一體者 顯現膿等皆不得 약습여수일체자 현현농등개부득
水異濕性皆不緣 수이습성개불연
이 밖에 공무변처의 유정에게 조습한 경계가 어찌 성립할 수 있겠는가? 만약 습이 물과 한 체이면 고름 등의 현현함은 얻을 수 없고 물이 습성과 다른 체이면 모두 반연하지 못한다.

한편 4무색계의 공무변처천의 유정은 한 사발 물을 보면 다만 능히 허공만 볼 수 있을 뿐이고, 식무변처천의 유정은 다만 의식의 본성만 보게 되며 이 밖에는 무엇도 보지 못하는데, 그 공동으로 보는 바의 습의 경계가 그의 앞에 어찌 능히 성립할 것인가? 만약 조습과 물이 한 체임을 인정하면 그 고름 등은 현현함이 불가능하며, 조습과 물이 동일한 체이기 때문에 다만 물이나 조습함만이 나타난다. 만약 조습이 물을 제외한 그밖의 한 개의 물질이라고 하면 그것은 현량으로써 볼 수 없는 것이고, 안식과 반연하지 못하는 것이기에 이러한 설법은 이치에 맞지 않는다.

各自不同之顯現 共同所見不容有 각자부동지현현 공동소견불용유
共同所見相同法 一者不可現種種 공동소견상동법 일자불가현종종
각자 같지 않은 나타남만 있을 뿐 공동으로 보는 바는 용납되지 않으며

공동으로 보이는 서로 같은 법은 한가지이며 종종으로 나타나지 못한다.

육도의 중생이 각자의 의식상에서 같지 않은 나타남이 있을 뿐이고, 그 공동으로 보는 바의 경계는 성립할 수 없다. 만약 공동으로 나타나는 서로 같은 법이 공동으로 보는 바의 물과 조습 등이라면 공동으로 나타나는 바의 법이 다시 각종 물질이 되어 나타날 수 없다. 다시 말하자면, 동류가 아닌 중생이 현량의 안식으로써 바깥 경계를 집착하면 현량의 물질은 다만 하나이고 한 종류의 안식을 낼 뿐이며, 이를 제외한 밖에 가지가지로 나타남은 불가능하다.

是由觀對假立處 若許觀察堪忍法 시유관대가립처 약허관찰감인법
則須使成實相故 如何觀察不應理 즉수사성실상고 여하관찰불응리
이는 관대함을 말미암은 가립일 뿐, 만일 관찰을 감내하는 법을 허락하면
곧 실상의 성립이 필요하게 되기에 이는 어떤 관찰로도 이치에 맞지 않다.

관대함을 따른다면 잠시 하나의 공동으로 보는 바의 경계를 안립할 수 있다. 안식의 보는 바로 관대하여 안립해서 잠시의 공동으로 보는 바의 경계를 삼는 것에 대해 예를 들면 사람의 안식을 관대하면 '물'이 공동의 보는 바의 경계이고, 지옥중생에 대해 관대하여 말하면 그 '쇳물'이 공동으로 보는 바의 바깥 경계가 된다. 관대하여 가상으로

세우는 외경은 안립할 수 있지만, 만일 이 관대와 가립을 제한 밖에 만일 하나의 관찰로 능히 인정되는 법을 허락한다면, 물의 사례의 경우 어느 중생이든 모두 보는 바가 물이 되고, 이것은 어떻게 관찰함에 관계없이 또한 파하지 못하여, 곧 이 법은 반드시 실상이 된다. 그러나 이같이 감내하는 물질은 근본적으로 성립할 수 없으며, 따라서 이치에 맞지 않는다.

중관이 유와 무를 인정하는지 아닌지는 매우 중요하다. 중관은 유와 무를 다 인정하지 않는데 그 도리는 왜 그런가? 모든 법의 본성 위에 한 개의 법이 분명히 성립한다면 그들도 인정할 것이나, 어떻게 관찰하든지 이 같은 '유有'의 법은 성립할 수 없고, 감내堪耐해 낼 수 없다.

若無共同所見境 則如唯識無外境 약무공동소견경 즉여유식무외경
務必承認識爲境 彼者卽是不應理 무필승인식위경 피자즉시불응리
만약 공동으로 보는 바의 경계가 없으면, 오직 식일 뿐 바깥 경계는 없고
식이 경계가 됨을 승인해야 한다고 함은 곧 이치에 맞지 않는다.

만약 하나의 공동으로 경계되는 바가 없다고 말하면, 중생의 업의 감응은 같지 않게 현현함이 곧 옳은 것이고, '공동'의 두 글자는 안립할 수 없으며 이치에도 맞지 않는다. 만약 공동으로 보는 바의 경계가 없다고 말하면 곧 유식종이 승인하는 외경이 없음과 같아 의식만 있을 뿐인데, 이는 반드시 "자기의 의식이 변하여 외경을 이룬다."라는

것이며, 즉 자기의 의타기성인 아뢰야식과 습기가 능히 자기의 의식을 외경의 형상으로 변하여 이룬다고 여긴다. 그러나 이 같은 관점은 조금도 이치에 맞지 않는다.

如無外境心亦無 能取所取之顯現 여무외경심역무 능취소취지현현
世俗中亦相等故 세속중역상등고
바깥 경계가 없으면 마음 또한 없음이나, 능취와 소취의 나타남은 세속 중에 서로 같이 관대하기 때문이다.

여기서는 『입중론』의 방식을 따라 파한다. 반야경 중에서 설하되, 마음과 외경은 모두 다 없으나 대법對法 중에는 마음과 외경 둘이 다 있으며, 세속 중에는 둘이 다 갖춰 있으나, 승의 중에서는 둘을 다 버리는데, 있을 때는 함께 있고 없을 때는 함께 버리며, 둘이 '유무' 상에서 구별이 전혀 없다. 이것이 월칭 논사가 파하는 방식이다. 바깥 경계가 없음을 설한 즉 관찰할 때에 그 마음 또한 없고, 외경을 관찰하면 대·중·소 미진小微塵을 따라 최후에는 변하여 공성을 이루며, 이 같은 방식으로 자기 마음을 관찰하면 또한 변하여 공을 이루게 되어 감당해야 할 실로 있는 마음이 하나도 없게 된다. 능취의 마음과 소취의 경계의 현현은 세속 중에 있어 함께 갖춰져 있는데, 그 나타남이 서로 동일하기 때문이다. 다시 말하면, 세속 중에 있어 응당 둘이 다 있음을 인정하는 것은 마음과 경계가 관대하기 때문이며, 따라서 만약 마음이 있을 때면 그 집착하는 바의 경계와 구별이 없게 되고, 경계 또한 있음이 된다.

于諸所現若觀察 二取不應分有無 우제소현약관찰 이취불응분유무

雖有境現而虛妄 心現亦是不成故 수유경현이허망 심현역시불성고

모든 나타나는 바를 또한 관찰하면 이취二取를 유와 무로 나누지
않고

비록 경계가 나타나지만 허망하기에 마음의 나타남 또한 성립하지
않는다.

　마음(心)과 경계(境)는 승의 중에서 모두 보낸다. 세속에서 마음과
경계가 현현함에 대하여 승의제로써 관찰할 때면 곧 능취·소취를
응당 유와 무로 나누지 않는다. 유식종에서 생각하기를 외경은 있으나
그 나타남은 허망하며, 승의 중에서 관찰할 때에 있어 이것은 능히
파하는 것이 되나 자기의 명심견성明心見性의 마음은 파하지 못한다고
말하지만, 이는 이치에 맞지 않는다. 만약 바깥 경계가 능히 허망으로
나타남이라면, 허망한 바깥 경계를 인식하는 마음의 현현 또한 능히
감내하지 못하며, 이는 곧 그 경계도, 그 마음도 모두 능히 파해야
함을 뜻한다. 켄포 근회가 '옴아훔'의 추리 방법을 써서 마음의 불성립을
파하는 점을 설명하였는데, '옴아훔'을 외울 때에 '옴'과 '아'를 집착하는
마음은 찰나 찰나의 변하는 법이기에 파하며, 초학자들은 이 같은
방법으로 파할 수 있다. 그러나 긴 시간 문사의 수학을 한 자에 대하여는
응당 무구광 존자의 『여의보장론如意寶藏論』의 방법인 "그림자의 추리
방법"을 쓴다. 한 사람의 용사가 빛과 그림자가 서로 이어진 곳을
향하여 화살을 쏘거나 혹은 태양의 그림자와 같이 일초 간에 한 줄의
선을 긋는 것에 상당한다.

샤카 반즈다께서 설하시되, "현재의 일찰나는 나눌 수 없고, 미래와 과거의 일찰나는 나눔이 가능하나, 가장 세밀하고 가장 세밀한 찰나는 나눌 수 없는 것이다."라고 하셨다. 하지만 현재의 찰나 또한 나눌 수 있는데, 어떻게 나누는가? 매우 엷은 종이를 침으로 찔러서 뚫을 때 현재의 일찰나에 그것을 꿰뚫을 수 있는데, 만약 뚫지 못하였다면 현재의 찰나에 아직 현재의 '또 다시 한 찰나'가 필요하고, 만약 두 개의 찰나에 꿰뚫는다고 말하면 곧 상·하의 양면이 있는 것이고 그를 가져 다시 둘로 나누면 현재의 나눔 없는 찰나 또한 나눌 수 있게 된다. 이와 같이 쉽게 파할 수 있는 것이니, 따라서 바깥 경계가 없으면 그 마음 또한 있음이 성립하지 못한다.

일체의 모든 법이 승의량勝義量에서는 공성이고, 희론을 여읜 것이며, 얻음이 없는 것이다. 중관의 유무의 문제는 수행자들에게 매우 중요한 것이다.

만법은 오직 마음이 짓는 것(萬法唯心造)이므로 곧 자심이 변하여 바깥 경계를 이룬다 함은 이치에 맞지 않으며, 중관의 파하는 법으로서 이 둘은 구별이 없다. 만법은 마음이 짓는 것이면 그 마음 또한 없어지고, 다만 바깥 경계가 공하면 집착심이 도리어 깊어지기에 세속 중에 마음이 만법을 짓는다고 설할 수 없는데, 마음이 있으면 바깥 경계 또한 있는 것이기 때문이다. 또한 승의에 있어서는 마음이 존재하지 않고 경계 또한 존재하지 않는데, 어떻게 '만법유심조'가 성립할 수 있겠는가? 이것은 다만 유식의 입장에서만 성립한다고 할 수 있다.

無論同見或異見 共同所見爲現分 무론동견혹이견 공동소견위현분

皆有現基能成立 故彼若無不應理 개유현기능성립 고피약무불응리

猶如已見戲劇等 유여이견희극등

같이 보든 혹은 달리 보든 관계없이 공동으로 보는 바가 현분이고 다 현현의 기반으로 능히 성립되기에 그것이 없다면 이치에 맞지 않음이니

마치 자기가 희극 등을 봄과 같다.

이것은 자종 닝마파의 '현현과 공성에 치우치지 않는다'는 관점을 설한다. 앞에서 물·습기 등으로써 파함을 예로 삼아 공동으로 보는 바에 대한 관점을 세웠고, 또 '공동으로 보는 바가 없음'을 논하였는데, 그렇다면 공동으로 보는 바가 있는가? 만약 있다면, 그 공동으로 보는 바는 또 어떤 것인가? 같은 종류의 업의 감응인 중생이 공동으로 보는 바인 물 혹은 고름 등뿐만 아니라, 업의 감응이 다른 종류의 중생이 각자 보는 바는 모두 같지 않으며, 다만 그 공동으로 보는 바는 일종의 '현분現分'으로, 이는 하나의 현현하는 부분을 가리킨다. 곧 공동으로 보는 바의 '현분'이 있음을 허락하나, 다만 대원만 중에 있어서의 '현분'과 이 '현분'은 조금 같지 않음이 있다. 육도 등 다른 종류의 중생이 모여 함께 있음은 하나의 공동으로 보는 것이 있고, 그것을 '현분' 혹은 '현허現許'라고 일컫는데, 무엇 때문에 이 같은 승인이 필요한가? 왜냐하면 무색계의 공무변처천은 하나의 '공'의 현현이 있고, 식무변처천은 하나의 '의식'의 현현이 있으며, 천인은 하나의 '감로'의 현현이 있고, 사람과 절대다수의 축생은 '물'의 현현이 있으며, 아귀는 '고름'의 현현이 있고, 지옥중생은 '쇳물'의 현현 등이

있기 때문이다. 만약 고름 등이 무색계의 '공'·'의식'의 현현인가라고
묻는다면, 현현 방면을 좇아서 말한다면 옳다고 할 수 있으나, 다만
진정으로 '고름'·'물'·'공'·'식' 등인가 하면 아니라고 말해야 하며,
그렇지 않으면 이미 치우침에 떨어진 것이 된다.

　중생들은 자기의 업감으로 인하여 치우침에 떨어지게 된다. 예를
들어 백색 해라는 눈이 먼 자와 눈이 멀지 않은 자에게 각각 황색
또는 백색으로 보이는데, 그 해라는 공동으로 보는 바이고 다만 그
보는 바가 눈에 이상이 있는 인연으로 말미암아 황색 혹은 백색으로
차이가 있을 뿐, 그 해라의 현현은 멸함이 없으며, 그 공동으로 보는
바는 '현현' 혹은 '현분'이라 하여 치우침에 떨어지지 않는다. '현분'에
대하여 응당 이와 같이 이해해야 하고, 무릇 육도중생의 앞에는 각기
하나의 '현분'이 있는 것이며, 만약 이 '현분'이 없으면 곧 중생이 보는
바의 나타남의 기반(곧 현현하는 바의 기본법의 근원)이 존재하지 않게
된다. 따라서 육도중생에게는 모두 하나의 '현현의 기반顯基'(각종의
현현을 내는 기초의 법)이 있다고 말하며, 이것을 또한 '현분'이라고
말한다. 비유하면 제불보살의 현현의 기반은 '법계'가 되고, '법계'는
실제로 지혜의 '현분'이며, 또한 '감로' 등은 지혜의 '현분' 혹은 세속의
'현분'이 된다. 무릇 윤회가 현현하는 자의 앞에서는 윤회 현현의 '현분'
을 말할 수 있으며, 열반 현현자의 앞에서는 또한 열반 현현의 '현분'이
됨을 말할 수 있다. 이런 종류의 '현분'은 육도중생인 자기가 현현하게
될 때에 이미 같지 않은 방면으로 치우쳐 떨어지게 되며, 다만 종합해서
말하면 다만 하나의 '현분'은 있다고 할 수 있다.

　우리가 차분히 다시 생각해 보면 미팡 린포체의 이 관점은 확실히

매우 묘하다. 이 '현분'을 인정하지 않음은 옳지 않은 것으로, 무릇 같지 않은 종류의 중생이 그 각자 보는 바가 있으나, 다만 '공동으로 현현'하는 하나의 법이 확실하게 존재한다. 따라서 만약 '현분'이 없다고 함은 이치에 맞지 않는다. 비유하면, 우리가 백여 명의 사람이 연극을 관람하면 각자의 사람들이 모두 다른 감상이 있어서 좋았다거나 혹은 좋지 않았다는 등등 같지 않은 의견이 있을 수 있지만, 그 '연극을 관람함'은 공동으로 존재한다. 마찬가지로, 각 육도중생이 업의 감응하여 나타남에 대하여 말하자면 '현분'이라고 부르고, 매 한 중생의 보는 바의 바깥 경계의 방면을 좇아 말하면 '현기顯基'라고 할 수 있다.

除此已有現分外 餘處不可得有者 제차이유현분외 여처불가득유자
是故若無此現分 則成諸境如虛空 시고약무차현분 즉성제경여허공

이미 있는 현분을 제외하고 다른 곳에서 있는 것을 얻지 못함이니 이로써 만약 이 현분이 없으면 곧 모든 경계가 허공과 같음을 이룬다.

육도중생이 공동으로 보는 바의 현분 이외에 다른 곳에 있어서 다시 하나의 공동으로 보는 바의 물체를 찾는 것은 불가능하며, 승의 혹은 세속 등 무엇으로 관찰하든지 시종 얻어 보지 못하는 것이다. 따라서 육도 각자가 보는 바의 공동의, 치우침에 떨어지지 않는 '현분'이 없다면, 곧 모든 바깥 경계는 허공과 같다. 이 중 현분은 매우 중요하며 대원만을 수행함에 집착을 파함이 반드시 필요하나, 현현은 파하지 않는다. 이 가운데 '현현'과 '현분'은 같은 것으로, 중관을 설할 때에

있어 제법의 본상은 파해야 하나 진정한 '현현'은 파할 수 없다.

미팡 린포체의 『지혜품석智慧品釋』에서 설하되, '현현'을 파한다는 관점은 중관의 어디에서도 찾을 수 없으며, 그 '현현'이 곧 '현분'이 된다고 말한다. 또한 틸로빠가 설하되, "현현은 파하지 말고 다만 집착을 파하면 된다."라고 하며, 유가사가 입정入定에 있든 출정出定하여 나와 있든 그 '현현'은 멸하지 않는 것이다. 여기서 '현분'은 이런 종류의 '현현'을 말하는 것으로, 아직 공성을 증득하지 못한 자는 태양광 혹은 자기 앞에 현현하는 물체 등을 '현현'이라고 말한다. 즉 공이 없는 물체를 가져서 '현현'이라고 여기지만, 이는 위에서 설한 바의 '현현'이 아니고, 그 현현은 마땅히 현공무별現空無別이 되어야 하며 어느 방위의 '현현'에도 떨어지지 않아야 한다. 미팡 린포체가 「인명대소因明大疏」에서 말하되, "현현은 매우 중요하고 파하지 못하는 것이며, 비량 때이든 또는 현량에 있을 때이든 현현은 모두 있는 것이다."라고 하셨다.

內外諸緣所障故 如是眞義不得見 내외제연소장고 여시진의부득견
如同幻呪損眼時 木筷亦見象馬等 여동환주손안시 목쾌역견상마등
是故共同所見者 不可決定而安立 시고공동소견자 불가결정이안립
안과 밖의 모든 연이 장애가 되기에 이로써 이 같은 참뜻을 보지 못하며
환의 주문이 눈을 상하게 하면 나무젓가락을 코끼리나 말로 보는 것처럼
공동의 보는 것을 결정해서 안립할 수 없다.

그러한 하나의 공동의 경계되는 바인 '현현'이 있는데, 왜 중생은 단지 같지 않은 '경境'인 물·고름 등과 같은 것만 보고 치우침에 떨어지지 않는 공동의 '현현'은 볼 수 없는가? 이는 중생의 업력이 강력하기에 '현현'을 자기의 '소견所見' 방면으로 떨어뜨리기 때문이다. 본래 공동으로 보는 바는 '현현'이지만 같지 않은 업의 감응 때문에 중생이 보았을 때 도리어 집착하여 물·고름 등으로 삼는다. 그 업력의 끄는 바로 인하여 공동으로 보는 바의 경계인 '현현'을 보지 못한다.

본래 응당 공동의 보는 바인 '현현'을 볼 수 있으나, 다만 무명 습기·번뇌 등 내적인 12연기와 외도의 작용, 혹은 종파의 교의를 배우지 못한 인연 등과 같은 외적인 12연기 등 내외 모든 인연의 장애로 인하여 이 같은 진실한 뜻을 현현으로 보는 것이 불가능하다. 본래의 현현은 어떤 방향으로도 치우치지 않으며, 잠시로 말하자면 이 공동의 경계되는 바는 '현현'이 되고, 구경으로 말하자면 이 공동의 경계되는 바는 '법성法性'이 된다. 본래 보는 바의 '물' 혹은 '고름' 등은 진정으로 말하면 '법성'이다. 이전에 티베트의 일부 대덕은 또한 '법성'을 세워서 공동의 경계되는 바로 하였지만, '현현'은 쉽게 말할 수 있어도 '법성'은 쉽게 말하기 어려운 것이다. 만약 중생이 '법성'에 대해 말하면서 '고름'이 곧 '법성'을 이룬다고 한다면, 이는 곧 아귀가 법성을 증오했다는 과실이 있게 된다.

비유하면 환화사幻化師가 주문을 염송하여 안근眼根을 손상시키면, 그 변환술로 인하여 눈이 미혹하게 되어 나무젓가락을 소·말 등으로 보게 된다. 또한 지금의 영화·TV는 한 방면으로는 '바깥 경계(外境)'임이 분명하지만, 다른 한 방면으로는 그 환화 능력으로 인하여 이미 시청자의 눈을 미혹케 하여 실제로 존재하지 않는 바깥 경계를 보고 있게 하는 것이다.

'나무젓가락'의 비유에서처럼, 본래 '법성' 혹은 '현현'에 대하여 제각 각 다른 업감業感, 안팎의 모든 인연의 장애로 인하여 '현현'을 보지 못하고 도리어 가지가지의 다른 모습으로 본다. 또한 눈이 환사의 주문에 미혹되어 젓가락을 보고 코끼리와 말이 된다고 망령되게 말한 다. 따라서 공동으로 보는 바의 사물은 네가 결정하여 실로 있는 물건이라고 안립함은 불가능하고, 그것이 물·고름 등 혹은 능히 관찰 하여 감내할 수 있는 법이라고 안립할 수 없으며, 이런 종류의 '현현'은 네가 파하고자 생각해도 파할 수 없는 것이다.

만약 묻되, 공동으로 보는 바가 현현이면 그 고름과 물을 관찰함에 그것들은 일체一體인가 별체別體인가? 다른 사람의 관점은 능히 파할 수 있다고 하는데, 미팡 린포체의 관점은 일체, 별체의 방법으로써 관찰하여 어떻게 회답하는가? 이는 매우 간단한데, 그 '현현'은 어느 방향에도 치우치지 않으며, 그 물·고름·허공 등이 다 '현현'이 있기 때문이며, 모두 '현현'이 있기 때문에 과환이나 그릇됨이 없다. 만약 물·고름 등으로써 공동 현현을 삼으면 곧 공무변처천空無邊處天의 '허공' 등에 두루 미치지 못하는 고로 능히 파할 수 있으며, 제불보살의 보는 바의 앞에서 이 또한 근본적으로 건립할 수 없으므로, 미팡 린포체의 관점과 매우 큰 구별이 있다.

전승상사傳承上師께 일심으로 기도 올리고 또한 매일 이론을 보고 사유하면 문득 이 관점의 오묘함을 이해하게 된다. 일반적으로 표면상 을 따라서 보면 초학자들에게는 '유'와 '무'가 많은 방면에 있어서 서로 어긋나는 것으로 보일 것이나, 천천히 더 사유하고 수행하면 문득 이해하게 될 것이다.

自宗現空不便墮 本基何者亦不成 자종현공불편타 본기하자역불성
諸理皆爲相等故 一法亦能現種種 제리개위상등고 일법역능현종종
자종은 현과 공이 치우쳐지지 않고 본기는 무엇도 또한 이루지 못하며 모든 이치는 다 서로 평등함이 되니 한 법이 또한 능히 가지가지를 나툰다.

    앞에서 다른 사람의 관점을 파함으로써 자종을 건립하였는데, 이곳에서는 정면으로 직접 자종 닝마파를 건립한다. 자종에서는 "현現이라 해도 다만 '현' 방면에 치우친 게 아니고, 공空이라 해도 또한 다만 '공' 방면에 치우친 것이 아니다."라고 말한다. '일체가 현공무별現空無別'의 방면에서 설하는데, 이는 곧 그 어느 한 방향에 치우쳐 떨어짐이 아니며, 윤회와 열반의 모든 법의 기반인 본체는 그 무엇도 이루지 못함을 말한다.

    일체의 현현은 그것이 청정한가에 관계없이 그 현현은 줄곧 있는 것이다. 다만 초학자들은 일반적으로 '공'을 취하고 '현현'을 버림이 많은데, 이런 종류의 습관은 이치에 맞지 않으며, 현현은 곧 공과 유의 어느 방면에도 치우쳐 떨어지지 않는다. 하나의 법이 같지 않은 중생의 앞에 있어 가지가지 모습으로 나타날 수 있으니, 만약 진정으로 이 도리를 이해하면 『보현행원품普賢行願品』의 "미진수微塵數와 같은 찰토刹土가 있고, 하나의 미진 위의 찰토 중에 불가사의한 여래가

있으며, 매 하나의 여래의 주위에 불가사의한 보살의 권속 등이 있다."
라고 한 것과 같은 깊은 경계를 또한 이해할 수 있게 된다. 여기서
설한 바의 도리를 이해하지 못하면 곧 『보현행원품』에서 설한 바인
심심 경계甚深境界를 이해할 수 없으며, 심지어 왜곡하여 서로 어긋남
을 이루게 된다.

연극에서 하나의 배우가 나찰羅刹·사람·천인天人 등을 연기할 수
있는 것처럼 그 '현분現分'이 있음을 허락하며, 경계되는 바(所境)와
능히 보는 방면(能見)에서 말하자면 '현분이 공동의 경계가 됨'을 허락
할 수 있다. 보는 바(所見)에 대하여 같지 않은 집착이 있기에 현분은
법계의 자체 색이 되니, 모든 전도된 망집이 육도에서 여러 가지로
다양하게 나타나기 때문이다.

設若何者可現空 則彼一切皆合理 설약하자가현공 즉피일체개합리
設若何者不現空 則彼一切不合理 설약하자불현공 즉피일체불합리
무엇이든 현과 공이 함께하면 곧 저 일체가 다 이치에 맞고
무엇이든 현과 공이 구분이 있으면 곧 저 일체가 이치에 맞지 않다.

어떠한 한 법이 유가사 앞에서 그 현현과 공성이 분별이 없으면(現空
無別), 그 기도과의 안립, 인과의 취사, 정량正量과 비량非量의 구분
등이 모두 이치에 합당함을 이룬다. 즉 현현과 공성이 구별이 없음이
성립한다면 일체 모든 일이 맞게 돌아가는 것이므로, 곧 일체법과
그 수행이 다 합리적이고 과환이 없다. 그러나 만일 어떠한 법이
유가사 앞에서 현현과 공성이 다름이 없음이 아니고, 단독으로 현현

혹은 단독으로 공성, 또는 이미 현이 아니고 또한 공이 아니며, 항상 있는 법 등을 이룬다면, 곧 일체 기도과의 안립·인과의 취사·정량과 비량의 구분 등이 모두 불합리함을 이루게 된다. '현공現空'은 실제상으로 연기緣起하는 것이다.

若問于此量非量 如是區分不應理 약문우차량비량 여시구분불응리
所現餘處未見故 觀現世前成所量 소현여처미견고 관현세전성소량
由于諸法本來性 住于各自之本性 유우제법본래성 주우각자지본성
成立一異之量故 성립일이지량고

만약 이것이 정량인지 비량인지 물으면 이 같은 구분은 이치에 맞지 않는다.
나타낸 바 이외에 다른 곳에서는 볼 수 없기에 현세를 관하면 그 앞에 소량을 이루고,
제법은 모두 본래 성품이 있어 각자의 본래 성품에 머무르기에 같고 다름의 양이 성립될 수 있다.

너희의 주장대로 일체가 다 현공무별이라면, 정량과 비량의 구분을 말하는 것은 이치에 맞지 않는다. 예를 들어 물이 현현이면서 공성이라면, 곧 물은 고름·쇳물·감로 등이 될 수 있으며, 따라서 현과 공이 곧 일체라면 양量과 비량非量으로 구분함은 이치에 맞지 않다.

이같이 의문을 제기함에 대답하되, 나타나는 바의 법은 사람의 앞에 있어서 '물'로 나타나고, 지옥중생 앞에 있어서 '쇳물'로 현현하는 등을 다른 곳에서는 볼 수 없다. 사람이 보는 '물'을 아귀·지옥중생들은

'물'로 보지 못하기에, 인명학에서는 범부가 보는 바의 경계로써 설하며, '현세의 양을 관(觀現世的量)'하는 방면에서 말하면 이 또한 성립한다. 이곳의 '소량所量'은, 예를 들어 사람 앞에 있어서 '물'은 변증되는 바 곧 정량正量이지만, 지옥중생 앞에서는 그 '물'은 비량非量이 되는 것처럼, '물'은 '소량所量(측량되는 바의 법)'이고, 따라서 세간 상의 인명으로 깊게 사유하면 그 '소량'은 능히 성립하는 것이며, 이는 매우 중요하다. 그렇지 않으면, 현재 『정해보등론』을 배우고도, '어느 것이든 모두 업의 감응으로 생기는 것이니, 물도 좋고 고름도 좋으며 어떤 집착도 없으니, 물을 마시듯이 고름도 마실 수도 있다.'라고 여기게 되며, 이와 같으면 양과 소량을 전혀 구분하지 못하는 것이다.

'현세를 관함(관현세觀現世)'은 인명 중 가장 좋은 용어이다. 이것은 범부 인간이 보는 바의 경계에서 말하는 것이며, 현세를 관하는 안식 등은 다 범부인의 잘못됨이 없는 의식, 보이는 바의 의식으로써 말하는 것으로, 현세를 관하는 양은 곧 범부 인간이 결정하는 바가 정량임을 뜻한다.

이 같은 양量은 여러 종류로 나뉘는데, 승의량勝義量·세속량世俗量·정견량淨見量·관현세량觀現世量 등과 또한 비량比量·현량現量 등이 있다. 양量의 실제의 뜻은 '속이지 않는 의식'을 말하는 것으로, 무릇 어느 것도 모두 능히 얻는 속임이 없는 식, 정확한 의식을 말한다. '진승의량眞勝義量'은 중관응성파의 결택인 일체의 양변을 여읜 양이고, '가승의량假勝義量'은 중관자속파가 승의를 결택할 때에 있어 다만 '공空'을 결택하는 양이다. 세속량은 '정견량'과 '관현세량'으로 나누는데, '정견량'은 성자 보살이 보는 법계를 가리키는 것으로, 악취 중생과 관대하여 사람이 보는 '물'도 또한 정견량이 된다. '관현세량'은 범부 앞에서 곧 정량正量과 가량假量(비량非量)이 된다. 비유하면 물은 정량이나, 아지랑이를 물로 보는 것은 '비량'이다. 또 불의 본성은 뜨거운 것인데, 만일 불의 본성이 찬 것이라 하면 이는 곧 비량이다. '교량敎量'은 교증의 양을 가리키며, '비량比量'은 추리논증의 방법으로 얻는 바의 양이며, '현량現量'은 자기 스스로 몸소 보는 바의 양을 가리킨다.

오명학五明學 중의 인명학因明學에 있어서는 관현세량만을 결택하는데, 『석량론釋量論』, 『양리보장론量理寶藏論』 등 인명 7론이 이와 같다. 정견량과 승의량은 인명의 기본상 결택하지 않으며, 인명 7부론은 교량敎量·비량比量·현량現量의 동품과 어기는 품을 결택한다. 정견량은 미륵보살의 『보성론寶性論』에 비교적 분명하게 드러나며, 『대환화망총설광명장론大幻化網總設光明藏論』 또한 주요 관점으로 정견량을 결택하여, 업장을 소멸한 후에 어떻게 청정하게 할 것인가를 설하고 있다. 또 롱수 반즈다의 일부 논설에서 정견량을 결택함이 또한 매우 많다.

한편 승의량은 중관론의 저작 중에 많다. 이상의 나누는 법은 일반적으로 제2차 법륜을 비추어 보아 나누는 것으로, 공성은 승의제이며 현량은 세속제가 됨을 따라 나누어 설한 것이며, 따라서 정견량은 세속량 중에 포함한다. 또 일종의 명언을 관찰함으로써 주가 되어 나누는 방법이 있는데, 이 경우 정견량은 승의량 중에 귀납시킬 수 있고, 이것은 제3차 법륜을 비춰 보아 나눈 것으로 그것이 구경의 양이 된다.

이곳의 나누는 법은 미팡 린포체의 『지혜보검智慧寶劍』에서 나눈 바에 의거한 것이다. 만약 '하자가현공何者可現空'을 말미암아 묻는다면, 곧 양과 비량非量의 구분은 이치에 맞지 않다. 이 문답은 한 부류의 중생이 보는 바를 위한 것으로, 다른 부류의 중생들은 오히려 그것을 봄이 없다. 따라서 현세량을 보는 앞에서 그 추량하는 바는 능히 성립하는 것이며, 성립하지 않을 수 없다. 왜 그러한가?

모든 법은 인명 중에 각기 그 성품이 있으니, 불의 열성, 물의 성품이 습함 등(이곳의 '본래성本來性'은 승의량 중에 설한 바를 가리키는 것이 아님)과 같다. 따라서 모든 법은 각기 그 같지 않은 성질상에 머물러 있으며, 불이 물에 섞이는 것이 불가능하고, 물이 돌과 나무에 섞이는 것이 불가능하며, 기둥과 병의 뜻이 나눠지지 않음이 아니라 마땅히 나눠지는 것이다.

모든 각각의 법은 명언 중에 있어서 그 법상이 같지 않으며, 따라서 각각의 법은 각기 그 본성상에 머무른다. 현량은 물이 변하여 고름이 되고, 고름이 변하여 쇳물이 되는 등을 인정할 수 없으니, 곧 명언을 관대하는 면에서 혼잡할 수 없기 때문이다. 현세량을 관하는 앞에 있어 어느 하나(一)와 그와 다른 것(異) 사이의 정량은 성립할 수 있는 것이다. 예를 들어 물과 고름에 대해 한 사람의 앞에서 곧 한 사람은 인정하고, 같은 체는 곧 같은 체임을 인정하고, 다른 체는 곧 다른 체임을 인정하며, 양과 비량을 응당 구분함 등이 아지랑이와 물이 나뉘어 구분됨과 같다.

어떤 사람이 다만 중관의 한 문구인 '일체가 모두 현공무별'이라 하는 것을 듣고, 물도 고름도 모두 마실 수 있으며, 잠삐⁶³도 대변도 또한 먹을 수 있다고 하는데 이것은 옳지 않으며, 먹을 바 대상과 먹는 주체에 대해 명언 중에서 곧 현세량으로 잘 구분하여야 한다. 일부 사람들이 입으로 '뭐든 괜찮다'고 말하지만, 실제상에서 그도 감히 이처럼 하지 못하며, 여전히 먹기 좋은 것을 바라고 먹을 수 없는 것은 버린다. 이로써 중관의 현공무별에 대하여 모두 섞어서 하나로 말함은 정견이 아니다.

是故成立觀對量 諸法以性非成量 시고성립관대량 제법이성비성량
若成則應成實相 雖成一水自執量 약성즉응성실상 수성일수자집량
無對唯性不成量 勝義觀察不成立 무대유성불성량 승의관찰불성립
餓鬼前亦不成立 아귀전역불성립

이로써 관대량이 성립하기에 모든 법이 본성으로써 양을 이룰 수 없으며,

만일 양을 이룬다면 곧 응당 실상이 존재하게 된다. 비록 한 가지 물이 업의 감응으로 양을 이루지만,

관대함이 없으면 오직 성품만으로는 양을 이루지 못하고 승의의 관찰이 성립하지 않기에,

아귀 앞에서는 또한 성립되지 않는다.

따라서 관대의 양이 성립하며, 관대하는 사람의 측면에서는 보는 바가 정량이 되어도 다른 종류의 중생이 보는 바는 비량이 되는 등이 성립할 수 있다. 일체의 모든 법은 자기의 본성으로써 양이 성립되는

---

63 보릿가루로 만든 티벳인들의 주요 식품.

것이 아님이니, 승의 중에 관찰할 때에 시종 감내할 수 없기 때문이다. 즉 물의 '본성'은 승의량으로써 성립하는 것이 아니며, 관대량으로써는 다만 성립시킬 수 있는 것이다.

예를 들어 물이 사람의 앞에서 어떻게 양이 성립되는가를 말한다면, 인류 중생을 관대하여서는 양이 성립된 것이지만 물의 본성으로써 양을 이룬 것이 아니며, 그렇지 않으면 승의관찰 중에 감내하는 것이 생겨나는 과실을 이룬다. 이렇듯 자기의 본성으로써 양을 삼으면 실상實相이 성립하는 과실을 이룬다. 관대하는 사람의 관점에서 말하자면 물은 분명히 양을 이루기에 능히 쓰고 마실 수 있고, 자기집착의 각도를 따라서 양을 이룰 수 있다. 그러나 '물'이 어떤 법도 관대하지 않는 임의의 법이 되거나, 하나의 자기의 본성으로써 양을 이루는 것이 아니다.

관대함이 없다면, 오직 본성만 있는 것으로는 양을 이루지 못하며, 승의관찰에 있어서 그 본성은 성립하지 않는다. 또한 관대인 앞에서 양을 이루는 '물'은 아귀 앞에서는 양을 이룰 수 없는데, '물'을 보아도 아귀는 고름으로 보기 때문이다. 따라서 자성으로써 양을 이룬다고 말할 수 없다.

二量了知自執境 取捨彼境不欺故 이량요지자집경 취사피경불기고
正量並非無意義 정량병비무의의

이량(현량/비량)으로 자기가 집착하는 경계를 이해하면
저 경계를 취사함에 속임이 없기에 정량이 의의가 없는 것만은 아니다.

비량比量과 현량으로써 그 집착하는 바인 각자의 경계를 인지함은 마치 산 뒤에서 물소리를 듣는 것과 같아서, 곧 산 뒤에 물이 있는 것을 추측하여 알고 이 근거를 의지하여 물을 찾으면 과연 물의 흐름을 보게 된다(이것이 비량이다). 혹은 자기가 현량에 물을 보면, 물을 취하여 능히 얻게 되므로 '현공무별'은 양과 비량을 구별할 수 없게 만드는 것이 아니다.

현량과 비량으로써 인지하여 각각 그 경계를 집착하여 취사를 결정하게 되는데, 비유하면 물을 얻음에 있어 현량으로써 친히 보고 물을 취하거나 비량의 추리로써 물을 취하며, 만일 눈으로 보지 못하기 때문에 이곳에 물이 없다고 한다면 이것이 곧 '버림'이 되며, 취하는 바이든 버리는 바이든 모두 다 현량과 비량의 추리로써 응당 취하고 응당 버릴 수 있다. 이런 종류의 현량과 비량은 너를 속이지 않으며, '현공무별'이 명언 가운데의 일체 모두가 가능한 것은 아니니 따라서 정량이며, 의의가 없는 것이 아니니 그 또한 분명 의의가 있다.

승의 중에 있어 양과 비량을 인정하지 않지만, 세속의 명언 중에 있어서는 승인된다. 관대하는 사람의 보는 바의 물은 추량하는 바(所量)가 되고, 사람의 미혹함이 없는 안식에서 나타난 바의 '물 모습'은 능량能量이 되며, 그 능히 마실 수 있다고 판단함은 정량正量이 된다. 속임 없는 하나의 의식과 바깥 경계는 양이 된다고 일컬으며, 일반적으로 정량이 된다.

여래장 본성이 현량인 연고로 '정견량'을 승의량에 귀납시키고, 중관에서 파하지 않고 또한 파할 필요가 없다. 명언세속 중의 법상, 예를 들어 불의 열성·물의 습성 같은 것은 명언 중에 그의 본성의 위치상에 각각 처하고 있기에 분명 성립하는 것이다. 비량으로 외경을 인지할 때에는 분별심分別心·심사심尋伺心·추측심推測心이 있기에 총상總相으로써 외경을 인지하며, 현량일 때에는 심사가 없고 자상으로써 인지한다.

譬如所謂一水者 觀對人見而安立 비여소위일수자 관대인견이안립
觀對天人于甘露 作爲見基而執着 관대천인우감로 작위견기이집착
비유하면 이른바 하나의 물은 사람이 봄을 관대하여 안립하고 천인이 관대하면 감로로 보는 것이니 각자 기반을 따라 집착함을 짓는다.

명언 중에 있어 취사함을 버리지 아니하며, 다만 관대함이 있음으로 인하여 곧 같고 다름의 추량이 성립하게 된다. 비유하면 '물'은 사람을 관대하여 말하는 것이고, '고름'은 아귀를 관대하여 안립하는 것이며, 천인을 관대함은 '감로甘露'로써 안립하게 된다. 이와 같이 같지 않은 관대를 쓰기에 그 기반을 봄에 따라 서로 같지 않은 집착을 짓게 된다.

水見膿水甘露時 三者並非聚一處 수견농수감로시 삼자병비취일처
其中一者亦非量 除此之外見餘法 기중일자역비량 제차지외견여법
以量無法成立之 所見三者皆無故 이량무법성립지 소견삼자개무고
물을 고름·물·감로로 볼 때 셋이 한 곳에 모여 있지 않고 그중에 하나는 비량이며, 이를 제한 외에 남은 법을 본다면

360

양으로 성립할 방법이 없는 바, 보는 바 셋이 모두 없기 때문이다.

사람·천인·아귀의 3종 중생의 앞에 있는 한 사발의 물은 그 보는 바가 각기 '물'·'감로'·'고름'이 되는데, 이와 같이 보는 바가 자성으로써 성립하는가 아니면 관대로써 성립하는가? 만약 자성으로써 이룬다고 하면 '물'·'감로'·'고름'의 3종이 모여 함께 있지 않을 것이며, 그렇다면 그 가운데 보는 바가 하나인가?

그렇지 않다. 왜냐하면 세 종류의 중생 앞에 있어서 그중에 한 가지는 다른 두 종류의 중생에 대하여 말하면 비량非量이 되기 때문이다. 이 세 가지를 제한 밖에 추량으로써 관찰하고 분석하면 나머지 법의 양은 성립할 수 없는 것이며, 곧 근본적으로 기타의 법을 본 적이 없다. 만약 관대가 없으면 공동의 기초 상에 있어 그 보는 바가 없는 것이며 성립할 수 없는 것이다.

人見此水若非水 餘法爲水非理故 인견차수약비수 여법위수비리고
水名應成永無有 彼等之宗建立量 수명응성영무유 피등지종건립량
亦是將成不應理 역시장성불응리

사람이 이 물을 보고 물이 아니고 다른 법이 물이 된다고 함은 바른 이치가 아니기에
물이라는 이름은 응당 영원히 없음을 이루며, 이와 같은 종의 양을 건립함은
또한 이치에 맞지 않음을 이룬다.

만약 관대하지 않는 사람이라면 그 '물'의 봄은 성립하지 못하게 된다. 만약 사람이 보는 바의 '물'이 물이 아니라고 말하면 '물이 아님'이기에 곧 고름·감로 등이 된다는 것이고, 그 고름·감로 등을 '물'이라고 보면 이는 곧 이치가 틀린 것이 되며, 그렇다면 관대하는 사람이 말한 '물'이라는 이름은 영원히 있지 아니하다는 과실을 이루게 된다.

한 근斤의 물을 볼 때 천인天人은 곧 '한 근의 감로甘露'로 보며, 그러하다면 한 방울의 '물' 또한 얻지 못하며 그 이름 또한 없게 된다. 이와 같은 것이 '자성의 법이 있음'으로써 양量의 종파를 건립하는 것인데, 이는 관대함이 없기 때문에 이치에 맞지 않는 것이다.

是故暫短惑亂因 其未所染諸根境 시고잠단혹란인 기미소염제근경
此乃務必立爲量 如水陽焰以爲水 차내무필입위량 여수양염이위수
잠시 미혹의 인을 끊어 물든 바가 아닌 모든 근根과 경境은
이로써 양으로 삼을 수 있으며, 아지랑이를 물이라고 여김은 양이
아니다.

양과 비량非量은 응당 명언 중에서 나눔이 분명하다. 만약 잠시의 미혹의 인因(내외 2종으로 나눔)이 없으면 곧 보는 바가 정량正量이 되며, 만약 내외의 미혹한 인이 있으면 곧 보는 바가 비량非量이 되는데, 이것이 자종의 안립 방식이다. 황달에 걸린 사람이 흰 해라(소라고둥)를 보고 황색이라고 할 때, 이는 황달병이 일으키는 내內의 혹란이 원인인 것으로, 만약 병이 치유되면 곧 스스로 소멸되는 것을 '잠시 미혹 산란의 원인을 끊음(暫短惑亂因)'이라고 말하며, 곧 명언 중에 보는

바가 허환가상이므로 미혹의 원인이라고 설한다. 또한 차를 타고 갈 때 길 옆의 나무·마을 집·산천이 뒤를 향하여 달림을 보는 것은 바깥으로 미혹한 인이 지은 바로 비량非量이 되며, 혹은 어느 때 눈을 감으면 두 개 태양이 있는 것 같고, 노인이 항상 마 등이 괴롭힘이 있음을 보는 것 등이 모두 잠시 미혹의 원인 때문이다.

만약 이런 잠시 미혹의 원인이 오근五根과 오경五境을 염오시키지 않으면, 곧 보는 바는 반드시 정량正量이 된다. 눈동자가 다른 물건의 물들인 바에 영향을 받지 않으면, 보는 바가 진정한 기둥이 되어 정량이 된다고 말하고, 그렇지 않으면 '비량非量'(외경이 미혹의 인에 물들임이 있는 상황)이라고 일컫는다. '물'을 봄에 정량이 되지만, '아지랑이'를 봄에 '물'이라고 여기면 곧 비량非量이며, 이것은 안식이 바깥 미혹의 인에 물들임을 받기 때문으로, 가까이 다가가 보면 물이 아니지만 오인하여 아지랑이를 물을 삼은 것이다. 또한 비량比量의 근본은 현량의 원인이 되는데, 추리의 양을 말미암아서 후에 현량을 보게 되기 때문이다.

관대량觀待量과 관현세량觀現世量은 조금 구별이 있는데, 간담병에 걸린 사람이 흰 해라를 황색으로 보는 것은 관대량이 되나, 이것이 관현세량은 아니다.

故暫餓鬼以業障　清淨水亦見膿水　고잠아귀이업장　청정수역견농수
盡障方見眞水故　觀對人見是爲量　진장방견진수고　관대인견시위량
餓鬼由業轉變故　暫時建立水爲量　아귀유업전변고　잠시건립수위량

이와 같이 아귀는 업장으로 인하여 청정수를 고름으로 보나
장애가 다하면 진짜 물을 보기에 관대하는 사람이 보는 것은 양이
되며
아귀는 업 때문에 전변된 것이기에 잠시 물을 건립하여 양을 삼을
수 있다.

  여기서는 정견량淨見量을 설하고 있다. 아귀가 잠시 그 전세前世의
인색吝嗇함 등의 업장 때문에 사람이 보는 청정수를 고름으로 보나,
아귀의 업력이 점점 소멸하여 다한 후에는 능히 진정한 물을 보며,
따라서 사람과 아귀를 관대하여 말하면 '물'은 정량이 된다. 왜 그런가?
아귀는 잠시 자기의 업연이 덮어 가림으로 인하여 물을 고름으로
보는 것이기에, 사람과 아귀를 관대하여 보면 물은 정량이 됨을 건립하
며, 같은 이치로 모든 종류의 중생 사이의 정량은 또한 이와 같이
건립할 수 있다.

  롱첸빠 존자가 『대원만심성휴식강의大圓滿心性休息講義』에서 무색
계의 보는 바의 '의식'·'허공'은 법계와 더불어 비슷하고 그 경계가
매우 높기에 그들이 대원만을 증오한 것 같다고 설한다. 이 공무변처경
계空無邊處境界·비유비무非有非無·허공의 모습 같은 경계를 체득하고
이 같은 선정을 또한 갖추면 그 경계는 '감로'에 비하여 더 높고 또한
관대의 정량이 될 수 있으며, 이같이 차제를 의지하여 보는 바를
세워 정견량으로 삼을 수 있다.

  초지初地에 이르면 한 사발 물을 수많은 찰토刹土 등으로 간주하며,
최후에 붓다의 진소유지盡所有智의 앞에서는 일체 사물의 본성이 혼잡

364

함이 없이 존재함을 보게 되고, 여소유지如所有智의 앞에서는 일체가
모두 법성을 이룬다. 이처럼 장애인연이 더욱 청정해지면 보는 바가
더욱 정량이 된다. 현현을 건립하여 본존으로 삼는 것을 다룬 롱수
반즈다의 논전에서도 이와 같은 설법이 있다.

究竟理證觀察時 彼等習氣之顯現 구경이증관찰시 피등습기지현현
餘者淸淨所化前 水亦能見刹身故 여자청정소화전 수역능견찰신고
如是不能決定爲 惟有人見卽爲量 여시불능결정위 유유인견즉위량
구경의 이증으로 관찰할 때 저와 같은 습기의 현현도
보살의 청정으로 화현된 바의 앞에서는 물 또한 능히 찰토신으로
보기에,
이같이 오직 사람이 본 것만이 곧 정량이 된다고 결정할 수 없다.

　잠시 보는 바를 관대하여 '물'·'감로' 등을 건립하여 정량으로 삼을
수 있으나, 구경의 승의제 혹은 여래지혜로써 이증理證의 방법을 활용
하여 관찰할 때에는 천인·인간·아귀 등이 보는 바인 감로·물·고름
등이 모두 이 무명 습기의 현현이 된다. 더 나아가 지위를 얻은 보살이
보는 바의 '보리심'에 이르러도(『입행론·지혜품』에서 설한 바임), 가장
구경의 관점으로써 관찰하면 아직 조금의 무명 집착의 법상이 있으며,
이 또한 구경량이 아니기 때문에 마땅히 버려야 한다. 그 나머지의
보살菩薩·지명자持明者 등은 이장二障이 이미 청정하고 진화된 바,
그런 근기의 앞에서는 사람이 보는 바의 물이 청정한 시방찰토·시방제
불보살의 금강신 등으로 현현된다. 이로써 사람이 보는 바의 물을

결정적인 정량으로 삼지 못하며, 기타 보는 바가 정량이 아니라 다만 잠시 관대를 쓰는 연고로 세워 양으로 삼는다.

是故障緣愈淸淨 觀對下者各所見 시고장연유청정 관대하자각소견
可許愈上愈成量 究竟法性惟一故 가허유상유성량 구경법성유일고
能見量亦惟一性 第二量者永無有 능견량역유일성 제이량자영무유

이로써 장애인연이 더욱 더 청정하고 하급의 각기 보는 바를 관대하면 상급이 될수록 더욱 양이 됨을 허락하게 되며, 구경법성은 오직 하나이고
능견의 양 또한 오직 한 본성인 연고로 제2의 양이란 것은 영원히 없다.

　중생 각자의 업장인연이 더욱 더 청정해짐은, 차제를 따라 지옥에서부터 무색계천에 이르기까지 혹은 초지를 좇아 구경등각에 이르기까지 그 업장이 더욱 청정해지며, 따라서 하급자와 상급자가 보는 바를 서로 관대하여 세워서 양을 삼을 수 있다. 이 같은 설법은 다만 룽수 반즈다의 논 중에서 설함이 분명하며, 기타의 모든 종파는 그 도리를 설함이 있기는 하나 교증과 이증으로써 성립한 것은 많지 않다.
　구경의 법성은 '청정'과 '평등'이 둘이 아니고 일체의 희론을 여읜 것이니 곧 한 성품이 있다고 말할 수 있고, 능히 그것을 보는 것이 또한 붓다의 지혜량智慧量이 있음이며, 또한 유일한 자증自證이 된다. 붓다의 지혜를 제한 밖에 그 제2량은 보살지혜와 같고 제3량은 사람의 지혜와 같다고 함은 과학·문학·예술 등에 관계없이 영원히 있을 수가

없는 것이며, 다만 잠시 관대하는 연고에 따라 방편으로써 안립한 것일 뿐이다. 불교를 배우는 자로 말하면 붓다의 지혜는 제1량이며, 이 붓다의 지혜를 제한 외에는 그 어디에서도 또 다른 제2의 정량을 찾을 수 없다.

實相一諦卽雙運 正量自然本智慧 실상일제즉쌍운 정량자연본지혜
唯一所斷無明故 覺與不覺之差別 유일소단무명고 각여불각지차별
실상의 일제는 곧 쌍운이고 정량은 자연의 본래 지혜이며
유일한 끊을 바는 무명인 연고로 각과 불각의 차별만이 있을 뿐이다.

'실상일제實相一諦'는 승의제의 본성을 설하는 것으로 곧 세속제를 여의지 아니한 승의제이며, 또한 곧 현공무별, 쌍운의 뜻을 말한다. 그것을 추량하는 바는 정량이고, 또한 모든 중생이 자연적으로 본래 갖춘 여래장의 본성지혜이며, 그것이 유일하게 끊는 대상은 무명이 된다. 무명이 번뇌·소지습기所知習氣·선정의 모든 장애 등을 포함하기 때문에 무명을 제한 외에 따로 끊을 바가 없고, 따라서 각覺과 불각不覺이 실상에서는 차별이 없으며 다만 '밝은 깨달음(明覺)'과 '밝음이 없는 깨달음(無明覺)'의 차별이 있을 뿐이다.

열반은 이미 밝게 깨달은 것이고, 중생은 그 본성을 알지 못하여 윤회라 명명한다. 롱수 반즈다가 이르되, "일반 범부 중생과 종파의 종지를 배우지 않은 사람들은 윤회와 열반에 대하여 진정으로 하나의 실상이 있는 것으로 집착하지만, 실제상으로 단지 '증오하였음' 혹은 '아직 증오하지 못했음'의 차별일 뿐이며, 이외에 따로 다른 것은 없다."

라고 하였다. 이상으로써 정견량을 설하였다.

是故以量此建立 諸法自性爲聖尊 시고이량차건립 제법자성위성존
卽唯前譯之自宗 全知榮素班智達 즉유전역지자종 전지룡수반즈다
所示善說獅子吼 소시선설사자후

이로써 양을 건립하여 모든 법의 자성이 성존의 성품임을 말하며,
이것이 오직 전역의 자종만의 바른 관점으로서,
전지전능한 룡수 반즈다께서 사자후로써 설한 것이다.

　앞에서 주로 관현세량과 정견량을 설하였는데, 이런 종류의 설법은
다만 닝마파 중에만 있고 기타 모든 종파에는 없다. 즉 정량의 방식을
쓰고 정견량의 방식을 써서 더욱 구경의 청정함에 나아간다. 이처럼
일체 청정으로써 모든 법을 건립함은 승의 중 혹은 명언 중 어디에서
관찰하든 그 본성은 성존의 성품이 되며, 일체 제법의 본성은 본래청정
하여 본존·탄청·무량전의 체성이 됨을 뜻한다. 이것이 전기 번역인
닝마파의 관점이며, 다른 교파에는 있지 않다.
　이러한 "일체의 모든 법을 결택하여 청정함으로 삼는다."라는 설법은
전능한 룡수 반즈다가 분명히 밝힌 올바른 관점이다. 이것은 밀승
중에 은밀히 전하는 형식으로 설한 바가 있으나, 진정으로 규결의
방식으로 설한 것은 오직 룡수 반즈다의 『현현입위성존顯現立爲聖
尊』의 논전에 있을 뿐, 기타 다른 존자의 논전에는 모두 없다. 이후에
롱첸빠 존자의 『칠보장七寶藏』에 이 설법을 규결의 형식으로 재삼
해석하여 설한 바가 있다. 이러한 설법은 사자후와 같아서 다른 모든

교파의 관점으로는 감히 비교할 수가 없다.

餘派解說此宗時 無有合理說法故 여파해설차종시 무유합리설법고
如何承認皆非理 于彼共同所見者 여하승인개비리 우피공동소견자
各自現空不應理 각자현공불응리

다른 종파가 이 종을 해석할 때 이치에 맞는 설법이 없는 연고로
어떻게 승인해도 다 이치가 아니며, 저들이 공동으로 보는 바인
각각의 현현과 공성은 이치에 맞지 않는다.

　기타의 교파가 이러한 '일체의 모든 법이 본존의 형상', '일체가
다 업이 감응한 것', '일체가 모두 청정한 것'이라는 등의 관점을 해석해
보면, 그 어느 것도 합리적인 것이 없다. 일부는 명언 중에 모든 법의
본존성本尊性을 근본적으로 인정하지 않고 이것이 외도의 관점이라고
말하며, 일부는 조금은 인정하기도 하지만, 자종의 닝마파처럼 결정적
으로 분명하게 인정하지 않으며, 또한 규결 방식으로 결택한 경우는
더더욱 없다. 중국의 많은 불서 중에서도 이 논에서처럼 규결 방식으로
분명히 설법한 것은 찾을 수 없으며, 이는 결코 자종을 스스로 칭찬하기
위함이 아니다.
　각자가 이후에 천천히 잘 관찰해 보면, 이 같은 설법의 수승한
점을 알게 될 것이며, 다른 종파가 어떻게 승인하든 그들의 관점은
모두 이치에 맞지 않는다. 예를 들어 '공동으로 보는 바의 물', '조습潮濕'
내지는 '본존형상' 등을 인정하여도 모두 이치에 그리 맞는 것이 아니다.
상사께서 말씀하시되, 만약 이 문제를 잘 이해하면 지구의 형상이나

우주과학의 불가사의한 환화 등을 쉽게 해석할 수 있으며, 아울러 중생의 업이 감응하는 가지가지의 차별을 마음으로부터 알게 된다. 이 문제는 현대의 중생들에게 매우 중요한데, 중생의 업의 감응이 같지 않기에 그 나타남이 천만 가지로 변화하며 또한 한량이 없다. 치우쳐 떨어지지 않는 공동의 보는 바를 안립함과 위에서 설한 '양'은 서로 같지 않은 바가 있다. 만약 '현현'을 안립함으로써 공동의 소견으로 삼거나 혹은 '공성'을 안립함으로써 공동소견을 삼음은 모두 이치에 맞지 않는다.

若是所見唯空許　無論任何諸有情　약시소견유공허　무론임하제유정
應成虛空亦見甁　甁成不見如虛空　응성허공역견병　병성불견여허공
遠離顯現之空許　若能所見何不見　원리현현지공허　약능소견하불견
應成諸法恒無有　無因宗過此相同　응성제법항무유　무인종과차상동

만약 보는 바가 오직 공성일 뿐이라면 어떤 중생이든 논할 것 없이 응당 허공이 곧 병을 봄이 되고 병이 허공과 같아 나타나지 않으며, 현현을 여읜 공을 허락하면 능히 보는 바를 어찌 보지 못함이 되며, 응당 제법이 항상 없음을 이룬다면 이는 무인종의 허물과 서로 같다.

'공空'으로써 공동소견이 된다고 설명하는 것은 이치에 맞지 않는다. 만약 네가 공동으로 보는 바가 오직 하나의 '공분空分'일 따름이고 현현이 아니라고 말하면 이것은 또한 현공무별이 아닌 것이고, 다만 '공성'이 공동소견이 됨을 허락한다면 어떤 중생이든 허공을 볼 때에 모두 마땅히 병 등의 물건을 본 것과 같다. 비유하자면, 만일 사람이

본 '물'과 아귀가 본 '고름' 등 두 개의 공동소견이 공성이라면 그 공성은 변하여 '물'과 '고름'이 된 것이고, 그 또한 변하여 병 등의 물건을 이루게 된다. 본래 병은 사람이 능히 볼 수 있는 물건이고, '허공' 혹은 '석녀石女의 아들'은 볼 수 없는, 실상이 없는 것인데, 만약 공동의 보는 바가 '공성'이라면 그 '병瓶' 또한 응당 '공성'을 이루게 되기에 이것은 이치에 맞지 않는다. 따라서 현현과 공성이 어느 한쪽으로 치우쳐 떨어지는 공동소견은 이치에 안 맞는다.

네가 인정한 바는 일체 현현을 멀리 여읜 '공성'이 공동소견이 된다는 것인데, 저 '병瓶'은 왜 '공성'이 된다고 보지 않는가? 즉 '공성'은 왜 '병瓶' 등을 이룸을 보지 못하는가? 만약 이같이 허락한다면, 이는 곧 모든 법이 '항상 있음' 혹은 '항상 없음'을 이루는 것인데, 이것은 외도인 무인파無因派(순세외도의 하나)의 관점과 아무런 차이가 없다. 무인파는 일체 모든 법은 원인이 필요하지 않고, 다만 인이 없는 가운데 생겨나는 것이다. 『중관장엄론』에서 이를 파하여 말하되, 만약 인이 필요하지 않으면 겨울에 꽃이 피고 여름에 응당 꽃이 피지 않아야 하며, 모든 법이 원인 없이 능히 생겨나기 때문이며, 여름의 온도·습도 등이 모두 필요하지 않아도 능히 겨울에 꽃이 피게 된다. 이는 곧 제법이 항상 있음 또는 항상 없음의 과실이 있으며, 이곳 토론의 상대방 또한 이 같은 과실이 있다.

空時無現互違故 若有不空則空許 공시무현호위고 약유불공즉공허
安立所見此相違 若問汝者上述論 안립소견차상위 약문여자상술론
現空爲何說不違 此處見義名言量 현공위하설불위 차처견의명언량

卽其建立之時故 彼前有無皆相違 즉기건립지시고 피전유무개상위

공할 때 현현 없음은 서로 어긋나기에 불공이 있은 즉 공을 허락하면 보는 바를 이렇게 안립함은 서로 어긋난다. 상대방이 묻되 위의 논술에서

현과 공이 왜 어긋나지 않음을 설함인가? 이곳에 견의見義 명언량으로 본성의 양을 건립한 때인 때문이니, 저 앞에서는 유와 무가 서로 어긋난다.

'공空'에 있을 때 '현현'이 있을 수 없다면, 이때의 '공'은 '허공'과 같은 공이며 '현現'·'병자瓶'과 같이 실로 있는 '실유實有'의 현현을 가리키는 것으로, '공'에 있을 때 '현'이 있는 것은 불가능함을 말하는 것인데, 이것은 서로 어긋나는 것이다. 만약 공하지 않은 현현이 있어 이것으로써 '단지 공(僅空)'이 공동소견이 된다고 안립하면 이 둘은 서로 어긋나는 것이며, 앞서 '단지 공'이 공동소견이 됨이 이치에 맞지 않음을 설한 바 있다.

만약 상대방이 묻되, "너희 자종이 위에 서술한 『정해보등론』에서 이미 설하기를, 현과 공은 서로 어긋나지 않으며, 승의가 없으면 세속도 없고, 세속이 없으면 승의도 없다는 등 설하며, 또한 일체 현현은 두루 공하고, 일체 공성은 또한 두루 현현하다고 설하는 등 현현과 공성이 서로 어긋나지 않는다고 하였는데, 왜 이곳은 도리어 현과 공이 서로 어긋난다고 설하는가?"라고 할 수 있다.

이것에 대해서는 분명히 서로 나뉘는 경계가 있다. 일반적으로 명언인명名言因明의 관현세량의 앞에 있어서는 '유有'는 곧 '유'이고,

'무無'는 곧 '무'이며, '유'와 '무'는 서로 어긋나는 다른 것이다. 반면에 중관의 승의량으로 말하면 '유'와 '무'·'현'과 '공' 등은 다 서로 어긋나지 않으며, 따라서 관현세량과 정견량의 두 가지 입장에서는 서로 같지 않은 설법이 있다. 이곳은 견의見義 명언량을 써서 모든 법이 명언 중에서 관찰되는 본성의 양을 가리켜 설한 것으로, 관현세량·인명량 으로써 설한 것이다.

이같이 명언량으로써 건립할 때에 그 앞에 있어서 유와 무는 반드시 서로 어긋나는 것이고, 명언의 각도에서는 '주柱는 공성이고, 공성은 현현하는 것'이라고 설할 수 없다. 중관의 교의에 대하여 구경을 성취하 지 못한 사람들은 어떤 때는 전부 공하고 어떤 때는 도리어 공하지 않다는 등의 논설을 이해하기가 쉽지 않다. 명언 현세량에 비춰 일반적 인 현량과 비량을 논할 때 모든 근본은 공한 것이라고 설하지 못하며, 그 건립한 명언량의 앞에 있어 '유'는 '유'이고 '무'는 '무'이며, 둘은 서로 어긋나는 다른 것이다. 따라서 '병瓶'은 '무'를 이룬다고 설하지 못하며, '허공'은 '유'가 된다고 설하지 못하니 이것에는 분명한 경계선 이 있다.

一法之上二諦者　不違智慧所境故　일법지상이체자　불위지혜소경고
若離空性之現許　不得作爲所見境　약리공성지현허　부득작위소견경
彼現如何顯現耶　未有偏袒之顯現　피현여하현현야　미유편단지현현
如此無法思維故　不可成立此現基　여차무법사유고　불가성립차현기
한 법 위의 이제는 지혜의 경계되는 바와 어긋나지 않는 연고로
만약 공성을 여읜 현현을 허락하면 보는 바의 경계를 짓지 못한다.

저 현이 어떻게 현현하는가? 한쪽으로 치우친 현현은 있지 않으며 이같이 사유할 방법이 없는 연고로 이 현현의 기반을 성립함이 불가하다.

이는 중관에 의거한 설법이고 승의량을 주로 삼아 설하는 것으로, 현현과 공성이 어긋나지 아니하고 유무가 서로 동등하며, 윤회·열반이 나눔이 없이 평등하는 등의 특성이 있으며, 곧 한 법 위에 있는 승의와 세속 이제, 혹은 현현과 공성의 양자 등이 모두 다 서로 어긋나지 않는다. 위에서 설한 주된 요점은 성자가 근본혜정에 드는 경계되는 바를 말하는 것으로, 명언 중에 있어서 일체가 다 없는 것이 아니며, 따라서 인과·선악이 다 없다고 설할 수 없다.

승의 중에 있어 현현과 공성, 승의와 세속 등이 다 서로 동등한 것으로, 이것은 '지혜'의 경계되는 바이기 때문이며, '분별망념'의 경계되는 바가 아니다. 다만 분별망념 앞에는 현현과 공성을 이같이 설할 수 없고, 현과 공 등은 분별망념 앞에서는 여전히 있으며, 이처럼 범부 분별망념 앞에 유와 무가 서로 어긋나는 등에 대하여 많은 방식으로써 앞에서 설하였는데, 이는 매우 중요한 논점이다. 한 법의 위에서 이제는 서로 어긋나지 않으며, 이것은 다만 성자의 근본혜정 앞에 설하는 것으로, 따라서 명언 중에 있어 다만 하나의 '공성'만 인정할 수 없다.

이 게송의 아래 부분에서는 '공성이 없는 현현'을 안립하여 공동소견을 삼는 것을 이치에 맞지 않다고 파하고 있으며, 즉 '공성을 여읜 현현'으로써 공동으로 보는 바의 경계를 짓지 못한다. 먼저 적에게 묻되, 그러한 '공성을 여읜 현현'은 도대체 어떻게 현현하는가? 적이 말하되, 그 현현은 치우침이 없는 것이다. 그러나 이러한 현현은 불가능하며, 반면에 '공성을 여의지 않은 현현'은 존재할 수 있다. '공하지 아니한(공성이 없는) 현현'으로써 사람이 보면 물이 되고 아귀가 보면 고름이 되는데, 이것은 모두 한 방면에 떨어진 것이며, 그 근본은 각 종류의 중생 앞에 치우침이 없이 보는 바의 경계를 이루지 못한다. 너희의 이와 같은 치우침이 없는 '현현'은 사유할 방법이 없고, 마음에 용납할 수 없으며, 따라서 너희가 설한 바의 공하지 않은 치우침이 없는 현현을 근본적으로 공동으로 보는 바의 경계로 짓는 것이 불가능하다.

由于未見能知量 而儘謂有立宗也 유우미견능지량 이진위유입종야
若成所見墮偏袒 則此以外不得見 약성소견타편단 즉차이외부득견
又卽不空顯現故 亦成理證堪忍處 우즉불공현현고 역성이증감인처
이것은 능히 아는 양을 보지 못하면서 다만 종을 세운 것과 같다.
만약 보는 바가 편단에 떨어지면 이 밖에 봄을 얻지 못하고
또한 공하지 않은 현현이 되기에 곧 이증의 감내함이 된다.

왜 성립할 수 없는가? 성립의 이유를 찾을 수 없기 때문이며, 능히 아는 양(能知量)을 하나도 찾아볼 수가 없다. 비유하면, 산을 보고 저쪽에 물이 있다고 할 수 있는 것은 현량으로써 물을 보았거나 혹은 비량으로써 추측하여 알기 때문인데, 너의 '공하지 않은 현량'은 어떤 능지량이 있는가? 실로 능히 아는 이 공동으로 보는 바의 양도 없으면

서, 그저 그러한 공동으로 보는 바가 있다고 하면서 다만 종을 세우고
있을 따름이다.

만약 이미 보는 바가 치우쳐 떨어져 있다면, 사람이 보는 바의
'물', 지옥중생이 보는 바의 '쇳물' 등은 이미 치우침이 있는 것이기에,
이것을 제외한 밖에 또 다른 나머지를 보지 못한다. 즉 사람은 물을
보는 것 이외에 '쇳물'·'고름'·'감로' 등을 근본적으로 볼 수 없는 것이다.
상대방이 또 묻되, 위에서 너희가 설한 바의 공동으로 보는 바를
또한 하나의 '현현'이라고 하였는데, 그렇다면 이것은 과실이 있는
것 아닌가? 이는 과실이 없는 것이니, 위에서 설한 바의 현현은 현공무
별의 '현분現分'으로, 법계의 자체 색을 여의지 않은 현공무별의 현분으
로써 설한 것이므로 전혀 과실이 없다. 상대방이 말하는 것은 '공하지
않는 현현'으로써 공동으로 보는 바를 삼았기에 이러한 과실이 있으며,
또한 '공하지 않은 현현'이기 때문에 승의량이 이증으로써 관찰하면
감내함을 이루는 과실이 있게 된다.

無論膿水甘露等　所見彼三皆相違　무론농수감로등　소견피삼개상위
若卽彼水是爲膿　人前爲何顯現水　약즉피수시위농　인전위하현현수
設若非膿卽是水　爲何此處見膿等　설약비농즉시수　위하차처견농등
若說餓鬼前現水　應許其無膿顯現　약설아귀전현수　응허기무농현현

고름·물·감로 등에 관계없이 보는 바 저 셋이 다 서로 어긋남이니
만약 곧 저 물이 고름이 된다면 사람 앞에 어떻게 물이 현현할 것이며,
만약 고름이 아닌 즉 물일진대 어떻게 이곳에서 고름 등을 볼 수
있겠는가?

아귀 앞에 물이 나타난다고 하면 그 고름은 현현할 수 없어야 한다.

　고름 혹은 물·감로 등에 관계없이 이들을 공동의 경계되는 바로 삼는다면 그 본성은 공하지 않은 하나의 현현이 되며, 이는 곧 모두 서로 어긋나는 것이 된다. 이는 간략히 논한 것인데, 이 아래에서 널리 논설한다.

　왜 서로 어긋나는 것인가? 만약 네가 물의 본성이 물이 아니고 '고름'이라고 한다면, 사람 앞에 '물'로 현현하는 것을 어찌하여 '고름'이라고 안립하여 공동 경계로 삼겠는가? 이는 이치에 맞지 않는다. 만일 사람이 본 바인 물의 본성이 고름이 아니라 '물'이라고 한다면, 아귀 등이 물을 볼 때에 왜 도리어 고름으로 보이는 것인가? 네가 물의 본성이 가설적으로 '물'이라고 말하면서 고름으로 보인다고 하는 것이므로, 이 또한 이치에 맞지 않는다.

　만약 현공무별으로 해석한다면 이는 가능한 것이나, 이곳에서는 네가 이 '공하지 않은 현현'으로써 말하고 있는 것이니, 물의 본성은 물이고 고름이 아니라고 한다면 아귀 앞에 고름 등이 어떻게 현현할 수 있겠는가? 어떤 중생 앞에 물을 가져 도리어 '허공', '의식' 등으로 본다면 이 또한 이치에 맞지 않다. 네가 말하되, 실제는 이와 같지 않고, 물의 본성은 곧 물이고, 고름은 비량非量이며 물이 정량이라고 한다면, 아귀 앞에 응당 물이 나타나야 하고 그 고름의 현현은 곧 그 앞에 있을 수 없다고 인정하게 되는데, 따라서 분명히 과실이 생겨난다.

由于除自現見外 無有單獨所見基 유우제자현견외 무유단독소견기
若有則成異體故 一基非一如瓶柱 약유즉성이체고 일기비일여병주

자기가 현량으로 봄을 제외하고 단독의 공동으로 보는 바의 경계는
없고
만약 있다면 곧 다른 체가 되기에 하나의 기반이 한-종류가 되지
않음이 마치 병과 기둥의 관계와 같다.

이는 '공하지 않은 현현'의 뜻을 논하고 있다. 자기가 현량으로
보는 것, 즉 사람이 물을 봄·아귀가 고름을 봄 등을 제외하고 다시
하나의 단독의 공동으로 보는 바의 경계(혹은 기基)는 없으며, 교증·이
증으로써 관찰하여도 볼 수가 없다. 만약 이 같은 하나의 공동으로
보는 바가 있다면 사람이 보는 바의 물 이외에 또 하나의 단독의
공동으로 보는 바가 존재함이며, 이는 곧 현현顯現과 현기顯基(나타난
바)가 다른 체를 이루게 된다.

한 종류의 중생이 보는 바인 공동으로 보이는 기基는 다른 한 종류의
중생의 보는 바와 같은 것이 아니니, 비유하면 사람의 보는 바의
기반은 아귀가 보는 바의 기반이 아니다. 한 사람이 기둥을 보고
또 다른 한 사람이 병을 볼 때 양자가 공동으로 보는 바가 있다고
말할 수 없는 것처럼, 너희들이 현과 공을 분리하여 논하는 관점은
영원히 성립할 수 없는 것이다. 이상으로 '공하지 않는 현현'을 주로
파하였다.

是故現空無分別 或者實空顯現許 시고현공무분별 혹자실공현현허

雙運大等離偏袒 諸法本來平等故 쌍운대등리편단 제법본래평등고
等性大圓滿之中 所成之義已抉擇 등성대원만지중 소성지의이결택
이로써 현공이 분별이 없고 혹은 실질공이 현현함을 허락하며
쌍운 대평등이란 치우침에서 벗어나 제법이 본래로 평등하다는 뜻이니
평등성의 대원만 중에 이룬 바의 뜻을 이미 결택하였다.

　여기서는 밀법의 해석 방식으로써 자종의 '공동소견'에 대한 관점을
안립하고 있다. 현현과 공성의 무분별함을 공동의 보는 바로 안립하거
나, 혹은 일체의 실유·희론을 멀리 여읜 '현현'을 가져서 공동의 보는
바를 삼거나, 또는 법계무분별의 실질공의 '현현허顯現許'와 더불어
안립하여 공동소견을 삼는 등 이런 종류의 현공무별의 쌍운, 대大평등
성은 일체 윤회와 열반의 치우친 것을 멀리 여읜 것으로, 모든 법이
본래 평등함으로 머물며, 광명·평등한 대원만의 밝게 통달한 본성
중에 있어 성립하는 뜻을 이미 결택하였다. 다시 말하면 위에서 '청정과
평등이 다름없는(淨等無別)' 대원만의 뜻에 대하여 교증·이증의 방식
을 통하여 결택하였는데, 이것이 바로 '대원만의 정행正行' 혹은 '대중관
의 정행'이라고 일컬으며 또한 자종의 '공동소견'이라고 말할 수 있다.

修道此時依淨見 不淨顯現自解脫 수도차시의정견 부정현현자해탈
解信金剛聖敎義 所謂現有淨法身 해신금강성교의 소위현유정법신
이를 수도할 때 청정 견해를 의지하면 부정함의 현현함에서 스스로
해탈하며
금강승의 수승한 가르침을 신해하면 이른바 청정법신이 나타나게

된다.

위에서 결택한 뜻을 수지할 때 응당 정견량을 의지하면 곧 윤회와 열반의 모든 법의 본래청정하다는 견見으로써 일체의 기정세간器情世間 및 탐진치 등 불청정의 현현함을 대치할 필요가 없으며 자연스럽게 해탈을 얻게 된다. 이것이 곧 아띠요가 밀속 중에 설한 '현유정법신現有淨法身'의 뜻으로, 일체의 현현과 일체유정이 모두 청정한 법성임을 말하며, 이런 종류의 금강승의 교법의 뜻을 스스로 자세히 체험하여 능히 신해를 얻게 된다.

'현유정법신'은 밀승 중 가장 구경의 뜻으로, 수도 중에 있어 정견량을 의지하면 일체 청정하지 못한 현현이 점점 법계에서 모두 없어져 청정을 이루게 되며, 이러한 구경의 뜻에 대하여 능히 일정한 신해를 내게 된다. 그러나 초학자에게 '일체 청정'에 대하여 말하면 누구도 쉽게 신심을 내지 못한다. 예전에 빼뚤 린포체께서 일찍이 수자 린포체(레로랑빠 대사)에게 설하되, "현재의 기정세계가 모두 청정하다고 결택함은 어떠한 양量을 의지하는 것인가? 제불보살의 보는 바에 의지하면 일체 제법은 본래청정하며 그래서 이것이 제불 현량이 의지하는 바이며 범부가 볼 수 있는 바가 아니니, 마치 눈병이 난 자가 소라를 보고 백색이 아닌 황색이라고 함과 같으니, 범부의 앞에서는 현현과 실상이 통일되지 않기 때문이다. 다만 이 '본정本淨'에 대하여 신심을 내어 증오에 도달했을 때 진정으로 보지 못하던 것을 보게 되면 현현과 실상이 통일되며, 청정치 못한 현현이 실상 가운데서 소멸하게 되니, 이로써 제법이 본래청정한 뜻을 현량으로 보게 된다."

라고 하셨다.

진메이펑춰 린포체 또한 설하시되, "대원만에서『대환화망속大幻化
罔續』의 교증은 필요한 것이나 이증 또한 매우 중요하고, 도리道理
상에 있어서 회답할 방법이 없을 때에 상대방은 그것이 청정함이
됨을 인정하지 않을 수 없으며, 당연히 현현 상에서는 밀승 또한
청정함이 됨을 인정하지 않는다."라고 하셨다. 이것은 정견량을 의지
하여 설하는 것으로, 이로써 밀승의 구경의 뜻에 대해 당연히 믿음을
내게 한다.

是故幻化罔續云 五蘊如幻現無偏 시고환화망속운 오온여환현무편
彼者卽是淨尊現 生信彼敎密意義 피자즉시정존현 생신피교밀의의

이로써 환화망속에 이르되, 오온이 환과 같이 치우침 없이 현현하면
이는 곧 청정한 본존의 나타남이니, 저 교법의 밀의에 대해 믿음을
내야 한다.

『금강살타환화망속金剛薩陀幻化罔續』에 이르되, "오온五蘊은 곧 오
부여래五部如來이니, 색온色蘊은 비로자나불毘盧蔗那佛, 수온受蘊은
보생불寶生佛, 상온想蘊은 무량수불無量壽佛, 행온行蘊은 부동불不動
佛, 식온識蘊은 불공성취불不空成就佛이 된다."라고 하였다. 탐·진·
치·아만·질투의 오독五毒은 오지五智가 되기에 '오온五蘊은 곧 오지五
智'라고 말하며, 『환화망속』에서 설한 바인 '오온이 환과 같음'은 곧
실성實性이 없는 환과 같은 오부여래의 현현이 어느 한 방면에도 치우
치지 않고 두루함을 뜻한다. 즉 그 오온이 곧 청정한 오부여래 혹은

오대 지혜의 본성이며 성존聖尊의 현현이다. 따라서 정견량을 의지하여 수행하면 바로 이러한 밀속密續의 뜻에 대한 신해를 능히 일으키게 된다.

이『정해보등론定解寶燈論』은 대원만의 종합적인 서술이다. 진메이 펑춰 린포체의 스승이신 어빠저거께서 예전에 설하시되, "『정해보등론』은 실제적으로『대원만심성휴식大圓滿心性休息』의 요약적인 논술이며, 현교의『현관장엄론現觀莊嚴論』과 중관 등의 핵심 내용을 모두 포괄하고 있다."라고 하신 것처럼, 『대환화망속』의 요점, 대원만의 일부 요점 등이 모두 이 논 중에 분명하게 갖춰져 있다.

집착이 곧 오온이 되기 때문에 오불五佛로써 그를 굴리며, 아울러 어떤 온蘊이 어떤 부처님으로 정해지게 안립함이 아닌 등에 대해 매우 많은 교증이 있다.

膿執盡時知迷亂 于彼修持能見水 농집진시지미란 우피수지능견수
淨大佛子見水塵 一一如數無量刹 정대불자견수진 일일여수무량찰
見水瑪瑪格佛母 究竟斷除二障時 견수마마격불모 구경단제이장시
現見雙運大等性 현견쌍운대등성

고름의 집착이 다한 때 미혹인 줄 알아 그렇게 수지하면 능히 물을 보며
청정심이 큰 불자가 물의 미진을 보면 하나하나가 무량극토의 수와 같고
물에서 마마거불모를 보며, 구경에 이장二障을 끊을 때에
쌍운 대평등성을 현현으로 보게 된다.

여기서는 육도중생이 보는 바와 성자가 보는 바, 그리고 붓다의 보는 바에 대하여 널리 설하고 있다.

아귀가 집착하는 고름에 대하여 말하면, 그 업력의 과보가 다한 때에 이르러야 이것이 미혹한 습기의 나타남이고 이치에 맞지 않는 줄 알게 되며, 고름의 본 모습은 물이며 청정한 것임을 수지관상하면 곧 후일에 능히 물을 보게 된다. 이에 대하여 두 종류의 해석이 있는데, 한 종류는 아귀가 자기의 위치상에 있어서 수지修持하여 그 고름을 집착함이 미란迷亂한 습기習氣임을 잘 이해하고, 그 후에 관상을 통하여 물을 보는 것이며, 또 하나는 아귀의 업보가 다하여 사람으로 전생하여 고름이 아니라 물임을 알게 되는 것이다.

지위地位에 오른 보살 혹은 대지명자大持明者가 보는 바의 물의 미진微塵 위에는 모두 무량의 찰토와 불신佛身이 있으며, 아울러 현량으로 물이 곧 마마거불모가 됨을 보게 된다.『대환화망속』중에 오대五大가 변하여 오불모五佛母가 된다고 설하였는데, 즉 지대地大-불안모佛眼母, 수대水大-마마거불모瑪瑪格佛母, 화대火大-백의불모白衣佛母, 풍대風大-구도불모救度佛母, 공대空大-법계자재불모法界自在佛母 등이다. 지위에 오른 보살과 대지명자는 능히 현량으로 오대가 불모가 됨을 보게 되며, 이러한 불모는 능히 대안락大安樂과 대지혜大智慧를 이끌어내는 역량을 갖추고 있다.

이 같은 도리는 다만 밀승 중에서만 듣게 되며, 처음 들을 때 일부는 이해하기 어렵다.『대환화망속』에서 이런 도리를 많이 설했고『중론』에 또한 설한 것이 있는데, 곧 자현찰토自現剎土와 타현찰토他現剎土 등이 그러하다. 특히 자현찰토의 경우, 초지로부터 칠지에 이르기까지 능히 이 찰토와 보신불을 보게 되며, 지위를 얻은 보살 이상은 능히 보신불報身佛·불모佛母·무량전無量殿 등 청정 형상을 보게 된다. 이것 이외에 일반적으로 명언名言의 진소유지塵所有智·여소유지如所有智 중에 있어 하나라도 청정하지 않은 물건은 없다.

위에서 설한 바, 지위를 얻은 성자가 물을 보는 본성이 불모의 본성이 됨도 또한 구경은 아니다. 룽수 반즈다께서 설하되, "육도중생에 대하여 말하면 득지보살得地菩薩이 보는 바는 정량正量이 되나, 득지보살의 보는 바인 오대는 오불모가 됨을 구경불의 관점에서 추량하면 다만 하나의 청정한 현현일 따름일 뿐 구경량究竟量이 아니다. 부처님이 보는 바인 일체 희론을 여읨, 큰 공성의 차별이 없음(大空無別)이 곧 구경량이다."라고 하였다.

초지·이지 보살이 자기가 본 법계가 무분별·구경의 지혜라고 말하여도, 그들보다 더 높은 경지의 보살(上地菩薩)과 부처가 그의 지혜를 보면 그것은 구경이 아니다. 비유하면 큰 바다를 멀리서 보면 바다가 평정하며 일점의 유동함도 없어 보이나, 가까이에서 볼 때 바다에는 반드시 물결이 있다. 따라서 상지보살과 부처가 초지·이지 보살의 지혜를 보면 여전히 분별망념이 섞여 있으며, 그 장애를 제거하지 못한 상태이다. 구경에 번뇌장·소지장 및 일체 습기의 무명장을 제거한 때에 그 지혜는 곧 불지이고, 능히 현량에 일체 모든 법이 '현공무별의 큰 쌍운'이며 '윤회와 열반이 구별이 없는 대 평등성'임을 안다. 그런 지혜 앞에서는 위의 "물이 불모의 본성이 됨"을 보아도 또한 한 종류의 정견량에 불과하며, 정량이 아니다.

是故淸淨之見者 斷除一切障礙故 시고청정지견자 단제일체장애고
諸法無誤之實相 惟有彼智能現見 제법무오지실상 유유피지능현견
此外無有其餘也 차외무유기여야

이로써 청정의 지견자는 일체 장애를 끊어 버리는 연고로
제법에 오류가 없는 실상을 오직 그 지혜로써 능히 현량으로 보니
이 밖에 기타의 다른 것은 없다.

가장 청정한 큰 지혜는 붓다의 지견이다. 이는 소지장 중의 가장
미세한 부분을 이미 끊어 제거하였기 때문이며, 불지佛智가 있어야
곧 능히 일체 모든 법의 본래의 실상을 현량으로 보게 된다. 따라서
불지를 제외하고는 또 다른 진정한 양은 찾을 수 없다.

彼者建立究竟量 具有理慧眼者前 피자건립구경량 구유이혜안자전
此等本淨法身住 成立如是立宗頂 차등본정법신주 성립여시입종정

저것으로써 구경량을 건립하여, 이치와 지혜의 눈을 갖춘 자의 앞에
이러한 본정법신이 안주하게 될 것이니, 이것이 자종의 최고 가르침이
된다.

피자彼者는 붓다의 지혜를 가리키는 것으로, 곧 능소能所 이취二取가
모두 법계에 소멸된 구경지혜이며, 이것으로써 구경량을 삼는다. 수승
한 이성적인 지혜를 갖추어 다생겁 중에 밀법을 만나 큰 지혜를 갖춘
사람들(理慧眼者)에게는 위와 같이 붓다의 지혜가 구경량이 됨을 널리
설할 수 있다. '일체가 모두 본래청정임'은 이 같은 사람들 앞에서는

성립하나, 기타의 다른 이에게는 성립할 수 없다.

여기서 '이理'는 바른 이치를 갖춘 변재辯才를 가리키고, '혜慧'는 다생의 누겁 동안 선지식을 만나 밀법과 성인의 교법에 연분이 있는 사람을 가리킨다. 이 같은 사람들 앞에서는 윤회와 열반의 모든 법이 본래로 청정하고, 법신여래장法身如來藏으로써 주住하는 등의 도리가 능히 성립한다. 이것은 현교와 밀교의 모든 종파들 견해 중 최고봉이며, 이같이 인연이 있는 자의 앞에서만 능히 성립하고 기타 사람들에게는 성립할 수 없다.

인연이 깊은 사람들에게는 『정해보등론』의 한 글자 한 문구가 모두 매우 수승하며 능히 성립하는 것이지만, 인연이 없는 사람들 앞에서는 어떤 경우든 성립하지 않는 것과 같다. 이는 자기의 근기와 이 법에 대하여 수승한 인연을 맺었는지 아닌지에 따라 주로 결정된다.

然彼乘具奇千光 劣意鴟鴉皆成盲 연피승구기천광 열의치효개성맹
그렇듯 저 승은 기이한 천 개의 빛을 내어도 하열한 부엉이는 모두 여전히 눈이 멀어 있다.

대원만의 기특함, 가피는 수승한 천 개의 빛줄기와 같은 최상승법이지만, 과거에 줄곧 선지식을 만나보지 못한 하열한 근기의 사람, 혹은 소승만 만나거나 심지어 줄곧 외도의 사견에 떨어진 중생들이 볼 수 없음은 마치 낮의 햇빛 아래서는 부엉이가 눈이 멀어 있는 것 같다. 유사한 모든 하열한 중생은 비록 이 같은 대승의 수승한 법을 만나도 신심을 내지 못하고 도리어 많이 비방한다.

于彼究竟等性界 儘說顯現聖尊相 우피구경등성계 진설현현성존상
如是不能立一方 여시불능입일방

그 구경 평등성계에서는 성존상이 현현한다고 다만 말하는 것과 같은
그런 한 방면의 관점은 성립할 수 없다.

구경인 현공무별의 법성평등성의 세계에서는 다만 일체의 현현이
본존·탄청·오불·오불모 등의 현현이라고 하는 등 한 가지 방면만으로
는 안립할 수 없다. 왜냐하면 일체법의 본성이 청정한 불상佛相 외에는
따로 있는 바가 없음이라고 말할 수 없으며, 또한 '법계'는 일체가
다 성립하는 것이 없기에 능히 일체가 현현하는 것이기 때문이다.

많은 불자들이 수도를 통해 풍風·맥脈·명점明點을 청정케 한 후
오불모 등의 청정상을 본다고 하나, 그런 청정상은 구경이 아니다.
어떤 사람들은 일체 기정세간의 색법의 현현이 금강살타가 된다고
함을 듣고는 기둥과 병 등을 요령과 금강저를 손에 쥔 광명이 찬란한
보신살타 형상으로 관상하는데, 법성의 현현은 중생들에게 이같이
현현함과 같지 않다. 법성의 힘은 실로 불가사의하기 때문이다.

중생이 수행을 통해 정기情器가 변하여 오불모 등과 같은 청정광명상
을 본다고 하지만 이것은 성립하지 못하는 것으로, 승의제로써 관찰해
보면 그것은 구경이 아니며, 만약 그 청정상을 집착하면 이는 곧
외도의 항상하는 아我와 다름없게 된다.

然而自性本淨界 與彼現分智慧身 연이자성본정계 여피현분지혜신
無離無合故現分 本來卽是淨聖尊 무리무합고현분 본래즉시정성존

觀察實相亦無害 관찰실상역무해

그러나 자성본정계는 저 현분지혜신과 더불어
여의지도 합함도 없는 현분이고, 본래부터 곧 청정한 성존임을
실상으로 관찰한다면 틀림이 없다.

우리가 보는 바의 현현의 일체와 자성이 본래로 청정한 법계는
서로 구별이 없는 것이다. 자성이 본래청정한 법계는 이미 현현하였고,
그 현현분現顯分은 변하여 오불五佛·오불모五佛母·금강살타金剛薩陀
등의 지혜신이 된다. 우리의 업장이 청정한 후에는 능히 이런 종류의
지혜신을 보게 되는데, 이것이 법성과 더불어 여읨도 없고 합함도
없기 때문이다. 이런 종류의 현분現分은 본래로 청정한 성존의 성품이
라고 말할 수 있는데, 여기서의 성존은 눈과 손이 있고 각종 기물을
쥐고 있는 보신 형상을 가리킴이 아니라, 그 본성이 본래로 청정한
본상本相을 말한다. 예를 들어 환화망幻化罔에는 요의了義와 불요의不
了義의 두 종류가 있는데, 일반적으로 보현여래·비로자나불 등의
현현과 같이 법상이 있는 형상은 불요의의 환화망이고, 요의 환화망은
평등과 청정이 다름없는 법성을 가리킨다. 윤회와 열반을 현현하는
환화망을 '현현환화망顯現幻化罔'이라고 일컫는다.

이같이 보면 우리들이 보는 문수보살·관세음보살은 업장을 청정하
게 하는 가피를 주는 양量이지만, 구경으로써 관찰하면 "관음보살의
본성은 파함이 불가하다." 혹은 "법성과 관음보살은 다른 체이다."라고
하는 것은 근본적으로 성립되지 않는다. 중생의 앞에 현현한 '관음보살'
등은 불요의의 환화망이고 법성과 성존상 또한 환화망이라 일컫는데,

388

이 같은 결택은 승의실상으로 관찰할 때도 또한 방해가 생기지 않는데, 이 같은 현분 또한 파할 수 없고, 보게 된 관음보살의 본성은 자성본청정의 법계와 더불어 구분됨이 없기 때문이다. 업장을 청정히 한 후에는 그 청정상을 능히 보며, 그 본성은 손으로 염주와 연화를 가진 형상이 아니다. 그렇지 않고, 관음보살이 가장 구경인 실상이라고 말하면 곧 그 현현하는 본성은 파할 수 없고, 승의제를 관찰할 때에 곧 해로움이 되는데, 상유常有(항상 있음)를 말하는 것과 같기 때문이다. 이는 잠시 도道로 쓰는 현현을 말함이고 다만 일종의 깨끗한 상일 따름일 뿐 구경의 법성은 아니다.

由于斷除二障碍 現空無別法界者 유우단제이장애 현공무별법계자
卽是究竟眞實性 즉시구경진실성
이장二障을 끊음을 말미암은 현현과 공성의 구별이 없는 법계가 곧 진실한 구경이다.

구경량究竟量을 설한다. 붓다께서 번뇌장·소지장 및 가장 미세한 습기장을 끊음을 말미암아 그 지혜와 현공무별現空無別의 법계가 한 체를 이루는데, 이를 구경량 혹은 법성이라고 말한다. 따라서 그 앞에 있어서는 '법상法相'이라고 불리는 그 어떤 법도 있지 않다.

此外無論何證悟 幷非究竟眞實義 차외무론하증오 병비구경진실의
絶斷二障未盡前 實現永不相同故 절단이장미진전 실현영불상동고

이 외에 그 어떤 증오도 또한 구경진실의가 아니니,
이장을 끊어 다하기 전에는 실상과 현상이 서로 같지 않기 때문이다.

위에서 설명한 이외에 모든 대보살大菩薩·대지명자大持明者의 갖가
지 증오는 구경의 진실한 뜻이 아니다. 진메이펑춰 린포체께서 비유하
시되, 초지에서 십지 내지는 불지佛地에 이르는 사이의 증오는 달밤에
달을 보는 것과 같아서 땅 위에서 보면 능히 보게 되고, 몇천 유순
더 높은 곳에서 보면 땅에서 보는 것보다 더 분명하고, 더 나아가
달 부근에 도달하면 보는 바가 더욱 더 분명하고 자세하다고 하셨다.
비록 초지 이상이 현량으로 법계 본성을 보지만, 초지부터 십지까지
그 현현의 분상은 더욱 명료해지고 원만함에 나아간다. 번뇌장煩惱障·
소지장所知障이 소멸하기 전에는 제법본래諸法本來의 '실상'과 유정의
갖가지 '현상'이 영원히 서로 같아지지 못하며, 불과에 이르기 전에는
이 두 가지가 영원히 같지 않은 것이다. 비록 모든 대보살의 현현
혹은 실상이 분명히 상사相似하다고 말할 수는 있으나, 눈병이 낫지
않으면 보는 바의 해라가 여전히 황색이 되어 그 본래의 색과 같지
않음과 같다. '실상實相'과 '현현顯現'은 중관과 인명의 두 가지 핵심
요점이다.

暫時道位諸顯現 如淨眼翳除糊亂 잠시도위제현현 여정안예제호란
有境之垢愈淸淨 境亦如是見淸淨 유경지구유청정 경역여시견청정
除此淸淨有境外 餘無不淨之境故 재차청정유경외 여무부정지경고
잠시 도의 차제상에 있는 모든 현현을, 눈가림을 씻어냄 같이 미혹을

제 하여

유경의 장애를 청정히 하면 경계 또한 이같이 청정함을 보게 되니,
이렇게 유경을 청정히 함을 제한 밖에 기타 청정하지 않은 경계는
없다.

잠시 오도십지吾道十地에 처한 여러 계위가 같지 않은 도위道位에서
수행할 때, 모든 현현의 경계에서 눈을 가린 것을 깨끗하게 닦아내는
것처럼 곧 보는 바의 미혹이 능히 자연히 청정해진다. 비슷한 종류의
의식(有境)의 오염이 더욱 청정해지면 외경 또한 더욱더 능히 청정해짐
을 보게 된다. 이 때문에 자기의 오염된 의식을 청정케 한 이후에는
기타 청정하지 않은 또 다른 경계상은 존재하지 않는다.

然一補特伽羅者 成佛之時亦不成 연일보특가라자 성불지시역불성
其餘不現不淨法 自現由障自遮故 기여불현부정법 자현유장자차고
자연히 한 보특가라는 성불할 때에 또한 기타의 중생의
청정치 않은 법이 현현하지 못하게 할 수 없는데,
그 불청정한 현현은 각자의 장애로 인해 덮여진 바이기 때문이다.

마음이 청정하면 외경 또한 청정하다. 한 사람이 성불하면 그 마음이
이미 청정하며 곧 외경도 청정하다. 그럼 왜 기타의 중생이 보는
바의 외경은 청정치 못한 것인가? 이는 일정치 않은데, 한 명의 보특가
라가 성불하였어도 그 나머지 중생들은 청정치 못한 법이 나타나지
않도록 하지 못한다.

석가모니불께서 성불하시고 그 유경의 업장과 습기를 제거했으며 그 경계 또한 없으나 기타의 중생 앞에 여전히 청정치 못한 외경이 있음은 왜 그러한가? 중생 각자의 현현 때문에 각자의 장애가 가린 바를 말미암아서 법성을 증하지 못하기 때문이다.

是故諸境及有境 雖卽自性本來淨 시고제경급유경 수즉자성본래정
暫以垢穢所覆故 應當勤精斷除障 잠이구예소부고 응당근정단제장

이로써 모든 경계 및 유경이, 비록 곧 자성이 본래청정하여도 잠시 미혹에 덮여져 있으므로 응당 부지런히 힘써 장애를 끊어야 한다.

그러하기에 자심自心과 외경外境 이 두 가지의 자성은 본래청정하기에 외경과 마음을 관찰해 보면 모두 본래청정함을 알 수 있으며, 하나도 청정치 못한 법은 없다. 이는 실상과 요의 방면을 좇아 본래청정임을 설한 것으로, 그 실상 면에서 청정하기 때문에 그 현현 또한 청정함을 이룬 것이 아니며, 그렇게 정해진 것이 아니다.

중생은 잠시의 번뇌와 소지장에 오염된 인연으로 인해 본래로 청정한 불성이 가려져 있는 것이기에, 어느 때 어느 지방을 막론하고 마땅히 부지런한 정진하여 업장습기를 끊어 없애야 한다. 진메이펑춰린포체께서 『충언심지명점忠言心之明点』에서 설하되, 마음이 청정치 못하면 거울의 상이 분명하지 못한 것처럼 생기차제와 원만차제가 나타나는 기회가 영원히 없는 것이니, 응당 정진하고 노력하여 업장습기를 제거해야 한다고 하셨다.

所斷諸障淨自性 其餘無有不淨故 소단제장정자성 기여무유부정고
自性光明平等性 자성광명평등성
끊을 바 모든 업장의 자성은 청정하고 기타 청정하지 않음은 없는
것이기에
자성광명이며 법계평등성이라고 한다.

끊어야 하는 모든 업장의 자성이 실상 면을 좇아서 보면 본래로
청정한 것임을 설하고 있다. 만약 끊을 바 업장은 청정하지 못하고
불성은 청정이 된다면, 이는 진정으로 모순이고 불가능한 것이다.

번뇌·소지 내지 일체 습기장에 관계없이 그 자성은 본래청정이고,
하나도 청정 아님이 없는 것이며, 그 자성 또한 광명·평등성이며,
법계와 더불어 전혀 다름이 없다. 이런 종류의 깊은 법요는 소승에서는
일반적으로 없으며, 오직 자성 대원만에서 드물게 전수해 준다. 2차·3
차 법륜에서도 '업장의 자성이 본래청정함'의 요점은 널리 설해지지
않았다.

대원만에 대하여 상사께서 규결을 전수하실 때, 탐심이 일어나는
그 찰나에 탐심의 본성을 관한 즉 바로 지혜로 변한다고 설하셨다.
진심이 현현하는 그 찰나에 진심의 본성을 관하면 또한 바로 지혜로
변하며, 이같이 관할 때에는 그 어느 것도 청정치 못한 법이 없다.
이상의 가르침은 대원만에서는 직접 전해 주고 있으며, 기타의 교법에
서는 일반적으로 이러한 도道로 전환하는 방법, 끊는 방법 및 많은
대치하는 수행법 등을 일부 다루는 바가 있기는 하나, '업장의 본성이
청정함'의 교법과는 상대적으로 좀 맞지 않는 면이 있다. 이 때문에

이곳에 끊을 바의 장애는 그 자성이 본래로 청정함을 제외한 밖에 하나도 청정하지 않음이 없으며, 장애 또한 자성광명이며, 탐진치 등 장애들이 모두 자성광명自性光明과 법계평등法界平等으로 머물게 된다.

如是種種諸現相 未證之時各執着 여시종종제현상 미증지시각집착
凡夫于何生貪心 彼爲凡夫愚癡者 범부우하생탐심 피위범부우치자
以彼愚癡束縛之 이피우치속박지
이같이 증오하지 못한 때는 갖가지 모든 현상들에 각기 집착하게 되어
범부는 무엇인가에 탐심을 내며, 그로써 범부우치한 자가 되고 그 우치에 속박 당하게 된다.

만약 여러 가지 청정과 부정의 기정세간이 현현한다면, 이것은 이무아二無我를 증오하지 못한 중생들의 여러 가지 집착 경계이다. 육도의 범부 중생은 어떤 한 법에 대하여도 모두 탐착을 내기에 그들은 무명 습기에 빠진 우치범부이며, 어리석게 어두움과 무명에 구속되어 윤회의 감옥에 갇혀 있게 된다.

若證一切等性中 究竟彼果得本地 약증일체등성중 구경피과득본지
三時無時本來界 制勝自然之智慧 삼시무시본래계 제승자연지지혜
만약 일체 평등성을 증오한 중에 구경에 그 과의 본지를 얻게 되고 삼시를 여읜, 무시無時의 본래 법계에서 수승한 자연의 지혜가 승리하

게 된다.

　만약 모든 법의 본성을 밝게 알면 곧 쉽게 증오한다. 모든 중생들은
업의 감응에 따라 현현함을 통달하면 본성 중에서 모두 이렇게 대평등
성임을 알게 된다. 만약 이와 같은 본성을 증오하면 곧 윤회와 열반의
모든 법이 법성 중에 있어 다 평등하며, 이것이 곧 구경의 자성본체의
과果이고(보현여래의 과), 능히 본지本地(법의 본 위치)를 얻게 된다.
과거·현재·미래의 삼시를 멀리 여읜 시時가 없는 중에(本時, 法性時)
본래의 법계를 얻고, 삼시가 무시無時인 본성 중에 있어 자연지혜가
이미 승리한 것이다.

　상사께서 대원만을 전수하여 주실 때 자연본지를 증오하게 된다.
대원만의 지혜는 유위법이 아니고 그것은 응당 무위법 중에 포함되며,
그렇지 않으면 무상법을 이루게 되므로 이치에 맞지 않게 된다.

諸法承認大淨等 此說理趣善成立 제법승인대정등 차설이취선성립
現空何者不成故 一切應現皆可現 현공하자불성고 일체응현개가현

모든 법이 크게 청정하고 평등함을 승인하면 이 설함의 뜻이 바로
성립하며
현현 혹은 공성 어느 것도 성립되지 못하기에 일체에 응당 나타날
것이 모두 나타나게 된다.

　위에서 설한 대평등청정 혹은 현공무별의 의의는 이증理證으로써
성립할 수 있다. 번뇌와 지혜, 윤회와 열반, 청정과 부정 등의 일체의

모든 법은 대大청정·대평등이 된다고 인정할 수 있으며, 이런 설법의
이치적 귀납이 바르게 성립하는 것이다.

현현과 공성을 각각 단독의 방면을 좇아 말하거나 혹은 총체적으로
말하면 두 가지 모두 성립하지 않는다. 현현을 제하고 공함이 없으며,
공을 제하고 현현함이 없는 것이니, 일체 윤회와 열반의 현현, 인因과
과果의 현현 등의 건립은 모두 합리적인 것이며, 자성이 성립하지
않는다. 무릇 실상에 부합하는 법은 다 현현할 수 있고, 실상에 부합하
지 않는 법은 현현할 수 없으며, 설사 그것이 청정치 못하여도 또한
현현할 수 없다.

此外凡是所增益 一切非理皆不現 차외범시소증익 일체비리개불현

이 밖에 기타 무릇 증익한 바는 일체가 틀린 이치이며 나타날 수
없다.

위에서 현공무별을 설하였는 바, 곧 일체가 현현함이 가능하며
일체가 모두 이치에 맞는다. 이를 제한 밖에 무릇 가설하여 증익增益한
바인, 본래 공한 것이나 반대로 공이 아니라고 설하고, 본래 공함이
아니나 도리어 공하다고 설하는 등, 혹은 다만 '공'이라 설하고, 혹은
다만 '유'라 설하며, 혹은 다만 '상常'이라 설하고, 혹은 다만 '무상'이라
설하는 등의 증익법을 따르는 인과·윤회 등 일체 모든 법은 모두
바른 이치가 아니며, 따라서 그러한 일체 윤회 열반·인과 등 청정과
부정의 현현은 모두 현현할 수 없다.

此理獲得解信門 卽是空性緣起道 차리획득해신문 즉시공성연기도
이 이치로 신해문을 얻으면 그것이 곧 공성 연기도이다.

이 깊은 도리는 관세간량觀世間量으로는 비량比量할 방법이 없다. 일반적인 현량現量 또한 이 같은 깊고 비밀한 도리는 추량할 수 없다. 오직 진정한 신심의 '문門'을 얻는 것이 필요한데, 밀법인 현공무별 등의 깊은 법에 대하여 진정한 불퇴전의 신심을 얻어 한 가지 방편에 입문하는 것이 필요하다. 이것이 곧 설한 바의 공성 연기도이며, 곧 연기의 성품은 공한 것(緣起性空)이다.

이 이치는 매우 중요하다. 만약 이에 대해 정해와 증오가 생겨나면 곧 인과·윤회 열반의 현현에 대하여 능히 신심을 일으키게 되며, 이런 것들에는 잘못이 있을 수 없다.

상사께서 인도에서 이 논을 설하실 때 말씀하시되, "현재 사람들이 과학에 믿음이 있고 불가사의하다고 생각하나, 실제상에 있어 연기성 공의 의의에 대하여 하나의 신해를 얻으면 곧 일체법이 여러 방면에서 과학이 주장하는 바의 내용과 같지 않음을 알게 된다."라고 하셨다. 과학은 다만 일종의 물질을 판단하는 능력, 또는 여러 같지 않은 조합으로 같지 않은 여러 물질들을 만들어 내는 것일 따름이다. 만약 불가사의를 말하자면 그보다 더 불가사의한 것들이 많다. 예를 들어 하나의 밀주密呪를 수행하여 성취하면 그 능력이 전체의 과학으로도 비교하지 못하며, 선정의 능력도 불가사의하며, 부처님의 불가사의한 신통과 신변은 설할 필요조차 없다. 현대인들이 연기성공을 조금도 신해하지 못한 채, 불교의 관점이 과학에 부합하는 것으로써 그 정확함

을 평가하고, 불교의 관점이 공산주의 마르크스 사상과 부합하기에 정확하다고 하는 등 이렇게 불교의 정확성을 증명하려 함은 어리석은 일이다.

상사 린포체가 말씀하시되, "세존은 오직 중생을 이롭게 하기 위하여 각종 신변을 나타내고 사업을 펼치시는데, 과학이 중생을 위한 해탈의 의의와 능력이 있다면 세존께서 일찍이 이 법을 펴 설하셨을 것이다."라고 하셨다. 붓다의 대제자 목련존자는 신통이 불가사의한데, 그가 일찍이 붓다께 말하되, "제가 신통으로 지하에 풍부한 기름이 있어 백미를 구족하고 있음을 관찰하였기에 사람이 먹으면 배고픔을 만나지 않으며 아무리 꺼내어 써도 다함이 없습니다."라고 하며, 이어 말하되, "제가 전체 삼천대천세계의 기정세간을 왼쪽 손바닥에 놓고 오른손으로 지하의 기름을 땅 위로 꺼내고 다시 중생을 제 위치로 돌려놔도 중생들은 알지 못하지만, 이같이 하면 중생은 지하의 기름을 얻을 수 있습니다."라고 하였다. 이에 부처님께서 목련존자에게 말씀하시되, "그렇게 함은 필요치 않다. 중생이 잠시 '지하 기름'을 얻어도 다만 그 업력에 의하여 매우 빨리 소비해 버릴 것이니, 이것은 해탈도가 아니다."라고 하셨다.

이같이 한 명의 소승 아라한이 삼천대천세계를 한 손에 가져와도 중생이 전혀 알지 못하는 것처럼, 목련존자 또한 현대의 과학이 발명한 성과와 같은 것을 쉽게 만들어 낼 능력이 있지만, 이것들이 중생의 해탈에 대하여 이익이 없으므로 불경 중에 설하지 않으셨다.

若得定解此現空 則離增減壇城中 약득정해차현공 즉리증감단성중

世間空與不空等 法性不可思議義 세간공여불공등 법성불가사의의
內心生起深安忍 내심생기심안인

만약 이 현과 공에 정해를 얻으면 곧 증가와 감소를 여읜 탄청 중에
세간의 공과 불공 등이 법성의 불가사의한 뜻이 되어
속마음에 깊은 안인이 일어나게 된다.

'현공무별'의 뜻에 대하여 정해를 얻으면 천만 명의 사람이 와서
설득하려 해도 설득 당하지 않는다. 본래 일체법은 현현하는 것이고
현현 또한 공한 것이며, 모든 현현 상에 있어 일체가 모두 여읨도
없고 합함도 없는 것이니, 어떻게 현현함을 막론하고 그 본성상에
있어 일체의 증가와 감소를 여읜 것이다.

'증가'는 원래 지혜가 없던 것이 아니라 지혜를 증오한 때에 더해짐이
있음을 말하는데, 초지·이지二地의 지혜가 증상해도 그 본성상으로
말하면 더 늘어남은 없는 것이다. '감소'는 이장二障을 제거함을 말하는
데, 그 본성을 좇아 말하면 따로 감소하거나 소멸됨이 없는 것이다.
그래서 이 같은 증감을 멀리 여읜 탄청 중에(이것은 일반적으로 말하는
탄청이 아니고 법성을 뜻함) 열반을 얻었을 때 세간의 끝이 '공空'이고,
반대로 윤회유전 중에 있을 때 세간의 끝은 '불공不空'이 된다.

이러한 공과 불공, 인因과 과果, 중생과 여래, 지혜와 번뇌 등 상대법
相對法의 법성은 불가사의하여 일반 범부가 능히 사량하는 바의 그런
뜻이 아니다. 일부 경전에서는 세간이 공이라고 하나 일부 경전에서는
세간이 공이 아니라고 하며, 어떤 경전은 번뇌는 끊는 것이 필요하다고
하나 어떤 경전은 번뇌가 끊을 것이 없다고 하는 등 법성은 불가사의

하다.

이처럼 위에서 설한 여러 가지 법의 뜻에 대하여 내심 중에 응당 깊은 안인安忍이 생겨야 한다. 연기공성을 증오한 사람은 능히 안인을 일으키는데, 그 안인은 삼인三忍 중의 법인法忍이다. 종카빠 대사가 설한 바와 같이, 연기공성을 조금이라도 깨달으면 학습한 법에 대하여 더욱 능히 안인하게 되고, 계속해서 도리를 사유하면 그 뜻을 이해하게 된다. 범부의 지혜가 인정하는 '모순' 중에서 관찰해 낸 착오는 불법에서 근본적으로 찾지 못하는 것이니, 마음속에 다만 이에 대하여 이해하지 못하여 갖가지 장애의 폐단을 만나기 때문이다.

見一塵中塵數刹 刹那亦能現數劫 견일진중진수찰 찰나역능현수겁
諸法實空幻定解 入于如來之境界 제법실공환정해 입우여래지경계
한 티끌 중에 무수한 국토를 보고 찰나에 또 수 겁을 나타내며
제법이 실로 공하고 환인 정해로써 여래의 경계에 들어간다.

법인法忍이 생기면 능히 '한 티끌 위에 미진 수만큼 많은 찰토가 있음'을 보게 된다. 이전에 목건련존자께서 이 같은 신통을 나타낼 때 자기와 타인이 모두 나타난 바의 삼천대천세계를 능히 볼 수 있었다. 또한 일찰나에 능히 몇 개의 대겁을 현현할 때 찰나를 늘인 것도 아니고 대겁을 축소시킨 것도 아니다. 일반 범부 앞에 모순을 이루는 모든 법의 실성實性은 공이며, 꿈같고 환과 같은 정해 중에 여래의 경계에 들 수 있다. 연기성공緣起性空에 정해를 얻음으로 인하여 이 도리에 대하여 능히 신해를 일으키게 된다.

是故自現無偏袒　遠離執着無偏頗　시고자현무편단　원리집착무편파
本基法界不可思　法性何者不成立　본기법계불가사　법성하자불성립
以及現空無別等　此宗所說法名義　이급현공무별등　차종소설법명의
亦用百年勤思維　若無成熟前修因　역용백년근사유　약무성숙전수인
雖具大慧非淺學　然而不能證悟也　수구대혜비천학　연이불능증오야

이로써 스스로 나타나고 치우침 없음, 집착을 여의어 편파적이지
않음,
본기법계本基法界는 불가사의함, 법성에 무엇도 성립하지 않음,
현공무별 등의 자종이 설한 법의 이름과 의의를
백년을 써서 부지런히 사유하여도 예전의 수행 원인이 성숙치 않으면
대지혜를 갖추고 배움이 옅지 않아도 증오하지 못한다.

　이상은 이 관점에 관한 닝마파의 불공통不共通의 법의 이름에 대하여
설하고 있다. '무편단無偏袒', '집착을 원리遠離함', '본기법계', '법성하
자불성립' 등과 같은 이름들은 미팡 린포체께서 전적으로 우리들을
위하여 설한 것으로, 많은 사람들이 그 뜻의 근본을 알지 못하는데
이는 과거에 그 법과 인연이 없었기 때문이다.
　'스스로 나타나고 치우침 없음(自現無偏袒)'은, 일체의 스스로 나타
나는 '현현'이 현현과 공성의 어디에도 치우침이 없음을 말하며, 대원만
에 관한 하나의 법의 명칭이다. '원리집착무편파遠離執着無偏頗'는 현현
할 때에 일체 집착을 멀리 여의고 또한 치우침이 없음을 가리키는
것이며, '본기법계불가사本基法界不可思'는 일체법의 본 기층인 법계가
본래로 불가사의한 것을 가리킨다. 또한 '법성하자불성립法性何者不成

立·'현공무별'·'공락무별空樂無別' 혹은 '등정무별等淨無別' 및 '각성통철覺性通徹' 등이 있는데, 이것들 모두 자종 닝마파가 설하는 법의 명칭 및 의의이다. 만일 전세에 밀승을 수학한 인연이 성숙되지 않으면, 비록 매우 큰 지혜를 갖추고 있고 정진수행하며 백 년의 시간을 써서 부지런히 그 뜻을 사유하여도, 그 내포한 뜻은 말할 것 없고 그 명칭조차도 명백히 이해할 수 없다.

是故諸宗究竟義 數百妙法善說河 시고제종구경의 수백묘법선설하
流入此海眞希有 유입차해전희유
이처럼 모든 종파의 구경의 뜻은 수백 가지 묘법의 바른 설법의 강이며, 이 바다에 들어감은 참으로 희유하다.

　이로써 여섯 번째 문제를 귀납한다. 일체 소승과 대승, 현교와 밀교 등 모든 승의 구경의 뜻은 곧 이 대원만에서 설한 바의 뜻이다. 천백만 수승한 묘법, 모든 대덕께서 설하신 바가 되니, 그 설법이 강물과 같고 모두 대원만의 바다에 흘러 들어간다. 아노 반즈다의 『삼계론三戒論』에 설하되, 대원만은 바다와 같으니 일체 강과 하천의 근원과 귀속이 모두 큰 바다인 것처럼, 일체의 묘법은 대원만을 따라 나눠지며 최후에는 반드시 대원만으로 돌아간다고 하였다.
　자종 닝마파의 모든 고덕이 이에 대하여 많은 교증과 이증을 남겼고, 만랑노저 린포체의 『대환화망속강의大幻化罔續講義』에 "대원만은 왜 묘법의 근원이 되는가? 최후에 모든 묘법은 또 어떻게 대원만에 회귀하는가?" 등에 대하여 전문적으로 논술한 바가 있다. 이곳에는 미팡

린포체가 다만 개괄해서 설하셨는데, 모든 천백만 묘법의 설법이 백천만 강과 하천의 흐름과 같아서 모두 다 구경의 대원만 법계의 바다로 돌아가는 것이니, 이 희유한 대원만을 만난 사람들은 어찌 진정한 행운이 아니겠는가?

其餘現相諸不定 幷諸顯現具變異 기여현상제부정 병제현현구변이
究竟雙運智慧者 無欺見義無變異 구경쌍운지혜자 무기견의무변이
기타 나타나는 상이 정해짐이 없고 모든 현현이 변해짐을 갖추고 있으나,
구경에 쌍운하는 지혜는 견해의 뜻에는 속임이 없고 변이도 없다.

　붓다의 경계를 제외하고 그 나머지의 경계는 그것이 청정한지 아닌지에 관계없이 모두 결정적이 아닌 것이다. 아귀의 '고름'의 현현이 변해서 사람이 보는 '물'의 현현이 될 수 있고, 보살의 '본존'의 현현 또한 일정하지 않은 것이며, 현량으로 봄이 '법계'가 되는 때가 있는 것이며, 이러한 여러 가지의 현현은 일정한 변해짐을 갖추고 있다. 그러나 붓다의 수승한 묘과인 현공쌍운現空雙運의 대지혜에 도달하면 곧 이 구경량은 영원히 변해짐이 없다. 이것이 바로 진실하고 허환이 아닌 실상량實相量이다.
　이상으로써 제6번째 문제인, "같은 경계를 이류중생이 봄에 왜 각기 다른 현상인가?"에 대하여 원만하게 설하여 마쳤다.

제7의 문제: 중관은 유와 무를 승인하지 않는가?

于離戲論大中觀 觀察有無承認時 우리희론대중관 관찰유무승인시
前代諸師同聲說 中觀自宗無是非 전대제사동성설 중관자종무시비
亦無一切有無等 是故應許無承認 역무일체유무등 시고응허무승인

희론을 여읜 대중관에서 유와 무를 관찰하여 승인할 때에
전대의 스승들이 한 소리로 설하시되, 중관의 자체 종파에는 시비가
없고
또한 일체 유와 무 등도 없으며, 이로써 응당 승인이 없음을 허락한다.

　제7의 문제는 주로 '중관이 유와 무를 인정하는지 아닌지'이다.
표면상을 좇아 보면 마치 중관응성파와 자속파의 사이에만 '유무'에
대한 변론이 있는 것 같으나, 실제상으로 모든 법의 본성을 결택할
때에 중관의 '유무의 승인'은 매우 중요한 문제이다. 승인의 여부로써
과연 능히 실상을 찾을 수 있는가를 설명할 수 있게 되며, 단순히
'유무'에 대하여 변론만 하는 것이 아니다. 이 문제를 통달하거나 증오하
면 곧 중관의 모든 논을 쉽게 보고 이해하게 된다. 그러나 이 문제의
의의를 확실히 이해하지 못하면, 그『육십정리론六十正理論』,『칠십공
성론七十空性論』,『중관론소中觀論疏』,『입중론선해밀소入中論善解密
疏』등 모든 중관의 논전을 시종 이해하지 못할 것이다. 그들 가장

구경의 의의는 어떻게 변론하며, 도대체 무엇을 통달하는 것인가? 이에 대한 이해를 위해 중관의 '유무의 승인' 문제는 매우 중요하다.

일체의 희론을 여의는 대중관大中觀(본래 수행의 경계는 대원만·대수인·대중관 등으로 나누며, 이곳에서는 대중관을 설한다)에서 '대大'라고 말하는 것은, 자속파가 허락하는 바의 중관이 아니라 응성파가 허락하는 바의 중관을 뜻한다. 유무의 승인을 관찰할 때에 상나빠 켄포 등과 같은 앞 시대의 스승들이 이구동성으로 말하되, "중관은 승인함이 없다."라고 하였는데, 중관 자체 종이 견해를 결택할 때에 일체의 '시'와 '비', '유'와 '무' 등이 없고 팔변을 여읜 것이기 때문이며, 따라서 중관응성파가 자체 종을 결택할 때에 응당 '승인함이 없음'이 됨을 허락한다. 즉 중관은 모든 법을 결택할 때에 일체 모두를 인정하지 않는다.

自論旣有諸道果 緣起諸宗之建立 자론기유제도과 연기제종지건립
自宗如是雖承認 然諸名言送餘宗 자종여시수승인 연제명언송여종
則卽句義皆相違 즉즉구의개상위

자체 종이 이미 모든 도과가 있는 연기로써 모든 종을 건립하는데, 자종이 이같이 비록 승인하여 그러한 모든 명언을 다른 종에 보내지만 곧 구의 뜻에 대해서는 서로 다 어긋난다.

위의 관점을 파한다.

만약 중관이 조금도 승인함이 없으면, 중관응성파의 월칭·적천 등의 논전에 '승인함이 있음'과 서로 어긋난다. 『입중론』에 범부삼지凡

夫三地·유학지有學地·무학지無學地 등이 있고, 또한 오도五道·십지十地 내지는 과果를 얻음에 이르기까지 설하였으며, 『입행론』에서도 또한 도, 과, 연기 등을 설하였는데, 중관이 이것을 인정하지 않는다면 누구에게 인정하게 할 수 있겠는가?

중관응성파의 논전인 『입중론』, 『입행론』에서 오도五道·삼신三身·십력十力과 같은 불과를 얻음을 설하면서 도와 과를 이미 인정하였으며, 또한 이미 일체 모든 법이 명언 중에 있는 것임을 설하였고, 승의 중에 있어서는 연기하는 것이며 연기를 따르는 현공무별의 법성 또한 인정하였다. 대소승의 모든 종파가 인정한 것처럼 중관응성파도 이미 자기의 종파를 이같이 인정하였다.

그런데 너희의 관점을 비춰보면 앞서 말한 모든 도道·과果·연기緣起·모든 종파의 건립 등 명언을 모두 기타 종파에게 보내준 것이다. 중관파 앞 세대의 모든 스승이 설하되, 월칭보살 자신이 이런 명언을 인정하지 않음은 세간을 관대觀對하여 말한 것이고 세간에서는 인정하는 명언이다. 만약 월칭보살이 한 방면으로는 이렇게 많은 명언을 건립하고도 자기가 인정하지 않고 다른 방면에서는 이런 명언들을 다른 종파에게 보내주었다고 말한다면, 월칭보살이 스스로 지은 바의 문구를 또한 서로 어긴 것이 되니, 『입중론』의 문구를 그가 인정하지 않으면 곧 서로 어긋남을 이루게 되어 그 뜻 또한 서로 어긋나게 된다.

예를 들어 초지 시에 '대비심'·'무이혜無二慧' 등이 초지의 인因임을 설하였는데, 이것을 인정하지 않는다면 어떻게 입중론을 건립할 수 있겠는가? 너희의 관점에 비춰보면, 다만 『입중론 제육지第六地』에서

무아를 결택할 때에 조금 승인함이 있으며 이를 제외하고는 전부
다른 사람에게 보낸 것이라는 말인데, 이는 이치에 맞지 않는 것이다.

龍欽繞降尊者云 中觀有無承認者 용흠요강존자운 중관유무승인자
前代諸師執偏袒 各宗各有二失德 전대제사집편단 각종각유이실덕
롱첸빠 존자가 이르되 중관이 유와 무의 승인함에 대하여
앞 세대의 모든 스승이 치우침에 집착함이 있었으니, 각 종파가 각기
두 가지의 덕을 잃음이 있다.

  닝마파의 롱첸빠 존자는 『여의보장론如意寶藏論』에서 설하되, 중관
이 '유'·'무'의 승인을 결택할 때에 앞 시대의 모든 스승이 치우침에
집착하였는데, 일부는 유有의 승인을 말하고 일부는 무無의 승인을
말하는 등 모두 이미 치우침이 있다. 있음을 인정하거나 또는 없음을
인정한 종파 모두 과실과 공덕이 있다. 만약 유를 승인하는 경우,
한 방면에서 보면 일정한 공덕이 있어서 중관에서 설하되 정定에서
나올(出定) 때 공덕이 있는 것이나, 다른 방면에서 보면 일정한 과실이
있는데, 정에 들어 있는(入定) 때는 조금도 인정함이 없어야 되기
때문이다. 만약 무를 승인하는 경우, 입정에 대하여 말하면 견을 결택할
때 옳은 것이기에 일정한 공덕이 있으나, 출정한 때를 말하자면 없음
(無)의 인정함을 단적으로 결택하면 곧 과실이 있게 된다. 따라서
중관 중에 있어서 어느 때에 승인하고 어느 때에 승인할 수 없는
모든 법의 본성에 대해서는 분명히 분석하는 것이 필요하다.
  후에 종카빠 대사와 쟈조제 대사께서 제법의 유와 무의 승인을

결택할 때에 일체의 명언은 승인이 필요하고, '실로 있지 아니함(無實有)'의 명언도 승인이 필요하며, '실로 있음(實有)'은 승인하지 않으나, 승의 중에 있어서는 '실로 있지 아니함(無實有)' 또한 응당 승인한다고 밝히셨다.

是故前譯自宗者 衡量勝義實相時 시고전역자종자 형량승의실상시
本性一切不成立 如是有何所承認 본성일체불성립 여시유하소승인
전역의 자종에서는 승의실상을 추량할 때에
본성의 일체가 성립되지 않으니, 무슨 승인하는 바가 있겠는가?

이어서 롱첸빠 존자의 『칠보장七寶藏』의 교증을 말하고 있는데, 이것은 중관에 문제가 있는지 없는지에 대한 닝마파의 가장 중요한 관점이다. 자종의 학자가 대부분 이 몇 구절을 말하지만, 그 구경의 의의에 있어서 여전히 자세히 사고함이 필요하며, 그렇지 않으면 다른 종파의 견해를 파할 때에 곤란함이 있다.

닝마파 자종의 이 문제에 대한 관점은 일반적으로 두 가지 방면으로 나뉜다. 첫째는 성자가 근본혜정에 들어갈 때에 있어서, 또는 근본혜정에 드는 것을 위주로 할 때, 혹은 다른 이와 더불어 변론하여 남을 제압해야 할 때에는 모두 반드시 '무승인無承認'이어야 하고, 두 번째는 후득위後得位의 출정出定 때와 제자를 섭수攝受할 때에 있어서는 '유승인有承認'이 필요하며, 자종 닝마파는 이런 방식으로 종파의 견해를 건립한다. 자생·타생, 유·무, 시·비, 다름(異)과 하나, 인과 과 등 각종의 추량 방법으로 승의실상을 관찰할 때에 모든 법의 본성은

모두 성립하지 않는 것이다. 무릇 윤회 열반, 기정세간器情世間의
모든 법은 본성 면에 있어 자세히 관찰해 보면 일체 모두가 성립하지
못한다. 이러한 바, 성자의 근본혜정을 결택할 때에 제법의 본성은
모두 다 성립하지 않는 것이기에 일체 제법에 있어서 무슨 승인이
필요로 하겠는가? 곧 일체가 모두 무승인이다.

由于所謂自宗者 卽是安立實相故 유우소위자종자 즉시안립실상고
由此辯論等之時 如同本性無承認 유차변론등지시 여동본성무승인
이른바 자종에서 곧 실상을 안립함에 있어서
이 변론 등을 할 때에는 본성은 승인이 없음과 같다.

구경의 중관응성파는 자기의 종파의 견해를 따라 그 구경실상을
안립할 때에 '무승인'이고, 이는 곧 월칭보살이 『입중론』에서 구경실상
을 건립함과 같으며, 이것이 월칭보살 스스로 승인하는 가장 구경의
법인 승의제가 된다. 승의제 중에 있어서는 일체를 다 승인하지 않으며,
이에 따라 외도, 다른 종과 변론할 때에 자생自生·타생他生·공생共生·
무인생無因生 등의 사생四生은 모두 다 파해야 한다. 따라서 성자의
근본혜정으로써 주를 삼아 다른 사람과 변론할 때에 또한 이와 같이
법의 본성은 일체가 무승인이다.
　변론할 때에 승인이 있으면 곧 자기에 대하여 곤란함이 있는데,
예를 들어 중관에서 사생을 파할 때에 월칭 논사가 승인하는 한 법이
있으면 상대방이 그 법이 자생인지 혹은 공생인가 혹은 타생인지를
반문하게 될 것이고, 그렇게 되면 승인함이 있는 것이기에 곧 다른

사람의 관점을 파하지 못하게 된다. 이 때문에 성자근본혜정聖者根本慧定, 구경실상의 자체종을 결택할 때에 또한 근본혜정으로 주가 되어 다른 사람과 변론하여 그들을 제압해 승리하여야 하는 상황에서는 일체의 모든 법을 승인하지 않는다.

后得道果及宗派 如所盡所諸建立 후득도과급종파 여소진소제건립
各自不雜許承認 將來此理若能說 각자부잡허승인 장래차리약능설
卽是吾之善說力 즉시오지선설력

후득의 도과 및 종파는 여소유지와 진소유지를 다 건립하고
각각이 혼잡하지 않아 승인을 허락하며, 장래에 이 도리를 능히 설한다면
이것이 곧 내가 바르게 설한 힘이다.

성자가 정定에서 나올 때 혹은 명언을 결택할 때에는 '승인이 있음'인 것이지만, 위의 '견해를 결택함'은 승인이 없는 것이다. 후득위에서 오도십지五道十地 내지는 삼십칠도품三十七道品은 모두 다 승인이 필요하며, 과果인 진소유지盡所有智·여소유지如所有智·십팔불공법十八不共法 등에서도 또한 승인이 필요하다. 모든 크고 작은 종파가 또한 승인이 필요한데, 무릇 일체의 기基·도道·과果 및 이를 따라 건립된 종파에서 섭수하는 일체 모든 법이 다 승인이 필요하다. 비유하면, 색온과 상온 두 가지는 또한 '인因이 공성이 됨'이 아니고, 이는 곧 구별이 없음이라고 말할 수 있으며, 이 두 가지는 혼잡한 것이 아니다. 또한 인因과 과果, 도道와 과果도 역시 혼잡할 수 없는 것이다.

각각의 모든 법은 다 그 각자의 법상과 설명되는 바가 있고, 정의·분류 등이 각양각색으로 다 승인이 있는 것이며, 많은 제자를 섭수할 때에 또한 승인이 필요하다. 이곳에서 설하지는 않지만, 미팡 린포체의 기타의 중관 저작 중에 이러한 설명이 있다. 만약 이를 인정하지 않으면 제자에게 법을 전하는 것이 곤란하다. 제자들에게 인과는 어떠한 것이고 종파는 어떻게 건립하는 것인가 등 이런 자종의 관점을 강의하고, 장래에 어떤 사람이 이를 설해 주면 자종의 사람들도 또한 능히 요지할 수 있는데, 그것은 곧 롱첸빠 존자의 『칠보장』 가르침의 가피이다. 미팡 린포체가 롱첸빠 존자의 설법의 가피를 받아 이 논서를 지었고, 현재 우리들도 미팡 린포체의 가피를 받아 다른 사람들에게 법을 전해줄 수 있게 된다.

依此雪域有智者 唯一又復極建立 의차설역유지자 유일우부극건립
自宗具有承認方 자종구유승인방

이를 의지하여 설역雪域의 지혜 있는 자가 유일하게 또다시 중요하게 건립했으니,
자종은 승인 방면을 갖추고 있다.

이러한 도리를 의지하여 이곳에서는 후득後得 시에 '승인이 있음'의 도리를 가리키고 있으며, 또한 마알 상사가 설한 승인이 있는 이치를 의지하여 말하고 있다. 설역 티베트의 일부 지자智者와 대덕들이 자종이 설하는 승인이 있음의 도리를 매우 중요하게 건립하고 또한 찬탄하였는데, 특히 까담파의 일부 대덕이 그러하다.

彼亦若未善判別 性義一切不成故 피역약미선판별 성의일체불성고
亦難斷定有承認 역난단정유승인

저것에 대해 바르게 판별하지 못하면 본성 뜻의 일체가 성립하지
못하며
또한 승인이 있음을 단정하기 어렵다.

  이상의 도리에 대하여 만약 승의와 세속을 씀이 없으면, 일체법의
본성의 뜻이 다 승인되지 않음으로 말미암아 입정과 출정의 판별에
있어서 '승인이 있음'을 단정하기 어렵다. 이에 대하여 판별할 때 일체법
의 본성이 조금도 성립하지 않기에 승인이 있다고 말함은 곤란한
것이라고 한다면, 이는 이치에 맞지 않는다.

所謂中觀之自宗 卽是以理作衡量 소위중관지자종 즉시이리작형량
中觀宗之究竟義 중관종지구경의

이른바 중관의 자종은 곧 이치로써 추량을 지은 것이며
중관종의 구경의 뜻이다.

  무엇을 중관의 자종自宗이라 하는가? 곧 가장 구경의 이증 방법으로
관찰하여 얻은 바의 결론을 자종라고 일컫는다. 중관은 무슨 이유로
'승인이 없음(無承認)'으로써 종지를 삼는가? 이는 중관이 가장 구경의
이증으로써 관찰해 보면 시종 무엇도 얻지 못하는 연고로 '무승인'이
된다.
  예를 들어 자기의 앞에 물건이 없으면 눈을 아무리 닦고 찾아보아도

그 물건을 볼 수 없으며, 이에 곧 '물건이 없음'의 결론을 얻게 된다. 마찬가지로 중관자종은 가장 구경의 이론에 비추어 반복적인 추량과 관찰을 통해 중관종 구경의 뜻에 대한 최후의 결론을 얻어낸 종파이다. 이렇듯 우리 자신이 모든 법의 본성을 관찰하고도 아무것도 얻지 못한다면 무승인이라고 설할 수 있지만, 어떤 상황에서도 모두 무승인이라고 단정 지을 수 없다. 명언 중에 육근六根 앞에는 모든 각양각색의 경계가 나타나는데, 이것들을 승인함이 없음은 어긋난 것이다. 미팡린포체가 설한 바를 따라 '입정'과 '출정' 혹은 '견見을 결택함'과 '도道를 행지行持함' 등의 두 가지로 나누어 논하는 것이 좋다. 따라서 모든 법을 파할 때 중관의 유와 무의 문제는 서로 매우 중대한 관계가 있다.

此外一切非自宗 因爲中觀自衡量 차외일체비자종 인위중관자형량
彼者不可成立故 피자불가성립고
이 밖의 일체는 자종이 아니니, 중관 자체로 추량해 보면
그것들은 성립되지 않기 때문이다.

중관은 가장 구경의 이증理證의 뜻으로써 관찰하여 얻어낸 결론으로 중관자종이라 일컫는다. 이를 제한 밖에 잠시 세간을 관대하여 안립한 종파 혹은 잠시 명언으로 안립한 종파 등은 중관자종이 아니다. 세간의 다른 사람을 관대함에 원인함을 따르는 것은 곧 남에게 보여주기 위한 관점일 뿐 자기의 관점으로 볼 수 없다. 중관자종은 승의 중에 있기 때문에 이증의 관찰방법으로써 추량하면 세간의 명언 또는 기타

종파를 관대함은 모두 자종이 아니다.

여기서 설하는 바의 핵심은, 세간을 관대하여 있는 하나의 명언은 실상의 면에 있어서는 존재하지 않는, 꼭 파해야 하는 것이다. 따라서 '승인이 있음'과 '그 승인이 있음의 명언'이라고 말함은 실상 중에 모두 다 성립하지 않는다.

是故要是承認者 自成觀察之承認 시고요시승인자 자성관찰지승인
以理比度能立之 勝義中成承認故 이리비도능립지 승의중성승인고
彼成觀察堪忍處 피성관찰감인처

승인함이 필요하다면 스스로 관찰하여 승인해야 하고
이치로써 비량으로 헤아려 보면 능히 세운 것은 승의 중에 승인을 이루기에,
그것은 관찰 중에 감내하는 곳을 이룬다.

계속해서 설하되, 네가 '유승인' 혹은 '무승인'이 필요하면 이는 곧 자연스럽게 관찰을 하고 난 후에 얻어낸 승인이며, 만일 명언 중에 있어 승인한다면 이미 관찰로 얻어낸 승인이 된다. 비록 너희가 설할 때 '자연관찰自然觀察', '실상관찰實相觀察'이라고 말하지 않았지만, 우리가 이증의 방법으로써 비량比量과 비도比度를 써서 추리해 보면, 너희의 승인은 이미 자성을 승인함이니, 곧 자성의 존재가 있다는 것이 되어 하나의 파할 수 없는 자성승인을 이루게 된다.

이것은 왜인가? 비량으로써 살펴보면, 너희의 승인은 이미 '승의 중에 성립함'을 인정하는 것인데, 이미 '승의 중에 성립함'이 있다면

곧 관찰할 때에 감내하는 바의 위치가 된 것이다. 왜 그러한가? 그들이 실로 있음(有實)을 파할 때 실이 없는 무엇(無實)이 승의 중에 존재한다고 말하기 때문에 그 실이 없는 존재는 승의 중에 승인이 필요한 것인 바 관찰의 감내하는 바를 이룬다. 그렇지 않으면, 앞에서 자종이 설한 바인 후득 시에 승인이 있음이 이미 변하여 관찰의 승의 중에 감내의 존재가 된다는 것인데, 이는 불가능한 것이다.

만약 후득의 승인에 대하여 진정한 승의관찰을 진행해 보면 조금도 성립하지 않음을 알 수 있다. 견見을 결택할 때에 모두 있지 않음을 승인하며, 따라서 자종은 이런 과실이 없다. 그러나 그들은 근본혜정에 들 때에 '실로 있음이 없음'에 대한 집착이 있으며, 그래서 이러한 과실이 있다.

如果自宗非承認 自有承認皆相違 여과자종비승인 자유승인개상위

자종이 유무를 승인하지 않으면 자체에 승인이 있음과 모두 서로 어긋난다.

너희의 자종이 유와 무를 모두 승인하지 않는다고 하면서도, 앞에서 여러 번 '유승인'의 방면을 건립하고 아울러 세간에서 '승인이 있음'을 관대함이 매우 중요하다고 말한다면 이는 곧 너희의 자종과 서로 어긋나는 것이다.

自宗觀察不觀察 已有兩種所承認 자종관찰불관찰 이유양종소승인

此二必定眞實者 則問彼二爲自宗 차이필정진실자 즉문피이위자종

或者各自爲自宗 혹자각자위자종

자종의 관찰과 불관찰不觀察 중에 이미 두 종류의 승인한 바가 있는데
이 둘이 꼭 진실한 것이라면 곧 그 둘이 자종이 되는지
혹은 각자가 자종이 되는 것인가?

만약 너희 자종의 '유관찰有觀察'은 구경의 승의제를 관찰할 때이고, '관찰 안 함'은 세간을 관대해서 말함이라면, 너희 자종이 '관찰 있음'으로 승의제를 결택할 때에 '무관찰'으로써 세간을 간택함과 더불어 승인함이 되어 두 종류의 승인이 있는 것이니, 곧 '유관찰'과 '무관찰'을 모두 승인한 것이다.

이 두 가지가 반드시 진실한 것이라고 하는 것인데, 그렇다면 너희가 인정하는 바의 두 종류 중 어느 것이 자종이 되는가? 혹은 두 가지가 다 자종이라면 둘 중 어느 것이 자종인가? 이곳에 말하는 '유관찰 및 무관찰'과 위에서 설한 '유승인 및 무승인'이 한 가지 뜻이며, 관찰이 있으면 승인이 없고 관찰이 없으면 승인이 있다.

若謂各自違另一　有者不是所承認 약위각자위령일　유자불시소승인
無者若是所承認　所謂有者之承認 무자약시소승인　소위유자지승인
世俗中亦不合理　唯已承認無者故 세속중역불합리　유이승인무자고

각자가 다른 하나를 어긴다고 한다면, 있음은 승인한 바가 아니라 없음을 승인하는 것이고, 이른바 있음의 승인은
세속 중에서 또한 합리적이 아니니 오직 이미 없음을 승인한 연고이다.

만약 너희가 다만 '무관찰' 혹은 '유관찰', 그들 중에 하나만 승인하면 그 다른 하나와 더불어 서로 어긋난다. 만약 네가 '있음(유관찰)'을 설하면 너의 승인한 바가 아니라 '없음'을 승인한 바이니, '승의 중에 일체가 다 없음'을 설함과 같다.

이에 대하여 파하여 말하되, 이른바 '있음'의 승인은 세속명언 중에 또한 합리적인 것이 아니니, 네가 이미 '없음'을 승인했기 때문이고, 따라서 승의량勝義量으로 관찰할 때에 있어서 '있음'은 세속 중에 또한 성립할 수 없는 것이다.

二者自宗若承認 遣除不可堪忍后 이자자종약승인 견제불가감인후
承認以理無害故 二者亦成堪認處 승인이리무해고 이자역성감인처

두 가지를 자종이 만약 승인하면, 감내할 수 없음을 제거한 후이기에 승인이 이치로써 해가 없게 되지만, 두 가지는 다시 감내한 곳을 이룬다.

만약 '유승인'과 '무승인' 두 가지가 너의 구경 관점이라고 말한다면 곧 파하여 말하되, 본래 이미 감내할 수 없는 모든 법을 제거하면 그 본성은 실성이 없는 공성이고, 명언 중에 실상이 있는 법은 모두 없어지게 된다. 이러한 이증의 방법으로써 자종의 관점이 모순 없음·방해 없음을 승인할 수 있지만, 실제상으로 유승인·무승인의 두 가지는 감내하는 것을 이루게 된다. 이것은 응성파가 자속파에 대하여 지적한 3대 과실 중의 하나인 '모든 법이 감내함을 이룸'과 같다.

然彼二者不集聚 若聚觀察雖證悟 연피이자불집취 약취관찰수증오

然如未察時妄念 仍然如是存在故 연여미찰시망념 잉연여시존재고

對此觀察有何利 世俗堪認亦非理 대차관찰유하리 세속감인역비리

저 들은 모아지지 않는 것인데, 만일 관찰이 모여 증오하게 되어도 관찰하지 않을 때의 망념이 여전히 이같이 존재하고 있는 것이기에 이 관찰을 대함이 무슨 이익이 있는가? 세속제의 감내함도 이치가 아니다.

그러나 '유승인'과 '무승인'은 한 가지 법에서 성립할 수 없다. 병甁에 대하여 '승인 있음'과 '승인이 없음'이 모이지 못하는 것처럼, 만일 '유'와 '무' 두 가지가 하나의 법에 모임이 승인된다고 설한다면, 곧 승의제를 관찰할 때에 그 법의 본성이 공성이 됨을 증오하였다 하여도 이것은 관찰하지 아니한 때의 분별망념과 같은 것이니, 여전히 또한 그처럼 망념이 계속 존재하게 된다.

이 문제를 고려해 볼 때 관찰함이 무슨 이익이 있겠는가? 이는 분별망념을 끊을 수 없기 때문에 곧 승의제를 증오해도 이익이 없으며, 번뇌장·소지장을 끊는 것에 또한 아무런 이익이 없게 된다. 그러므로 '두 가지의 승인'이 만약 한 법상에 모인다면, 비록 승의제의 공성을 증오함이 있어도 도리어 세속제의 분별망념을 제할 수 없는 과실이 있게 된다. 이같이 세속제를 승의제로써 관찰하였을 때 변하여 감내하는 것을 이룬다면 이것은 이치에 맞지 않는다.

若除所破之無遮 此外再無勝實相 약제소파지무차 차외재무승실상

無執不得現分故 則定見修行諸時 무집부득현분고 즉정견수행제시
爲何不成無見者 必修隨順實相故 위하불성무견자 필수수순실상고
파해야 할 바를 제거한 무차라면 이를 제외한 더 수승한 실상이 없으나,
집착이 없어 현분이 없음에 한정되면 견·수·행을 행하는 모든 때에
봄이 없음(無見)의 허물이 어찌 성립 안 될 수 있겠는가? 반드시 실상에
수순하여 수행해야 한다.

만약 너희가 이미 실로 있음의 사물을 제거하고 후에 남는 건 '무차無
遮'라고 말하면 곧 다만 실이 없는 공성이다. 이 무차를 제한 외에
다시 하나의 수승한 실상이 없으나, 너희가 이른바 '무차無遮'는 실제로
는 하나의 '공'·'무'에 대해 집착하는 것이고, 곧 영원히 현분現分을
얻을 수 없다. 기도과基道果의 일체 안립·삼십칠도품三十七道品·불과
佛果의 여러 공덕 등이 모두 하나의 현분도 없다면 이는 곧 '허공'과
같은 공성이며, 이런 너희의 관점에 의하면 견見·수修·행行·과果
등 일체 시에 '봄이 없음(無見)'을 이루게 된다. 봄이 없는 것은 곧
단견이고, 또한 곧 견·수·행·과가 다 없는 것이므로 이것은 결코
승인될 수 없다.

너는 응당 실상에 비춰보아 희론을 멀리 여읨을 수순해야 하고,
아울러 하나의 막음 없는 실상을 의지하여 수행하는 것이 아니라,
응당 실상을 어떻게 안립하는가를 따라서 수순해야 하며, 견·수행을
결택할 때에는 모두 실상 및 그와 같은 뜻을 따라 수순해야 한다.
이로써 견·수지도修持道를 결택할 때에 실상을 여의면 안 되며, 그렇지
않다면 다만 '막음 없음(無遮)'을 설하여도 이는 근본적으로 실상의

구경의 뜻이 아니다. 종합하면, 단지 '무차無遮'의 관점이면 그 견·수·행·과가 다 이치에 맞지 않는다.

티베트에서 많은 대덕이 '무차無遮'로써 구경의 관점으로 삼은 바 있고, 중국에서는 『금강경金剛經』, 『능엄경楞嚴經』에 대하여 해석하는 일부 대덕이 또한 말하되 그저 '공성'에 도달하면 곧 되는 것이라고 한다. 그러나 만약 그저 '공'의 위치에 이르면 곧 만족된다고 하면, 이런 종류의 막음 없음(無遮)의 관점이 이곳에서 미팡 린포체께서 논파하려는 주 대상이며, 이것은 구경실상의 뜻이 아니며, 교증을 쓸 것도 없이 다만 이증을 써서 이 관점을 파할 수 있다.

다만 '공성'이면 곧 현분이 없고, 기도과의 안립이 다 이치에 맞지 않다고 하면, 이는 곧 '단견' 혹은 '봄이 없음'을 이룬다. 따라서 응당 구경의 실상의 뜻을 비쳐보고, 그에 수순하여 견見과 수행을 결택해야 한다.

현재 국내외에 무차의 견해가 매우 보편적인데, 중국에서 대덕의 경론의 주해를 단 책을 보면 그들의 증오가 어떠한지 알 수 있다. 이는 그 사람을 비방함이 아니라 그 책에 쓰여 있는 것이 매우 분명하기 때문인데, 그 책에서 설한 '공空'이 어떻게 공하고 어떻게 '공'을 인식하고 있는가를 상세하게 보면, '유와 무, 시是와 비非를 멀리 여읨', '4변 혹은 8변을 여읨'을 말한 것이 분명하지만, 수행을 설하는 때에 이르러 다만 '일체의 모든 법이 존재하지 않음'을 구경의 실상으로 삼는 것이며, 기타의 몇 가지 다른 면은 모두 상관하지 않는다.

是故遍知所宣說 自宗如是應了知 시고변지소선설 자종여시응요지

이것이 정변지의 널리 설한 바이며 자종은 응당 이렇게 이해해야 한다.

닝마파 자종의 구경의 허물없는 관점의 건립을 설한다. 본래 닝마파 중에 직메링빠 존자로써 주가 된 분들이 까담파의 자공自空 관점을 설하고, 미랑 린포체가 주가 되는 대덕들은 죠낭파의 타공他空의 관점을 설한다. 그러나 많은 대덕이 설하되, 자종의 관점은 롱첸빠 존자와 미팡 린포체께서 설한 바인 '낙공무별樂空無別' 혹은 '현공쌍운現空雙運'의 관점이다.

항상 이 관점을 수지하는 것은 매우 이익이 있다. 변지 롱첸빠 존자께서 『여의보장론』에서 이미 이 문제를 중점적으로 설하셨으니, 우리 닝마파 자종은 응당 롱첸빠 존자가 설한 바에 비춰보아 이해해야 한다.

若是眞實中觀者 則卽雙運大中觀 약시진실중관자 즉즉쌍운대중관
或者離戲之中觀 聖者入定根本慧 혹자리희지중관 성자입정근본혜
與彼同分決擇后 卽是有無等諸邊 여피동분결택후 즉시유무등제변
一切息滅之性故 일체식멸지성고

만약 진실한 중관이라면, 이는 곧 쌍운 대중관이고
희론을 여읜 중관이며 성자가 정에 드는 근본 지혜이니,
그 동분과 더불어 결택한 후에는 곧 유무 등 모든 변견의
일체가 쉬어 멸하게 된다.

이곳은 롱첸빠^哇 존자께서 설한 바인 자종의 허물없는 관점을 설한다. 이 진정한 대중관은 자속파가 설하는 중관이 아니다. 그것은 구경의 중관이 아니며 잠시의 중관·수도^{修道} 상의 중관·소^小중관·거친 중관 등 여러 이름으로 불리운다.

반면에 응성파가 승인하는 바의 중관은 곧 진실한 중관으로, 이것은 현공무별의 쌍운 대중관大中觀이라 일컬으며 석가모니불 3차 전법륜의 주된 내용이다. 또한 2차 법륜에서 설한 바와 같이 이것은 일체의 희론을 여읜 중관이고, 또한 『입중론』에서 설한 바와 같은 일체 희론을 여읜 중관이다.

그렇다면 이러한 대중관은 범부지의 중생들이 능히 결택·수지할 수 있는가? 그것은 가능하다. 본래 대중관은 성자가 정定에 드는 근본혜根本慧이고, 붓다와 성자보살의 지혜이지만, 범부 중생도 교리를 연마함으로써 결택하여 수지할 수 있고, 성자의 대중관과 동분(同分: 비슷한 수준)의 지혜이다. 동분을 결택한 후에는 유·무·시·비의 모든 면이 모두 소멸한 본성으로 이것이 곧 대중관이며, 일체의 희론변邊을 멀리 여읜 것이기에, '유변有邊'만 소멸하고 기타 변은 소멸할 필요가 없는 것이 아니다.

닝마 자종은 일체 희론을 여읨으로써 성자근본혜정과 더불어 상사한 동분의 결택을 진행하게 되고, 결택한 후에는 일체의 유무시비의 변을 여의며, 범부가 수지할 때에는 번갈아 가는 방식으로써 수지하여 최후의 구경에는 희론을 여읨을 증오하게 된다. 이로써 자종의 안립은 과실이 없으며, 많은 교리와 이증의 바탕 하에 성립됨을 알 수 있다.

422

儘儘空許作境者 彼道二諦偏一故 진진공허작경자 피도이제편일고
彼者卽是相似見 幷非雙運及離戲 피자즉시상사견 병비쌍운급리희
다만 공을 허락하며 경계를 짓는 자는 이제의 한편에 치우친 도이기에
이는 곧 상사한 견해일 뿐이며 쌍운 및 희론 여읨이 아니다.

만약 하나의 공성으로써 다만 '유변'만 파하거나 '실로 있음' 등만을
파하여 이것으로써 지혜의 경계로 삼으면, 이는 이제 중에서 이미
승의 방면에 치우친 것이기에 이제가 쌍운하지 않는다. 이러한 수행의
견해는 단지 상사相似한 견해일 뿐이다. 티베트나 중국에서 많은 사람
들이 다만 모든 법이 공함으로써 견해를 삼는데, 이는 구경의 정견이
아니며 쌍운 및 희론 여읨의 정견이 아니다.

雙運卽是等有無 一切現空皆等性 쌍운즉시등유무 일체현공개등성
然此勝義之空界 于彼唯一執着故 연차승의지공계 우피유일집착고
쌍운은 곧 유와 무가 평등하고 일체의 현과 공이 다 평등성이나
위에서 설한 승의의 공계는 오직 그 하나에 집착하고 있을 뿐이다.

무엇을 쌍운이라고 부르는가? 쌍운은 곧 일체법의 유와 무이고,
혹은 승의의 '무'가 세속의 '유'로 더불어 윤회와 열반 등이 다 평등성이
며, 상하·고저가 없고 일체 현현과 공성이 모두 평등성임을 말한다.
그러나 위에서는 허공 같은 하나의 '공계空界'를 지혜의 경계로 삼아서
오직 하나라고 집착하는데, 이것은 구경의 쌍운하는 공성이 아니다.
진정한 쌍운은 현공무별한 것이며, 다만 '공성'인 것은 쌍운을 이루지

못한다.

戲論卽是有無等 一切所緣之行相 희론즉시유무등 일체소연지행상
然此未離無戲論 由于對此所緣故 연차미리무희론 유우대차소연고
희론은 곧 유무 등이고 일체 반연하는 바의 행상이며
이렇듯 희론 없음을 여의지 못하니 이에 대해 반연하기 때문이다.

　무엇을 희론이라고 하는가? 희론은 곧 유무시비 등 양변의 집착(티베트 말의 희론의 뜻은 '변'·'집'·'형상' 등임)이고, 일체 마음의 인연하는 바에 집착하는 행상이다. 비유하자면, 병瓶을 집착할 때 병의 형상에 대해 마음에서 집착하는 것이니, 인연하는 바는 곧 병瓶의 형상이다. 『현관장엄론』에서 '인연하는 바와 행상行相'을 상세히 설하였고, 특히 종카빠 대사의 『금만론소金曼論疏』에서 많이 설한 바와 같이, 다만 '공성'의 견해에 집착하면 '무변'의 희론을 여읨이 없다. 그 '공성'을 집착하여 소연의 연을 삼아 '공성'을 구경의 견해로 여기는 것이기에, '공'에 집착해서는 '무'의 희론을 여읠 수 없다.

是故于大中觀前 無有任何所承認 시고우대중관전 무유임하소승인
已證現空等性故 無有是非等破立 이증현공등성고 무유시비등파립
一切戲論皆遠離 諸法如同實相義 일체희론개원리 제법여동실상의
承認以理不成故 所有一切不承認 승인이리불성고 소유일체불승인
이로써 대중관 앞에서는 어떤 승인할 바도 없고
이미 현과 공이 등성임을 증하였기에 시비 등 파하고 세움이 없으며

일체 희론을 다 여의어 제법이 실상의 뜻과 같게 됨이니
승인은 이치로써 성립되지 않고, 모든 일체가 승인되지 않는다.

응성파가 승인하는 성자가 근본혜정에 든 진정한 대중관의 앞에서
는 유·무 등 일체 모든 변이 없으며 어떤 것도 승인이 필요하지 않다.
성자는 이미 현과 공이 본성상에 있어 모두 평등성인 것을 증오했기
때문에 '공' 혹은 '유'의 형상에 관계없이 다 존재하지 않으며, 그 '유'·
'무'·'시'·'비' 등 모든 양변, 혹은 번뇌를 제거하여 관점을 건립하여
일체의 희론을 모두 여의게 된다. 만약 윤회와 열반이 포함하는 모든
법이 실상의 뜻에 비춰보아 승인하는 바가 있다면, 이증과 교증으로써
그 승인하는 바의 법이 성립할 수 없다고 말할 수 있다. 이렇듯 성자의
근본혜로써 결택하면 일체법은 모두 승인될 수 없는 것이다.

如是實相究竟義 雖無承認而現相 여시실상구경의 수무승인이현상
名言量前各二諦 亦有如此承認也 명언량전각이제 역유여차승인야
이같이 실상구경의 뜻은 비록 승인이 없어도 상을 나타내며
명언량 앞의 각각 이제는 또한 이같이 승인할 수 있다.

실상의 뜻, 혹은 실상량實相量에 있거나 근본혜정에 들어간 앞에서
구경의 뜻에 의지하여 말하면 모두를 승인하지 않는데, 이것은 완전히
모두 승인하지 않음을 말하는 것인가? 이 또한 일정하지 않는데,
현상 방면에 있어 말하면 명언량名言量 앞에서 또한 승인하는 바가
있으며, 명언량의 지혜 앞에 있어서 이제의 각 방면 모두 승인하여

원본, 혼잡하지 않은 자리로 승인할 수 있다. 따라서 월칭 논사의 관점을 의지하여 실상 방면으로 좇아 말하면 모두를 승인하지 않으며, 현량 방면으로써 말하면 기도과 등 일체의 건립을 승인함이 필요하다.

'현現'과 '공空'의 이제의 분류법으로써 일체를 다 승인할 수 없고, '이제二諦' 또한 승인하지 않는다고 말할 수 있으며, '현현'과 '실상'의 이제 분법으로써 중관은 '유'의 승인과 '무'의 승인이 있게 되는데, 이는 매우 중요하다. '승의'가 주가 되는 분법分法에서는 '공성'은 승의 제라 일컫고 '현현'은 세속제라고 부르는 이러한 분류법은 제2차 법륜의 설한 바를 따라 나눈 것이다. 이런 종류의 분법으로써 정에 들 때는 말할 것도 없고 출정한 후득 시까지 일체가 다 승인되지 못한다. 또한 이제도 나누지 않고 명언·승의 또한 인정하지 않으며, '현'과 '공'으로서 이제를 나눌 때, 중관은 모두를 승인하지 않는다고 말할 수 있다. 또한 '현현'으로써 세속제라 하고 '실상'은 승의제라 불러 '명언'을 주로 삼는 분류법이 있는데, 이것은 제3차 법륜의 설한 바를 따라 나누는 것으로, 성자가 근본혜정에 들어갈 때는 일체 승인함이 없고 후득 시에 있어서 중관은 일정한 승인이 있다. 이것들이 미팡 린포체께서 그의 중관 저작 중에 서술한 바의 관점이다.

'실상'의 구경의 뜻에서는 '승인 없음'인 것이나, '현상'의 명언량 앞에서는 승의제는 승인하는 것이고 세속제 또한 승인이 필요하다. 이곳의 승의제는 일체가 모두 청정한 본존·탄청·주륜·지혜 등을 가리키며, 세속제는 관세간량觀世間量의 얻는 바의 일체 모든 법을 말한다. 명언량 앞에 있어서는 청정과 부정에 상관없이 일체의 모든 법이 승인이 필요하다.

彼二亦是若觀對 二諦無二實相言 피이역시약관대 이제무이실상언
則成各自現相許 즉성각자현상허
저 들은 또한 관대할 것 같으면 이제가 둘이 아닌 실상을 말하며
곧 각자의 상이 나타남을 허락할 수 있다.

저 승의량과 세속량은 비록 명언량 앞에 있어 승인하지만, 이제
무분별의 실상, 곧 가장 구경인 이제를 나누지 않는 실상에서 말하자면
곧 승의제와 세속제가 '현현'을 이룰 따름일 뿐 진정으로 하나의 실상의
사물이 있는 것이 아니다. 이것이 곧 이제가 추량하는 바의 방면에서
해석한 것이다.

觀對無二見義智 二量亦成相似量 관대무이견의지 이량역성상사량
彼一不執二諦故 피일부집이제고
둘이 아님과 능견 뜻의 지혜를 관대하여 보면 이량二量이 또한 상사량
相似量을 이루는데
그 하나의 제諦가 또 다른 제諦에 집착하지 않기 때문이다.

능량能量 방면으로 좇아 관대하면 2량 또한 상사량을 이루게 된다.
만약 승의와 세속의 이제가 둘이 아님을 관대하면 곧 법의 본성의
뜻의 지혜를 현량으로 보게 되고, 저 승의량과 세속량은 상사량을
이루게 되는데, 이는 매우 중요하다. 때때로 우리는 승의제를 매우
견고한 사물로 생각하는데, 진정으로 이제 불이不二의 실상 혹은 능견
能見 법의 본뜻인 둘이 없는 지혜를 관대하여 말하면, 이제는 다 상사의

양이 되고 승의량은 하나의 견고하여 파할 수 없는 양이 될 수 없음을 알게 된다. 승의량은 세속제에 집착할 수 없고 세속량은 또한 승의제에 집착할 수 없기에 각자가 각자에게만 집착하게 되는데, 이것은 정량이 아니다.

是故二量則妙慧 彼二衡量甁等時 시고이량즉묘혜 피이형량병등시
縱使獲得二自性 종사획득이자성

이로써 이량은 묘혜가 되는데, 그 둘은 병 등을 추량할 때에 이자성二自性을 획득하게 된다.

양의 각도를 좇아서 말하면 승의량과 세속량은 일종의 '묘혜妙慧'이지 구경의 지혜는 아니다. 묘혜는 마음과 심소心所가 포함하는 일종의 분별망념으로 능히 모든 법을 판별하는 능력을 가리키며, 이같이 2량은 심과 심소가 포함하는 일종의 분별망념을 따르는 분별의 지혜이다.

만약 2량으로 병 등 모든 법을 추량推量할 때 그 2량은 본래 묘혜일 뿐 구경의 지혜가 아니지만 능히 두 가지 자상을 얻을 수 있는데, 승의량은 하나의 정확한 '법의 본성'을 얻으며 세속량은 하나의 '가설의 본성'을 얻는다. 승의량으로 얻는 바인 '진성眞性'과 세속량이 얻는 바의 '가설의 상(假相)'의 관계는 병과 기둥의 상相은 세속량의 얻는 바가 되고 그 '공성'은 곧 승의량의 얻는 바가 되는 것과 같다. 비록 이제가 묘혜가 되지만, 모든 법을 추량할 때에 능히 모든 법의 2자성을 얻는다. 이것은 2량이 얻는 바인 두 가지 본성이 같지 않음을 설명하고

428

있다.

一時另一無有故 凡夫意前此二諦 일시령일무유고 범부의전차이제
除非輪番不顯現 是故二諦衡量時 제비윤번불현현 시고이제형량시
成立實現二承認 성립실현이승인

하나가 있으면 다른 하나는 있음이 없기에 범부의 의식 앞에 이 이제가
교대하는 방식을 제외하고는 현현하지 않으며, 이제를 추량할 때에는
두 개의 승인이 실현됨이 성립된다.

    승의량에 있어 공성을 얻을 때 세속의 법은 곧 '현현'하지 못하고,
또는 세속량으로 '현현'을 얻어올 때 승의제 중에 도리어 '공성'을 이루지
못하는데, 이것이 범부 앞에 나타나는 경계이다. '병瓶'이 공성이 됨을
결택할 때에 있어 그 '현현'은 도리어 드러나지 않고, '병瓶' 등이 세속
현현이 됨을 결택할 때에 '공성'은 또한 찾지 못하게 되는데, 범부
앞에서 동일한 시간에 한 가지 양을 관찰할 때 다른 한 가지 양은
없기 때문이다. 따라서 범부 앞에 있어 이제가 번갈아 가는 형식으로
현현함을 제외하고 기타 형식으로는 능히 현현하지 못한다. 이 때문에
2량으로써 이제를 추량할 때에는 한 가지 법의 실상과 현현, 이 두
종류의 양이 성립한다. 곧 승의량이 얻는 바가 '실상'이며, 세속량이
얻는 바가 '현상'이다.

若謂上述向他宗 所說有無之承認 약위상술향타종 소설유무지승인
二諦承認互違過 自宗亦成相同也 이제승인호위과 자종역성상동야

위 서술함에 대해 타 종파가 이르되, 설한 바 유와 무의 승인은 이제의 승인이 서로 어긋나는 허물이 있고 너희 자종 또한 이와 같다.

상대방이 말하되, 너희 자종은 타종에 대하여 '유'를 승인함이 이치에 맞지 않다고 말하는데, 너희의 '승인이 없음'도 또한 이치에 맞지 않는 많은 과실이 있고, 또한 '이제의 승인 있음과 승인 없음'을 동시에 승인하는 것은 서로 어긋나는 과실 등등이 있으니, 너희 닝마 자종 또한 이런 과실이 있는 것 아닌가? 너희가 어떤 때는 이제를 승인하고 또한 승인 있음 및 승인 없음 등을 말하기 때문이다. 이상은 상대방의 질문이다.

吾宗對此善辨別 分辨后得道中觀 오종대차선변별 분변후득도중관
正行根本慧中觀 粗細因果或識慧 정행근본혜중관 추세인과혹식혜
分位中觀分大小 如是析說故無過 분위중관분대소 여시석설고무과

자종은 이에 대해 바르게 판별하여 후득后得의 도중관을 분별하며, 정행正行의 근본혜 중관과 추·세·인·과 혹은 식·혜·중관 등 중관의 계위를 따라 대소를 나누며, 이처럼 분석하여 설하기에 과실이 없다.

자종의 회답이다.
우리 자종은 이런 문제에 대하여 매우 잘 판별하는데, 그 안립의 방법은 다른 종파가 대략적인 언어로써 대충 대답한 것과는 같지 않다. 우리가 구분하여 판별하는 내용은 다음과 같다. 후득의 '도중관'

430

은 승인이 있는 것으로, 범부 의식과 구경에 이르지 못한 성자의 수도의 행지를 의지함으로써 나타난 바이며, '정행'은 성자가 근본혜정에 들기 전에 일체의 '유'와 '무'의 승인 등이 다 없는 것을 말한다.

분별망념의 경계 대상의 거친 중관, 즉 명언 '추중관粗中觀'은 승인이 있어 기도과의 일체에 다 안립할 수 있으며, 또한 법성으로써 주를 삼아 말하는 '세중관細中觀'은 일체의 모두를 승인하지 않으며, 그것이 매우 미세하기에 오직 성자의 경계가 된다. 한편 묘한 지혜로써 모든 법을 판별하는 '인중관因中觀' 또한 승인이 있으며, '과중관果中觀'은 판별할 방법이 없고 둘이 아닌 지혜의 중관에 도달한 것이기에 승인이 없으며, 다만 심과 심소가 포함하는 의식의 앞에 승인이 있을 뿐이다. 이른바 '식중관識中觀'은 곧 범부의 의식 경계이며, '혜중관慧中觀'은 심과 심소를 멀리 여의는 지혜의 경계 되는 바, 그 앞에서는 승인이 없다. 이처럼 중관은 크고 작은 나눔이 있으며, '대중관大中觀'을 설할 때에 있어 우리는 '승인 없음'이고, '소중관小中觀'을 설할 때에 '승인 있음'이다. 이와 같은 분류 도리로써 분석하고 설명하기에 자종은 과실이 없다.

제7번째 문제를 설하여 마치기 전에 미팡 린포체께서 전문적으로 자종은 어떻게 건립한 것이며 어느 곳이 분석이 필요한 것인가 하는 등을 설하여 능히 많은 의문들을 없애 주셨다. 미팡 린포체께서 『견제회의론遣除懷疑論』에서 설하되, 중관을 나누면 '기중관基中觀·도중관道中觀·과중관果中觀·반야중관般若中觀·논중관論中觀·경중관經中觀·불모중관佛母中觀' 등이 있다고 하셨다. 비교하여 설명하자면, 일체법의 법성을 논하면 '기중관'이 되고, 수도의 과정 중에 있어 현공무별의 지혜로써 수행함은 '도중관'이라고 하며, 최후에 구경의 여래지혜에 도달하면 '과중관'이라 일컫는다. 그밖에 또한 '의중관義中觀'과 '구중관句中觀'이 있다. '의중관'은 기도과의 논하는 바의 뜻을 포함하고, '구중관'은 경중관과 논중관을 가리키는데, '경중관'은 대·중·소 3종 반야를 포함하고 '논중관'은 용수보살이 지으신 중관의 모든 논과 월칭보살, 적천보살이 지으신 모든 중관론을 가리킨다.

위에서 서술한 중관 중에 '기중관'과 '과중관'이 진정한 실상을 갖춘 중관이 되고, 기타의 '도중관'·'논중관' 등은 상사중관相似中觀 혹은 명칭중관名稱中觀·가립중관假立中觀이 된다. 『현관장엄론』에서는 구句·의義·과果·경經 등이 반야가 된다고 구별하는데, 『현관장엄론』과 중관이 결택하는 방법이 물론 같지 않지만, 실제로는 모두 석가세존께서 설하신 바인 현공무별의 법계를 결택한 것이다. 『현관장엄론』은 주로 성자의 지혜와 부처의 지혜를 비교하여 간접 방식으로 상세히 설하였고, 중관은 법계 방면에 대하여 직접적인 방법을 써서 상세하게 선설하고 아울러 기·도·과 등에 대하여 비교적 상세하게 설하고 있는데, 이를 제외하고 두 가지는 그 의의 상에 있어 구별이 없다.

이같이 잠시 여러 계위로 중관을 나누며, 시간상 증오함에서 같지 않은 단계가 있어서 이처럼 대소의 나눔이 있기에 중관에 대하여 '유'와 '무'의 승인을 단정하지 않으며, 문구에 의하여 매우 자세하게 분석하고 해설하였다. 따라서 자종은 근본적으로 다른 사람들이 지적한 과실들이 있지 않다.

是故離戲大中觀 無有承認爲自宗 시고이희대중관 무유승인위자종

彼者卽是究竟也 피자즉시구경야

이로써 이희대중관離戲大中觀은 승인이 없음인 자종의 종지이며
그것이 곧 구경이 된다.

이 아래에 어느 때 응당 승인하고 어느 때 승인하지 않는지 설하고,
그것의 이유를 설명한다.

'현공무별'이 주가 되는 일체의 희론을 여읜 대중관을 결택할 때에
있어 일체 '유'·'무' 등의 승인이 없으며, 이것이 곧 롱첸빠 존자로부터
전해진 닝마 자종이며 또한 월칭보살의 중관이다. 이는 일체 '유'·'무'
등의 승인이 없는 즉 가장 구경의 중관정견이며, 어느 방면을 좇아서
논하든지 이것이 중관응성파의 구경의 밀의이다.

后得二諦各現時 二諦各量所衡量 후득이제각현시 이제각량소형량
一切所有諸破立 亦是爲除異邪見 일체소유제파립 역시위제이사견
후득에 이제가 나뉘어 나타날 때 이제 각 양률의 추량하는 바인
일체의 모든 파하고 세움은 또한 각기 다른 사견을 제거하기 위함이다.

만약 묻되, 대중관 앞에서는 무엇도 승인하지 않는다면, 그 후득
시에 있어서 또한 승인함이 없는가? 답하길, 후득 시에 승인함이
있으니 곧 없지 아니하다. 후득 시에 있어 인因과 과果·기도과基道果·
만사만물 등은 다 있는 것으로 모두 승인하는 것이며, 곧 일체의
모든 법이 다 승인된 것인데, 이런 종류의 승인은 무슨 이익이 있는가?
자종이 승인함은 일정한 목적이 있는 것으로, 비방 방면의 사견을

제거하기 위하여 인과를 승인하는 것이며, 모든 소견 방면의 증익을 끊기 위하여 '상주하는 아我'를 파하기 위한 것이며, 의심과 단견·상견이 평등하지 않고 늘고 주는 것을 제거하기 위하여 이처럼 승인함이 필요하다. 이를 제외하고는 승인함이 없는데, 다만 이런 종류는 '자기의 명언을 다른 사람에게 돌려줌'의 관점과는 같지 않으며, 이는 분명한 구별이 있는 것이다.

후득 시에 있어서 '승의제'는 성자의 근본혜 앞에 현현하고, '세속제'는 범부의식 앞에서 또한 능과 소 이취의 자체상이 있으며, 이제가 각각 현현함이 있다. 승의제는 승의량으로써 추량하고 세속제는 세속량으로써 추량하며, 추량할 때에 일체의 인과와 기도과 등의 건립, 일체 사도와 사견, 일체의 탐진치 번뇌 등의 파함 등 일체의 파함과 건립은 여러 가지 사견과 증익의 인연을 제거하기 위함이기에 이것은 매우 중요하다.

만약 중관응성파가 아무것도 승인함이 없음을 잘못 이해하면, 인과를 비방하고 '명언 중에 또한 승인 없음' 등의 사견에 빠지게 되는데, 능취와 소취가 법계에서 소멸하기 전에는 아직 구경실상에 이르지 아니한 때이며, 이 경우에 인과는 절대로 멸하지 않는다. 이 때문에 응성파는 인과를 승인함이 필요하며, 이런 승인은 실상 위의 승인으로써 실제상 인과가 없지 아니하다. 그렇지 않으면 명언 중에 승인은 곧 모순을 이루게 되며, 불과에 이르지 아니했을 때에는 어떤 인을 지음을 막론하고 그 과보는 존재하는 것이다. 따라서 이것은 합리적인 승인이 된다.

實相一切諸破立 無有任何承認故 실상일체제파립 무유임하승인고
實性二諦無偏袒 無論一切所承認 실성이제무편단 무론일체소승인
無有稍許成實故 무유초허성실고

실상에서 일체의 파하고 세움이 어떠한 승인도 없는 연고로
실성에서 이제는 치우친 방면이 없고, 일체의 승인하는 바를 논할
것 없이
조금도 실을 이룸을 허락하지 않는다.

　그러면 인과와 기도과가 실재 상에 있어 존재하는가? 법계를 증오한
성자의 앞에 있어서는 없는 것이나, 능과 소의 이취가 법계로 소멸되지
아니한 범부 앞에서는 도리어 있는 것이다. 비유하면 불의 본성이
본래는 희론을 여읜 것이지만, 모든 법의 희론 여읨을 증오하기 전에
있어서는 손에 불이 닿을 때에 불은 여전히 손을 데게 하는 것이며,
구경실상의 뜻 위에서는 일체의 인·과·이장二障을 제거함·기도과를
건립함·지혜 등 관점·일체의 파하고 세움 등이 모두 가히 승인할
것이 없다.
　법의 실성實性 방면을 좇아서 설하면 이제의 어떤 한 방면에도 치우치
지 않으며, 승의를 제하고 세속이 없으며 세속을 제하고 승의가 없는
연고로 자종이 명언 혹은 현현 중에 어떻게 일체법을 승인하는지를
논할 것 없이 조금만큼도 성실한 법이 없으며, 실유를 가져서 제거한
후에 하나의 '무차無遮·무실無實'도 있음이 아니니, 만약 그것이 있음을
건립하면 자종이 또한 감내할 곳을 이루게 된다. 그래서 자종은 기도과
등의 일체법을 안립할 때에 있어서 조그만 겨자 같은 성실한 법까지도

전혀 없는 모두 무위법의 본성을 설하며, 그렇지 않고 만약 조금이라도 실實을 이루는 법이 있다면 기정세간의 모든 법이 다 현현하게 됨은 불가능하기에 과실이 있게 된다. 이 같은 논점은 매우 중요하다.

縱使破立二承認 亦是觀對現相故 종사파립이승인 역시관대현상고
二者不同分位時 眞實無有相違故 이자부동분위시 진실무유상위고
無有堪忍等過失 무유감인등과실

비록 파하고 세움의 둘을 승인함이 또한 현상을 관대한 연고이지만 둘이 나눠진 층차가 같지 않은 때에 진실과 서로 어긋남이 없기에 감내하는 등의 과실이 없다.

자종의 후득 시에 승인하는 바인 일체 파하고 세움은 모두 현상을 관대하는 인연을 따라 안립한 것이고, 이에 능과 소가 법계에서 소멸하지 않은 때에 현상이 멸하지 않기에 인과 과가 있는 것이다. 승의량과 세속량, 현현과 공성 두 가지가 같은 분상의 위치가 아닌 때에는, 하나는 입정入定에 드는 것을 말하고 다른 하나는 출정出定을 주로 삼아 말하며, 두 가지가 시간상에 있어서 또한 결택의 방식에 있어서 증오하는 지혜와 근기 등의 방면에서 모두 서로 같지 않다. 이렇듯 분상의 위치가 많이 다르지만, 진실은 서로 어긋남이 없다.

승의제가 세속제에 대하여 서로 어긋남이 없고, 세속제가 승의제에 대하여 서로 어김이 없는 것이니, 비유하면 범부의 앞에 현현은 있으나 승의제 중에 있어서는 도리어 없는 것이고 승의의 '무'와 더불어 서로 어긋나지 않으며, 승의 가운데에 일체는 공성인 것이지만 '공성'에

있을 때에 현현 상에 현현하는 것이 있으며 또한 서로 어긋나지 않는다. 이 때문에 응성파가 자속파에 대하여 설한 바인 감인堪忍의 과실이 자종에는 없다.

觀察有實不堪認 無實亦不能堪認 관찰유실불감인 무실역부능감인
究竟二者卽相同 暫時觀對假立許 구경이자즉상동 잠시관대가립허
실이 있음을 관찰하면 감내함이 없고, 실로 없음도 능히 감내할 수 없으며,
구경에 둘이 곧 서로 같은 것이기에 잠시 관대하여 가립함을 허락한다.

왜 감인의 허물이 없는가? 승의로써 '실로 있음(有實)'을 관찰할 때에 그것은 성립하지 않는데, 관대 혹은 상대로써 말하는 것이기 때문이며, '실로 없음(無實)'을 관찰할 때에 또한 성립하지 않는데, 그것은 분별망념의 가립일 뿐이기 때문이다. 실로 있음과 실로 없음은 모두 법계의 본성 위에서 소멸되어 구별이 없어지는 것이며, 따라서 자종은 감내함이 되는 과실이 없다.

'병瓶·주柱' 등 일체가 실로 있음은 인의 관찰·과의 관찰 등을 보면 조금도 성립하지 않는데, 이것들은 관대하여 안립한 것이기 때문이며, '유실有實'이 없기에 다 감내하지 못하고 공성을 이루게 된다. 또한 '허공'·'석녀의 아들' 등 일체의 실이 없음에 대하여 관찰해 보면 이것들은 분별망념의 가립인 것이기에 모두 감내하지 못하게 되는데, 그것이 실상이 없기 때문이다. 따라서 구경의 방면에 있어 이제·현현과 공성·유실과 무실 등 두 가지가 모두 서로 같은 것이고, 잠시 관대하는

인연으로 또는 중생의 분별망념을 관대함을 따라 이 같은 관대의 '실로 있음'·거짓 세움의 '실로 없음'이 있을 따름이니, 두 가지가 다 실상이 없다.

不察世稱有許者 卽是現相非實相 불찰세칭유허자 즉시현상비실상
觀察無實之理智 所見實相許勝義 관찰무실지리지 소견실상허승의
觀對世俗是勝義 觀對究竟假勝義 관대세속시승의 관대구경가승의

관찰 없이 세간인이 허락함이 있다고 함은 곧 현상일 뿐 실상이 아니며, 실이 없음을 관찰하는 이치적 지혜는 보는 바의 실상을 승의로 허락하여 세속을 관대함을 승의라고 하나, 구경을 관대함은 거짓 승의이다.

승의관찰 중에 있어 일체가 다 성립하지 않는다. 세간 상의 사람들은 공동으로 승인하는 일체 유법인 기둥·병·산하대지 등 만사만물에 대하여(일반적으로 세간 사람은 관찰하지 않는데, 일반인은 말할 것도 없으며, 사상가·과학자 또한 자기의 마음이 도대체 무슨 모양인가, 자기 앞에서 보이는 기둥 등의 본성이 도대체 어떤 것인가 등에 대해 관찰하지 않는다) 관찰을 거치지도 않은 채 다만 보는 바로써 공동으로 승인하는 '유'는 진정한 '유'가 아니고 그저 현상現相으로 나타나는 '유'일 뿐이니, 분별망념을 쓰기 때문이다. 마치 불이 뜨거운 것처럼 그 '현現'의 모습은 멸하지 않는 것이라고 하고, 그 형상은 홍색이고, 그것이 명언 중에서 일정한 '실상'이 있어서 손을 대면 데이게 되는 것이며, 눈병이 있는 사람이 보는 황색 해라는 그에게는 구경의 현현하는 실상이라고 하는데, 이런 것들은 결코 진실한 실상이 아니다. 설사 진실로 실상의 법이

있다 하여도 이를 찾아냄은 불가능하다.

주柱·병甁 등 실로 있는 물건을 관찰하면 최후에는 주柱·병甁 등이 실로 있는 것이 아닌 실이 없는 사물이 되는데, 하나의 '무차' 혹은 '무실'의 이치적인 지혜를 얻으면 곧 '공'에 대해 집착하게 된다. 자기의 지혜 앞에 있어 본 바를 하나의 '실상'으로 여기는데, 당연히 최후에 얻은 바를 관찰하여도 얻지 못하기 때문에 이같이 대원만을 닦는 사람은 자기의 마음을 찾아 얻지 못했을 때 곧 대원만을 증오한 것이라 말하며, 선종을 닦는 사람이 분별망념을 찾아서 얻지 못할 때, 만물 모두 찾아도 얻지 못할 때가 곧 가장 구경의 명심견성이라고 설한다. 자심으로 관찰하여 얻는 바의 '실이 없음'의 이치적 지혜로써 보이는 바의 '실이 없음'을 실상으로 삼아 스스로 허락하여 구경의 승의제를 삼는다.

이런 종류의 관점에 대하여 관찰을 진행하면, 한 방면에서는 승의제라고 말할 수 있고 다른 한 방면에서는 승의제가 아니라고 할 수 있다. 세속제를 관대함을 좇아 말할 때, 종지宗旨를 학습함이 없는 사람들은 이미 '유변有邊'을 파한 '단공單空'의 관점을 하나의 '승의제'라고 하지만, 그 관대한 견해를 좇아 말하면 그들의 관점은 구경의 견해가 아니며, 구경의 응성파의 4변을 여의고 8변을 여읜 견해를 따라 관대하면 그들의 견해는 '가설의 승의'를 이룰 뿐이다. 따라서 자속파의 견해는 다 가설의 승의가 되는데, 그들은 잠시 '유변'을 파하여 최후의 '공성'이 '무변'이라고 하기에 이것을 '상사相似'·'가명假名의 승의'라고 일컫는다. 현재 중국과 티베트의 많은 수행법이 이미 가승의 제 수행을 이루어 많은 가설의 구경이 있으며, 이것들은 모두 가설의 깨달음이다.

設若實現互違者 二諦異體有四過 설약실현호위자 이제이체유사과
實現互爲非他者 二諦一體有四過 실현호위비타자 이제일체유사과

가령 실상과 현현이 서로 어긋나면 이제가 두 체가 되어 네 과실이
있고
실과 현현이 서로 타자가 아니면 이제가 한 체가 되어 네 과실이
있다.

　이제는 현상과 실상이라고 불리며 두 가지가 서로 모순이 됨을
인정하지 못한다. 가령 현현과 실상을 가져 서로 어긋나는 것으로
본다면 그 이제는 다른 체를 이루어, 승의제는 승의 위에 주하고
세속제는 세속 위에 주하여 두 가지가 이미 분리되게 된다. 이와
같다면 곧 네 가지의 과실이 있게 된다.
　『해심밀의경解深密意經』에서 4과四過를 설하되, 만약 이제가 다른
체를 이루면 곧 (1) 비록 이미 승의제를 증오했어도 세속제를 증오한
것이 아니기에 열반과를 얻지 못하는 과실이 있으며, (2) 승의제가
세속제의 본성이 아닌 과실, 즉 병이 기둥이 아닌 것과 같으며, (3)
세속이 공을 증오한 때 승의는 아직 증오하지 못한 과실, 즉 세속
만법의 무아와 공성을 이미 증오했지만 승의제는 아직 공을 증證하지
못함이니, 마치 병이 공함을 증하고도 기둥도 공함을 증하지 못한
것과 같으며, (4) 만약 이제가 나뉘어 존재하면 하나의 보특가라가
열반을 얻었을 때 그의 지혜 중에 있어서 이제 또한 나뉘는 방식으로

존재함이 요구되는 과실이 있으므로 이제가 다른 체가 됨을 승인할
수 없다.

비유하면 보는 바의 백색·황색 해라(소라)를 다만 근기를 좇아 말하
는 것이며, 본래 본 모습 위에서는 황색 해라 혹은 백색 해라가 있음을
승인하지 못하는 것으로, 눈병이 있는 자는 영원히 백색의 해라를
보지 못하고, 눈병이 없는 자는 영원히 황색의 해라를 찾지 못하기
때문이다.

만약 실상과 현현을 서로 구별하지 않으면 곧 이미 한 체를 이루고,
승의제가 곧 세속제이고 세속제가 승의제인 듯하며, 혹은 현상이
곧 실상이고 실상이 곧 현상이어서 이제가 한 체를 이룬다고 말하는데,
이 또한 4종의 과실이 있다. (1) 이제가 한 체이기에 일반 범부가
세속제를 보면 승의제 또한 능히 보게 되며, (2) 범부가 세속을 의지하
여 항상 탐진치의 번뇌를 내는데 그러하면 승의제를 의거함도 또한
탐진치 번뇌를 냄이 필요하게 되며, (3) 승의제에서는 법성을 나눌
수 없기 때문에 세속제 또한 응당 기도과를 나누는 등의 일체법을
안립하지 못하며, (4) 세속제는 보이는 일체법이기에 찾을 필요가
없으니 승의제 또한 찾을 필요가 없지만 승의제를 증오하기 위한
수행인은 항상 승의제를 찾고 있는 등의 과실이 있게 된다. 총괄하면
이제는 이미 다른 체도 아니고 한 체도 아니다.

此理如來及衆生 亦是實相現相許 차리여래급중생 역시실상현상허
于彼承認因果者 應知小乘之觀點 우피승인인과자 응지소승지관점

이 이치로 여래와 중생 또한 실상과 현상임을 허락하지만, 이들의 인과를 승인하는 것은 응당 소승의 관점이 된다.

그러면 이제의 관계는 어떠한가? 이것은 현상과 실상의 방식을 따라서 해석할 수 있는데, 이를 제외하고는 능생能生과 소생所生을 이룬다고 말할 수 없다. 위에서 설한 바의 도리는 이미 깨달은 여래와 아직 증오함이 없는 범부 중생이 실상과 현상의 관계이고, 이미 성불한 여래는 실상이 이미 현전했다고 일컬으며 아직 증오하지 못한 범부 중생 앞에는 다만 현상임을 알게 한다. 따라서 여래와 중생 사이의 관계는 현상과 실상의 관계이며, 이는 매우 중요하다. 현재 불법을 배우는 자들은 많이 미혹함이 있는데, 『보성론寶性論』에서 설하되, 모든 중생이 다 불성이 있다면 붓다는 어찌 탐진치가 없는가? 우리 중생이 왜 탐진치가 있게 되는가? 특히 초학자들이 이에 대하여 의혹이 있는데, 이곳에서 이미 분명하게 설명하고 있다.

소승은 중생을 원인으로 삼아 최후에 불과를 얻어 과를 만드는 관점을 승인하여, 우리 중생은 청정하지 못한 범부이며 수도를 통과하여 증오에 이르고 최후에 삼대 아승지겁을 경과하여 구경여래의 과를 증오한다고 하는데, 이러한 인因과 과果의 관계를 승인함이 소승의 관점이다. 그렇다면 대승은 어떻게 승인하는가? '현상'과 '실상'으로써 승인하는데, 현상은 중생이고 실상은 부처라고 한다. 대승의 경전에서 설하되 "일체중생이 다 부처이다."라고 하는데, 이는 곧 실상으로 말함이고 현상을 좇아서 말함이 아니다. 만약 현상 상으로 당신이 부처라 말하면, 당신은 왜 삼십이상팔십종호三十二相八十種好 · 십력十

力·사무외四無畏·십팔불공법十八不共法 등의 공덕을 갖추지 못하는 가? 소승에서 중생이 다 여래장을 갖췄음을 설한 적이 없으며, 유식종 이상인 『보성론』에서 비로소 '여래장'을 거론한다.

實現未許一異故 衆生若佛應所緣 실현미허일이고 중생약불응소연
修持諸道無義過 承認于因具果等 수지제도무의과 승인우인구과등
理證所害皆永無 이증소해개영무
실상과 현상은 하나 또는 다름을 허락하지 않기에 중생이 부처라면 인연에 응함이 되어
모든 도를 수지함이 의미가 없는 과실이 생기며, 인에 과를 갖춤 등을 승인함은
이증에 손상되는 바이기에 모두 영원히 없다.

현상과 실상은 한 체임과 다른 체임을 모두 승인하지 않는다. 그렇지 않으면 중생이 만약 부처님이라면 현재 바로 볼 수 있게 될 것이다. 모든 경전에서 설하되, 중생에게 불성이 있는데 그 불성은 어디에 있는가? 참 부처인가 가짜 부처인가? 만약 진짜 부처라면 왜 볼 수 없는가?

이 같은 과실은 있지 않다. 현상 위를 좇아서 설하면 중생이 부처가 아니고, 어떤 경에서도 또한 현상 상의 중생이 부처라고 설한 바가 없으며, 다만 실상 상의 중생이 부처라고 말한다. 만약 현상 상의 중생이 부처이고 중관이 일체의 승인이 없으면 수도가 무슨 의의가 있는가? 일체 모두가 본래 공이고 본래로 청정이면 현재에 우리가

경전을 독송하고 주문을 외우는 일 등이 모두 의미가 없으며, 우리가 본래 공성이고 본래 부처이며 내가 부처임 등과 같이 설해도 서로 어긋남이 없게 된다. 비록 실상 상에서 부처이나, 중생에게는 현전하지 아니하였기에 아직은 정진하고 노력함이 필요하며, 그렇지 않으면 영원히 이 이치를 이해하는 것은 불가능하다.

또한 원인 중에 과를 갖추고 있음을 승인하면 이것은 외도의 승인이다. 그들이 설하되, 원인 위에 과가 분명히 존재하며, 비록 보지 못하지만 이런 종류의 과실은 없으며, 위에서 설한 바의 이런 과실은 이증으로써 관찰하여도 방해가 되지 않는 것이며 영원히 없는 것이라고 한다. 원인 위에 과를 갖추는 것은 현상 상에 있어 원인 위에 과를 갖추지 못하지만, 실상 위에 있어서는 중생이 본래의 상을 가져서 나타낸 것으로, 만약 원인 중에 과를 갖추면 곧 '음식이 깨끗하지 못함' 등의 과실이 있게 된다. 이 같은 과실은 자종에는 없으며, 이 같은 도리는 불법 중에 있어 매우 중요하다.

諸障遮蔽實相故　不現如是須修道 제장차폐실상고 불현여시수수도
自他二宗皆所許 자타이종개소허

모든 업장이 실상을 막아 가려서 진리대로 나타남이 없기에 수도가 필요하며
자종과 타종 모두 허락하는 바이다.

그러면 왜 실상을 보지 못하는가? 중요한 점은 잠시의 이장二障에 미혹된 것이다. 본래 일체가 모두 실상인 것이지만, 잠시 이장이 실상을

덮어 가려서 원래의 이 같은 본래청정함을 현현할 수 없는 것이다. 이는 마치 눈병이 있는 자가 보는 해라는 황색이고 눈병 때문에 그 본래의 색을 보지 못하는 것과 같다. 마찬가지로 미팡 린포체가 이미 법성을 통달하여 우리에게 설할 때 우리들 중에 일부가 아직 인정하지 않고 일부는 승인하기도 하여, 자기의 무명의 눈병 때문에 해라의 백색을 보지 못한 채 황색 등 다른 색으로만 보는 것이니, 잠시의 장애 때문에 법성을 보지 못한다. 따라서 반드시 수도를 필요로 하며 장애를 제거하여야 한다. 따라서 작은 인과에 대해서도 모두 비방할 수 없으며, 만약 인과를 비방하면 지옥 불이 몸을 태워도 공성을 찾을 수가 없다.

이같이 실상을 현량으로 보지 못함은 이장이 실상을 덮어 가렸기 때문이므로 수도로써 장애를 제거해야 한다. 너희 소승 종파는 이와 같으며 우리 자종도 또한 이같이 허락하는 바이니, 이런 방면에서는 구별이 없다.(하나의 공성에 대하여 미팡 린포체의『중관장엄론소中觀莊嚴論疏』를 의지하여 설하면, 이것은 하나의 명언제이고 승의제가 아니며, 의식 분별망념의 경계이다.)

대승에서는 허공이 구름에 가려져 있는 것과 같이 잠시의 이장이 중생의 여래장을 덮고 있으며, 진정한 인과 과의 현전하는 방식은 없다고 생각한다. 특히 롱수 반즈다의『입대승론入大乘論』, 용수보살의『칠십공성론七十空性論』과『육십정리론六十正理論』에서 설하되, 오직 두 자량을 원만하게 쌓아야 능히 성불하며, 이는 곧 복덕자량과 지혜자량이 성불의 인이라고 말하나, 이러한 성불의 인은 외적인 가르침에 기반하여 말하는 것이다. 진정한 인은 여래장의 본성이며,

여래장의 본성이 나타나게 하면 곧 옳은 것이고 진정한 원인이 필요한 것이 아니니, 청과靑稞의 종자種子와 같은 모양이 필요한 것은 아니다.

롱첸빠 존자가 『대원만심성휴식大圓滿心性休息』에서 설하되, 대승의 승인 방식은 응당 '현상'과 '실상'의 방식으로써 승인하고, 중생은 곧 실상이 아직 '현현顯現'하지 않았다. 소승의 인과 과의 방식의 승인은 허락하지 않으며, 설사 인과 과가 됨을 승인한다 해도 여래장은 이미 유위법을 이루고 무위법이 아니며, 곧 인의 과정이 굴러 변하여 과의 과정이 된다. 『보성론』에 이르되, 여래장이 만약 유위법이면 승인하지 않는다고 하였다. 롱첸빠 존자가 말씀하시길, 여래장은 무위법이고, 그 번뇌·소지 이장은 그 바깥에 있는 업장이며, 이를 제거한 후에는 여래장이 곧 원래의 본모습으로 나타난다고 하셨으며, 소승에서는 '무명'이라고 하는 소지장의 명언이 있지 않다.

二諦旣無相違故　有無承認怎相違 이제기무상위고 유무승인즘상위
亦非互爲一體故　建立二種之承認 역비호위일체고 건립이종지승인

이제二諦가 서로 어긋남이 없기에 유와 무의 승인이 서로 어긋남이
없으며,
또한 서로 한 체가 되지 않는 연고로 두 종류의 승인을 건립한다.

이는 주로 자속파의 관점을 설하였다. 자속파는 '유와 무', '승의와 세속' 등을 다 나눠서 설한다. 우리가 현과 공이 둘이 아닌 방식으로써 이제를 결택할 때에 이제는 서로 어긋나지 않는 것으로, 현이 곧 공이고 공이 곧 현이며 일체의 모든 법이 실제상으로 공성인 것이며,

446

공성의 자체 색이 곧 현현이다. 반면에 승인할 때에 있어서 승의 가운데 '없음'이고 세속 중에서는 '있음'이며, 이렇게 두 가지를 나누어 말하는 것은 자속파가 승인하는 바인 둘로 나누는 것과는 같지 않다. 응성파는 후득 시에 있어서 일체의 모든 법은 있는 것임을 승인하고, 근본혜정에 들 때에 있어서는 일체를 다 승인하지 않으며, 그래서 '있음'과 '없음'의 승인은 서로 어긋나지 않는다. 또한 이제가 본성 위에 있어 한 체가 아니니, 앞의 게송 중에서 이제가 만약 한 체이면 4종의 과실이 있음을 밝힌 바 있으며, 따라서 이렇게 유와 무의 두 종류의 승인을 건립한다.

是故乃至于二諦 心有各自顯現時 시고내지우이제 심유각자현현시
彼二始終同力故 不應儘許有或無 피이시종동력고 불응진허유혹무
이제에 이르러 마음에 각기 자체로 현현함이 있을 때
저 둘이 시종 같은 힘이기에 유 혹은 무의 하나만을 허락하지 않는다.

　주관과 객관 이취가 법계에 소멸되기 전에는 이제二諦 모두를 승인함이 필요하다. 마음이 정에 들 때에는 '공'의 현현이 있고, 정에서 나올 때 곧 '현상現相'의 나타남이 있으며, 이에 능과 소가 법계에 소멸하기 전에는 이제가 시종 동등한 힘인 것이다. 일반적으로 우리가 번갈아 안주하는 수행을 함은 승의를 승인할 때에 세속 또한 승인하는 것이 필요하고, 세속을 승인할 때에 있어 승의 또한 승인함이 필요하니, 능소를 법계에 아직 소멸시키지 못하였기 때문이다. 만일 일체가 모두 공성·승의제인 것만을 승인하고 세속제를 승인하지 않으면 이는

틀린 것이며, 그렇게 되면 이미 불법을 비방한 것이고 단견의 과실을 이룬다. 만약 일체가 모두 인과이고 모두 있는 것이며 공하지 않은 것만을 승인한다면, 이것은 곧 상견의 과실을 이룬다. 현현은 응당 있는 것이나 바로 관찰할 때에는 도리어 없는 것임을 승인하며, 두 가지가 모두 승인이 필요하나 다만 최후에 구경에 도달할 때에 있어서는 일체의 인과 등이 다 없는 것이다.

자종의 관점을 학습하지 아니한 사람들은 다만 세속제를 승인하면 곧 옳고 승의공성을 승인함이 필요하지 않다고 하면서, 삼보三寶·인과因果·가지加持를 승인하면 곧 옳다고 하나, 자종을 학습한 사람은 구경에 이르기 전까지는 두 가지를 바꿔가며 승인한다. 승의 중의 '없음', 세속 중의 '있음' 등에 대해 말하자면, 능소가 법계에 소멸하면 더 이상 세속을 승인함이 필요치 않으며, 다만 승의의 공성지혜만을 승인하면 곧 옳은 것이다.

우리들은 처음 불교를 배우는 초학자들에게 삼보의 공덕·가지·신통의 역량에 대해서만 말해 주면 충분하고, 공성과 같은 것들은 설해주지 않아도 된다고 여긴다. 중관을 일부 배운 사람들은 두 가지 모두 승인함이 필요하고, 최후에 초지 이상의 경계에 이르렀을 때에 일체가 모두 다만 진소유지盡所有智와 여소유지如所有智의 경계임을 승인하는데, 이를 제외한 밖에 또 다른 진정한 승인은 없다.

우리들이 승의제로써 관찰할 때에 제법은 진정으로 곧 공성이지만, 세속에서 손이 불에 델 때에 곧 "내 손!"이라고 고함치는데, 이렇듯 두 종류의 집착이 있기에 곧 반드시 이제를 승인함이 필요하다. 이제는 서로 같은 공덕을 갖추기 때문에 다만 승의 혹은 세속의 한 종류만

448

허락하지 못하는데, 이 문제는 매우 중요하다. 우리들 중에 어떤 사람들은 다만 '공성'·'본래청정'에 집착하여 '인과' 등 현현에 대하여 조금도 관심 갖지 않고, 어떤 이는 인과 과를 승의제로 간주하여 집착하는데, 이 두 가지는 모두 옳지 않으며 응당 번갈아 가며 수행해야 한다. 이에 대하여 미팡 린포체께서 설한 내용이 분명하니, 능소 이취를 법계에 소멸시키기 전에는 이제를 모두 승인함이 필요하며, 다만 한 방면만 허락함은 옳지 않다.

二量輪番衡量時 決定實空名無者 이량윤번형량시 결정실공명무자
決定現分名有者 彼二所得或所見 결정현분명유자 피이소득혹소견
卽是可稱爲二諦 즉시가칭위이제
이량二量을 번갈아 추론할 때에 실질공이 결정되면 '없음'이라 하고 현분이 결정되면 '있음'이라 하며, 저 들의 얻은 바 혹은 본 바가 곧 이제二諦가 된다고 말할 수 있다.

이량의 추량으로써 얻은 바의 결론을 이제라 일컬을 수 있는데, 초학자에 대하여 말하면 이량으로 이제를 추량할 때 '번갈아 교대하는 방식'으로써 진행시킬 수 있다. 세속량으로써 추량할 때 인과는 있고 삼보의 가피도 있는 것이며, 일체 기도과의 안립도 있는 것이니 이렇게 건립할 수 있으며, 그 어기는 품(違品)인 번뇌장·소지장 등은 제거함이 필요하다. 이같이 파하고 세울 때에 승의량에 대하여 조금도 방해가 없다.

우리는 하나의 마음만을 갖고 있기에 우리가 세속량을 건립할 때에

승의량은 아직 건립함이 없고, 세속량을 파할 때 승의량은 아직 파함이 없다. 따라서 세속량에 대하여 파하고 세움을 진행할 때에 있어 승의량은 관여할 수가 없는 것이다. 또한 우리가 승의량으로 일체법을 관찰해 보면, 그 원인이 존재하지 않고 과果 또한 존재하지 않으며, 인무아와 법무아 또한 존재하지 않는다. 따라서 이와 같이 관찰할 때에 세속량에 대하여 조금도 파괴함이 없고, 인과·정견·사견 등에 조금도 관여함이 없다. 이처럼 이량을 번갈아 추량함은 차제대로 진행하는 것이며 동시에 진행하는 것이 아니다. 우리와 같은 근기의 사람들이 승의를 관찰할 때 세속 또한 관함이 없고, 세속을 관찰할 때 승의는 관찰하지 않으며, 이 때문에 '번갈아 관찰함'이라고 하는 것이다.

승의량으로서 제법을 관찰할 때 제법이 '실질공'이 됨을 결정하고, '무' 혹은 '공'이 된다고 이름 붙일 수 있으며, 이는 곧 승의량으로써 모든 법을 관찰할 때 한 법도 실로 있음이 없기에 이것을 '무'라고 부른다. 세속량으로써 모든 법을 관찰할 때 모든 법이 능히 '현분現分'한다고 결정하기에 '유'라고 이름 붙일 수 있으며, '인과'의 현분은 있는 것이고 기도과의 현분도 있는 것이며, 윤회와 열반법 등 모든 현분의 세속법은 아직 있는 것이다. 승의량과 세속량으로 얻어 온 바인 '무'와 '유' 혹은 증오한 바의 견해로서 이것이 이제가 된다고 말할 수 있는데, '일체가 없음'이 승의제이고 '일체가 있음'이 세속제라고 말한다.

능취와 소취 두 가지는 모두 이제 각자에 포함된다. 하나는 능지能知와 같이 능결택能決擇이고 하나는 결택이 되는 바(所決擇)가 되는데, 결택이 되는 바는 불법이고 능결택은 나 자신 주관의 능지이며, 능결택의 공성의 집착과 결택되는 바의 공성의 제법 등의 둘은 다 승의제

중에 포함된다. 내가 집착하는 일체 제법은 현현하는 것이고, 집착하는
바의 외면인 일체의 현현은 있는 것이며, 이 두 가지는 모두 세속제
중에 포함된다.

彼二不一亦非異 是故彼二斷定爲 피이불일역비이 시고피이단정위
一捨一取不應理 일사일취불응리
저 들은 하나도 아니고 다름도 아니니 이로써 저 들을 단정하여
하나는 버리고 하나는 취함은 이치에 맞지 않다.

　　승의제와 세속제는 한 체가 아니고 또한 다른 체도 아니며, 둘의
관계는 '실상'과 '현상'이다. 이제에 대하여 단정하여, 승의는 중요하여
취하고 세속제는 덜 중요하여 버린다고 하거나 혹은 세속의 인과
등은 매우 중요하므로 취하고 승의공성勝義空性은 중요하지 않아서
버린다고 함은 모두 이치에 맞지 않는다. 반드시 공성과 현현 양
방면을 따라서 문사聞思의 수행이 필요하다. 연화생 대사께서 설하신
바와 같이, 견해는 응당 가장 높은 밀승의 견해를 갖추지만 행지行持는
응당 가장 낮은 소승의 관점에서 수행해야 함은 매우 중요한 것이다.
현재 많은 불자들의 행지가 이미 삿된 법과 사행邪行을 따르고, 미迷하
여 잘못되어 있는데, 이것은 그들 자신이 시행착오나 사법을 행하기를
원해서 그런 것이 아니라 그들이 선지식이나 좋은 규결을 만나지
못했기 때문이다.
　　어떤 이는 인과에 집착하고 밀법의 가지加持를 조금도 구하지도
믿지도 않으며, 어떤 이는 너무 자만하여 밀법의 깊고 오묘한 행위를

기초 없이 행하고 인과 방면은 조금도 돌아보아 삼가지 않는데, 이 두 종류 모두 옳지 않은 것이다. 견해는 응당 가장 높은 것을 유지하나, 행지는 응당 가장 낮은 곳에 위치하여 작은 것까지 바르게 행해야 한다.

觀察彼二之智慧 各自辯別而承認 관찰피이지지혜 각자변별이승인
如得究竟法身時 一切心與諸心所 여득구경법신시 일체심여제심소
名言之中可說滅 勝義之中滅亦無 명언지중가설멸 승의지중멸역무
저 들을 관찰하는 지혜를 의지해 각자 판별하여 승인하고
구경법신을 얻은 때에 일체의 심과 심소는
명언 중에 멸함을 설할 수 있으나 승의 중에는 그 멸함 또한 없다.

이제二諦의 지혜를 관찰할 때에 있어 응당 이제를 잘 간별하여 승인해야 한다. 이제를 간별을 하지 않으면 곧 곤란함이 있게 되어 세속 중에 '일체는 있음'이고 승의 중에 '일체는 없음'이 되어버리는데, 이는 곧 자속파의 관점과 같다. 그러므로 후득 시에 간별을 함이 중요한 것이다.

그러면 어떻게 간별을 해야 하는가? 예컨대 최후 구경 시에 법신과法身果(밀교에서 설하는 바의 여래과如來果는 현교에서 말하는 법신법계法身法界이다. 일반적으로 법신은 법의 본성인 '공성'을 가리키며, 그 '공' 방면을 법신·법계라고 한다. 진정으로 눈이 있음, 손이 있음 등의 불상과 같은 법신은 없다. 일체 보신報身·화신化身의 나타남의 기반을 법신이라 일컫는다)를 얻는 때에 모든 분별망념의 마음과 심소에 대하여 간별하여 말하면,

명언 중에 이 마음과 심소는 다 소멸하였고 비할 것 없는 지혜를 이미 얻었으며 비할 바 없는 공덕도 이미 구족하였기에, 승의 중에 있어 심과 심소가 소멸한다고 설할 수 없다. 승의 중에는 일체 희론을 여읜 것이기 때문에, 만약 간별함을 가하지 않으면 마음과 심소는 승의 중에 '멸함이 있음'이 되는데, 이는 곧 승의 중에는 '승인이 없음'과 더불어 서로 모순되며, 따라서 응당 간별을 가하여 승인해야 한다.

所有佛經論典中 所示一切諸破立 소유불경논전중 소시일체제파립
有些相對勝義許 有些相對世俗說 유사상대승의허 유사상대세속설
모든 불경 논전 중에 보이는 일체의 모든 파함과 세움은
일부는 승의를 상대하여 허락하고, 일부는 세속을 상대하여 설한다.

　위와 같이 간별을 행함은 불경 및 논전과 서로 어긋나지 않는다. 세존이 설하신 경전 그리고 또 고승대덕이 지으신 논전 중에 일부는 제법에 대한 '세움'이 많고, 일부는 제법에 대한 '파함' 또한 매우 많다. 경론에서 논하는 여러 파함과 세움 중에 어느 것은 승의를 관대하여 말하는데, 일체가 모두 공성이고 인과가 없으며 중생도 부처도 모두 없음을 말하나, 명언의 인과를 불승인하지 아니한다. 어떤 것은 곧 명언이 있음·세속이 있음·인과가 있음·붓다와 중생이 다 있음·전법륜도 있음·열반이 있음 등을 말하는데, 이는 세속을 관대하여 설한 것이고 그 세속은 진실한 것이라고 말하나, 구경으로 말하면 이 또한 거짓인 것이다. 현재 어떤 사람이 말하길 "이런 세속은 가짜인가?"라고 하는데, 가짜인지 아닌지는 우리 마음속에서 분명히 알 수 있다.

미팡 린포체께서 설하시되 "승의 중에 없음이 세속 중에 또한 없음이 됨을 말하는 것이 아니고, 세속 중에 있음이 승의 중에 또한 있음이 됨도 말하는 것이 아니다."라고 하신다. 이것이 닝마파의 가장 중요한 관점이다.

若以唯有勝義言 衆生諸道如來等 약이유유승의언 중생제도여래등
可說一切皆無有 然而不對世俗諦 가설일체개무유 연이부대세속제
彼者唯一不得成 雖無輪涅諸現分 피자유일부득성 수무윤열제현분
現量成立顯現故 현량성립현현고

오직 승의의 각도에서 말하자면, 중생과 수도·여래 등
일체가 다 없다고 설하여도 세속제를 대하지 않으면
그것이 유일하게 성립하지 못하니, 비록 윤회·열반의 모든 현분이
없으나
현량으로는 그 현현이 성립되기 때문이다.

만약 승의제의 각도에서 설하면 중생도 없고 일체의 수도도 없으며 여래도 없고 또 인과 등이 다 없다고 승인할 것이지만, 세속제를 관대하지 않는다면 이런 종류의 유일한 승인 방식은 또한 성립할 수 없다. 만약 여래가 없다고 말하지만 여래는 있는 것인데, 석가모니불이 인도의 금강좌에서 법륜을 굴리신 것은 현재 세계상에서 또한 승인된 것이고, 천 오백 오십여 년 전에 붓다께서 3차 법륜을 굴리신 것은 과학이 발달한 국가에서도 인정한 바이니, 한두 명이 비방하여도 근본적으로 이유가 되지 않으며, 따라서 '여래가 없음' 등의 주장은

성립할 수 없다.

'모든 수도가 없음'이라고 말하면 이것 또한 성립하지 못하는데, 현교와 밀교의 모든 도법과 및 그 도를 의지하여 성취한 대덕이 하늘의 별처럼 많은데 이것은 또한 어떻게 해석할 수 있겠는가? 또한 '중생이 없음'이라고 하면 너 자신 또한 없는 것이 된다. 이렇듯 세속을 관대하지 않으면 이와 같이 승인함은 있을 수 없다.

실상을 좇아 설하면 윤회와 열반은 모두 없는 것이지만, 세속의 명언 중에 있어 일체 윤회와 열반의 현분은 현량으로 그 현현이 성립하는 것이며 모든 중생·모든 수도 지위를 성취한 대덕·모든 여래 등이 다 있는 것이니, 이는 현량現量을 인연하여 현현하기 때문이다.

若以名言量而言 衆生諸道如來等 약이명언량이언 중생제도여래등
縱使加說彼等有 然而不對勝義諦 종사가설피등유 연이부대승의제
彼者唯一不得成 雖有如是而觀察 피자유일부득성 수유여시이관찰
以量決定不成故 이량결정불성고
만약 명언량名言量으로써 말하자면, 중생·모든 수도·여래 등이
있다고 설하여도 승의제를 대하지 않는다면
그것이 유일하게 성립하지 못하며, 비록 이 같음이나 관찰하면
량으로써 이룰 수 없음을 결정하기 때문이다.

만약 명언량을 관대하여 말하면 육도중생·성문 연각, 오도五道 십지보살十地菩薩·여래 등 일체법이 모두 있는 것이고, 있다고 설할 수 있다. 그러나 만약 승의제를 관대하지 않은 채 다만 '있다'라고

말한다면 이것은 성립할 수 없다. 세속 가운데의 '유'는 결국에는 거짓이기 때문이며, 따라서 관찰할 때에 있어 '유'는 성립하지 못하게 된다. 비록 명언량 가운데서 일체의 모든 법이 분명히 있어도, 승의제로써 확실히 관찰할 때에는 진실한 승의량으로써 '공하지 않은 법'은 영원히 성립하지 못함을 결정할 수 있다. 그래서 석가모니불이 제1차 법륜에서 '승의제'를 거론한 바가 없었다.

이제 막 입문한 초학자들에게는 '공성'의 이치를 말하지 않아도 되며, 그들에게 먼저 인과 등에 대하여 거짓 없는 신심이 생겨난 후에 다시 설해 주면 의의가 있다. 그렇지 않고 초학자들에게 한편으로 공성을 말하면서 또 한편으로 인과를 말해 주면, 그들 마음 중에 잘 정리되지 못하여 때에 따라 마음에 의심이 생겨나게 된다.

是故永時彼二者 一有一無不容有 시고영시피이자 일유일무불용유

영원히 이 두 가지에 대해 하나는 있고 하나는 없음이 용납되지 않는다.

이제는 시종 모두 동시에 있고 동시에 없는 것이고, 승의는 없고 세속은 있다고 하거나 혹은 세속은 없고 승의는 있다고 하는 등의 상황은 있을 수 없는 것이다.

設問二者力同等 并且若許眞實者 설문이자력동등 병차약허진실자
則成有實不空也 즉성유실불공야
만일 둘이 힘이 같음과 둘이 진실이 됨을 허락하면
곧 실로 있고 공하지 않음을 이루는가?

만약 이제의 역량이 같은지 물으면서 아울러 둘이 각자 위치 위에
다 진실이 됨을 허락한다면, 곧 '실이 있음'·'공하지 아니함'의 과실을
이루는가?

二者自性不成立 二境實際非異體 이자자성불성립 이경실제비이체
彼性空故怎不空 二者同力顯現故 피성공고즘불공 이자동력현현고
成立空性若不現 由何了知彼性空 성립공성약불현 유하요지피성공

들의 자성은 성립되지 않고 이경二境이 실제는 다른 체가 아니며
저 성이 공한데 어찌 불공인가? 들이 같은 힘으로 현현하기에
공성을 성립하고 만약 나타남이 없으면 어떻게 저 성이 공함을 알겠는가?

위의 물음에 답하되, 우리는 어떤 하나의 실지로 있는 법을 인정함이
없으며 따라서 위에서 말한 과실이 없다. 이제는 그 자성 상에 있어서
관찰하면 하나의 '자성'이 성립하는 법이 없고, 세속의 법을 관찰함에
하나의 자성의 법이 있지 않으며, 승의를 관찰함에 또한 하나의 자성의
법이 있지 않지만, 그렇게 나누어 결택하면 일정한 필요성과 공덕,
그리고 큰 의의가 있다. 승의의 경계가 공성이 되고 세속의 경계가
현현이 되기 때문에 둘은 다른 체가 아니고 병과 기둥의 그런 모습과
같지 않으며, 응당 공이 현을 즉하고 현이 공을 즉하는 것이며, 일체법
의 본성은 현현하는 것이고 현현은 실제상으로 공성인 것이니, 어찌
공하지 않음이 될 수 있겠는가?

중관에 있어 일체 모든 법의 현현을 결택하여 공성이 되고 이어서
공성을 증오하며, 다만 이 같은 공성은 증오를 위한 연기로 삼게

되는 것이니, 이것은 매우 중요하다. '공'에 집착함이 필요하지 않으며, 이 공성은 연기로써 현현하는 것이다. 또 승의제는 다만 성자의 근본혜의 앞에 있어서 현현하고, 세속제는 분별망념의 앞에 있어서 현현하며, 두 가지의 현현은 같은 힘인 것으로 모두 공성을 성립하게 되는 것이니, '공하지 않음'이 아니다. 만약 이 '공'의 현현함이 없다면, 우리가 어찌 이것이 공성인 것을 알겠는가? 공이 나타나지 않는다면, 그 공을 어찌 알겠는가?

是故二者不相違 互爲顯現于因果 시고이자불상위 호위현현우인과
若知現有空亦有 永時彼二無合離 약지현유공역유 영시피이무합리
現空遍于一切故 如何衡量亦眞實 현공편우일체고 여하형량역진실

이로써 둘은 서로 어긋나지 않고 서로 인과 위에서 현현함이 되며, 현이 있으면 공 또한 있음을 안다면 영원히 저 둘은 여의고 합함이 없으며,
현과 공은 일체에 두루하니 어떻게 추량하여도 이것은 진실하다.

따라서 현과 공 둘은 실제상으로 서로 어긋나지 않고 서로 인과가 되는 것이며, 앞의 게송에서 이 두 가지는 '방편'과 '방편을 생함'의 관계로써 설하고 있다. 현현에 의거하여 공성을 증오하면 그 공덕 또한 있는 것이고, 현현을 가져 인을 삼아 공성으로써 과를 짓는 것은 가능한 것이다. 공성을 증오한 후에는 공성으로써 인을 삼아 현현이 과가 되며, 그 공덕 또한 있는 것이다. 현현이 있는 것을 알 때 그 공성 또한 있는 것이고, 그 '공'이 있을 때 현 또한 있는 것이며,

둘은 영원히 여읨도 없고 합함도 없는 것으로, 그 하나가 공이고 하나가 현현인 것은 가능하지 않다.

윤회 열반을 포함하는 일체법에 대하여 그 본성상에서는 일체 처處에 두루한 것이고 어떻게 추량하여도 또한 진실한 것이니, 비유하자면 세속은 세속 위치 상에서 진실한 것이고 승의는 승의의 위치 상에서 진실한 것이다. 비록 승의량으로써 세속량을 관찰하면 본래 가짜인 것이지만, 세속 위치 상에서는 여전히 하나의 '가설된 진실'이 된다. 『입중론』에서 예를 든 꿈의 비유에서 "그것의 앞에서는 꿈 또한 진실이다."라고 하니, 본래 하나의 꿈이지만 꿈의 경계 중에서 또한 진정으로 고락 등의 느낌을 분명히 받는다. 꿈에서 깨어난 후에야 마침내 이것이 꿈이고 실이 아닌 줄 알지만, 당시 꿈속에 있어서는 진실로 느낌을 받음이 있으며, 진실과 구별이 없는 것이다. 그러므로 두 가지는 각자의 위치 위에서 여전히 일정한 '진실'이 되며, 이 '진실'이 소멸됨이 없는 상태에서는 둘은 동등하게 같은 힘으로 존재하는 것이다.

若知顯現卽空性 則現證悟無實有 약지현현즉공성 즉현증오무실유
若知空性卽顯現 而空不可證實有 약지공성즉현현 이공불가증실유
故見無離無合時 實有永時再不翻 고견무리무합시 실유영시재불번
만일 현현이 공성임을 알면 증오가 실로 있지 않음이 나타나게 되며
만일 공성이 현현임을 알면 공이 실로 있음을 증할 수 없으니
여읨도 없고 합함도 없음을 볼 때 실로 있음이 영원히 중복되지 않는다.

승의의 관찰방법이나 혹은 과거 인연의 성숙함으로써 모든 법의

현현이 본래 공성임을 통달하고 '일체의 현현'이 '실제로 있음이 아님'이
됨을 증오하면, 아무런 이익도 해도 없이 일체의 기세간 제법에 대한
집착이 없어지게 된다. 만약 어떤 사람이 현현이 실로 있음이 된다고
집착하지 않으면서 도리어 '공'에 집착하여 공을 실로 있음으로 삼음은
또한 가능하지 않은 것이다.

제법의 본성이 희론을 여의기 때문에 만약 본성을 증오하면 다시
희론이 생길 수 없고, 따라서 법성을 보았을 때 여임도 합함도 없으며,
원래의 '실지로 있음'의 집착이 다시 중복되지 않는다. 『석량론釋量
論』에서 교증한 것처럼, 물이 이미 끓어 버리면 다시 원래의 냉수
상태로 되돌리지 못함과 같이, 여래 경계에 이르면 다시 윤회세계에
떨어질 수 없으며, 지혜가 이미 구경에 이르러 모든 이장二障의 근본
원인을 이미 제거했기 때문에 윤회 과果가 다시 생김이 없다.

一切顯現實相者 空故無離亦無合 일체현현실상자 공고무리역무합
由于舍棄顯現外 單獨空性不成故 유우사기현현외 단독공성불성고
是故乃至輪番時 修習二諦卽妙慧 시고내지윤번시 수습이제즉묘혜
일체의 현현과 실상은 공하기에 여임도 없고 또 합함도 없으며
현현을 버리고는 단독으로 공성을 이루지 못하는 연고로
서로 번갈아 교대하는 방식으로 이제를 수습함이 곧 묘혜가 된다.

일체의 윤회 열반이 포함하는 바의 모든 법의 실상은 공성의 인연이
되는 연고로 그 현현과 공성은 여임도 합함도 없는 것이고, 만약
현현을 버리면 단독의 '공성'은 찾지 못하며 교증·이증으로써 또한

성립할 방법이 없다. 이로써 불과를 얻기에 이르기 전에 줄곧 번갈아 수지함이 필요하고, 번갈아 수습하는 바의 이제는 곧 묘한 지혜이며, 마음과 심소를 판별하는 묘한 지혜가 된다.

于此二取輪回時 不穩心與心所故 우차이취윤회시 불온심여심소고
眞實智慧不顯現 無舍無取當攝持 진실지혜불현현 무사무취당섭지
觀察無垢二妙慧 관찰무구이묘혜
이에 이취가 윤회할 때에 심과 심소를 숨기지 못하는 연고로
진실지혜가 나타나지 않으나, 버림도 취함도 없음을 잘 포섭하여
허물없는 두 가지 묘혜를 관찰해야 한다.

능소의 이취가 소멸하지 않은 윤회 중에서는 마음과 심소가 선정의 힘을 얻지 못하여 줄곧 안정되지 않기 때문에, 윤회를 아직 여의지 못하고 있을 때 혹은 잘 대치하지 못하고 있을 때에는 성자의 근본지혜는 현현할 수 없다. 따라서 윤회를 여의고 불과를 얻기 전에는 응당이 이제의 묘한 지혜를 버리지 말아야 하며, 이밖에 따로 지혜를 얻는 방식은 없다. 응당 이제에 대하여 버림도 취함도 없는 방법으로써 허물이 없는 두 가지 묘한 지혜를 포용하고 관찰해야 하며, 이것은 매우 중요하다.

현재 불교를 배우는 사람들이 일부는 방편도方便道에 치우쳐 있거나 일부는 지혜도智慧道에 치우쳐 있으며, 혹은 명언도名言道의 문門이나 혹은 승의도勝義道의 문에 치우쳤다고 말할 수 있다. 많은 사람들이 이미 이제를 벗어나 있는 것이다. 미팡 린포체의 『정해보등론定解寶燈

論』이 세상에 널리 전파되어 불자들이 공부하게 되면 다시 훌륭한
수행인이 될 수 있을 것이다.

何時其中一不具 彼二所生雙運智 하시기중일불구 피이소생쌍운지
必定不得生起故 猶如燧木燧墊中 필정부득생기고 유여수목수점중
若無一者不生火 약무일자불생화

어느 때 그중 하나를 갖추지 않으면 저 둘이 만드는 바인 쌍운지혜가
결코 생겨날 수 없으며, 부싯목을 판에 비비는 것과 같아서
한쪽이 없으면 불이 붙지 않는다.

    윤회를 벗어나기 전에는 어떤 경우이든지 두 종류의 묘혜 중 하나라
도 구족하지 못하면 2종 묘혜의 관찰로 생기는 바인 쌍운지혜가 반드시
생기지 못한다. 쌍운지혜가 생기는 인은 곧 2종 묘관찰의 지혜이다.
마치 옛날에 화목을 비벼서 불을 얻는 것과 같아서, 둘이 서로 마찰하여
불을 일으키고, 그 후에는 둘이 점점 다 타버리게 되는데, 만약 그중
하나라도 부족하면 곧 불을 일으킬 수 없는 것과 같다.

    마찬가지로 '현현을 관찰함'과 '공성을 관찰함'의 두 가지 묘혜가
구족되지 못하면 곧 둘이 만들어 내는 바인 쌍운지혜를 얻을 수가
없다. 이러한 비유에 대해 미팡 린포체의 『지혜품석智慧品釋』 및 모든
중관 방면의 저작에서 모두 설하고 있는데, 그 뜻이 매우 깊다.

    그 둘을 의지하여 불을 일으키고, 그 두 가지도 또한 점점 변하여
불꽃을 이루어서 타버린다. 마찬가지로 공성과 현현을 관찰하는 두
지혜가 처음에는 집착이 있는 것이지만, 최후 구경에 도달했을 때

462

둘은 점점 법계에 녹아진다. 우리들 중에 어떤 사람은 이런 관점을 의심하여 묻되, "우리가 매일 '공성'을 수행하는데, 어떻게 그 '공성'의 집착을 제거할 수 있겠는가?"라고 한다. 위의 비유로 설함으로써 분명히 이 의심에 답할 수 있다.

如來繼承師己說 脫離方便與空性 여래계승사이설 탈리방편여공성
此乃不是眞實道 是故若舍此二因 차내불시진실도 시고약사차이인
則永無法生大智 즉영무법생대지
여래를 계승하신 조사가 이미 설하되, 방편과 공성을 벗어나면
이는 진실한 도가 아니며, 이 두 가지 인을 버리면
곧 영원히 대지혜가 생길 수가 없다.

석가모니불께서 『집적경集積經』, 『반야경般若經』에서 또한 이같이 설하셨고, 또 석존 이후에 인도의 팔십 대성취자 중 한 분인 사라하 존자, 티베트의 마얼빠 존자, 롱첸빠 존자 등 많은 전승상사들이 반복하여 설하시되, "만약 방편과 공성을 벗어나면(방편은 현교에서의 오바라밀다五波羅密多·사섭법四攝法 등과 같은 것이고, 공성은 자생自生·타생他生·공생共生·무인생無因生의 4생 등이 무생無生 등이 됨을 가리킨다) 이는 곧 진정한 도가 아니다."라고 하셨으며, 사라하께서 말하되, "공성을 여의면 진실한 도가 아니고, 다만 공성이고 대비가 없으면 이 또한 진정한 도가 아니다."라고 하신 바 있다. 여기서 대비와 방편은 서로 같은 뜻이다. 방편과 공성의 두 인因을 버리면 곧 영원히 대지혜를 낼 방법이 없다.

智慧自之本性者 超離四維言說故 지혜자지본성자 초리사유언설고
唯依表示方便法 或者語句表明外 유의표시방편법 혹자어구표명외
眞實不能指示故 진실불능지시고

지혜 자체의 본성은 4구 언설을 여읜 것이기에
오직 표시의 방편법을 의지하거나 혹은 어구로 표현하여 밝히는 외에
진실을 가리켜 보일 수 없다.

본래로 허물없는 지혜는 희론을 여의고 언어와 사유를 여읜 것이지만, 현교와 밀교 중에 모두 그것을 표시하는 방편법이 있다. 본래 제불보살의 지혜는 능과 소의 구별이 없으며, 심과 심소의 분별망념을 멀리 여읜 것이다. 일체의 유무시비를 다 멀리 여의고 심지어 말과 생각도 다 여읜 것이며, 설할 방법이 없는 것이다.

그렇다면 어떻게 바르게 가르치거나 전수할 수 있는가? 오직 '표시의 방편법'에 의지할 수 있을 뿐이다. 시르상하와 연화생 대사의 공안과 같이 손으로 지시함으로써 법을 표시한 것이 있으며,[64] 일부는 여러 방편법을 활용하는데, 생기차제生起次第·원만차제圓滿次第의 방편도, 지혜공락도智慧空樂道[65] 등 많은 방편법으로 표시하여 밝혀 전한다.

---

64 지명표시전이라 한다. 보현여래께서 극희금강에게 전하신 것이 여래밀의전이고, 이 밀의를 장화시닝께서 시르상하와 연화생 대사께 전하고, 시르상하와 연화생 대사께서 수인 등 표시로 뿌마모자·가나쓰자·비로자나에게 전하신 것이 지명표시전이며, 티송데짼 국왕 이후로 구결로 전한 것을 보특가라이전이라고 한다.

65 겔룩파의 상사유가·낙공불이법으로서, 경건함으로 본존·공행·호법의 총합체인 상사께 공경 예배하고 기도 공양하면서 관수하는 수행으로 최후에 겔룩파의

464

이 같은 것은 현교 중에도 방편과 지혜를 수지하는 방법이 있으며, 이외에 밀종과 비교하여 또 다른 첩경은 없다.

현교에서 '마음이 어떠하다'는 등으로 설하는 것처럼 어떤 이는 '문구의 방법'으로써 표명하는데, 밀교에서 그 설함이 더욱 분명하다. 언어 등 방식을 써서 표명하는 방법 이외에 진정으로 불가사의의 지혜를 지시하여 가리켜 주는 것은 불가능하며, 언설로 표현할 수 없기 때문이다. 『화엄경華嚴經』, 『능엄경楞嚴經』, 『양리보장론量理寶藏論』 등이 모두 달을 가리키는 것으로써 비유를 삼고 있는 것과 같다. 허공에 달이 있고 그것을 손가락으로 가리킬 때, 어리석은 사람은 달을 보지 않고 다만 손가락만 본다. 따라서 어구로써 표시할 때에는 그 어구에 집착하지 않아야 한다.

일부 사람들이 말하되 석존께서 스스로 한 어구의 법도 설하지 않으셨다고 말하지만, 석존께서 49년간 법을 설하셨지 않았는가? 이 같은 변론은 무익한 것으로 진정한 지혜는 다만 하나의 표시 방법이 있을 따름이고, 이밖에 달리 표시할 방법이 없다.

密呪續云句灌頂 金剛精華續等中 밀주속운구관정 금강정화속등중
以句方便而直指 이구방편이직지
밀속 중에서 구의관정을 설하며, 금강정화 속부 등에서는
문구의 방편으로써 직접 전수한다.

깊은 밀법 대수인을 증오하는 수행법이다.

공동共同의 밀속密續에 있어서『시륜금강時輪金剛』,『대환화망속大
幻化網續』등에서 구의관정句義灌頂을 설하면서 그 의의를 설한 것이
대락관정大樂灌頂이다. 이 관정 중에 자기 마음을 수정과 유리의 투명
함을 써서 표시하는데, 이밖에 다른 방편으로 바로 가리키는 것은
곤란함이 있다.『자현속自現續』,『보작속普作續』등 불공통의 속부에
서와 같이, 불공동不共同하지 않는 밀승대원만의 심心·계界·규결부
등의 금강정화속金剛精華續에 있어서 '문구'의 방편으로써 전수하는
것이 있는데, 특히 '본래청정'은 문구로써 자기 마음이 색깔·형상
등이 없음을 전해준 것이다.

상사께서 전수해 주실 때 "무엇에도 집착할 필요가 없다."라고 하는
등을 설하여 바로 가리켜 표시하였고, 또 방편의 방법으로써 대원만에
임운하여 스스로 이뤄지는 '토가' 수법, '허공'을 관하는 등의 방편을
사용하였다. 이것 이외에 진실한 지혜가 친히 스스로 가리켜 내기를
요구함은 불가능한 것이다.

如是遠離世間智 不依其他不得故 여시원리세간지 불의기타부득고
宣說二諦道中觀 선설이제도중관
이같이 세간 지혜를 멀리 여의고 기타 방편을 의지하지 않으면 얻지
못하니
이제의 도중관道中觀을 널리 설한다.

이와 같이 4변을 멀리 여읜 불가사의한 지혜이기에 기타의 방편법,
예를 들어 문구로 표시한 법 혹은 상사의 규결 등을 의지함이 없으면

그것을 증득할 수 없는 것이다. 따라서 모든 경과 속부·논전 중에
있어서 모두 이제의 도중관道中觀을 설하였고, 증득을 위해 과중관果
中觀만을 설하지 않으니, 반드시 인위 혹은 도위의 중관을 설함이
필요하다.

是故抉擇二諦時 現空能破所破相 시고결택이제시 현공능파소파상
是以輪番而宣說 彼果雙運智慧者 시이윤번이선설 피과쌍운지혜자
續部中說種種名 속부중설종종명

이로써 이제를 결택할 때에 현과 공은 능파와 소파 상에서
교대로 번갈아 펴 설해지며, 그 결과인 쌍운지혜는
속부 중에 여러 이름으로 설해진다.

　　도중관을 결택할 때에 있어 이제는 응당 나눠서 설해야 하고, 현현과
공성으로써 소파所破와 능파能破를 대치하는 방식으로 펴 설하며,
승의제로써 진실을 삼아 능파를 짓고, 세속제로써 가상을 삼아서
소파를 짓는다. 여래와 전승상사께서 설하실 때에 또한 번갈아 펴
설하며, 현과 공을 능파와 소파의 방식으로써 수지하여 얻는 쌍운지혜
의 과는 속부 중에 있어 여러 가지로 명칭하는데, 곧 '대원만大圓滿'·'대
수인大手印'·'광명지혜光名智慧'·'구생지혜俱生智慧'·'대락지혜大樂智
慧' 등으로 불린다. 그 명칭이 같지 않을 뿐 그 의미는 같고, 중관
중에서 일컫는 과중관果中觀·법계法界 등의 뜻도 서로 같은 것이다.

是故中觀之諸宗 由從二諦理建立 시고중관지제종 유종이제리건립

不依勝義世俗諦 不得證悟雙運智 불의승의세속제 부득증오쌍운지
是故勝者所說法 皆依勝義世俗諦 시고승자소설법 개의승의세속제

중관의 모든 종이 이제의 도리를 좇아서 건립하기에

승의와 세속제를 의지하지 않으면 쌍운지를 증오함을 얻지 못하며

이처럼 승자가 설하는 바의 법은 모두 승의제와 세속제를 의지한다.

중관의 각종 종파를 건립할 때에 응성파應成派와 자속파自續派 등 모두 이제의 도리로써 건립한다. 승의제와 세속제를 의지하지 않으면 쌍운지혜를 증득하지 못한다.

이제는 그 본성상에서 나눌 수 없으나 다만 결택할 때에 있어 나누는 것이 필요하다. 중생이 집착하는 방식이 같지 않기에 그 결택하는 방식 또한 같지 않아서, 세속을 버리고 승의를 증득하는 방식도 있다. 그러나 여래와 전승상사가 설한 바의 묘법은 모두 '승의'와 '세속'의 이제를 의지하여 설하며, 따라서 밀승 또는 중관을 배우는 자에게는 이제의 개념이 매우 중요하다.

만약 이 두 가지의 개념을 이해하지 못하면 불법의 뜻이 깊기에 해석할 방법이 없으며, 생을 마치도록 연구하여도 과를 얻지 못하고 모호함을 벗어나지 못한다. 그러나 이제를 통달하면 곧 능히 불법에 대하여 대강의 뜻을 밝혀 알게 된다.

是故承認各二諦 中觀果名取因名 시고승인각이제 중관과명취인명
卽是輪番小中觀 즉시윤번소중관

각 이제를 승인함에 있어서 중관의 과명을 인위라고 부르기도 하며

곧 '교대하는 소중관'이라고 이름한다.

본래 중관은 희론을 여읜 것이기에 오직 '과중관'이 있으면 그 실지에
부합하지만, 이제의 각자를 승인할 때에 있어서는 본래 과명의 '중관'을
잠시 수도修道에 사용하며, 수도 시에 '인위因位'라는 이름을 취한다(중
관의 뜻은 곧 법계이기 때문이다). 따라서 이 '인위의 중관'을 '교대하는
소중관(輪番小中觀)' · '인중관因中觀' · '정에서 나온 중관(出定中觀)' 등
으로 설하기도 한다.

미팡 린포체께서 설하시되, "중관 · 공성 · 법계 · 승의제 등의 이름에
는 모두 상사相似와 구경究竟의 두 종류가 있는데, 구경은 일체의
언설과 사유를 여의는 것이고 상사는 언설을 다 여의지 못한 것이다.
공성을 결택할 때에는 희론을 여읜 것이고 또한 막음이 없는 것(無遮)이
며, 이 두 이름은 매우 중요하다."라고 하셨다.

觀察諸蘊咸空性 斷除所破之無遮 관찰제온함공성 단제소파지무차
于彼觀對名無者 亦有如是承認也 우피관대명무자 역유여시승인야
모든 온을 관찰하여 공성으로 삼고 파할 바를 제거함이 막음 없음이며
저 세속을 관대함에 '무'라 이름하고 또한 있음이니, 이같이 승인한다.

자속파가 승인하는 중관은 곧 도중관이다. 모든 오온을 관찰하여
다 공성으로 삼고, 일체의 실로 있음의 파할 바를 제거함을 승인하여
'막음 없음(無遮)' 혹은 '공성'으로 삼는다. 이 '무차'는 세속의 명언을
관대하여 '무'가 된다고 하며, 명언 중에 혹은 후득의 시기에 있어

또한 이와 같이 승인한다.

如是因或道中觀 二諦如何所承認 여시인혹도중관 이제여하소승인
卽是二者爲自宗 不許勝義爲自宗 즉시이자위자종 불허승의위자종
而于世俗送他者 이우세속송타자

이 같은 인중관因中觀 혹은 도중관道中觀에서 이제는 어떻게 승인되는가?
곧 두 가지 모두 자종이 되는데, 승의는 자종으로 하고
세속은 타인에게 보내는 것을 허락하지 않는다.

　이 같은 인중관 혹은 도중관에서, 그 이제를 어떻게 승인하는가에
관계없이 모두 자종自宗이고, 승의의 '공성'과 명언의 '현현' 등을 설함
은 다 자종을 위함이며, 승의의 '허락 없음'은 자종이고 명언의 '허락
있음'은 타종에 보내는 것이 아니다. 중관응성파는 인중관과 도중관을
승인하는 때에 있어 이제를 어떻게 승인하든지 모두 자종이 되며,
승의가 자종이나 세속은 자종이 아니어서 타인에게 보낸다고 함을
승인할 수 없다. 그렇지 않으면 『입중론』의 제6지 결택인 '공성'이
자종이고, 그 나머지 설한 바인 모든 기도과는 자종이 아닌 것이
되는데, 이는 곧 초지의 둘이 아닌 지혜 또한 승인하지 않는 과실이
생겨난다.

若爾自宗勝義諦 則成單空且誹謗 약이자종승의제 즉성단공차비방
一切基道果顯現 皆是迷亂幷所斷 일체기도과현현 개시미란병소단
究竟之時唯遺留 儘儘離障之空界 구경지시유유류 진진리장지공계

應許二諦等無有 如同聲緣自道中 응허이제등무유 여동성연자도중
所許無餘涅槃果 此宗亦如息滅燈 소허무여열반과 차종역여식멸등
無有少許區別故 무유소허구별고

만일 자종이 승의제만이라면 곧 단공과 비방을 이루게 되는데,
일체 기도과의 현현이 모두 미혹이고 끊을 바가 되고
구경에 이를 때 오직 남는 것은 다만 장애를 여읜 공계뿐이며,
두 지혜 등이 없음을 허락함이 소승 성문·연각도와 같으며
허락한 바인 무여열반의 과는 이 종파처럼 불 꺼진 등과 같이
조금의 구별도 없게 된다.

　　다만 승의제만 승인하고 세속제를 승인하지 않으면 세속제의 작용을
다른 사람에게 보내주게 되고, 그렇게 되면 중관응성파의 자종은
다만 하나의 단일한 공성을 이루게 된다. 그리되면 일체의 기基(二諦)·
도道(二資糧)·과果(二身)의 현현을 비방하고, 그것들을 모두 미혹함·
거짓이라고 설하여 모두 제거하게 된다. 최후 구경에 불과를 이룰
때에는 다만 한 개의 장애를 여읜, 현현함이 없는 공계를 남기게
되고, 진소유지와 여소유지 등은 모두 없는 것으로 승인하게 된다.
이렇게 되면 성문과 연각이 자기의 소승도 중에 허락한 바인 무여열반
無余涅槃의 과果가 말하는 지혜 없는 경계와 같게 되고, 너희 종파
또한 이와 같게 되는데, 이것은 마치 불 꺼진 등燈과 같아 소승의
관점과 조금도 구별이 없게 되기에 분명 과실이 있다. 따라서 응당
후득 시에 있어 일체의 기도과 등 세속제의 안립을 승인해야 한다.

佛說誹謗雙運界 如同虛空斷見者 불설비방쌍운계 여동허공단견자
釋迦佛法之窃賊 亦是毁滅妙法士 석가불법지절적 역시훼멸묘법사
붓다께서 쌍운계를 비방하는 것은 허공에 집착함과 같은 단견이고
석가 불법을 훔친 도적이며 묘법을 훼멸하는 사람이라고 설하셨다.

교증·이증의 방법으로써 위에 서술한 과실을 결택한다. 먼저 교증의 측면에서, 만약 세속제를 승인하지 않으면 승의의 '공성'만 허락한 것인데, 이는 경전에 설한 바에 비추어 보면 과실이 있다.

붓다께서 설하되, 본래의 법계는 '쌍운의 법계'라고 하신 바 있다. 쌍운의 법계를 비방하면 그것은 곧 현공쌍운의 계를 허락하지 않고 하나의 허공과 같은 공계를 설함인데, 이러한 '공에 대해 집착(執空)'하는 단견자斷見者는 윤회를 벗어나지 못한다. 다만 그 실집을 제거하기 위하여 잠시 '공에 집착함'을 방편으로써 대치함은 가능하며, 구경에서 볼 때 공에 집착하는 단견은 석가세존 교법의 도적盜賊이 된다. 본래의 모든 법은 현공무별의 쌍운지혜이지만, 다만 하나의 '공성'에 집착하기에 성불법의 도둑이 되고, 대승묘법을 훼멸하는 보특가라일 뿐, 불법을 홍양하는 고승대덕이 아니다.

미팡 린포체가 라서 켄포에게 답변한 편지 중에 40여 부의 불경으로써 교증하여 '단공'이 구경의 관점이 아님을 40여 항목으로 논술한 바 있다.

理證彼宗亦非理 因爲本有誹謗無 이증피종역비리 인위본유비방무
以用定解金剛火 其能摧毁劣見山 이용정해금강화 기능최훼열견산

이증으로써 저 종파는 이치가 아니니 본래 있음을 없다고 비방하기
때문이며
정해의 금강 불꽃으로써 그 하열한 견해의 산을 부숴야 한다.

　만약 이증으로써 저 종파의 관점을 관찰하면 구경이 아니며 또한
합리적이지 않은 것이다. 일체의 기도과基道果·인과 등의 현현이 세속
중에 본래 있는 것이며, 그들이 세속 중에 있지 않음을 이룬다고
설함은 곧 이미 비방을 이룬다. 용수보살과 월칭보살의 '현공무별'
중관에 대한 모든 논을 연구하여 최후에 '현공무별'에 대하여 정해가
생기면 그것은 금강의 불(火)과 같아서 '겁말의 불'로써 정해定解의
견고함으로 비유하며, 그것은 일체를 부수며 또한 다른 것에게 절대로
부서짐을 당하지 않는다. 현공무별의 지혜의 정해는 금강 불꽃이니,
능히 일체 하열한 견해의 산을 부숴버린다고 설한다.
　아띠샤 존자의 대제자인 중돈빠는 한 부部의 「부서父書」와 「자서子
書」를 남기면서 전문적으로 미래 티베트의 불법 상황을 수기授記하였
는데, 「부서」에서 말하되, "미래에 '자빠(扎巴)'라는 글자가 들어가는
이름의 비구가 세상에 나오는데, 그 비구가 결택한 견해의 일부분이
이치에 안 맞으나 다만 사견을 일으키지 말 것이니, 아티샤 존자와
나의 화신이다."라고 하였다. 후에 겔룩파의 종조宗祖 종카빠 대사
이름 중에 '자빠'가 있었으며, 그가 결택한 견이 구경에서 보면 좀
과실이 있다. 이것이 중돈빠의 「부서」에 설해진 것이니, 우리는 종카빠
대사에 대해 사견을 내면 안 된다.
　라서 켄포와 미팡 린포체가 변론할 때에 켄포가 말하되, "나는 이전에

린포체가 아무것도 모른다고 생각했다. 변론 서신을 보낸 지 삼 년이 지나도 회답이 없기에 우리의 많은 거사들이 린포체가 변론에 회답할 실력이 없다고 여겼다. 나는 당시 린포체께서 대수행자이시니 아마 편지를 못 받았을 것이라고 말했는데, 3년 후에 린포체의 답변서를 받아 자세히 읽어 보니 진정으로 닝마파에 많은 수승한 점이 있다고 생각되었다."라고 하였고, 켄포는 위의 중돈빠의 수기를 써서 린포체에게 보냈다. 당시 황교의 켄포들은 라서 켄포에 대해 불평하여 말하되, "당신이 우리 자종의 관점을 견지하지 못하고 반대로 교증으로써 성립하지 않는다고 말함은 옳지 않다."라고 하였다.

라서 켄포는 제3차 변론 서신에서 말하되, "미팡 린포체 당신께서 영원히 섭수해 주시기 원하며, 당신 닝마파의 '현공무별'의 견해는 매우 수승하다."라고 하였다. 라서 켄포는 황교의 매우 유명한 켄포이며 묘음천녀妙音天女의 화신이다. 비록 견해 상에 서로 논파하는 면이 있어도 사견을 일으키지 말고 응당 정지정념의 자세로 대해야 한다.

是故中觀諸論云 對于妙慧因中觀 시고중관제론운 대우묘혜인중관
以理觀察未成前 不成雙運果中觀 이리관찰미성전 불성쌍운과중관
故雖二諦理決擇 成立二諦無別果 고수이제리결택 성립이제무별과
此乃因果諸乘精 차내인과제승정

이로써 중관의 모든 논전에 이르되 묘혜의 인중관에 대하여
이치로써 관찰이 이뤄지기 전에는 쌍운의 과중관을 이루지 못하며
비록 잠시 이제의 이치를 결택하여도 이제가 구별이 없는 과로 성립함
이니

474

이것에 인과 모든 승의 정화가 있다.

　중관 수행법의 차제를 설한다. 본래는 대중관이지만 다만 수행 시에 있어서 차제로 수행하며, 결택 시에 있어서도 또한 차제로 결택한다. 중관의 모든 논에서 설하되, 묘혜妙慧의 인중관因中觀이나 도중관道中觀에 대하여 이증의 방식으로 관찰하여 그것이 제대로 성립하기 전에는 영원히 쌍운의 과중관果中觀을 성립할 수가 없다고 한다.
　비록 후득 시에 있어서 이제 묘혜의 이치에 대하여 잠시의 결택을 진행하나 이것이 구경은 아니고 다만 최후에 이제가 구별 없는 과를 성취하기 위함이며, 이런 종류의 결택決擇 혹은 수도修道에 인승因乘(顯敎)과 과승果乘(密敎)의 정화精華가 있다.

彼智輪番斷諸邊 不住二邊離心境 피지윤번단제변 부주이변이심경
是故名爲大中觀 何時現空輪番理 시고명위대중관 하시현공윤번리
乃至未得究竟智 爾時未證佛密意 내지미득구경지 이시미증불밀의
亦非究竟大中觀 역비구경대중관
저 지혜로 번갈아 모든 변을 끊어 이변二邊에 머물지 않고 심과 경을 여의면
이를 대중관이라 이름하며, 어느 때든 현과 공을 번갈아 관찰하거나 구경지를 아직 얻지 못하였을 때는 아직 붓다의 밀의를 증오하지 못함이니
이것은 구경의 대중관이 아니다.

이제의 지혜로써 능히 번갈아 유와 무의 모든 치우침을 끊어 제거하고 2변에 머물지 않으며 마음과 경계를 멀리 여의면, 이것을 대중관혹은 과중관이라 일컫는다. 어느 때이든 항상 현공무별의 지혜를이치로써 교대하여 수지하지 못하거나 구경의 쌍운하는 지혜를 얻지못하였을 때에는 아직 부처의 구경밀의究竟密意를 증오한 것이 아니다.'공空'에 망집妄執하고 '현現'에 반연攀緣하는 것이 교대하여 있기 때문에 이것은 곧 구경의 대중관이 아니다.

猶如摩擦燧木火 二諦淨慧所引得 유여마찰수목화 이제정혜소인득
現空雙運大智慧 息滅有無是非等 현공쌍운대지혜 식멸유무시비등
一切四邊之戲論 聖者入定根本慧 일체사변지희론 성자입정근본혜
安立雙運果中觀 안립쌍운과중관
부싯목을 마찰하여 얻은 불과 같이 이제의 청정혜로써 끌어내 얻은바인
현공쌍운의 대지혜는 유무시비 등의
일체 사변 희론이 쉬어 멸하는 성자의 입정 중의 근본혜가 되며
이것으로써 쌍운의 과중관을 안립한다.

부싯목과 문지름 판의 마찰로 생겨난 불과 같이 쌍운 대지혜는이제의 청정한 지혜로 관찰하여 생겨나며, 그 나무판 또한 불이 생겨남을 따라서 점점 타버린다. 마찬가지로 승의와 세속의 두 묘혜로 번갈아수지하여 쌍운 대지혜를 얻을 때 또한 현공무별의 법계 중으로 녹아들어가 유무시비 사변 희론이 멸하게 되며, 이로써 성자聖子가 정에

드는 근본혜를 안립하여 쌍운의 과중관이 된다.

不偏二諦後得智 雖立現空雙運名   불편이제후득지 수립현공쌍운명
入定根本大慧前 不緣現空雙運性   입정근본대혜전 불연현공쌍운성
名言量境卽顯現 勝義觀察境空性   명언량경즉현현 승의관찰경공성
雙運彼二融合體 彼等言思之境故   쌍운피이융합체 피등언사지경고

이제의 일방에 치우침이 없는 후득지를 비록 현공쌍운이라고 명칭하지만
입정의 근본 대지혜 앞에서는 현공쌍운의 성품과 인연하지 못하며, 명언량 경계가 현현하여 승의로써 그 경계가 공한 성품을 관찰하여 저 들이 융합체로 쌍운한다면 그것은 말과 생각의 경계일 뿐이다.

　이제의 어떤 한 방면에도 치우치지 않는 후득지혜 중에 비록 '현'·'공'·'쌍운' 등의 명칭을 안립하지만, 근본혜정의 앞에서는 '현'·'공'·'쌍운' 등의 명칭과 법상法相은 모두 인연되는 바가 없는 것이다. 후득시에 있어서 안립한 명언량은 다 언어와 사유의 경계일 뿐 일체 희론을 여읜 것은 아니다.

　우리가 쓰는 '현'·'공'·'무별' 등이 다 언설言說의 경계이며, 명언량名言量에서 나온 경계는 곧 분별망념에서 나타나는 경계이다. 승의로써 일체 현현의 경계가 다 공성이 됨을 관찰하여 '현현'이 성립하지 않음으로 결택한 바의 '공성'은 곧 분별의 경계일 뿐 지혜의 경계가 아니다. 명언량으로 얻은 바의 '현'과 승의량으로 얻은 바의 '공' 두 가지를 융합하여 함께 해도 이것 또한 분별망념의 경계이다. 마치 앞에서

설한 바인 흑백의 두 선을 비벼 합하여 함께한 모양과 같아서, '현'·'공'·
'쌍운' 등이 모두 언어와 사유의 분별망념 경계이다.

超離言思入定者 卽是各別自證許 초리언사입정자 즉시각별자증허
如是有現無現等 理證亦是不成立 여시유현무현등 이증역시불성립
언어 사유를 초월한 정定에 든 지혜는 각기 달리 스스로 증오함을
허락하며,
나타남이 있음 또는 나타남이 없음 등은 이증으로써 성립되지 못한다.

　언어와 사유를 초월한 근본혜정에 들어간 지혜는 곧 제불보살이
현량現量으로 보는 제법의 본성을 각기 달리 스스로 증오한 경계의
지혜이다. 이와 같이 성자의 근본지혜의 선정에서는 '나타남이 있음(有
現)'과 '나타남이 없음(無現)' 모두를 승인하지 않는다.
　이른바 근본혜정의 '나타남이 있음'은 승의지혜의 현현이 있음을
말하고, 이른바 '나타남이 없음'은 '허공의 모습과 같이 어떠한 나타남
도 없음'을 말한다. 미팡 린포체께서 설하되, 진정한 성자의 근본혜정
은 '유현'과 '무현' 모두 안립할 수 없는 것이며, 이증으로써도 성립할
방법이 없다. 만약 '유현'이라고 설하면 곧 성자의 근본혜정이 희론을
여읨이 없는 것이고, 만약 '무현'이라고 설하면 곧 성자의 근본혜정이
모든 법을 멸하는 원인을 이루기 때문이다.

是故輪番修二諦 爾時此名爲妙慧 시고윤번수이제 이시차명위묘혜
一旦無有輪番修 獲得雙運智慧時 일단무유윤번수 획득쌍운지혜시

478

觀察蘊斷所破后　無遮單空皆離越 관찰온단소파후 무차단공개이월
不現能破所破相 불현능파소파상
이로써 번갈아 이제를 수습할 때 그 이름이 묘혜가 되고,
일단 교대의 수행이 없으면 쌍운지혜를 획득한 때이며,
온을 관찰하여 파할 바를 끊은 후에는 무차와 단공을 초월하여
능파能破와 소파所破의 상이 나타나지 않는다.

　　교대로 이제를 수지할 때에 있어 이런 종류의 지혜를 '묘혜'라 일컫는
데, 이것은 구경이 아니다. 일단 교대로 수지함이 필요하지 않게 되면
현이 곧 공이고 공이 곧 현이며, 같은 시간 속에서 2종 지혜가 능히
현현하여 범부의 경계를 여의고 쌍운지혜를 얻게 된다. 이때 모든
온蘊을 관찰하여 파할 바를 제거하고 '무차無遮'·'단공單空' 등의 집착을
다 여의어 초월한다. 범부凡夫 시에 있어 비록 능파와 소파의 모습이
나타나지만, 이때에는 현과 공·승의와 세속 등이 다 능파와 소파의
모습으로 나타나지 않으며 능파가 곧 소파이고 소파가 곧 능파가
된다.

現分方便具勝空　遠離戱論大中觀 현분방편구승공 원리희론대중관
以及俱生大手等　雖有衆多不同名 이급구생대수등 수유중다부동명
皆是離心智慧故　以餘分別不可思 개시이심지혜고 이여분별불가사
현분의 방편이 수승한 공성을 갖춤이 희론을 여읜 대중관이고
곧 구생대수인 등이며, 비록 같지 않은 명칭들이 많지만
모두 분별심을 여읜 지혜이며 기타 분별로써는 사량하지 못한다.

이때의 세속의 일체 현현은 방편이 되고, 수승한 공성과 더불어 쌍운이 되는 것이며, 이 쌍운지혜의 경계를 일컬어 희론을 여읜 '대중관大中觀'·'구생대수인俱生大手印'·'대원만大圓滿' 등이라고 한다. 비록 이름이 같지 않으나 모두 마음과 심소의 분별망념을 여의었고, 전승상 사가 친히 증한 바의 지혜이다. 기타 범부의 분별망념의 지혜로는 이에 대하여 말하거나 사량하지 못하며, 추량해 낼 방법이 없다.

미팡 린포체께서 이 논을 지으시고, 한 방면으로는 구경의 관점을 설하면서 다른 종파에 대하여 사견을 내지 않으며, 또한 한 방면으로는 자종을 건립하면서 다른 종파를 융통하므로 매우 수승하다.

其非言語分別境 是故無遮非遮等　기비언어분별경 시고무차비차등
異一現空等無偏 無有執着離偏頗　이일현공등무편 무유집착이편파
雖離有無等承認 方便智慧卽雙運　수리유무등승인 방편지혜즉쌍운
自然智慧現不住　자연지혜현부주

그것은 언어분별 경계가 아니기에 무차無遮와 비차非遮,
이체와 일체, 현과 공 등에 치우침이 없고 집착이 없어 치우침을 여의며,
비록 유무 등의 승인을 여의지만 방편과 지혜가 쌍운하며
자연지혜는 현현하되 머무르지 않는다.

'대원만'·'대수인'·'대중관' 등은 분별망념의 경계가 아니기에, '무차'와 '비차', '이체異體'와 '일체一體', 현과 공 및 유무시비 등등에 모두 치우쳐 떨어짐이 없으며, 어떤 집착도 없고 일체의 편파를 멀리 여읜다.

비록 법의 본성상에 있어 유무 등의 승인을 여의었지만 수행하는 유가사의 앞에서는 방편과 지혜가 쌍운으로 현현하며, 자연지혜는 현현하여 머무르지 않는 방식으로써 존재한다. 이것이 곧 진정으로 희론을 여읜 것이며, 유가사 앞에 있어서 일정한 증오證悟가 있다.

是故遠離諸承認 無有增損殊勝義 시고원리제승인 무유증손수승의
界智無離無合相 應許此等無詮說 계지무리무합상 응허차등무전설
然非誰亦證不者 猶如不可思議我 연비수역증불자 유여불가사의아
由此無垢理觀察 所引各別自證智 유차무구리관찰 소인각별자증지
亦有如是現見故 역유여시현현고

이로써 모든 승인을 여의는 것이 증가와 손해가 없는 수승한 뜻이며 법계와 지혜가 여읨도 합함도 없으니 이를 표현할 방법이 없으며, 누구도 증오하지 못한다 하는 외도의 '불가사의 아我'와 같지 아니하며 이 허물없는 이치로써 관찰하여 이끌어낸 바의 각기 다른 자증지는 분명히 있으며 이와 같이 현현하게 된다.

  유와 무의 승인을 멀리 여의고 증가·감손이 없는 승의제의 법성의 뜻은 곧 법계와 지혜가 여읨도 없고 합함도 없는 본성이며, 이것은 말이나 글로써 표현할 방법이 없다. 그러나 이것이 외도가 설하는 바의 '불가사의한 아我'처럼 누구도 증오할 수 없는 것은 아니다. 대원만·대수인이 말이나 생각으로 알 수 없는 경계라고 설하기에 어떤 사람은 자신이 증오할 수 없다고 생각하지만, 실제상으로 무구한 이치를 따라 대원만·대수인 등의 지혜를 관찰하면 능히 부처와 보살의

스스로 증득한 각성지혜를 얻어낼 수 있다.

후득지혜의 정해는 등燈과 같아 능히 일체의 의심·비방·흑암黑暗을 제거하며, 후득 혹은 수행 시에 이와 같이 현량으로써 볼 수 있다. 대원만에 대하여 가랍도제(승희금강勝喜金剛)·뿌마모자 등 많은 사람이 이미 성취하였고, 현재 불학원의 많은 켄포들이 붓다의 구경의 경계까지는 증오하지 못했어도 언설이 불가능한 많은 경계를 또한 증오하였다. 이것은 능히 그들의 언설을 좇아 점검할 수 있다.

顯宗方便與智慧 彼二互爲作攝持 현종방편여지혜 피이호위작섭지
此處方便與智慧 無離無合而修證 차처방편여지혜 무리무합이수증
현종의 방편과 지혜는 저 들을 서로 섭지하나
이곳의 방편과 지혜는 여읨도 합함도 없이 수행하여 증오한다.

현종에서는 육바라밀六波羅蜜·사섭법四攝法·칠지공七支供 등의 방편과 공성空性·승의勝義·삼륜체공三輪體空 등의 지혜를 서로 더불어 섭지한다. 예를 들어 보시할 때에 삼륜체공의 지혜로써 섭지함이 필요하며 그렇지 않으면 청정함을 이루지 못한다. 공성을 관한 후, 정에서 나와도 여전히 자량資糧 모음·참회 등의 방편법方便法을 섭지해야 한다. 현종에 있어서 일반적으로 방편과 지혜가 본체상으로는 나뉘지는 것이지만 수행할 때에는 두 가지가 떨어지지 못하고 서로 섭지攝持·인지印持해야 한다.

반면에 밀주의 금강승에 있어서 방편과 지혜는 여읨도 합함도 없이 수행하고 증오하는 것이다. 방편의 본성은 실제상으로 청정·평등성인

482

것이고, 지혜 또한 방편인 것이다. 따라서 결택·수행·증오 시에 있어 둘은 다 여읨도 합함도 없이 정진하고 수행해야 한다. 방편과 지혜 상에 있어서 현교와 밀교는, 하나는 서로 섭지함을 지어서 수증修證하며, 다른 하나는 여읨도 없고 합함도 없이 수증한다.

遠離戲論大中觀 光明自性大圓滿 원리희론대중관 광명자성대원만
此二義同名不同 較餘更無殊勝見 차이의동명부동 교여갱무수승견
희론을 멀리 여읜 대중관과 광명자성光明自性의 대원만은
그 뜻은 같고 이름만 틀릴 뿐이며 이보다 더 수승한 여타의 견해는
없다.

　현교에서 설하는 희론을 여읜 대중관과 밀승에서 설하는 광명자성의 대원만은 그 의의 상에 있어서 서로 같은 것이며, 다만 이름만 같지 않을 뿐이다. 중생의 같지 아니한 근기를 의지하여 이름이 서로 다르지만 둘이 최후에 결택하는 구경의 의의는 조금도 틀림이 없으며, 이 둘을 제외하고 혹은 대원만과 동등하게 수승한 다른 법 등을 제외하고는 전 세계상에서 이보다 더 수승한 견해는 찾을 수 없다.
　이전에 까르마빠 부동금강不動金剛께서 말씀하시되, "일체 집착을 여의는 것은 '대수인大手印'이고, 일체 심사하고 관찰하는 뜻을 여의는 것이 '대중관大中觀'이며, 일체 종파의 구경 정화는 '대원만大圓滿'이다."라고 하셨다. 직매링빠 존자께서 『공덕장功德藏』에서 또한 설하시되, "제3차 법륜에서 설한 바 '광명光明'과 제2차 법륜에서 설한 바 '공성空性', 이 두 가지가 융합하여 함께하면 곧 중생이 본래 갖춘

'여래장如來藏'이 되며, 이를 '대원만大圓滿'이라고 부른다."라고 하셨다. 5세 판첸 라마와 5세 달라이 라마 또한 대중관이 대원만으로 더불어 구별이 없다고 하시면서 "대원만과 대중관은 의의 상으로 서로 일치한다."라고 강설하셨다.

다만 이같이 설할 때, '대원만'을 수행함에 있어서는 관정을 받아야 하고 '대중관'을 배움에는 관정이 필요하지 않은데, 이것을 어떻게 해석해야 하는가? 이는 주로 결택하는 방법이 같지 않기 때문인데, 다시 말하면 방편方便의 구경究竟·사용법, 그리고 수행법이 같지 않은 것이다. 대원만을 좇아 말하면 그 수행법은 매우 빠르고 수승한 것이나 다만 '결택하는 바의 구경 의의'는 대중관과 더불어 구별이 없는 것이고, '능결택能決擇의 방편'을 좇아 말하면 오히려 하늘과 땅 만큼의 차이가 있다.

因無現空輪番執 遠離四邊戲論故 인무현공윤번집 원리사변희론고
此外皆成有戲論 차외개성유희론
현현과 공성의 교대하는 집착이 없으면 사변 희론을 멀리 여읜 것이며 이것 이외는 모두 희론이 된다.

수승함의 이유를 설하고 있다. 그것에는 현현과 공성의 교대하는 집착이 없고, 사변 희론을 멀리 여의었기에 가장 수승한 것이 된다. 이를 제외한 밖에는 크고 작은 희론이 분명히 있다.

然而顯宗雙運義 是由觀察而抉擇 연이현종쌍운의 시유관찰이결택

484

密宗直接自體驗 現量成立覺性界 밀종직접자체험 현량성립각성계
현종의 쌍운의 뜻은 관찰을 말미암아 결택되나
밀종은 직접 자신이 체험하며 현량으로 각성법계가 성립된다.

　대중관·대수인·대원만 등이 비록 결택하는 바의 본성상에 있어
구별이 없으나, 능히 결택하는 방식의 방편 상에 있어서는 일정한
구별이 있다. 현종이 결택하는 바인 '쌍운'의 뜻은 '관찰'의 방법인데,
본성·과·인 등이 각기 어떠하고 또한 그 본성이 기타의 법과 어떻게
연결되는가를 반복 관찰함을 위주로 삼아 결택하며, 최후에 얻어낸
결론 또한 일정한 '관찰성'이 있다.
　현교에 있어서는 다만 승의제를 관찰하여 결택하고, 1아승지겁阿僧
祇劫을 경과한 후에 겨우 제1지 보살의 지혜를 얻으며, 그 얻은 바의
지혜는 관찰로써 얻은 것일 뿐 친히 자신이 체험한 것이 아니다.
인명因明 방식의 비유로써 말하자면, '산 뒤에 불이 났다'고 설함은
연기를 보기 때문이고 비량比量으로 아는 것이며, 그 불이 결정적으로
있으나 다만 시종 비량으로 얻어낸 결론이며 현량現量으로 친히 본
것은 아니다.
　그러나 밀종은 직접적인 방식으로써 체험한 것이다. 외·내 속부는
주로 생기차제·원만차제로써 직접 결택하고 쌍운지혜를 체험하며,
공통이 아닌 대원만 중에 있어 전승상사께서 직접 전법해 주심을
의지한 후에 각성과 법계무분별의 평등성을 자연스럽게 깨닫고 통달한
다. 그래서 밀종은 직접 각성지혜覺性智慧를 체험하는 것으로, 관찰방
법으로 통달함이 아니라 상사의 '규결'과 자기의 '신심'이 서로 결합하여

함께할 때 친히 증오하며, 법성과 각성의 지혜를 능히 현량으로 성립시킬 수 있다.

是故所謂中觀者 分別觀察二諦時 시고소위중관자 분별관찰이제시
卽是妙慧道中觀 彼引二諦一體時 즉시묘혜도중관 피인이제일체시
現空雙運果中觀 此二因果顯密見 현공쌍운과중관 차이인과현밀견
이로써 이른바 중관이 이제를 분별하여 관찰할 때가
곧 묘혜의 도중관이고, 이제를 끌어내어 법계와 한 체가 될 때가
현공쌍운의 과중관이며, 이 둘이 인승 현교와 과승 밀교의 견해이다.

이 게송은 대소 중관의 구분 및 상세한 분별을 설한다. 이른바 중관이 승의제와 세속제를 분별하여 관찰할 때가 곧 마음과 심소心所의 분별망념分別妄念의 묘혜妙慧이다. 이것을 '도중관道中觀'이라 말하며, 이 2묘혜로써 이제를 관찰하고, 최후에 이제를 끌어내어 법계와 일체로 삼을 때가 곧 현공무별 쌍운의 '과중관果中觀'이다. '기중관基中觀'을 증오하기 위해서는 '도중관'과 '과중관'을 결택함이 필요한데, '도중관'은 증오의 방식으로써 결택한 것이고, '도중관'과 '과중관'은 인과의 관계이며, 또한 현교 견해와 밀승 견해의 관계로써 이해할 수 있다.

前者卽是妙慧分 后者唯一乃智慧 전자즉시묘혜분 후자유일내지혜
是故后者贊大名 如是實相亦復然 시고후자찬대명 여시실상역부연
二諦無別與實空 此二實相名相同 이제무별여실공 차이실상명상동
義異天淵之差別 의이천연지차별

전자는 곧 묘혜의 부류이나 후자는 유일한 지혜이기에
후자는 대大 명칭으로 찬탄 받으며, 이같이 실상 또한 그러하니
'이제가 구별이 없음'과 '실질공'은 이 둘이 실상의 이름은 서로 같으나
뜻의 다름은 하늘과 땅의 차별이 있다.

　전자前者는 '도중관' 혹은 현종의 견해로 묘혜 방면에 속한 것을
말하고, 후자後者는 '과중관' 혹은 밀승 견해, 곧 성자보살의 근본혜정根
本慧定의 지혜를 말한다. 현종이 대부분 결택한 바는 묘혜의 경계이고,
밀승이 대부분 결택한 바는 지혜의 경계이다. 대원만이 전법하는
것은 요의了義 중의 요의로, 롱첸빠 존자께서 설하되, "요의 또한
몇 가지 종류로 나뉘는데, 특히 밀법은 요의 중의 요의이다."라고
하셨다. 그래서 후자의 지혜, 밀승견密乘見 등에 대하여 많은 속부의
경전과 고승대덕이 모두 찬탄하여 대원만·대수인·대중관·대위덕
등과 같이 대大라는 명칭을 붙였는데, 그 지혜의 경계가 불가사의하고
분명 증오함이 있기에 찬탄하여 '대大' 명칭을 사용한 것이다.
　이와 같이 중관은 도와 과의 두 가지로 나뉘며, 마찬가지로 '실상'·'공
성' 등에 대해서도 이 같은 구분이 있다. 위치가 다를 경우에는 해석도
달라야 한다. 그렇지 않으면 '공성'을 얻을 때에 모든 공성은 매우
좋은 것이고, '지혜'를 얻을 때에 모든 지혜가 매우 좋은 것이며, '증오'할
때에 모든 것이 증오가 되어버린다. 많은 사람들이 증오를 생각하나,
증오는 한 종류가 아니라 많은 크고 작은 같지 않은 부분이 있으며,
마찬가지로 '지혜'·'공성' 모두 이와 같다.
　미팡 린포체께서 전문적으로 서술하여 구별을 지은 것처럼 중관과

실상은 모두 몇 가지의 구분이 있다. 예를 들어 '이제가 구별이 없는 실상'과 다만 '실로 있음이 없는 실상', 이 두 가지는 이름이 비록 같으나, '실상'을 증오함을 말할 때 그 실상은 도대체 어떤 것인가? 그 의의는 천지 차이가 있는데, 전자는 성자가 증득한 근본혜정의 진실 실상이고, 후자는 우리가 모두 증오할 수 있는 것이다. 예를 들어 기둥을 설함에, 기둥이 실로 있는 것이 아니라 '실로 있음'의 기둥에 대하여 공한 것을 말하지만, 그것은 분별망념의 경계이며 지혜의 경계는 아니다.

如是法性與法界 勝義空性離戲論 여시법성여법계 승의공성이희론
寂滅邊等雖同語 究竟實相大差別 적멸변등수동어 구경실상대차별
故當無誤析宣說 如同勝達瓦名也 고당무오석선설 여동승달와명야

이같이 법성과 법계에서 승의의 공성은 곧 희론을 여읨이며, 적멸변寂滅邊 등이 비록 같은 언어이나 구경의 실상과 크게 차별되니 응당 잘못 없이 분석하여 설해야 하며, 마치 승달와의 이름과 같다.

법성 또한 이같이 설한 것이 있는데, 일반적으로 '잠시暫時의 법성'은 명언名言 중의 법성으로, 예를 들어 사람·기둥·불 등처럼 각기 그 특성이 있다. 그러나 '진정한 법성'은 승의 중에 희론을 여읜 법성을 말한다. '법계' 또한 이 같은 구별이 있는데, 『구사론俱舍論』에서 설한 법계는 '불'의 본성은 '열'이고 '물'의 본성은 '습함' 등을 일러 다 법성이라고 하지만, 중관에서 말하는 바의 법성이 진정한 법성이고 밀종에서 설한 바 또한 진정한 법성이며, 이것이 두 종류의 법계이다.

　마찬가지로 '승의' 또한 '구경의 승의'와 '잠시의 승의' 두 종류가 있다. 잠시의 승의제는 다만 하나의 '공'으로 자속파가 허락하는 바와 같으며, 구경의 승의제는 응성파가 허락한 바와 같이 일체의 희론을 여읜 것이다. '공성' 또한 이처럼 잠시와 구경 등 두 종류의 '희론 여읨'이 있다. 예를 들어 까담파는 "승의 중의 기둥은 없음이나, 명언 중에서는 없음이 아니다."라고 승인하며, 이것이 희론을 여읜 것이라고 말하지만, 실제상으로 희론을 여읨이 없고 다만 유사하게 희론을 여읜 것이며, 진정한 희론을 여읨은 중관응성파가 승인한 바와 같은 그런 모양이다.

　'적멸변' 또한 마찬가지여서 '잠시의 적멸변'은 성문·연각이 얻는 바의 과와 같은 것이나, 일체 번뇌를 적멸하여야 '진정한 적멸변'이 되고 붓다께서 얻은 바의 무상 보리과無上 菩提果가 되는데, 이처럼 적멸변도 잠시와 구경의 나뉨이 있으며 그 차별이 매우 크다. 또한 '열반'과 '법상' 등은 비록 그 명구가 서로 같은 것이나, 같지 않은 시간·처소·조건 아래 분별하여 쓰는데 그 차별이 매우 크기 때문이다.

　이와 같이 경론을 설하거나 수행할 때에 있어서 응당 그르침 없이 분석하여 널리 설하여야 하며, 마치 '승달와'의 명칭과 같이, 비록 하나의 이름이지만 행동이 다른 환경에서 쓰일 경우 '강을 건넘'·'차를 탐'·'자리에 앉음' 등을 묘사하게 된다.

　이상으로 현교와 밀교 중에 있는 모든 관점을 일곱 가지 문제의 방식으로써 원만하게 강설하였다.

수승한 규결을 간략히 설함

如是甚深七疑問 深廣義句解說時 여시심심칠의문 심광의구해설시
問者敬語如此說 嗚呼自如池水龜 문자경어여차설 오호자여지수구
未見他論深法海 儘賞自宗池慢味 미견타론심법해 진상자종지만미
此語摧毀吾等慢 차어최훼오등만

이같이 깊은 일곱 가지 문제를 깊고 넓은 뜻의 문구로 해설하니,
질문자는 공경의 말로써 답하되, 놀랍게도 나는 연못의 거북이처럼
그 논의 깊은 법의 바다를 보지 못하고 자종의 연못의 교만의 맛만
보았으나
이 법어가 우리들의 자만을 부쉈습니다.

　이와 같이 깊은 일곱 가지 의문에 대하여 깊고 넓은 문구를 써서
이미 해설하였다. 매우 밝고 분명한 교증과 이증으로써 닝마파의
수승한 관점을 해석하였다. 해설할 때에 있어 질문을 한 그 유랑자는
매우 공경한 자세로 들었고, 그가 생각하되, "이 선인은 일정한 지혜가
있는 분이다. 그저 간단하게 몇 가지 문제를 질문했지만 도리어 그렇듯
넓은 해석을 얻게 되니, 나 자신 그 많은 도리를 이해하지 못할까
하여 조금 겁이 난다."라고 하며, 깊은 공경함과 기쁨으로 말하되(질문
전의 교만하게 추측하려는 생각은 이미 없음), "훌륭합니다. 나 자신은
곧 작은 연못에 머무는 한 마리 거북이와 같아서 스스로 연못이 매우
넓다고 생각했는데, 닝마파의 뿌마모자, 롱첸빠 존자의 논술 혹은
기타 교파의 논서의 깊고 넓은 법의 바다를 전혀 본 적이 없었기에

다만 자종의 작은 연못만의 오만한 맛만 맛보았으며, 당신이 설한 바의 일곱 가지 문제는 이미 나의 오만을 부수었습니다. 당시 나는 당신이 이 일곱 가지 문제를 회답하지 못할 것이라고 생각하였습니다." 라고 하였다.

文殊喜舞稱榮龍 聖者勝義大海中 문수희무칭영룡 성자승의대해중
具有種種法寶藏 若彼舍棄而希求 구유종종법보장 약피사기이희구
他宗似寶眞愚昧 타종사보진우매

문수의 환희 춤의 환화인 롱수와 롱첸빠는 성자의 승의 대해 중에서
여러 법보장을 갖추고 있으니, 만약 그들을 버리고서
다른 종파의 유사한 보배를 구함은 진실로 어리석다.

닝마파의 롱수 반즈다와 롱첸빠 존자에게는 불공통不共通의 법보와 정견이 있다. 문수보살이 환희의 춤으로 환화하여 출가 형상으로 나타나시니 롱수 반즈다와 롱첸빠 존자라고 일컫게 되었고, 그들 두 분은 성자 문수보살의 화신이시다. 그들의 수승한 뜻은 바다와 같이 여러 가지 법의 보장을 갖추었으니, 롱첸빠 존자는 『삼대휴식三大休息』, 『삼대해탈三大解脫』 및 『칠보장七寶藏』 등 많은 법보法寶가 있으며, 롱수 반즈다는 『입대승론入大乘論』 등 각종의 법보가 있다. 만약 우리가 이런 닝마파의 법보를 버리고 기타 종파를 구한다면, 기타 종파가 표면상 보기에 매우 좋고 언어상의 변론이 매우 많아도 진정으로 본성을 전수해 주는 것은 매우 적고, 규결 또한 매우 적어 다만 유사한 법보를 이룰 뿐이기에, 진실로 어리석은 일이다. 모든 대덕이

이 게송을 해석할 때 말하되, 롱첸빠 존자와 롱수 반즈다는 많은 법보장法寶藏을 갖추었으며, 이 법보장을 여는 열쇠가 바로『정해보등론定解寶燈論』이라고 하였다. 만약 이『정해보등론』의 열쇠가 없으면, 비록 롱수 반즈다와 롱첸빠 존자의 법보가 많아도 꼭 그 보배를 얻었다고 말할 수 없다.

思理觀察法賢者 恒時無有魔違緣 사리관찰법현자 항시무유마위연
故發理路獅吼聲 獲得深海海生教 고발이로사후성 획득심해해생교
自宗具有殊勝性 偏慢駁斥他宗者 자종구유수승성 편만박척타종자
當依不奪慧劍柄 如是良機應賜他 당의불탈혜검병 여시양기응사타

도리를 사유하고 법을 관찰하는 현자는 항시 마장魔障과 위연違緣이 없기에
이치의 길에 사자후를 발하고 깊은 바다와 같은 연화생의 교법을 얻으며,
자종의 수승성에 편향되어 아만으로 타종을 파하려는 자에게는
응당 뺏기지 않는 지혜검에 의지하여 바른 법을 전해 주어야 한다.

만약 사유와 이치의 지혜로써 제법의 본성을 항상 관찰하고 모든 경론에서 선묘한 뜻이 어떻게 설하는가에 대해 관찰하면, 곧 영원히 마장의 장애를 만나지 않을 것이다. 모든 법의 본성을 알게 되면 마장의 해를 만나지 않게 되는데, 예를 들어 우리들 중에 교학에 밝은 사람은 마장을 만남이 적고, 그와 반대라면 마장을 만나게 된다. 이것이 곧 우리에게 이증理證과 이지理智로써 관찰하도록 요구하는

이유이며, 그렇기에 위에 서술한 『정해보등론』은 숫사자가 뭇짐승들을 놀라게 하는 포효소리와 같은 것이다.

　이 논전의 가피력을 통하여 능히 연화생 대사의 교법에 대하여 깊은 이해를 얻게 되며, 인연이 있는 모든 자는 도리상道理上에 있어서 자종의 수승성을 명백하게 알게 된다. 자종에 편향적이고 다른 종파에 대해 교만하여 타종을 파하려는 사람은 응당 이 논전을 의거하여 교만과 편파적인 것을 끊어야 한다. 자종에 대하여 정해가 없는 사람이나, 항상 남과 변론하면서 이 관점은 옳지 않고, 저 관점도 옳지 않다고 하는 사람들은 반드시 남에게 뺏기지 않는 지혜보검을 의지하여야 하며, 이 같은 연분을 다른 사람에게도 돌려주어서 그들의 자기의 편파적 관점을 버리게 해야 한다.

聞法猶如甘露海 甚深意趣海寶珠 문법유여감로해 심심의취해보주
彼者何處當取之 不應跟隨相似士 피자하처당취지 불응근수상사사
廣聞多言亦非然 雖顯生修深觀察 광문다언역비연 수현생수심관찰
不解深義如地藏 불해심의여지장

법을 들음은 감로의 바다와 같고 깊은 뜻은 바다의 보배 구슬이니
그것을 어디서 만나든 마땅히 취해야 하고 유사한 수행인은 따르지 말아야 하니,
널리 배우고 설해도 그른 것이고, 수행하여 깊이 관찰하여도
지하의 보장과 같은 깊은 뜻은 알 수 없다.

　문사수聞思修의 법은 마치 감로甘露의 바다와 같아서 이를 향수하는

것은 이보다 더 좋은 일이 없는 것이며, 인연이 있는 자가 향수할 수 있는 것이다. 깊은 법은 바닷속의 보배 구슬과 같아서 그것이 어디에 있든지 마땅히 가서 얻어야 한다. 예를 들어 스승 진메이펑춰 법왕께서 어디에 계시든지 우리는 응당 의지하고 친히 모시며, 한시도 여의지 않아야 한다.

명성만 자자하고 지혜가 부족한 스승은 따르지 말 것이다. 그들을 의지하면 이익이 적으니, 그들은 유사한 선지식일 뿐 진정한 선지식이 아니다. 그렇지 않으면 『정해보등론』과 대원만의 교언 등을 널리 배우고 많이 들었어도 꼭 증오할 수 있는 것이 아니며, 비록 천생의 지혜가 나타나며 정진수지精進修指하고 깊은 관찰을 구족하여도 또한 이 깊은 의의를 해석할 수 있는 것이 아니다. 그것은 지하의 보장寶藏과 같아서 일반인이 능히 얻을 수 있는 것이 아니고, 오직 인연이 있는 사람만이 그것을 가질 수 있다.

誰持此法知具慧 吾意立爲深廣海 수지차법지구혜 오의입위심광해
慧庫十萬珍寶器 知求敎言善作時 혜고십만진보기 지구교언선작시
龍王喜海喩飮之 용왕희해유음지

누구든 이 법을 수지하여 지혜를 갖추면 자기의 뜻이 깊고 넓은 바다처럼 되고
지혜 창고에 십만 종의 보배 그릇을 두며, 교언을 구하고 선을 행할 때에는
용왕이 환희 바다를 헤엄치듯 묘법의 감로를 마시게 된다.

누구든지 본 논서를 능히 수지하면 그는 지혜를 갖춘 사람이 된다. 향후에 어떤 사람이 이 법을 수지하고 수행하면 그는 일정한 지혜를 얻은 사람임을 미루어 알 수 있다. 미팡 린포체의 지혜로써 깊고 넓은 지혜의 바다를 건립하였고, 이 같은 지혜의 창고에 십만 종의 진보珍寶의 그릇을 쌓아 두었다. 미팡 린포체 그 자신이 하나의 수승한 법기法器였지만, 겸허한 언어로서 이 논을 저작하셨다.

자기의 의식을 깊고 넓은 바다와 같은 법기로 만들고자 하면, 마땅히 상사의 교언敎言과 정법교설正法敎設을 구하여야 한다. 용왕이 바다 가운데에서 헤엄칠 때 매우 기뻐하는 것과 같이, 우리도 이 같은 묘법의 감로를 마시고 교법을 향수하면 응당 자기 또한 이 같은 법기임을 알게 되니, 이런 종류의 묘법 감로의 바닷물을 반드시 마셔야 한다.

아티샤 존자께서 티베트에 오신 후에 전문적으로 닝마파의 교법이 수승함을 칭찬했으며, 아울러 말씀하시되, "석가모니불이 머무르실 때의 교법도 또한 이같이 흥성함이 없었다."라고 하셨다. 당시 존자께서 티베트에 오셨을 때 존자는 이미 인도의 모든 현교와 밀교의 교법에 정통하셨다. 존자가 삼예사에 도착하여 당시의 많은 대원만 방면의 속부를 보고 왕과 일부 상사에게 "이 같은 대원만속은 어디에서 가져왔는가?"라고 물었다. 그들이 회답하되, "공행찰토空行刹土와 기타 청정 찰토清淨刹土에서 청하여 모셔온 것이다."라고 하였다. 이에 아티샤 존자께서 찬탄하여 말하되, "샹로칭런칭(象洛青仁慶)과 같은 대번역사 大飜譯士와 다른 대덕이 전승하는 연화생 대사의 교법은 정말로 수승하다."라고 하셨다.

현재 국제적으로 공인되는 현교와 밀교의 교법이 티베트에 다 갖춰져 있으며, 외국인들이 말하길, '티베트는 불법의 봉우리'라고 하며 티베트 불교의 수승함을 찬탄한다. 티베트의 롱첸빠 존자와 미팡 린포체의 법은 진정으로 수승하다. 미팡 린포체의 법은 진메이펑춰 린포체의 전법 시에 와서야 널리 전파하게 되었는데, 이전에는 미팡 린포체의 교법은 들을 수 없었다. 외국 불자들에게는 롱첸빠 존자께서 지으신 논서의 일부가 번역되어 존자에 대한 신심을 일으키는 역할을 하였으나, 미팡 린포체는 점괘 뽑는 번역문 정도만이 수승하고 정확하다고 알려져 있었을 뿐, 널리 알려질 인연이 많지 않았다.

知由廣闊慧海中 降流上述善說河 지유광활혜해중 강류상술선설하
當知彼源龍王者 卽是傳承持明敎 당지피원용왕자 즉시전승지명교

넓은 지혜의 큰 바다 중에서 상술한 선설의 강물이 흘러내려 왔음을 알고
저 바다의 근원이 용왕임을 마땅히 알듯이, 전승은 곧 지명교법이 된다.

작자의 넓은 지혜의 큰 바다 중에서 본론의 교설이 강물처럼 흘러내려 온 것임을 이미 알았다. 큰 바다와 강물의 근원은 용왕이다. 용왕의 광대한 복덕이 없다면 저 큰 바다는 있을 수 없으며, 그 복덕 때문에 이 큰 바다의 현현함이 있다. 마찬가지로 작자의 지혜의 바다와 그로부터 흘러나오는 본 논전의 근원은 지명상사指明上師의 교법敎法이며, 곧 연화생 대사와 뿌마모자(布瑪麥札)의 가르침이다. 지명의 교법

496

전승은 잠양친저왕뼤(蔣揚親哲旺波) 등 모든 전승 지명상사를 통해 전해졌으며, 이것이 『정해보등론』이 전하는 전승의 진정한 근원과 근거이다.

吸引天邊食其精 于心普利妙甘露 흡인천변식기정 우심보리묘감로
意得如是大力故 當照希有妙法燈 의득여시대력고 당조희유묘법등
하늘 끝까지 빨아들여 그 정화를 먹고 묘감로로써 마음을 널리 이롭게
하여
뜻에 큰 가지력을 얻게 되니, 마땅히 희유한 묘법의 등을 켜 밝힌다.

본론을 증오하려면 수승한 지혜가 필요하고, 일체의 아는 바를 정통해야 하며, 아울러 그 정화를 사용하는 법을 통달해야 한다. 일체의 아는 바 중에 구경의 정화는 밀법이고, 밀법 중의 구경이 대원만의 본의本義이다. 마음에 대하여 설하면, 당연히 널리 일체를 이롭게 하는 묘한 감로이기에 일체의 아는 바를 정통하고 대원만을 증오하게 됨은 수승한 감로를 수용하는 것처럼, 자기 마음의 요점이 이와 같은 큰 가지력(大加持力)의 지혜를 얻게 되는 것이며, 따라서 희유하고 수승한 『정해보등론』에서 수승한 법의 등燈을 열어 보인 것이다.

만일 우리가 모든 법을 정통하고 또한 대원만의 본의를 증오하길 바란다면, 먼저 반드시 『정해보등론』의 등을 밝게 밝혀야 하고, 본론에 정통하지 못하면 이와 같은 수승한 묘법을 능히 얻는다고 보장할 수 없다.

彼說如此恭敬時 仙人于彼又說道 피설여차공경시 선인우피우설도
非深立爲深廣故 歸納上義說此教 비심입위심광고 귀납상의설차교
殊勝妙法獅子奶 唯容智慧勝妙器 수승묘법사자내 유용지혜승묘기
否則雖勤亦不住 如是此容此妙器 부즉수근역부주 여시차용차묘기

유랑자가 그렇게 공경하게 설하자 선인도 유랑자에 대해 배려하여
깊지 않은 근기를 깊고 넓게 만들고 의의를 귀납하여 교법을 설하였고,
수승한 묘법은 사자의 젖과 같아서 수승한 묘한 지혜의 그릇에만
수용되고
그렇지 않으면 노력해도 수용되지 않으며, 묘한 근기에만 그렇게
수용된다.

앞에서 돌연히 찾아온 유랑자가 공경하는 자세로 선인에게 위의
두 게송을 설했을 때, 원래의 추측과 공경하지 않음이 선인의 깊고
넓은 해석을 받고 깨끗하게 씻겨 버렸다. 이때 선인 또한 이 유랑자를
구하여 해탈시킬 생각으로 기쁘게 그를 배려하여, 본래 유랑자의
근기는 깊은 그릇이 아니고 인명 전문가처럼 증오한 바도 없지만,
도리어 그를 깊고 넓은 법기로 만들어 주고자 하였다. 이를 위해
본론 일곱 가지 문제의 뜻을 귀납하여 설하셨다.
수승한 묘법은 오직 수승하고 묘한 지혜가 있는 그릇이어야 능히
담을 수 있다. 곧 설산의 사자의 젖과 같아서 오직 금 그릇이 있어야
하고, 기타의 은이나 동 그릇에 담으면 모두 그릇 밖으로 흘러나오게
된다. 이 『정해보등론』의 수승한 묘법은 마치 저 설산 위 사자의
젖과 같아서 오직 수승한 지혜의 법기를 구족해야 능히 수지할 수

있으며, 기타의 사람은 본 논서의 진정한 법기가 아니다. 이렇듯 그 근기가 매우 깊고 지혜가 매우 높은 사람만이 이 묘법을 담을 수 있다. 그렇지 않으면 네가 부지런히 노력하여도 묘법이 너의 상속 중에 꼭 머무르지 못하니, 금 그릇을 제외한 나머지 그릇은 사자의 젖을 담아둘 수 없는 것과 마찬가지이다.

이와 같이 수용되는 바의 묘법과 능히 수승한 묘법을 수용하는 그릇에 대하여 아래의 여섯 가지 문門에 의지하여 분별하여 설한다.

아阿(ས)는 남이 없는 법의 문이고
라롯(ར)는 모든 허물을 여의는 문이며,
바빠(པ)는 승의가 현현하는 문이고
자札(ཙ)는 생사가 없는 문이며
나納(ན)는 모든 명칭을 멀리 여읨이며
더德(ཌ)는 깊은 지혜의 문이다.

어떻게 묘법과 묘법의 그릇을 안립할 수 있을까?

'아阿'는 본래는 무생의 뜻으로 주로 현공무별의 뜻이며, 제1의 문제 중에 설한 견을 결택한 것으로 무생법문이라고 말한다. '아阿' 자를 수행하는 자는 곧 현공무별을 수행하는 자이고, 능히 묘법을 수용할 수 있다.

'라롯'는 일체 모든 허물을 여의는 뜻이다. 허물은 나한이 적멸을 얻음에 치우치거나 육도중생이 단지 윤회 쪽에 치우치는 것으로,

이 2변은 다 오염된 것이기에 이런 치우침을 여읨이 필요하다. 그래서 성문·연각이 2무아를 증오했는지를 따라서 변론하는데, 이 문제에 대해서 성문·연각은 대승근기가 아니며 오직 대승의 진정한 근기가 있어야 능히 이 논을 배워 통달할 수 있다.

'바吧'는 관찰수행과 안치수행의 문제를 설하며, 승의 중에 있어서는 일체의 현현이 없고 세속 중에 있어서는 일정한 현현이 있음을 설한다.

'자札'는 정定에 듦에 집착하는 상이 있는지 없는지를 설한다. 정에 들어간 때에 있어서는 일체 생사윤회의 집착상이 없는 것이며, 정에서 나온 후득 시에 있어서 초학자에게는 일부 집착이 있는 등의 뜻을 설한다.

'나納'는 제5번째의 문제인 '이제가 그중에 어느 것이 핵심인가'에 대하여 설하는데, 승의 중에 있어서는 일체의 명칭을 여읜다.

'더德'는 제6, 제7 양 방면의 문제를 함께 합하여 설한 것이다. 제6번째의 문제는 각기 다른 육취六趣의 중생이 보는 바의 현현을 설하며, 그 현분現分이 멸하지 않는 것임을 말하며, 제7번째의 문제는 이 현현의 현분은 멸하지 않는 것이기에 세속 중에 있어 승인함으로 허락하지만 승의 중에 있어서는 없는 것이며, 따라서 중관의 유와 무의 승인은 또한 도중관과 과중관으로 나뉨을 설한 것이다.

이상의 여섯 가지 문을 잘 수지하면 곧 본론의 설한 바의 내용을 이와 같은 법기에 담을 수 있게 된다.

彼者一一六門者 亦以二諦理所緣 피자일일육문자 역이이제이소연
若修幻化之等持 則由無邊大海水 약수환화지등지 즉유무변대해수

能其吸收引服中 其心無垢珍寶中 능기흡수인복중 기심무구진보중
盛燃總持辯才慧 성연총지변재혜
그 7문제 하나하나를 6문에 대입하고, 또한 이제 이치와 인연된 바로써
환화의 삼매를 수행하면 곧 끝없는 대해수를 말미암아서
능히 그것을 흡수해 뱃속으로 끌어오며, 미혹 없는 진보 중의 그 마음에서
총지, 변재, 지혜가 왕성하게 솟아나게 된다.

　위에서 설한 일곱 가지 문제를 여섯 가지 문에 귀납하고, 또한 승의제와 세속제의 도리를 인연으로 수지한다. 미팡 린포체에게는 이 본론을 전문적으로 수지하는 수행법이 따로 있는데, 자신을 관하여 문수보살을 이루고 심장心臟 사이에서 방광하는 수행법 등이 있다. 본래 이 논서의 수행법도 번역하려고 했는데, 시간이 허락하지 않아 이후에 다시 기회를 만들려고 한다.
　이 게송에서 설하되, '우리가 이 같은 환화幻化의 삼매 수행법을 수행하면 현교와 밀교의 끝없는 소지所知의 대해수大海水를 말미암아서 능히 한 찰나에 자기의 뱃속으로 빨아들인다'고 함은, 곧 일찰나에 일체의 소지의 법을 정통하게 되고 그 마음이 마치 오염이 없는 보배와 같게 됨을 가리킨다. 이 청정무구한 보배의 마음 가운데에서 곧 총지總持·변재辯才·지혜智慧 등 많은 공덕이 왕성하게 피어나게 된다.

定解滅除四邊戱 彼道究竟之實相 정해멸제사변희 피도구경지실상
離心光明本性界 入于文殊大圓定 이심광명본성계 입우문수대원정

정해로 사변 희론을 멸해 제거하면 저 도의 구경의 실상인 마음을 여읜 광명 본성의 법계에서 문수대원만 삼매에 들게 된다.

상사 린포체께서 설하시되, 본 논서의 모든 내용은 이 4구의 내용 중에 포함되며 본 논서를 수지함에 있어 항상 이 4구의 문구를 관상하는 것은 매우 수승한 것이라고 하셨다.

견해를 결택할 때에 수승한 정해로써 일체의 4변의 희론을 제거하고 이와 같은 도법을 수지하여 최후에 이르면, 최종적으로 구경의 실상인 마음을 여읜 광명본청정의 법계에 도달하여 문수대원만의 선정 중에 들게 된다. 결택한 바의 견해를 가지고 수지함을 진행하여 항상 '이심광명본성계離心光明本性界'의 문수대원만의 경계 중에서 삼매에 안주함이 본론의 가장 수승한 수행법이다.

여러분이 한편으로 기도하고 한편으로 관상하며 한편으로 염송하면 대원만을 증오하게 될 것이며, 근기가 깊은 자는 단지 염송만으로도 증오가 가능하다.

于廣離邊見王中 入定現見眞實義 우광리변견왕중 입정현현진실의
滅盡四邊劣意暗 顯出一切光明日 멸진사변열의암 현출일체광명일
널리 변견을 여읜 정견의 왕 중에 정에 들어 진실의가 현현함을 보고
사변의 하열한 뜻의 어둠을 멸하니 일체 광명의 해가 나타난다.

일체의 희론을 여읜 대중관, 대원만의 정견의 왕 중에서 삼매 중에 현량으로 실상 진실의 뜻을 보게 되며, 이를 좇아 유有·무無·함께

있음(俱有)·함께 없음(俱無) 등 사변의 하열한 뜻의 어둠이 멸하고, 현전에 대원만 본래청정 광명의 순정한 태양이 나타난다. 이상이 『정해보등론』의 모든 수행법을 구전 비결의 방식으로 귀납한 내용이다.

조론 방식과 맺는 뜻을 설함

公正觀察仙人者	頓到分別流浪者	공정관찰선인자	돈도분별유랑자
如是彼彼問答故	宣說難處王寶數	여시피피문답고	선설난처왕보수
如吾淺慧尋思者	極爲甚深穩固義	여오천혜심사자	극위심심온고의
如從大智聖意中	取后又復此善造	여종대지성의중	취후우부차선조
如是善說妙法雨	俱胝佛子喜行處	여시선설묘법우	구지불자희행처
當聞其心得有利	此問隨喜灑甘露	당문기심득유리	차문수희쇄감로
是故如是又復說	爲眾思惟深廣義	시고여시우부설	위중사유심광의
由意鏡面何顯現	游樂玩名德者造	유의경면하현현	유락완명덕자조

'공정한 관찰'의 선인이 갑자기 분별하는 유랑자를 만나
이같이 하나씩 문답하는 연고로 이해하기 어려운 보배를 널리 설하니,
나처럼 옅은 지혜로 분별하는 자가 매우 깊고 견실한 뜻을 위해
대지혜의 성현의 뜻을 좇아 취하고 후에 다시 이 논을 지었으며,
이같이 바르게 설한 묘법의 비를 구지수의 불자가 기쁘게 행지하고
응당 들으면 그 마음에 유리함을 얻으며, 이 물음에 기뻐하며 감로를 뿌려
이같이 다시 설함은 중생이 깊고 넓은 뜻을 사유하게 하기 위함이다.
마음 거울에 어떻게 현현하는가를 따라 놀기 좋아하는 이름이 '더(德)'
인 아이가 지었다.

『정해보등론』의 모든 내용은 '공정한 관찰'의 선인이 설한 바이며,
'갑자기 분별하는 유랑자'가 던진 질문에 대한 답변이다. 한 분은 묻고

한 분은 답하며 이미 불교 중에 심오한 일곱 가지 어려운 문제를 펴서 설하였고, 그 수는 칠보의 수와 같다. 나처럼 옅은 지혜로 사고하는 사람이 지극히 깊은 대중관·대원만의 매우 증오하기 어려운 견실한 뜻을 성자의 대지혜를 좇아 취하여 얻어낸 후에 이『정해보등론』을 지은 것이니, 이는 곧 매우 수승한 것이 된다. 이 같은 바른 설법은 실제상으로 묘법의 비(雨)이고, 무량한 구지俱胝의 보살들이 기뻐하며 행지行持하는 바이다. 만약 이 논을 듣게 된다면 곧 매우 큰 이익이 있다. 유랑자의 묻는 바를 따라 논주論主가 수회하며 회답하여 묘법의 감로를 뿌린 것이며, 이로써 이와 같이 반복해서 설함은 중생이 그 깊고 넓은 뜻을 사유하게 함을 위함이다. 자기의 지혜의 밝은 거울 중을 좇아서 전승상사의 전수해 주신 법요를 나타내는, '더(德)' 글자가 이름에 있는 놀기 좋아하는 7세 아이가 이 논을 지었다.

　이상이 논을 지은 목적을 설한 것이다.

　뒤에 미팡 린포체께서 57세 되셨을 때 말씀하시되, "내가 매우 어리고 말괄량이 시절(7세 때)에 하나의 좌복 위에 앉아서 지은 것인데, 비록 문구상 조금 설법과 같지 않은 면이 있지만 그 내용은 매우 수승한 것이며, 그 필요함과 의의 때문에 다시 고칠 필요가 없다."라고 하셨다. '7세에 지은 것'에 관해서는 미팡 린포체의 전기에 기록되어 있고, 진메이평췌 린포체께서 지으신 미팡 린포체의 전기에도 또한 설명이 있으며, 미팡 린포체의 대제자인 근훠 켄포께서 지으신 '정해보등론 강의본'에 또한 기록이 있다. 또 미팡 린포체의 또다른 대제자이신 니등 켄포 또한 일찍이 이 논의 강의본 중에서 말하되, "미팡 린포체께서 7세 때 이 논을 지으셨는데, 당시 린포체가 구술하면 글자를 가르치는 일을 담당하던 라마가 기록하였다."라고 하였다.

　역사적으로 보아도 이같이 7세 때 수승한 논을 지으신 지자智者가 있음은 매우 희유한 일이다.

極深佛法如虛空 雖以諸時不可說 극심불법여허공 수이제시불가설
因此定解寶燈論 若依能得殊勝道 인차정해보등론 약의능득수승도
매우 깊은 불법은 허공과 같기에 모든 시간으로도 다 설하지 못하나
이와 같은 『정해보등론』을 의지하면 수승도를 얻게 된다.

　극히 깊고 넓은 불법은 마치 허공과 같기에 모든 시간을 써도 팔만사천법문을 다 설하지 못하지만, 이 『정해보등론』은 모든 법문을 모아서 총합하였으며, 따라서 이 논을 의지하면 곧 수승한 불도를 얻게 된다.

茫嘎拉－卽增上吉祥之義 망가라－즉증상길상지의
망가라－곧 길상을 증가하는 뜻이다.

(이 원래의 게송은 1993년 미팡 린포체 기일에 진메이펑춰 상사께 번역을 허락해 주시기를 청하고, 후에 미국에서 초고를 탈고하였으며, 1994년 강의하고 교정하면서 원고를 정식으로 완결하였다.)

한글 번역 후기

1999년도에 티베트 써다의 오명불학원에서 문사수행을 하면서 수다지 켄포가 진메이펑춰 상사께 전수받은 『정해보등론』을 중국인 사부대중에게 전수해 주는 법석에 참여하면서, 이 논서가 조사선의 구경의 본성도리를 간결하며 깊고 넓게 전해 주고 있음을 파악하고, 이 논에 정통하는 것이 선법의 일체 교의를 통달하는 규결임을 이해하게 되었다. 그리하여 이 『정해보등론』을 한국 불교계에 번역하여 소개하고자 하는 마음을 내었으나, 기회가 이르지 않던 중 코로나 사태로 절에 머문 시간에 번역하게 되었다.

중국 선종에서 조사선의 도리를 가장 평이하고 간결한 언어로 전수해 주는 어록이 『육조단경六祖壇經』이고, 우리 조계종 전통 강원에서 수학하는 경전 중에서 불교 수행의 신해수증의 전체 과정의 교의를 간결하게 조직화하여 한 권의 경전에 포괄한 경이 『수능엄경首楞嚴經』이라고 필자는 간주하고 있다. 티베트 불교 닝마파 수행법에서는 대원만의 기도과의 전 과정의 일체 교의를, 미팡 린포체께서 일곱 가지의 핵심 문제인 무차와 비차, 이무아二無我, 선정 중의 집착, 관찰과 안치, 이제二諦, 이류異類 경계, 유와 무의 승인 등으로 모아 답하는 방식으로 쉬운 언어와 간결한 문구로 단숨에 정복할 수 있게 엮은 것이 이 『정해보등론』이며, 밀교의 『수능엄경』이라고 할 수 있다.

구경실상의 지혜를 결택함에 있어 '대중관'은 심사尋思와 관찰을 여읨이고, '대수인'은 일체 집착을 여읨이며, '대원만'은 문수대원만 삼매에 들어 증오하는 본래청정광명이며 광명본성법계이고 일체 종파의 구경 정화임을 이 논서에서 밝힌다.

닝마파의 법보장을 저작하시고 대원만 견해를 결택함에 있어 매우 중요한 두 분, 롱슈 반즈다의 『입대승론』 등과 롱첸빠 존자의 『칠보장』 등의 법보장을 여는 열쇠가 바로 『정해보등론』이고, 이 논에 정통해야 위 논서들을 통달할 수 있다고 진메이펑춰 상사께서 말씀하셨다.

오직 성불하여 중생을 구제하는 원력을 가지고 조사 관문을 타파하기 위해 불철주야 용맹정진하는 제방의 눈 푸른 납자들이 수도의 과정으로 나아가게 하는 인도자로써 이 『정해보등론』이 조금이나마 도움이 되었으면 하는 바람으로 이 논서를 번역하여 출판하게 되었다. 이 책의 번역상의 오류를 발견하시면 자비慈悲로 지적해 주시기 바라고, 이 책을 내는 데 교정, 편집, 출판, 법보시에 동참하신 분들이 큰 지혜의 가피를 얻으시기 바라며 후기를 마칩니다.

2022년 4월 금천구 독산동 티베트 밀교전당에서
원만금강 지엄 졸납 근서.

• 전지全知 미팡 린포체 (1846~1912) •

티베트 지방의 모든 교파가 문수보살의 화신이라고 일컫는다. 이름이 널리 알려진 이후에도 생활은 항상 검소했으며, 평생 동안 연기에 노랗게 그을린 낡은 가죽 저고리 한 벌만 입었다. 그의 인격은 고상하고 박학다식했으며, 언담은 화목하고 자애로웠다. 세간법과 출세간법을 관찰함이 엄격하고 훤히 꿰뚫어 알아 후대 사람들을 위하여 천여 종의 법보 저술을 남겼다.

• 진메이펑춰 린포체 (직메푼촉晉美彭措, 1933~2004) •

티베트불교 닝마파의 대성취자로서 아미타불의 화신으로 알려져 있으며, '여의보 법왕如意寶法王'이라고 불린다. 1980년 중국 쓰촨성 써다色達현 라룽喇茶에 오명불학원五明佛學院을 설립하였으며, 그곳에 평생 주석하면서 현교와 밀교의 많은 경론을 체계적으로 강의하여 수많은 제자들을 정법의 길로 이끌었다.

• 수다지 켄포 (索达吉 堪布, 1962~) •

1985년 오명불학원으로 출가하여, 진메이펑춰 린포체의 가르침을 받고 수행하였으며, 진메이펑춰 린포체 생전 시 스승의 가르침을 중국 제자들에게 전달하는 통역을 담당하였다. 다년간 다수의 티베트 경론을 중국어로 번역하였고, 많은 법문을 통해 티베트불교의 주옥같은 가르침을 중국과 세계에 전하고 있다.

• 지엄 화상 (1956~) •

19세에 구례 화엄사에 입산 출가하여, 월하 화상을 계사로 비구계를 수지하고 화엄사 강원을 졸업하였다. 봉암사 등에서 14안거를 성만하였으며, 화엄사 강원 강주, 운암사 도감을 역임하였다. 1995년 중국에 유학, 남경대학에서 철학박사 학위를 취득하고, 사천성 오명불학원에서도 수학하였으며, 해인사 승가대 교수를 지냈다. 중국 유학 중이던 1999년, 운명적으로 만난 대성취자 진매남카랑빠 존자(연용상사)와 다러라모 린포체를 근본스승으로 모시고 수행하였으며, 2011년 스승으로부터 연화생대사 복장법의 전법을 전수·위임 받았다. 현재 서울 미륵정사와 남경 관음사에서 연용상사부모의 복장법(떼르마), 도둡챈 린포체의 롱첸닝틱, 츄니도지존자의 사심지, 풀빠자시의 구전성숙 등 법을 펼치고 있다.

정해보등론 강의

초판 1쇄 인쇄 2022년 6월 28일 | 초판 1쇄 발행 2022년 7월 8일
전지 미팡 린포체 造頌 | 법왕 진메이펑춰 린포체 傳授 |
수다지 켄포 譯講 | 지엄 화상 韓譯 | 펴낸이 김시열
펴낸곳 도서출판 운주사

　　　　(02832) 서울시 성북구 동소문로 67-1 성심빌딩 3층
　　　　　전화 (02) 926-8361 | 팩스 0505-115-8361
ISBN 978-89-5746-702-2 03220　값 28,000원
http://cafe.daum.net/unjubooks 〈다음카페: 도서출판 운주사〉